ADR法制の現代的課題

民事手続法研究 III

山本和彦

有斐閣

はしがき

　本書は，前著『倒産法制の現代的課題』『民事訴訟法の現代的課題』に次ぐ著者の第3論文集である。著者の中心的な研究分野である倒産法及び民事訴訟法に続いて，ADR法においても論文集の刊行を果たすことができたのは，望外の喜びである。ADRに関しては最初の論文集であるが，著書としては，共著の教科書（山本和彦＝山田文『ADR仲裁法〔第2版〕』（日本評論社，2015年））に次ぐものとなる。

　本書は，ADR法に関する論文を集めたものである。ADRの定義については様々なものがありうるが，ここでは広義の定義により，司法型ADR（裁判所調停）や仲裁も含むものと理解し，第Ⅶ編にはそのような論稿も含めている。
　収録された論文は，最も古い第10章の論稿が2000年に公刊されたものであり，書下ろしの論稿（序章，第15章及び第17章）に至るまで，約20年間のADR法の動きを俯瞰したものになった。この21世紀初頭の時期は，ADRにとってまさに激動の時代であった。司法制度改革の中で初めてADRが制度として正面から取り上げられ，ADR法が制定され，実際に多くのADR機関が立ち上がり，金融ADR，事業再生ADR，原発ADRなど多様なADRが社会的注目を浴びながら，発足・運営されてきた。他方で，そのような華々しい制度的展開にもかかわらず，ADRの知名度はなお低く，事件数は低迷し，司法制度改革審議会が提唱した「裁判と並ぶ魅力的な選択肢」となったとは言い難い。私は，この間，ADR法の立案やその見直しに参画するとともに，ADR機関の業界団体（一般財団法人日本ADR協会）の代表を務めたり，個別のADR機関の運営にも関与したりしながら，ADR全体を様々な視角から観察する立場にあった。本書は，まさにそのような観点から日々考えてきた拙い結果を「ADR法制の現代的課題」として読者に提示しようとしたものである。
　本書の問題意識は，時期によりその重点が変遷しているものの，基本的な考え方には通底するものがある。ADRと訴訟の役割分担として，訴訟が解決困

難な紛争やルール設定に繋がる紛争の解決に専心しながら，日常的でルーティンな紛争を可及的に ADR によって解決していく制度的枠組みを用意し，利用者に選択してもらうことが望ましいという前提の下，そのために，ADR の側で，他には負けない自らの「売り」の部分（専門性，迅速性，柔軟性等）を打ち出して競争し合い，紛争解決の質を向上させていくといった構想である。そのような観点から，ADR と訴訟（あるいは調停）との競争条件の公平性を制度的に担保しながら，ADR の広報や人材養成等を充実していこうというものである。ADR 法を始めとした ADR 法制は，まさにそのような方向での ADR の拡充・活性化のツールとなるべきものという視点から，各論稿における検討がされている。

本書に収録した論文は合計 22 篇になったが，前著論文集とは異なり，ある程度体系的なものとなっている。

第Ⅰ編から第Ⅲ編までは，ADR 法総論として，ADR 法の立法とのその後の展開，ADR の規格化・標準化，ADR 法の解釈論を扱う。そこでは，（特に第Ⅰ編において）ADR 法の立法前史からその立法後の運用・見直しに至るまでの時々の著者の見解を示したものである。この 20 年に及ぶ著者の思索は，立法に結実したものもそうでないものも含めて，なお現代的課題と呼びうるものと考え，本書に収録した。

第Ⅳ編から第Ⅵ編までは，ADR 法各論として，各種の個別 ADR を取り扱う。すなわち，金融 ADR，事業再生 ADR，そしてその他の ADR（医療 ADR，環境 ADR，スポーツ ADR，筆界 ADR）である。そこでは，各 ADR 固有の問題について，前述のように，その創設や運営に実際に関わった立場から感じた点等を含めて論じているが，その背景には常に総論で提示した問題意識が伏在している。

そして，冒頭の序章において，本書全体の解題的な趣旨を含めて，ADR の基本的な意義について，特に司法との役割分担の観点を中心に書き下ろした。これによって，著者の基本的問題意識を示すとともに，本書の全体像を提示している（また，最後の第Ⅶ編は，争点整理や調停と ADR の関係，仲裁法の解釈論等を論じるものである）。

本書において著者の20年近いADR法に関する研究を振り返ってみて，改めて様々な方々から多くの学恩を被ってきたことを痛感している。特にADRという研究分野においては，様々な場での多様な方々との出会いがそれぞれ著者にとって極めて貴重なものであり，全ての皆様に対して感謝の気持ちで一杯である。

特に，私のADRとの最初の出会いを与えていただいたのは，やはり恩師の新堂幸司先生である。助手時代に先生のADRを取り扱う学部ゼミに参加していなかったら，著者のADR研究は始まらなかったであろう。また，竹下守夫先生には，司法制度改革審議会における勉強会（本書第1章参照）にお呼びいただき，本格的にADRの立法論を考える手がかりを与えていただいた。それがなければ，ADR法制定前後の著者の研究はなかったであろう。さらに，ADR法の立案や見直しの検討に委員として参加する際，座長としてご指導いただいた青山善充先生，伊藤眞先生にも心より御礼を申し上げる。また，著者よりも下の世代として，著者のADRに関する研究や活動を常に支えていただいている山田文教授及び垣内秀介教授にも，この機会に衷心からの謝意を表したい。

本書の作成に当たっては，前2著同様，有斐閣書籍編集部の佐藤文子さんにお世話になった。常に変わらぬ佐藤さんの適切なアドバイスや懇切丁寧な校正がなければ，本書がこのような形で世に出ることはなかったであろう。本書になお残っている誤りは著者の責任であることは言うまでもないが，その献身的なご協力に心から感謝を申し上げる。

　2018年9月

山 本 和 彦

目　　次

序章　ADR の在り方 …………………………………………………… 1
　　　──司法との役割分担

　1　は じ め に　1

　2　ADR の意義及び種類　2

　3　ADR の沿革　6

　4　ADR の展望──最近の新たな展開　10

　5　ADR と司法の役割分担とその達成条件──1 つの理想形　13

　6　お わ り に──本書の全体像　22

I　ADR 法総論（その 1）──────────────── 25
　　　──ADR 法の立法とその後の展開

第 1 章　裁判外紛争解決手段（ADR）の拡充・活性化に向けて … 26
　　　　　──司法制度改革審議会検討時

　1　は じ め に　26

　2　ADR の拡充・活性化のための基盤整備　27

　3　ADR と裁判手続との連携強化　36

第 2 章　ADR 基本法に関する一試論 …………………………………… 40
　　　　　──ADR の紛争解決機能の強化に向けて

　1　は じ め に　40

　2　基本的理念等に関する規定　43

　3　ADR から裁判手続への移行に関する規定　46

　4　裁判手続から ADR への移行に関する規定　51

　5　規律対象となる ADR の限定　54

目　次　v

第3章　ADR法の意義と今後の課題 …………………………………… 57
——ADR法制定直後

1　ADR拡充・活性化の意義　57

2　ADR法制定の意義——総論　59

3　総則規定の意義　60

4　認証関係規定の意義　63

5　ADR法に関する今後の課題　68

6　ADRの拡充・活性化に向けた今後の課題　71

第4章　ADR法の現状と課題 ………………………………………… 76
——ADR法施行後3年を経て

1　は じ め に　76

2　ADR法の現状と評価　78

3　ADR法の課題　84

4　お わ り に　89

第5章　ADRの将来 …………………………………………………… 91
——ADR法施行後8年を経て

1　ADRの現状と課題　91

2　ADRの将来——理論的位置付け　93

3　業界型ADR（民間型ADR）の将来——金融ADRをモデルとして　97

4　専門ADR（民間型ADR）の将来——医療ADRを題材として　100

5　行政ADRの将来——環境ADRを手掛かりとして　103

6　お わ り に——「ADRフォーラム」の必要性　105

Ⅱ　ADR法総論（その2）———————————————— 109
——ADRの規格化・標準化

第6章　ADR法制とADR機関ルールの在り方 ………………… 110

1　本章の目的　110

2　ADR機関ルールとそのモデル化　113

3 ADR 法制のイメージ　125

4 ADR 法制と ADR 機関ルールの関係　135

5 お わ り に　147

第7章　ADR の規格化・標準化の試みについて　150

1 ADR 拡充の意義　150

2 ADR の規格化・標準化の意義と必要性　152

3 ADR 法（裁判外紛争解決手続利用促進法）　153

4 金融関係 ADR モデル　159

5 ISO の EDR 規格（ISO10003）　163

Ⅲ　ADR 法総論（その3）　175
——ADR 法の立法論・解釈論

第8章　ADR 和解の執行力について　176

1 は じ め に——本章の問題意識　176

2 議論の経緯　178

3 諸外国の法制　184

4 制度設計の検討　197

5 お わ り に　205

第9章　ADR 合意の効力　209
——訴権制限合意についての若干の検討

1 問 題 意 識　209

2 ADR 合意の意義について　210

3 ADR 合意（訴権制限合意）の効果について　215

4 本判決への当てはめ　218

5 お わ り に　226

目　次　vii

Ⅳ　ADR 法各論（その 1）——————————————— 229
——金融 ADR

第 10 章　金融分野の ADR の在り方 ················· 230
——金融 ADR 前史

1　は じ め に　230

2　金融分野における ADR の意義　231

3　金融分野における ADR の現状　233

4　金融分野における ADR 整備の方向　236

5　金融トラブル連絡調整協議会　241

6　お わ り に——統一的包括的 ADR 機関の構想について　242

第 11 章　金融 ADR の意義とその可能性 ············· 245

1　ADR の意義と拡充・活性化の必要性　245

2　金融 ADR の概要　247

3　金融 ADR の意義　250

4　金融 ADR の機能条件——各関係者への期待　253

5　お わ り に——金融 ADR を起爆剤に　259

第 12 章　金融 ADR の機能の評価と今後への期待 ············· 262

1　金融 ADR の現状と評価　263

2　ADR の意義と機能　268

3　金融 ADR の本来的機能——金融 ADR 創設への道程を振り返って　272

4　金融 ADR の今後への期待　276

Ⅴ　ADR 法各論（その 2）——————————————— 283
——事業再生 ADR

第 13 章　裁判外事業再生手続の意義と課題 ············· 284

1　なぜ「裁判外」なのか？——裁判外事業再生手続の意義　284

2　裁判外事業再生手続の現状と評価　289

viii

3 裁判外事業再生手続相互の関係と
　　　裁判手続（法的倒産手続）との関係　293

4 裁判外事業再生手続の課題　298

5 おわりに　305

第 14 章　私的整理と多数決 ……………………………………………… 307

1 本章の問題意識　307

2 フランス迅速金融再生手続　308

3 考えられる制度設計　320

4 克服すべき課題　324

5 おわりに　328

VI　ADR 法各論（その 3） ———————————— 331
　　　——その他の ADR

第 15 章　医療 ADR の可能性 ………………………………………… 332

1 はじめに　332

2 日本における医療 ADR の現状と課題　333

3 諸外国の医療 ADR　340

4 医療 ADR の可能性と展望　349

5 おわりに　359

第 16 章　環境 ADR の現状と課題 …………………………………… 361
　　　——公害等調整委員会と原子力損害賠償紛争解決
　　　　　センターを中心に

1 環境紛争の解決手続　361

2 公害等調整委員会　364

3 原子力損害賠償紛争解決センター　374

第 17 章　スポーツ仲裁の意義と課題 ………………………………… 388

1 はじめに　388

2 スポーツ仲裁の意義・現状・特徴　389

目　次　ix

　　3　スポーツ仲裁の理論的課題　401

　　4　お わ り に　415

　第 18 章　筆界特定制度の意義と課題 ……………………………… 417
　　　　　　──ADR 法の視点から

　　1　筆界特定制度の創設と概要　417

　　2　ADR としての筆界特定制度の意義　419
　　　　　──行政型・評価型 ADR としての筆界特定

　　3　筆界特定制度の 10 年　423

　　4　筆界特定制度の課題と将来　426

Ⅶ　司法との関係，仲裁 ─────────────── 431

　第 19 章　争点整理における ADR の利用 ………………………… 432

　　1　争点整理における ADR 利用の意義　432

　　2　争点整理における ADR 利用の実情──専門調停の活用　433

　　3　争点整理における ADR 利用の在り方　435

　第 20 章　民間型 ADR と調停（司法型 ADR）の関係 …………… 442
　　　　　　──その競争と共存に向けて

　　1　は じ め に　442

　　2　ADR 法の概要　444

　　3　司法型 ADR（調停）と民間型 ADR（認証 ADR）の役割分担　455

　　4　お わ り に──調停制度への期待　464

　第 21 章　仲裁判断における準拠法について ……………………… 470

　　1　本章の問題意識　470

　　2　準拠法（合意法）違反と仲裁判断取消事由　471

　　3　準拠法（最密接関連国法）違反と仲裁判断取消事由　476

　　4　最密接関連性に関する自白・擬制自白の効力　483

　　5　お わ り に　486

x

初出一覧 (489)
索　引 (491)

著 者 紹 介

山 本 和 彦（やまもと　かずひこ）

1961 年生まれ

1984 年　東京大学法学部卒業

現　　在　一橋大学大学院法学研究科教授

〈主要著書〉

『フランスの司法』（有斐閣，1995 年）

『民事訴訟審理構造論』（信山社出版，1995 年）

『民事訴訟法の基本問題』（判例タイムズ社，2002 年）

『国際倒産法制』（商事法務，2002 年）

『菊井＝村松原著　コンメンタール民事訴訟法Ⅰ～Ⅶ』（共著，日本
評論社，Ⅰ（第 2 版追補版）2014 年，Ⅱ（第 2 版）2006 年，Ⅲ（第
2 版）2018 年，Ⅳ 2010 年，Ⅴ 2012 年，Ⅵ 2014 年，Ⅶ 2016 年）

『Q＆A 民事再生法（第 2 版）』（共編著，有斐閣，2006 年）

『民事訴訟法の論争』（共著，有斐閣，2007 年）

『ブリッジブック民事訴訟法入門』（信山社出版，2011 年）

『倒産法制の現代的課題』（有斐閣，2014 年）

『担保，執行，倒産の現在』（共編著，有斐閣，2014 年）

『ADR 仲裁法（第 2 版）』（共著，日本評論社，2015 年）

『民事訴訟法の現代的課題』（有斐閣，2016 年）

『解説消費者裁判手続特例法（第 2 版）』（弘文堂，2016 年）

『民事訴訟法（第 7 版）』（共著，有斐閣，2017 年）

『現代の裁判（第 7 版）』（共著，有斐閣，2017 年）

『民事執行・保全法（第 5 版）』（共著，有斐閣，2017 年）

『倒産処理法入門（第 5 版）』（有斐閣，2018 年）

『よくわかる民事裁判（第 3 版）―― 平凡吉訴訟日記』（有斐閣，
2018 年）

序章

ADRの在り方
——司法との役割分担

1 は じ め に

本章は，本書全体の解題的な趣旨を含め，ADRの基本的な意義について，特に司法との役割分担の観点を中心に，論じるものである。その意味では，やや初歩的な叙述も含み，既にADRについて十分な理解を有する読者は読み飛ばして頂ければ結構かと思う。

具体的には，まずADRの意義及び種類について概説する（*2*参照）。そこでは，特にADRのメリットについて，相対交渉との比較及び裁判との比較で，簡単に検討する。次いで，日本におけるADRの沿革について概観する（*3*参照）。日本のADRの大きな特徴は，司法型ADR（裁判所の調停）が先行的に発展した点にあるが，その意味及びその後の行政型・民間型ADRの展開について簡単に説明する。更に，今後のADRの展望として，最近の新たな状況についても紹介する（*4*参照）[1]。そして，本章の中核的な部分として，ADRと司法の役割分担について，著者の考えている1つの理想形を提示し（*5*参照）[2]，そのような理想形を達成するための条件について検討する（*6*参照）。これらの

---

1) 本章の*2*〜*4*は，山本和彦「ADRの意義，沿革，展望」仲裁ADR法学会＝明治大学法科大学院編『ADRの実際と展望』（商事法務，2014年）4頁以下を元に，付加修正を加えたものである。

2) 本章の*5*は，山本和彦『民事訴訟法の現代的課題』（有斐閣，2016年）8頁以下を元に，付加修正を加えたものである。

個別的な検討の詳細は本書の各章の叙述に委ねられるが，本章ではその全体の鳥瞰図を示す趣旨である。最後に，以上のような著者の基本的な考え方を基礎とした本書の全体像を示して（7参照），本章を終える。

2 ADR の意義及び種類

(1) ADR（Alternative Dispute Resolution）の意義

まず第 1 に ADR の意義である。ADR は，英語の Alternative Dispute Resolution の頭文字をつなぎ合わせたものである。一般には「裁判外紛争解決手続」と訳される。ただ，Alternative は「代替的」又は「選択肢」という意味の英語であるので，直訳すれば「代替的な紛争解決手続」になる。「代替的」というのは，何に代替するのかといえば，一般的には裁判所の訴訟手続に代替するものとの認識が今では多いと思われる。したがって，裁判所の訴訟手続の中で行われる裁判上の和解のようなものは ADR には含まれないが，他方で裁判所において行われる手続であっても訴訟とは異なる手続，例えば民事・家事調停のような手続は ADR の中に含めて考えるのが，現在の一般的な考え方かと思われる[3]。

ただ，「裁判外紛争解決手続」という表現は日本語としてあまりに冗長である。したがって，今でも一般的には「ADR」という語がそのまま用いられる[4]。法律の名称も「裁判外紛争解決手続の利用の促進に関する法律」となったが，誰もそのような冗長な正式名称を使うことはなく，結局「ADR 法」と呼ばれている[5]。

---

3) ADR の定義に関しては，山本和彦＝山田文『ADR 仲裁法〔第 2 版〕』（日本評論社，2015 年）6 頁以下も参照。

4) ADR 法立法時に，当時の内閣総理大臣であった小泉純一郎氏が「ADR といった英語を使わず，日本語で表現すべきである」という趣旨の発言をされ，何かよい日本語の表現はないかを検討し，公募なども当時検討されたが，結局，適切な日本語は見出せなかったという。

5) 「ADR 促進法」という表現が用いられることもある。

(2) ADR の種類

(a) 斡旋・調停・仲裁

次に，ADR の種類については，様々な観点からの分類がありうる。紛争解決の方式の観点からは，大きくは 2 つ，斡旋・調停型の ADR と仲裁型の ADR がある。斡旋・調停は（斡旋と調停の差異については様々な議論のあるところであるが），基本的には第三者が当事者間の話合いを仲介し，最終的に紛争解決案に当事者が合意することにより紛争が解決される手続である。それに対し，仲裁は，紛争解決を第三者に預けることを最初に合意し，最終的に第三者が仲裁判断を出して，その仲裁判断に対しては当事者が合意しなくても，それに拘束される手続である。いわば当事者間で私設の裁判所を作る合意というイメージとなる。

そのような意味で，斡旋・調停であれ，仲裁であれ，裁判とは異なり当事者間に何らかの紛争解決の合意がある点に，ADR の基本的な特質がある。この合意による紛争解決であるという点が ADR と訴訟との大きな違いであるが，斡旋・調停と仲裁とでは，合意がどの時点であるかという点に相違がある。斡旋・調停は，最後の解決案に対して合意がある，すなわち紛争解決の最後の段階で合意がある。他方，仲裁は，紛争解決手続の最初の段階で，仲裁人に紛争解決を預ける旨を予め合意するものである[6]。

日本の ADR においては，実際上，大多数は斡旋・調停が占めており，仲裁の件数は非常に少ない。本書においても，主として斡旋・調停を ADR として議論していくことになる。

(b) 司法型・行政型・民間型 ADR

第 2 の分類の観点は，ADR を実施する機関の種別である。大きく 3 つの類型に分けられる。司法型，行政型，民間型の各 ADR である。要するに，ADR を実施している機関が司法に属するのか，行政に属するのか，民間に属するのかという区分である。更に大きく分ければ，司法・行政はいずれも国に属するわけであるが，国か民間かという分け方もあろう。司法型 ADR は裁判

---

6) その意味で，日常用語で用いられる仲裁と法律用語における仲裁とではその意味を異にする。日常的には，喧嘩の仲裁などとよく言われるが，これはむしろ斡旋・調停を意味する用法であろう。

所の調停のことである。行政型 ADR は，各行政庁が様々な分野で有する ADR 機関によるものである。それに対し，民間型 ADR は，まさに民間で行われている ADR である。その具体例については後述する。

(3) ADR のメリット

次に ADR のメリットを指摘しておく。ADR は，前述の斡旋・調停を中心に考えるとすれば，第三者が当事者間の紛争解決の話合いを仲介し，お互いに紛争解決案を作成していく手続ということになる。もちろん第三者が仲介せずに当事者間で紛争解決に向けて話合いが行われることも世の中に多くある。示談交渉や和解交渉と言われるものである。そのような，当事者間で第三者を交えず相対交渉する方法とは異なる ADR の特徴は，当事者以外の第三者が交渉に関与してくる点にある。

他方，紛争解決方法として普通に人が思い浮かべるものとして，訴訟・裁判がある。裁判と異なる ADR の特徴は，前述のように，当事者の合意による紛争解決という点にある。訴訟は，当事者が合意をしなくても紛争が解決できる手段である。その結果，訴訟手続は国家権力が独占しているわけである。裁判所に当事者が呼び出され，「私は裁判所なんか認めない。知らん」と幾ら言い張って，その人が裁判所に出てこなかったとしても，裁判所は淡々と相手方の言い分をそのまま認めて判決をしてしまう。「そんな判決など私は認めない，そんなの紙切れだ」と言う人が世の中にいたとしても，その判決に基づいて強制執行は行われる。その人が幾ら強制執行を認めないと言い張っても，執行官等によって，最終的にはそれを援助する警察によって，強制力を行使して妨害は排除され，判決の内容が実現される。そのような意味で，訴訟は，当事者のいかなる意味での同意も必要なしに最終的に紛争の解決を図りうる手続である。それに対して，ADR は，当事者の合意が必要不可欠であるという点に，訴訟と比較した場合の特徴がある。

そして，このような ADR の特徴から，ADR のメリットが導き出される。例えば，以下のような事例で考えてみよう。電子レンジが発火して火事が起こったところ，燃えた物を修理するのに 50 万円かかったが，電子レンジの製造会社は，「その火事は電子レンジによるものではない」と主張している。消防

などで調べても原因がよく分からない場合，被害を受けた人は，電子レンジの製造会社に対して損害の賠償を求めようとするときに，一方では製造会社と相対で話し合うことが考えられるし，他方で製造会社を被告として損害賠償の訴えを提起することも考えられる。それとともに，ADR の申立てをすることも考えられるが，このような種類の紛争であれば，それを専門とする機関として，PL センターというものがある[7]。この場合は家電 PL センターということになるが，その PL センターで第三者を仲介人として紛争の解決を図ることが考えられる。

そこで，ADR のメリットであるが，まず相対交渉との比較で言えば，第三者が手続を仲介することにより，当事者間の交渉に中立性あるいは公正性が担保される。相対交渉においては，このような例で，被害者となった一般消費者は，電子レンジの欠陥について専門家である製造会社に対して，自分の言い分を展開することは極めて困難であろう。そもそも消費者に分かることは，要するに火が出た，電子レンジのあたりがよく燃えているという程度のことであろう。電子レンジのどこにどのような欠陥があって，どのような原因で発火したのかということを，一般消費者が主張ないし証明していくことが極めて困難であることは明らかである。結局は，製造会社に「その電子レンジには特に欠陥は見られません」と言われると，反論は極めて難しい。それに対し，ADR においては，中立の第三者，あるいは専門的知識を有する第三者が話合いを仲介することにより，消費者も自分の言い分を相手方にしっかりと伝えることができ，救済を受けられる可能性が出てくる。それによって公正な紛争解決が図られる可能性が増えると思われる。

また，訴訟との比較での ADR のメリットは，前述したように，当事者の合意による紛争解決であるので，基本的には紛争解決のプロセスも，紛争解決の内容も，当事者が合意で定めることができ，当事者の具体的ニーズに即した形で手続を組み立てることができる点にある。訴訟は国家権力の行使であるところ，国家権力の行使は常に法によって規律される。訴訟の手続については民事訴訟法があって，当事者が何をすべきか，裁判所は何をすべきかが，事細かに

---

7) PL センターについて簡単には，山本＝山田・前掲注 3) 241 頁以下参照。

定まっている。それによって国家権力の行使が恣意的なものにならないように制御しているわけであるが，必然的に手続は重くなり，コストがかかり，時間もかかるものになる。それに対し，ADR ではより簡易・迅速・廉価な手続が可能になる。

　訴訟においては通常弁護士を雇う必要があるが，ADR は本人でもできる。訴訟には必然的に時間がかかる。最近は裁判手続もかなり迅速化しているが，このような紛争であれば，最低でも 1 年，通常は判決までより長い期間を要すると思われる。ADR においてはより早く原因究明をし，解決が図られる可能性がある。費用も安いものになることが多い。また，訴訟における解決内容は，法律によって決まっている。これも，訴訟のもっている強制的な性格から，裁判官による恣意的な判断がされることを防ぐためである。そして，この場合は PL 法（製造物責任法）や民法といった実体法によることになるが，法律は，一定の要件となる事実がある場合に一定の法律効果が発生することをリジッドな形で規定しており，そのような事実がない場合に法律効果を発生させることや，法律が定めるものとは異なる効果を発生させることなどはできない仕組みになっている。他方，ADR においては，最終的には当事者の合意が必要となるので，ある事実の証明が十分ではなくても，一方当事者に何らかの落ち度があれば，一定の負担を求めるような解決策や，落ち度の割合に応じて負担額を調整するような解決策も可能になる。それによって，紛争解決の柔軟性も図られる。

3 ADR の沿革

(1) 司法型 ADR の先行——西洋法と日本社会の架橋

　日本において先行的に発達した ADR は，司法型 ADR，すなわち調停である[8]。調停制度は，日本が明治時代に外国から受け継いだ西洋法と日本社会との間にある乖離を架橋しようとしたものと一般に評価されている。紛争解決を訴訟で図る場合には，前述したように，紛争解決の内容は常に法によって規定

8）　調停制度の歴史的展開については特に，小山昇『民事調停法〔新版〕』（有斐閣，1977年）3 頁以下参照。

される。そしてその法はドイツやフランスなどから受け継いだものであったが，それが当時の日本社会の中に存在した様々な社会的規範と必ずしも一致していない部分も多かったと言われる。しかし，判決では必ず法を適用しなければならないため，社会規範と法規範との間に齟齬があったとしても，その解決は法規範によらざるをえないことになる。しかるに，調停であれば，合意によって紛争解決が図られるので，紛争解決内容も法によらずに，いわば社会が持っているルールに従った解決を図ることができる。

そこで，調停の手続を設けることが検討され，1922 年にまず借地借家の分野において，調停制度が導入された。そしてその直後に関東大震災が発生した。地震があると，阪神淡路大震災や東日本大震災の場合も同様であったが，建物が壊れ，借地借家をめぐる紛争が増大する。それまであまり問題にならなかったところでも，地震を契機に紛争が噴出することになる。そして，関東大震災の結果生じた多数の紛争が，この当時できたばかりの調停手続によって多く解決されたと言われている。その意味で調停は大きな成果を上げた。その結果，調停制度に対する評価が高まることになり，様々な分野で調停手続が創られるようになった。小作調停，商事調停，金銭債務調停，人事調停などの調停手続が，戦前，大正から昭和にかけて個別に創設された。その後，日本の敗戦後も，様々な法分野でアメリカの影響が強まるが，調停制度に関しては，戦後も基本的には従来のまま維持されることになった。すなわち，従来様々な形で，様々な分野で存在していた調停手続を統合する形で，家庭裁判所における家事調停と簡易裁判所及び地方裁判所における民事調停が創設され，基本的には戦前の伝統を受け継ぐ形で存続することになった。

そして戦後，その件数については浮き沈みがあるが，基本的にはほぼ一貫して調停制度は活用されてきたと評価してよい。例えば，民事調停事件は，戦後，1955 年に 7 万 8,000 件に至り最高を記録し，その後減少するものの，概ね 4～6 万件程度で推移したが，1990 年代に入って急増し，1993 年に 10 万件，1998 年に 20 万件を超え，最高であった 2003 年には 61 万件に達した。ただ，その後急減して，現在はほぼ戦後の一般的な水準に戻っている（2014 年 4 万 4,000 件，2015 年 4 万 1,000 件，2016 年 3 万 9,000 件）。他方，家事調停は徐々に増加の一途をたどっており，1996 年に初めて 10 万件を超えた後も，緩やかな増減を繰り

返し，2016 年には約 14 万件に達している。両方を合わせると，合計して約 18
万件の調停の申立てがあることになり，1 年間の訴訟件数は約 54 万件である
ことを考えると，調停が裁判所における紛争解決手続において相当大きな比重
を占めていることは明らかである。

(2) 行政型 ADR の展開——政策展開と紛争解決への行政の関与

以上のように，司法型 ADR が先行して発展してきたわけであるが，戦後，
行政分野においても行政型 ADR が設置され，利用されるようになっている。
例えば，労働委員会というものは，周知のように，集団的な労働紛争，労働組
合等の争議行為その他の紛争について，斡旋・調停，更には仲裁によって解決
をする機関である。これは，戦後の労働紛争が非常に過激なものになっていく
中，労働関係の調整が政策上重視され，そのような紛争の解決手続として創設
されたものということになる。また，建設工事紛争審査会という建築関係の
ADR も国土交通省内及び各地域に設けられ，斡旋・調停，仲裁を建設工事関
係の紛争，請負業者と注文主の紛争等について行っている[9]。

更に消費者問題が生じてくると，消費生活センターが設けられ，消費者分野
の紛争解決に当たるとか，公害が社会問題になる中，公害等調整委員会が設け
られ，公害関係の紛争解決に当たるなど，行政の各分野に色々な政策課題が生
じてくる中で，その問題に関する紛争を解決する機関として ADR が活用され
てきたという歴史がある。このように，行政課題の発生に応じて，行政が（本
来司法の管轄分野である）紛争解決の領域にも積極的に乗り出してくるという点
に，日本の ADR の大きな特徴があるように思われる[10]。

(3) 民間型 ADR の活性化——アメリカの模倣と挫折

最後に民間型の ADR である。民間型 ADR が日本において活動するように
なってきたのは，司法型や行政型に比べれば比較的最近のことと言ってよいだ

---

9)　年間概ね 120〜160 件程度の申立てがある。例えば，2016 年は，132 件（中央 33 件，
地方 99 件）の申立てがあったという（斡旋 25 件，調停 86 件，仲裁 21 件）。

10)　近時の例として，福島の原子力発電所事故を契機として，文部科学省の傘下に設け
られた原子力損害賠償の ADR がある（これについては，4(3)参照）。

ろう。1970 年代以降，アメリカにおいて ADR が盛んに用いられるようにな
ったこと（いわゆる ADR movement）の影響が大きかったように思われる[11]。
そこで，日本でも民間 ADR を活用していこうという動きが生じる。例えば，
前述の PL センターは，PL 法（製造物責任法）が立法される中で，紛争解決に
ついても，家電・自動車等の業態ごとに PL センターが設けられ，製造物責任
をめぐる紛争の解決に当たることにしたものである。その創設にあたっては，
当時の通商産業省の強い指導ないし影響があったものと言うことができよう。
PL 法という製造物責任を追及する実体法が作られ，それを受ける形で，紛争
解決についても裁判所ではなくて ADR の中で解決していくことが模索された
ものである。これは，各業界が中心となって作る業界型 ADR である[12]。また，
弁護士会 ADR も民間型 ADR の一種である[13]。これは当初は少額紛争につい
て，裁判所における解決が難しいとの実情を受けて，弁護士会で少額紛争につ
いても解決できるようなルートを作ろうということが大きな目的であったかと
思われる。その後は，必ずしも少額でない紛争も多く扱われているようである
が，現在 33 の弁護士会で年間 1,000 件を超える申立てがある。日本の ADR
の中では比較的活発に活動をしている機関であろう。これは，弁護士という専
門家が中心となって作る専門家型の ADR である[14]。

　ただ，このような民間型 ADR は，当初考えられたような成果を上げている
とは言い難い。とりわけモデルとされたアメリカと比較した場合には，その件
数は極めて限られたものに止まっている。その原因は種々あるが，アメリカは
かなり特殊な社会であり，日本だけではなくて他の国々も，ADR を紛争解決
の中に取り入れていこうとする動きはあり，どの国も色々な工夫はしているも
のの，アメリカのようにはなかなかいかない状況にある[15]。その意味で，アメ

---

11) アメリカにおける ADR の発展については，山本 = 山田・前掲注 3) 34 頁以下など
参照。

12) 業界型 ADR としては，他に金融 ADR などがある。業界型 ADR の特徴等について
は，山本 = 山田・前掲注 3) 239 頁以下参照。

13) 弁護士会 ADR については，渡部晃「日本の ADR の現状——弁護士会 ADR の周
辺」仲裁と ADR 11 号（2016 年）23 頁以下など参照。

14) 専門家型 ADR としては，他に，司法書士会，土地家屋調査士会，行政書士会，社
会保険労務士会などのいわゆる士業団体の ADR がある。

リカと同様の形で ADR を発展させることは，相当に難しいと思われる。

4 ADR の展望
—— 最近の新たな展開

(1) ADR 法の制定と施行——認証 ADR

次に，ADR の最近の新たな展開をみてみよう。近年の最大の展開は ADR 法の制定と施行であろう。この動きは，司法制度改革の中で，裁判と並ぶ紛争解決の魅力的な選択肢として ADR を拡充・活性化していこうとされたことに端を発している。まさに裁判と並ぶ選択肢として，国が ADR という制度を紛争解決の 1 つの柱として，考えていこうという趣旨であった。それを受けて，いわゆる ADR 法が制定されたものである。これは ADR に関する日本で最初の包括的な法律ということで，大きな意義がある。

その中では ADR に関する基本的な理念や国の役割が明定された。この部分は，司法型や行政型を含むすべての ADR について適用があるもので，日本国として ADR について，国が一定の役割を持って育てていこうという意思を明示したという意味で，非常に画期的な法律であると言うことができよう。

具体的な制度としては，民間型 ADR についての認証制度を創設した。一定の要件を満たした ADR について法務省が認証をし，それに伴う一定の効果，とりわけ ADR に関与する手続実施者が報酬を受けることを可能にするという効果を伴う ADR の創設を可能にしたものである[16]。現在，多様かつ多数の ADR 機関が認証を受けており，認証 ADR は，2018 年 3 月末現在，149 機関となっている。しかし他方では，認証 ADR に対する申立件数は，2016 年度で，1,071 件に止まっている。つまり，単純に平均すれば 1 機関当たり年間 7 件程度の申立てに止まるということになり[17]，その利用は必ずしも多くはない。

---

15) ドイツやフランスにおける ADR の状況については，垣内秀介「ADR をめぐるドイツの近況」仲裁と ADR 11 号 1 頁以下，同「フランスにおける ADR」仲裁 ADR 法学会 = 明治大学法科大学院編・前掲注 1) 139 頁以下など参照。

16) ADR 法の運用の実情について，近時の状況を示すものとして，山本和彦ほか「座談会・ADR 法 10 年——その成果と課題」NBL 1092 号（2017 年）13 頁以下〔藤田正人〕参照。

(2) 重要な紛争分野における ADR の活用の促進

次に，重要な紛争分野における ADR の活用の促進ということで，金融，医療，住宅，消費者，それぞれの紛争分野について ADR が活用されつつある。

金融関係 ADR については，銀行，証券，保険等各業態で ADR 機関が設けられている[18]。そして，2009 年に，銀行法等の改正が行われ，そこで金融 ADR 制度が創設され，金融 ADR に強力な効力が設けられた。つまり，顧客からの申立てに対して金融機関はその手続を必ず応諾しなければならず，金融機関はその ADR の手続の遂行に資料提出等の協力をし，更に正当な理由がない限り，ADR 機関が示した特別調停案を受諾しなければならないものとされた。このような義務を金融機関に負わせて，紛争解決を実効的なものにしている。その結果，申立件数は，2010 年に金融 ADR 制度が施行されて以降，金融を取り巻く状況に応じて増減はしているが[19]，現在，年間 1,200 件強の申立てがある[20]。前述の認証 ADR 全体の件数と比較しても，それよりも多い件数が金融分野だけであることになる。

医療 ADR については，色々な取組みが現在行われている[21]。前述した弁護士会の ADR 機関の中で，医療の問題を専門に扱う ADR を設けているところもあるし，茨城県のように医師会が中心となって ADR を運用しているところもある。更に，千葉県のように，弁護士や医師等が協力する形で，第三者機関で ADR を運用しているところも存在して，様々な取組みが行われているところである。2014 年の医療 ADR の申立件数は少なくとも 200 件程度とみられる一方，地方裁判所における医療訴訟の新受件数は，年間 832 件であるから，訴訟との比較で言えば，かなりの事件が ADR で解決されていると言ってよい。

---

17) 実際には，機関によって利用件数は大きく異なり，一部の機関に利用が集中しているので，利用が少ない ADR 機関では，申請がゼロの機関やせいぜい年間 1～2 件という機関が多くを占める。

18) 金融 ADR については，本書第 10 章～第 12 章参照。

19) 特に，金融 ADR 創設直後に事件数は大きく増加したが，これは円高により為替デリバティブをめぐる紛争が表面化したという偶然的要素もあった。ただ，為替デリバティブ等の影響を除いても，従来に比べれば事件数は大きく増えていると言えよう。

20) 2016 年度は 1,267 件となっている（最も多かった 2011 年度が 1,981 件，最も少なかった 2013 年度が 1,021 件であり，最近は漸増傾向にある）。

21) 医療 ADR については，本書第 15 章参照。

12　序章　ADR の在り方

更に住宅 ADR についても，欠陥住宅等をめぐる紛争の解決について，住宅瑕疵担保責任保険などの住宅品質保証制度と結びついた形で，住宅 ADR が行われている。そこでは，基本的には ADR の費用は，責任保険の保険料の中から賄われる扱いになっており，国土交通大臣が弁護士会を ADR 機関として指定し，弁護士会が ADR を行っている。更に行政型の ADR としては，消費者紛争についての国民生活センターなども重要な活動をしているところである[22]。

(3)　新たな分野における ADR の展開

更に近時，従来は ADR の対象としてあまり考えられていなかったような全く新たな分野でも，ADR が活用されるようになってきている。

例えば，事業再生 ADR がある[23]。これは法務大臣の ADR 法による認証とともに，産業競争力強化法に基づく経済産業大臣の認定を受けた機関に特別な効力を付与して，経営が悪化した企業の事業再生を図るために債務者と債権者の間の話合いを仲介させるものである。現在は事業再生実務家協会がこのような認定を受けて ADR の活動を行っている。これまでの実績は，JAL，ウィルコム，林原など一部上場の大企業も多く利用しており，裁判所における民事再生・会社更生等の手続と並ぶ事業再生の手法として完全に定着していると言うことが可能であろう[24]。

また，原子力損害賠償 ADR もある[25]。これは周知のように，2011 年 3 月の東日本大震災の際に起きた福島の原子力発電所事故に伴う損害賠償請求を ADR で解決する目的で，同年 9 月に設置されたものである。これも非常に活用されており，設置後毎年 4,000～5,000 件の申立件数があった（現在は減少し

---

22)　国民生活センターの ADR については，松本恒雄 = 井口尚志「国民生活センター紛争解決委員会の概要とその特質及び課題」仲裁と ADR 11 号 39 頁以下参照。

23)　事業再生分野の ADR については，本書第 13 章参照。

24)　この分野では更に，行政型 ADR として中小企業再生支援協議会，司法型 ADR として特定調停があり，多様な選択肢が提供されている。これらを倒産 ADR と総称して分析するものとして，山本和彦『倒産処理法入門〔第 5 版〕』（有斐閣，2018 年）31 頁以下，中島弘雅ほか「シンポジウム・事業再生のツールとしての倒産 ADR」仲裁と ADR 11 号 93 頁以下など参照。

25)　原子力損害賠償 ADR については，本書第 16 章参照。

ているが，それでも 2017 年で 1,811 件）。これは今まで挙げてきた数字と比較すれば，日本の ADR としては，画期的に多数の事件が処理されている ADR ということになろう。

5 ADR と司法の役割分担とその達成条件
—— 1つの理想形

(1) ADR と訴訟の望ましい役割分担の試論

以上で，日本における ADR の動きを概観してきたが，今後 21 世紀における民事紛争の動向を予測すると，その量的な増加及び質的な多様化・複雑化は間違いのないところと思われる[26]。量的な観点からいえば，いわゆる過払金返還請求事件は減少してきている（その結果，足元の事件数は減少している）ものの，個人・企業双方のレベルで，多数の潜在的紛争の存在（多数の相談案件，紛争の潜在化を示唆する事情等）及び紛争の顕在化を促す要因（法意識の変化，法的アクセスの改善・容易化，弁護士の増加等）が認められるし，質的な観点からいえば，社会全体の多様化・国際化，専門性の増大等が進んでいくであろう。そのような観点からは，そのような紛争をどのような手続で解決するかは，今後の日本社会全体に突き付けられた大きな課題といえる。もちろん，どのような手続を用いて自己の紛争をどのように解決するかは，最終的には各当事者が決めるべき問題である。ただ，仮に各手続の間に適切な役割分担というものがあるとすれば，紛争解決の在り方を政策的に一定の方向に一定の範囲で誘導していくことは不可能ではないし，それが当事者にとっても社会全体にとっても望ましいという場合があろう。

言うまでもないことであるが，社会に生起するすべての紛争を民事訴訟により解決し，権利・法的利益を民事訴訟により救済することは，そもそも不可能であるし，相当でもない。むしろ当事者間で合意による解決が可能であれば，それが望ましいことは明らかであろう。紛争解決・法的利益救済のラスト・リ

---

26) この点に関する最高裁判所の分析としては，最高裁判所事務総局「裁判の迅速化に係る検証に関する報告書（平成 25 年 7 月）」社会的要因編 45 頁以下参照。

ゾートというべき訴訟の役割としては，以下の2点が指摘できるように思われる。

第1に，訴訟外で当事者間において紛争を解決する場合の解決基準（法的ルール）の具体化・明確化を図ることである。もちろん社会において妥当するルールの設定の第1次的責任は立法機関にあるが，ルール設定における立法の限界を補うものとして訴訟の役割は大きい[27]。第2に，当事者間ではどうしても解決できないような紛争の最終的・強制的解決を図ることである。裁判所という資源（とりわけ裁判官・書記官等の人的資源）は日本社会にとって極めて貴重なものであり，社会的にみればそのような資源をそれが有用に機能する場面に集中して投下する必要があると考えられる。その意味では，法的利益の救済というサービス自体は民間でも提供できる性質のものであり，「民間でできることは民間に」という発想が有効であろう。ここに，ADR に対する期待が大きくなることになる。

以上のような司法と ADR の役割分担の理想形を達成することは，それ自体容易なことではなく，様々な前提条件があると考えられる。特に ADR の基盤整備が未だ十分でないことは明らかであるところ，受け皿となる ADR の基盤を整備し，それが実際に使える条件を整えていくことは不可欠の前提となる。そして，その後に，それぞれに適合的な事件を裁判から ADR へ，又は ADR から裁判へと振り分けていく基盤を整備することになろう[28]。

(2) ADR の実効性の強化

受け皿としての ADR の強化において1つの重要なポイントは，ADR が利用者に選択してもらえるものとなり，それにより ADR の利用が増大することである。利用者から積極的に選ばれる内実のものでなければ，事件を ADR に振り向けても意味はなく，相当でもないということになろう。

そこで ADR の利用を促進する工夫が重要となる。その方策としては，

---

27) その詳細については，山本・前掲注2) 12頁以下参照。

28) ただ，ADR から裁判への振り分けについては，通常，ADR の不奏功や ADR 機関による解決困難という判断で，ADR 手続が終了し，裁判に移行していくことになると考えられ，格別の制度的手当ては必要ないように思われる。

ADR の一般的広報による制度の認知や個別的広報による各 ADR 機関の周知がまずもって必要であろう[29]。ただ，ADR は，通常の商品・役務とは異なり，紛争解決というかなり特殊なサービスを提供する事業であり，一般社会に向けて広報することは，（無意味ではないが）効率は良くないと思われる[30]。むしろ社会において紛争解決に携わり，紛争が生じた場合に第 1 次的アクセス機関となるような主体，すなわち消費生活相談員・法テラス相談員・弁護士等に対して ADR の認知を進め，メリットをアピールすることが重要と考えられる[31]。

また，もう 1 つ重要なポイントとして，ADR を利用した場合に（多くのケースで）実際に紛争の解決が図られることの担保が必要であろう。せっかく ADR を利用したが結果として紛争が解決できない場合，結局，利用者は訴訟を起こさざるをえず，二重手間になる。そのようなケースが多ければ，口コミ等でその問題点が広がり[32]，他の人も利用を躊躇することになろう。この点については，既存の ADR において，様々な工夫がされている[33]。

まず，リジッドなスキームとして，相手方当事者が紛争解決を部分的に強制される仕組みがある[34]。第 1 に，仲裁合意の事前の一方的受諾を求める方式がある（スポーツ仲裁方式）。この場合，申立人は仲裁か裁判かを選択でき，仲裁を選択した場合にはそれに拘束されることになる。そして，相手方も申立人が仲裁を選択した場合にはそれに拘束され，申立人は必ず ADR で紛争解決を

---

29)　また，具体的な解決結果を（可能な範囲で）公表することも，利用者に安心感を与え，間接的な利用拡大に資する。この点は，ADR の特性である秘密保持との間で調和を図る必要があるが，様々な工夫が可能であろう。

30)　一般の人は，通常商品や役務を購入する時点では自分がそれについて将来紛争に巻き込まれることを想定しておらず，その時点で紛争解決方法の広報をすることにはあまり意味がないことが多いと考えられる。

31)　現在，日本 ADR 協会においては，個別の ADR 機関を消費生活センターに紹介する活動を展開しているが（山田文「民間 ADR の利用促進のために」NBL 1092 号 47 頁参照），これは本文のような考え方を前提としている。

32)　現在のような SNS が広く普及した社会においては，口コミが特に重要性を持つ。これは，逆に ADR が有効に作用した場合には，積極的な広報的機能が期待される点でも重要である。

33)　この問題の検討としては，本書第 17 章 **3**(2)も参照。また，山本和彦「片面拘束型 ADR の意義と課題」仲裁と ADR 13 号（2018 年）1 頁以下も参照。

34)　一方当事者のみに紛争解決を完全に強制すると，裁判を受ける権利の侵害となり，憲法違反のおそれがある。

図りうることになる。第2に，調停案の相手方による尊重義務を課す方式がある。これは，原発 ADR，金融 ADR，交通事故 ADR 等で比較的広く見られる。申立人は調停案に納得できなければ訴訟を選択できるが，相手方（事業者側）は調停案を尊重する必要がある[35]。これによって，申立人としては，実際上，多くの場合に紛争解決が期待できることになる。

　ただ，以上のようなリジッドなスキームを仕組むには，様々な前提条件が必要となる。すなわち，相手方が特定していること[36]，相手方が受諾や尊重を強制されてもやむをえない主体であること（事実上 B to C の場合に限定される），ADR 機関に対する信頼が高いことなどである。その意味で，このようなスキームは，業界型 ADR においては今後の拡大が期待されるが[37]，限界もある。そこで，よりソフトなスキームへの需要があり，例えば，ADR 機関が解決案を示して，当事者を拘束しないものの，訴訟になってもその結果が事実上尊重されるような運用の積み重ねによって，当該 ADR において実際上紛争解決が期待されるような仕組み（非拘束仲裁・中立裁定型）も検討に値する。そのような形で ADR の実効性が確保されれば，その利用増に至るであろう[38]。

(3) ADR の専門性の展開

　訴訟は汎用的な紛争解決システムであるが，社会における様々な面での専門化が進み，紛争も専門化する中で，訴訟による対応は（様々な努力がされているものの）限界が否定できない。そこで，当該専門分野に特化した紛争解決システムとして，ADR が重要な役割を果たしうる。その意味で，訴訟により対応することが困難な分野について，いち早く ADR を創設し，ADR による対応を図ることは，社会における紛争解決全体の質を向上させる意義があるといえよう。

　今後，社会が高度に専門化するにつれて，紛争も専門化していくことは必然

---

35) 相手方を法的に拘束するとすれば，片面的仲裁となり，仲裁合意が必要になるところ，調停案を尊重する限度に止めて事実上の拘束力に期待するものである。

36) 不特定の相手方を前提にしながら，事前の仲裁合意の調達や尊重義務の賦課は困難と考えられる。

37) 例えば，将来的には，医療 ADR 等に拡大することも期待されうる。

38) そのような成功例の1つとして，筆界特定手続が挙げられる。本書第18章参照。

の流れであろう。例えば，自動運転や AI などの技術が進展し，それが広く普及していけば，その点に関する紛争も増大する可能性がある。そこで，これらの問題に関して実体法の整備を図るに際しては，先手を打って，併せて紛争解決のスキームについてもワンセットで考えていく必要がある。そのような実際の例として，既に，PL 法と紛争解決に係る ADR（PL センター）の一体的整備が図られた例や，金融商品販売法の制定に際して金融 ADR についても同時に整備された例[39] などがある。このような対応が今後様々な分野で自覚的に図られるべきである。

　前述のように，漸進的に紛争が増加する分野においては，実体法の整備に次いで紛争手続の整備を行う 2 段階型でも十分に対応可能であろう[40]。しかし，当該技術の進展が社会において爆発的に普及する場合には（今後第 4 次産業革命などと言われる急速な技術発展の下で，そのような技術分野が増えていく可能性が大きい），それをめぐる紛争も爆発的に増大する可能性がある。その場合，紛争の増加に応じて逐次的に ADR を整備することでは（過払金紛争などがそうであったように），手遅れになり，司法に過剰な負荷がかかるおそれが大きい。そこで，予め紛争解決のスキームもしっかりとビルトインして制度を構想していく必要があろう。

(4)　ADR の簡易・廉価・迅速性の追求

　ADR の簡易・廉価・迅速性はその大きなメリットであり，訴訟と差別化し，機能分担を図っていく可能性がある。手軽に安上がりで手早い解決を図るには，そのために，更に柔軟な発想と手続が求められる。その点で，今後は特に先端技術の活用がポイントになりえよう[41]。例えば，いわゆるオンライン ADR

---

39)　この場合は，更に ADR の実効性を担保するため，それについて議論するフォーラムとして，金融庁に金融トラブル連絡調整協議会が設けられたことも大きな意義を有する。この点については，本書第 11 章 2 参照。

40)　例えば，このような分野の候補としては，高齢化の進展に応じた高齢者対応の重要性に鑑み，介護分野や相続分野の ADR の整備などが検討されよう。

41)　もちろん訴訟においても IT 化などへの対応は不可避である。ただ，訴訟では，その権力行使としての性格上，その点に一定の限界があることも否定できない。他方，ADR では，その徹底的な活用が期待できる点に差別化の契機があろう。

（ODR）といった，すべての紛争解決手続をオンライン上で完結するような可能性もある。実例として，自動車 PL センターや原発 ADR などでは既にテレビ会議による ADR が活用されているし，ハーグ条約上の子の引渡紛争の ADR や越境消費者紛争など海外との紛争では特にこの点の整備が重要となる。紛争額などを考えると，実際上，訴訟による解決という選択肢はないに等しい分野では，手続保障を削っても紛争解決がされること自体に価値があるという発想転換の必要が大きい。

　他方で，紛争当事者の別のニーズも無視されるべきではない。すなわち，利用者に身近な紛争解決機関として，利用者の話を傾聴し，その真のニーズを探り出し，抜本的な紛争解決を図っていくという ADR の機能も期待される。これは，従来の ADR 論の中では強調されてきた点であり，今後ももちろん，この面での訴訟との差別化は十分可能である。

　ここで強調したいのは，「ADR はこうでなければならない」という一面的な認識ではない観点の重要性である。例えば，後者のような ADR が本来のものであり，前者のような簡易・迅速性等の利点の追求は「二流の正義」[42] に繋がるもので望ましくないといったステレオタイプの認識は相当でないと思われる。相対交渉や裁判と差別化する利点を各 ADR 機関が主体的・自律的に認識し，徹底し，発信していく必要がある。その意味で，法務省が近時作成している ADR 機関のアピールポイントには，そのような自覚の契機として大きな意味があると考えられるが[43]，他の ADR 機関の試みなども参照しながら，更に自らの利点を徹底していく試みが求められよう。

(5) ADR の永続性の確保

　ADR 機関の抱える実際上最大の問題点は財政問題である。ごく一部の B to B の ADR 機関を除き，どの ADR 機関も運営費用の節減に追われ，極めて深刻な財政問題を抱える ADR 機関も多いのが現状である。

　この点，通常のビジネスのように，利用者からの料金で自律的に ADR を運

---

42)　いわゆる「二流の正義」論については，山本 = 山田・前掲注 3) 149 頁以下参照。

43)　なお，日本 ADR 協会もやはり利用者目線での同様の試みとして，「ADR 機関検索システム」を開発している。これについては，山田・前掲注 31) 48 頁以下参照。

営することは現状では極めて困難といわざるをえない。それには様々な理由があるが，①利用者は実際に紛争を抱えており，多くの場合，費用負担能力に乏しいこと，②加えて，多くのADRはB to Cの紛争を対象とし，消費者である利用者の負担能力には限界があること，③紛争解決のような法的サービス（目に見えにくいサービス）にお金を投じることに日本人はあまり慣れていないこと，④他方，裁判や裁判所調停には多くの公的資金が投入されており，そもそも民間型ADRは費用面で競争にならないことなどが指摘でき，そのような事情は近い将来変化が見込めないとみられる。

　その結果，現在は，業界型ADR（金融ADR・PLセンター等）では業界の負担により，士業型ADR（弁護士会，司法書士会等）では各士業団体の負担による運営がされている。そして，それ以外のADR（NPO法人等）は極めて困窮している状況にあり，業界型や士業型なども業界等によっては資金不足の状況で，常にその費用の縮減が求められる現状にある。このような現状を前提にしながら，ADRを裁判と並ぶ魅力的な紛争解決の選択肢として整備することが日本社会にとって必要であると認識するのであれば，一定の公的資金による負担を考えるべき時ではないかと思われる。ただ，公的資金による負担といっても，いくつかの方法がありうる。

　1つは，法律扶助型である。これは，利用者の資力に着目して，資力が十分ではない者にADRの利用料を国が代替して負担するという方法である。訴訟に代わる紛争解決方法として国が支援するという考え方である。法律扶助が裁判を受ける権利を保障するものであるとして[44]，ADRによる紛争解決が裁判よりも望ましいような事件があるとすれば，当該事件についてはADRによる紛争解決を保障することこそが真の意味での司法へのアクセス，すなわち裁判を受ける権利の保障になるとの理解をとるものである。現在，ADRに対する法律扶助の適用は既にある程度実現している。民事法律扶助法制定時（2000年）に一定のADRにその対象が及ぶことが前提とされ，それは現行の総合法律支援法に引き継がれている。そして，東日本大震災時の震災特例法（東日本大震災の被災者に対する援助のための日本司法支援センターの業務の特例に関する法

44）　法律扶助の意義に関する私見については，山本・前掲注2）549頁以下参照。

律）（2012 年）において明文でその点が示され，更に ADR 法見直し時（2014 年）の議論の中で，運用上その趣旨が明確化されるべきものとされた。その意味で，この点は引き続き運用による対応が図られ，その対象の拡大が期待される[45]。

　もう 1 つは，政策型の ADR に対する費用援助である。これは，ある一定の領域について政策的にその分野を推進する一環として，その点をめぐる紛争解決にも公的資金を投入するという考え方になる（この点は，(2)の議論とも関係する）。例えば，地上デジタル放送への転換を支援するという政策が採られる場合に，それに関連した紛争が生じる際には ADR による解決を援助するものとして，地デジ ADR に対する財政負担が行われた例[46] などがこれに当たろう。当該政策を担当する関係省庁の予算による対応が可能となり，即効的な財政支援が実現できる。その意味で，有望な支援方策ではあるが，他方で（そのような政策が終われば支援も終わる可能性が高く）永続性の観点から難点もある。ただ，前述のような急増する紛争類型においては，特に有用な方途であり，法律扶助のような汎用的な方策と併せて追求されるべき課題であろう。

(6)　ADR 法制の更なる整備

　以上のような様々な課題を解決するため，当然，法制面での更なる整備を図ることが考えられる。ADR 法が我々に与えた教訓を総括すれば，「法律でできることには限界がある。しかし，法律によってできることも少なからずある」ということではないかと思われる。ADR 法の大きな成果として，様々な分野に多くの ADR が立ち上がったことには間違いがない[47]。ただ，残念ながら，現状ではそれら多くの ADR が実際に活用されているとは言い難い状況にある。法律の条文を更に整備していくことは考えられるが，例えば執行力等の規定[48] を設けたからといって，それで一気に申立てが ADR に殺到するような性格のものでないことは明らかである。そのような目的を達成するには，広

---

45)　制度的に残る課題としては，仲裁への法律扶助の拡大の問題がある。
46)　このような行政からの一定のニーズに沿った形での ADR の設計という観点を強調するのは，山本ほか・前掲注16) 37 頁以下〔渡部晃〕参照。
47)　ADR 法の成果と課題については，山本ほか・前掲注16) 4 頁以下参照。
48)　このような立法論については，本書第 8 章参照。

報にしても人材養成にしても，地道な努力が不可欠である[49]。

ただ，法律のインパクトが大きいことも他方で間違いがない。ADR 法がもしなければ，ADR の今日のような状況は実現しなかったであろう。その意味で，定期的に法制の見直しに臨む作業は必要であるし，それを恒常的に議論するフォーラムがあってよい[50]。そして，現段階において最も重要な法制的課題と著者が考えているのは，ADR が受け皿として機能する領域において，訴訟から ADR に事件を送付する枠組みの構築である。このいわゆる「付 ADR」の構想は，前述のような理想的な役割分担を図る上で極めて有用なものと考えられる[51]。もちろんその前提として受け皿となる ADR の基盤整備は不可欠であるが，例えば現状では金融紛争などでは基盤整備が既にされているとの評価は可能であるし，医療 ADR との関係なども将来的には期待される。そのような中，現在の法律における訴訟手続の中止の制度（ADR 法 26 条）は極めて中途半端なものとの評価は免れ難い。ADR による実効的な解決の保障，ADR の費用負担の問題など，前提として解決すべき問題は多いが，それが調う分野では付 ADR による対応がされてよいであろう。理論的には裁判を受ける権利の問題も根本にあるが，前述のように，本来 ADR による解決に適した紛争については，ADR によらせるのが広い意味での裁判を受ける権利の保障になるという考え方に基づき，そのような場合には訴訟手続を（第 1 次的に）利用させることが憲法上の要請とまでは言い難いとみられる。以上のような観点から，ADR 法制の更なる整備に期待したい。

---

49) そのような地道な努力を支援する日本 ADR 協会の営みについては，山田・前掲注 31）45 頁以下参照。

50) 金融 ADR において金融トラブル連絡調整協議会の果たした役割には多大なものがある。ADR 一般についても，法務省と ADR 機関の自由闊達な意見交換の定期的フォーラムの重要性を指摘するものとして，山本ほか・前掲注 16）41 頁〔山本和彦〕参照。

51) もちろんここでも ADR の普及に向けた一般的広報や弁護士への啓蒙活動等による当事者の自律的対応が第 1 次的に重要であることは間違いないが，そのような活動を促進する意味でも付 ADR の制度化には意味があろう。

6 おわりに
――本書の全体像

　本章の終わりにあたって，以上のような ADR の意義に関する著者の認識を前提に，本書の全体像を簡単に示したい。本書は大きく総論的な部分と各論的な部分に分かれる。

　まず，総論の第 1 部として，ADR に関する歴史を振り返ってみたい。それによって，将来の ADR の課題をよりよく認識することができると考えられるからである。ただ，歴史といっても，著者は ADR の立法が現実の俎上に載せられた司法制度改革の頃からこの問題に関心を有していたものであり，ADR 法の制定からその施行に向けた近時の歴史を振り返りたい（I 参照）。ADR 法の立法時はもちろん，（偶然であるが）概ね 5 年ごとに ADR 法の状況を点検する論考の機会をもったので，（重複部分はあるものの）著者の時々の考えをまとめたものとして整理しておきたい。

　次いで，総論の第 2 部・第 3 部としては，ADR の国際規格化の議論と ADR 法の解釈論をめぐる議論を取り扱う。ADR は（ドメスティックな性質を強く有する国家司法とは異なり）もともと国際的性格が強く，国際的なハーモナイゼイションの機運が強い。そこで，著者自身が若干の関わりをもった ISO の国際規格の考え方を紹介する（II 参照）。また，立法された ADR 法は，基本法的な性格が強く，あまり細かな解釈論の議論がない分野ではあるが，例外的に一定の解釈問題が生じた点に関し著者が若干の見解を示す機会を得た論点を紹介する（III 参照）。

　次に，各論的な部分では，著者は，様々な分野の ADR について，制度の整備や実際の運用に携わる機会をもってきた。各論の第 1 部で取り扱う金融 ADR については，金融トラブル連絡調整協議会のメンバーとして制度整備やそのモニターに長らく関わってきたものである。事件数からしても解決内容からしても現在の日本を代表する ADR と呼んで差し支えないものであり，その制度創設の経緯と意義について概観する（IV 参照）。次いで，各論の第 2 部としては事業再生 ADR を取り上げる。やや特殊な分野の ADR ではあるが，倒産

分野に関連するもので，倒産法をも専門分野とする著者にとっては思い入れのあるADRである。現在，日本の事業再生の分野に確固たる根を張ったものと評価できる（V参照）。そして，各論の第3部では，それ以外の様々なADRについて，やや恣意的であるが，著者が若干の関与をもってきたものとして，医療ADR，環境ADR，スポーツADR，境界ADRについて論じ（Ⅵ参照），様々な観点から現在の日本のADRの全体像を浮かび上がらせることを目的とする。

　以上のような総論的・各論的議論とはやや異なる切り口として，ADRと司法の関係について最後に検討する（Ⅶ参照）。まず，争点整理におけるADRの機能や裁判所調停と民間型ADRの関係について論じる。総論的な部分でも，ADRと司法の関係・役割分担は中心的な関心事項ではあるが，ここでは，どちらかと言えば，司法の側からみたADRの意味について考えてみる趣旨である。次いで，仲裁についても若干論じる。仲裁法の個別の解釈論については，ある程度まとめて論じたことがあるが[52]，ここでは，個別の解釈問題として，仲裁判断の準拠法に関する論稿を収録している。

　以上のような内容をもつ本書によって，著者のADRに関する現段階での総括的な捉え方を明らかにし，今後まだまだ伸び代の大きい日本におけるADRの発展に何らかの寄与ができれば幸いである。

（書き下ろし）

52）　山本＝山田・前掲注3）307頁以下参照。

I ADR 法総論（その 1）
——ADR 法の立法とその後の展開

第 *1* 章

裁判外紛争解決手段（ADR）の拡充・活性化に向けて
―― 司法制度改革審議会検討時

1 は じ め に

　まず，はじめに，今日の報告の前提及び基本的な方向性について簡単にお話をさせていただきます。私は，ADR による紛争解決ないし法的利益保護という機能は，民事司法を公的なサービスとしてとらえる場合，そのサービスの幅を広げる選択肢をユーザーに与えるものとして，また社会全体の正義の総量を増大させるものとして，非常に大きな意義をもっていると考えております。その意味で，ADR を国民にとって魅力的な選択肢とすべきものとしている司法制度改革審議会の中間報告と同一の認識をもっております。ただ，その前提といたしましては，民事裁判の充実がやはり不可欠であろうと思います。民事裁判が機能不全の状況にあって仮に ADR の充実だけを図るとしますと，全体の司法制度は大変歪んだものになるおそれがあります。そこでは，ADR は選択肢ではなく利用者に事実上強制されてしまうおそれがあるからです。その意味で，あくまで常に裁判の選択肢が残っているという利用者の自由選択性の担保・保障（それは司法制度改革の中核的な課題であろうかと思いますが），それがここでのお話の大前提になります。

　そのような前提の下では，ADR の制度構成について，その大部分を市場の選択ないしは競争に委ねる余地があるのではないかと思います。特に，ビジネスとしてペイする可能性のある部分の ADR，ときに B to B（企業間）ともいわれますが，ビジネス関係の ADR については，過剰な規制を排除して民間の

創意工夫に委ねることが第1であろうかと思われます。その結果，実際には ADR が出てこないとすれば，それは需要がないだけということになりましょう。そこでの国等の役割は，裁判との競争条件の均等化のために一定の介入をするという，基盤整備・制度整備の点が中心になるとみられます。それに対し，ビジネス的にペイしないであろう部分，いわゆる B to C（企業と消費者間）といわれるような，たとえば労働関係，金融関係，電子商取引関係等の ADR に関しましては，政策的な活性化の必要がある場合もありましょう。ただ，このような場合も，コストを低減するためには，権力的な手法よりも市場との連携がなお追求できればそれに越したことはありません。たとえば，いわゆるトラストマークのシステム等で，事業者に ADR の可能性を表示させ，消費者に選択させるというような方法も工夫する必要はあろうかと思いますが，やはり正面からの検討として，ADR 運営の費用をどうするか，法律扶助等の形で公的資金を正面から投入するか，保険という形で相互扶助に期待するか，あるいは事業者負担として最終的には価格転嫁の形で広く薄く消費者に負担を求めるかなどの検討も必要になってくるように思われます。

　今日の報告では，一応 ADR 全体を対象といたしますが，その中心は，現在もっとも問題とされている民間型 ADR の問題です。もちろん司法型 ADR，つまり裁判所の調停や行政型 ADR につきましてもさまざまな問題があり，その一部は私の論稿（山本和彦「裁判外紛争処理制度（ADR）」ひろば53巻9号（2000年）17頁以下）のなかでもとりあげておりますし，今日のお話の多くの部分はそれらの ADR にも妥当する部分がありますが，主として念頭においているのは民間型と呼ばれる ADR であるという点を確認させていただきたいと思います。以下では，司法制度改革審議会の中間報告の整理に沿いまして，まず ADR の拡充・活性化のための基盤整備，次いで ADR と裁判手続との連携強化についてお話をさせていただきます。

2　ADR の拡充・活性化のための基盤整備

(1)　ADR の利用阻害要因の除去

まず，基盤整備の問題ですが，最初に，ADR の利用が現在阻害されている

要因がどこにあるのか，そしてそのような要因を除去する方法としてどのような ものがあるのかという点を考えてみたいと思います。

　まず，法制面の問題がしばしば指摘されております。仲裁法については，すでに繰り返し指摘されておりますように，大変古い法律であるうえに，国際的な法統一の動きもありますし，また現在まったく存在しない民間調停法，さらにはADR 基本法のような法制整備の必要性も論じられております。これらについてはまた後ほどふれますが，少なくとも仲裁法の早期整備の必要性がきわめて強いことにあまり異論はないかと思います。しかし，この法制面の問題はあくまで1つの問題にすぎず，これが整備されれば直ちにADR が飛躍的に増加するという「魔法の杖」では決してないことも認識しておく必要があろうかと思います。

　そこで，ADR 利用を阻害するその他の要因を考えてみますと，やはり情報の不足という点が第1に問題となりましょう。いずれのADR につきましても，その広告宣伝活動はきわめて不十分なレベルにとどまっているといわざるをえず，一般市民がADR の全体像を把握し，具体的な問題が生じたときに適切なADR 機関に申し立てるということは，およそ不可能な状況にあるように見受けられます。その意味で，ADR，さらには訴訟をも含めた紛争解決機関の全体像を示すような総合的なリーフレットを作成し，それを市町村役場，警察，消費生活センター，裁判所，弁護士会等の紛争解決に関する第1次的なアクセス・ポイントに常に備え置いておく必要性は大きいであろうと思います。さらに，情報収集方法の多様化のなかで，ファックスサービスやホームページの活用等も重要な課題になると思われます。

　次に，やはり切実な問題として，費用の問題がありましょう。ADR の廉価性ということがときに指摘されますが，確かに代理人報酬の面ではADR は訴訟よりも廉価な場合が多いと思われますが，適切な担当者を調達しようとしてもその報酬が高価につき，その部分の利用者負担がゼロに近い裁判所の手続と比べてむしろ高価になる場合も多いと考えられます。この問題の解決につきましては，先ほども若干ふれましたが，まず法律扶助の適用という形で公的資金を投入することが考えられます。民事法律扶助法（現在の総合法律支援法）でも調停型のADR は一部その適用対象になりうるとみられますが，仲裁型の

ADR も訴訟に代わるものとして適用対象とすることは考慮に値するでしょう。ただ，そのほかの費用調達方法として，一種の保険型として住宅の品質確保にかかる紛争処理のような方法も検討に値しますし，業界型 ADR も，価格転嫁が可能な範囲で，経済的にみれば一種の強制保険という側面をもっているとも考えられ，ADR 機関や対象紛争等と関連して工夫の余地がありましょう。さらに，費用そのものを低減する方法としましては，オンライン ADR の可能性等が今後検討される必要があるように思われます。

　次に，合意の問題です。ADR が裁判と異なる最大の点は，紛争解決に至るいずれかの時点で，何らかの形で必ず両紛争当事者の合意が必要になるという点です。調停型の場合は解決案についての合意が必要とされますし，仲裁型の場合は最初の段階でまず仲裁合意が必要になるわけです。このような合意はADR のまさに正統化根拠ですので，その緩和には慎重な検討が必要ではありますが，何らかの形でその調達を容易にする工夫は考えられましょう。たとえば，調停型の場合には，民事調停にすでにあるように，調停に代わる決定のような形で消極的な同意で足りるようにするということも，裁判所との連携のなかで考えられるように思われます。また，仲裁型の場合には，約款等で事前の仲裁合意を調達することが一部でされております。これは裁判を受ける権利との関係で微妙な問題もありますが，特に企業間の契約のような場合には有効な方法といえましょう。さらに，なかなか合意を得にくい場合には，緩やかな方法として，アメリカで行われている中立評価，Neutral Evaluation といった方式で，当事者を必ずしも拘束しないで評価のみを ADR 機関が示し，後はそれに基づいて当事者間で話し合っていくといった ADR も，紛争の種類によっては意味があるように思われます。この場合は，評価人として退職裁判官の活用が有用になってくると思われますが，広い意味での裁判所との連携の問題ということになりましょう。

　最後に，ADR ではその手続や解決結果についての予測が困難であるという点が利用を阻害する１つの要因になっているといわれます。訴訟と異なり，その手続や結果が手続法や実体法によって規律されていない ADR のまさに宿命ともいえます。しかし，この点にも一定の工夫の余地はありましょう。たとえば，解決基準をある程度事前に明確化すること，解決結果や解決事例集につい

てプライバシーや企業秘密に反しない範囲で公表すること，解決手続について
当事者の意思を反映させること，さらに担当者リストを公表しておくこと等の
措置が検討に値するように思われます。

このほかにも，ADR の拡充のためには，結局，裁判所からの事件付託が決
定的な重要性をもっていると思われます。アメリカ等でも成功しているとされ
る ADR は，いわゆるコートアネックス型のものであり，実際上は裁判所から
事件を回さないと ADR がペイするのは困難であるといわれているようです。
その意味で，裁判所との連携は決定的な重要性をもちますが，この点はまた後
に述べます。また，現実の問題として，ADR の信頼性・中立性に疑問がもた
れていることがもっとも重要であるように私には思われますが，この点は項を
改めて考えてみたいと思います。

(2) ADR の信頼性・中立性の向上

そこで，ADR の信頼性・中立性の問題ということですが，まず ADR が利
用されない重要な要因として，個々の ADR ではなく ADR というもの一般に
ついて信頼性が欠けているという点が指摘できようかと思います。これは国民
の裁判所への信頼，あるいはいわゆるお上意識の裏返しという面があろうかと
思います。私は内部免責効果と呼んでおりますが，企業の担当者や代理人弁護
士が紛争に直面したとき，それを裁判所で解決すればその結果はともかくとし
て免責される一方で，それを ADR 機関で解決した結果，不利な結論になりま
すと，その担当者や弁護士は内部で批判され，また制裁を受けるおそれすらあ
るといわれます。そうしますと，どうしてもまず裁判を使う方向にバイアスが
かかることになってしまいます。これを避けるためには，個々の ADR の信頼
性を高めることも必要ですが，ADR 全体の認知度を高める工夫も不可欠であ
ると考えます。私が ADR 基本法といったことを申し上げる 1 つの理由はここ
にあります。

(a) 人的側面

個別の ADR との関係では，まず人的側面の問題があります。ADR は手続
法・実体法の規律を基本的に受けないものですから，信頼性を確保するには，
最終的にはそれを担当する人の問題がもっとも重要になりましょう。その意味

で，ADR の拡充・活性化のためには，広い範囲で有為な人材を多数確保する必要があることになります。紛争の解決を目的にする以上，やはり法律家，つまり弁護士や退職裁判官等が人的な中核になることはいうまでもありませんが，たとえば，専門的な ADR では当該紛争に関する専門家を活用する必要があると思われます。医事紛争における医師，知的財産事件における弁理士，境界紛争事件における土地家屋調査士，建築紛争における建築士等の専門職種を有効に活用していくことは，裁判にはなかなか困難である専門紛争の解決という点で，ADR の独自の存在意義を高めるものではないかと思われます。

また，調停等の専門技術者を養成していくことも重要な課題になると思われます。近時のさまざまな学問的成果が示すとおり，話合いの仲介には特別の技能が必要とされるとすれば，アメリカで行われているように，調停人，メディエイターの資格制度を創設する可能性は検討に値すると思われます。もちろん法律家が同時にメディエイターの資格をもつことは望ましいものではありますが，必ずしも調停人に法曹資格を前提として要求する必然性はないようにも思われます。欧米では，特に家事関係の調停では必ずしも法律家ではない調停人の活動が評価されているようであり（日本の家事調停でも同様でしょう），また，商事紛争等に関しましては，フランスの商事裁判所の運用にみられますように，現役の経営者等の調停活動は有効なものとなる可能性があるように思われ，日本でもそのような調停人を確保していく可能性はありましょう。そのような努力をしていく点で，仮に弁護士法 72 条が障害になるとすれば，その改正も検討すべきように思われます。

以上のような専門家の活用や専門技術者の養成のほか，一部の地域に集中する専門家等を活用する技術としまして，先ほどもふれたオンライン ADR は 1つの可能性を提供するように思われますし，また ADR の代理人につきましても，専門家等の代理を認めていく可能性はあると思います。いずれにしましても，利用者の立場からみれば，なるべく多くの有能な人材が ADR で活躍できる基盤を整備する必要がありましょう。

(b) 手続的側面

次に，ADR の手続的側面からみた信頼性の確保，つまり信頼できて使いやすい手続とするための工夫の問題があります。まずはじめに，ADR で安心し

て当事者が率直な意見交換ができるように，ADR の手続内容を事後の訴訟等で利用することを一定程度制限すること，また調停人等に守秘義務を課し秘匿特権を認めること等が課題となりましょう。また，ADR を進めるについて事実認定が必要となる事件では，情報収集の手続が必要となります。行政型ADR では強制処分による証拠収集も考えられますが，民間型 ADR ではそれは不可能でして，後にみますように裁判所と連携するか，あるいは誠実交渉義務のようなものを定めて，自主的な情報開示を進める規律に期待することも考えられましょう。それから，仲裁についてはすでに認められておりますが，調停型 ADR にも妨訴抗弁性，つまり調停手続中は訴えは却下するという扱いを認めるかという問題もあります。更に，やや困難な問題ですが，ADR 手続中は消滅時効等が停止（完成猶予）する扱い，つまり ADR 終了後一定の期間内に訴訟を提起すれば，時効は完成しないとするか否かも課題として指摘されております。最後に，もっとも困難な点とされるのが，ADR の解決結果に執行力を付与する可能性です。

　このような問題の規律につきましては，その規律内容とともに，規律対象について困難な問題があることを指摘しておく必要があります。まず，ADR 一般について無限定に規律することはそもそも困難でありましょう。ADR はあまりに多様で無定形なものですので，道端の酔っ払いの喧嘩を通行人が仲裁することまでその規律対象とすることはできないからです。他方，一定の機関を行政が認可することも，規制緩和等の趣旨から疑問が残ります。私は，将来的には，ADR 担当者の資格を中心に規律すること，たとえば，一定の資格者の関与が担保されるような ADR 機関の手続を認証し，その機関に裁判所が事件を付託する余地を認め，またその機関の手続に妨訴抗弁性や時効停止（完成猶予）効を認め，更にその手続による調停結果に裁判所の執行決定等に基づいて執行力を付与するような規律が考えられないかと思っております。これは，調停人という一定の資格者の手続か，または裁判所が一定の要件の下に付託した手続に対象を限定して規律するフランス法の手法にヒントを得たものです。いずれにしても，そこでの規律は最低限のものにとどめ，後は自由な競争に委ねるという発想が重要のように思いまして，個々の ADR 機関の手足を縛ることはなるべく避け，創意工夫の余地を多く残しながら，最終的には需要供給の原

則に基づく利用者の選択に任せるということでよいのではないでしょうか。

(c)　中立性の問題

最後に，これは特に業界型 ADR で問題となる点ですが，ADR 機関の中立性の問題を指摘しておく必要がありましょう。業界型 ADR の場合には，消費者等の側からみて，ADR 機関が相手方の属する業界と密接な関係にあるため，どうしても相手方寄りにみえることは避けがたく，それが消費者等による業界型 ADR 利用の大きな足かせになっていることは否定できないように思われます。そこで，ADR 機関の中立性の確保，更には中立性の外観を確保するための工夫が必要となってきます。

そのような工夫として，まず実際の事件担当者の中立性の確保の試みが考えられます。担当者に消費者の代表や弁護士等を加えたり，個々の事件で担当者を当事者によって選択させるというような手法が考えられます。これは，固有の ADR の段階には限定されず，相談・苦情処理等の過程においても重要であり，この段階で非業界の専門家，たとえば消費生活相談員等を活用することは実質的な中立性の確保，更に ADR の活用に重要な意味があると思われます。ただ，事件担当者が中立的な姿勢をとっていても，やはり ADR 機関自体が業界に属している場合には，消費者の疑念はなお残るように思われます。そこで，更なる工夫として，中立的機関と提携して，紛争自体をそちらに投げてしまうということも考えられます。たとえば，全銀協等が試みていますように，弁護士会の仲裁センターと提携して，費用だけは負担しながら紛争解決は全面的にそちらに任せるというやり方です[補注1]。これは中立性問題を抜本的に解決する 1 つの有力な方法とみられます。

また，中立性をいわば諦めながら，ADR を訴訟の前さばき的に利用するという割り切り方もあるように思われます。医師会の医事紛争処理機関等について指摘されておりますように，消費者等はまずこの ADR 手続を利用して，不満が残れば訴訟に移っていくという利用の仕方です。ただ，これが成立するためには，利用者からみてその ADR が十分な紛争解決機能を担保されたもので

　　[補注 1]　全銀協はその後，金融 ADR 制度の発足とともに，自前の ADR 機関を組織するに至っている。この点については，第 11 章及び第 12 章参照。

ある必要がありましょう。したがって，事業者側に手続の応諾義務を認め，さらには調停案の受諾義務を認めるという片面仲裁的な制度構成が必要になるように思われます。

(d)　今後の課題

以上のような検討から，今後の課題について，簡単に整理しておきたいと思います。まず，短期的な課題としましては，各 ADR 機関の手続等のルールを調査し，モデル・ルール等というような形で緩やかな統一化を図っていくことが考えられてよいと思います。もちろん，ADR 機関の特性に応じたバリエイションは不可欠であり，いくつかのパターンのルールになるかと思いますが，統一できるところはできるだけ統一していくことは，利用者の利便性の点から試みられてよいのではないでしょうか。また，人的側面については，調停専門技術等に関する調査研究を行い人材の育成を図っていくことが，長期的には ADR の発展に大きく寄与することでありましょう。人材の育成には長期間を要することを考えれば，これはいますぐにでも開始すべきことのように思います。

より中長期の課題といたしましては，ADR 基本法の構想ということも考えられると思います。ADR の重要性を謳うような一種の精神的規定であっても，国による ADR 公認の意味はもつわけでして，先ほどお話しした一般的な ADR の信頼性向上に繋がる意味はありましょう。さらに，手続的な側面での実質的規定を設けることも課題ですが，これについては規律の内容・範囲等について困難な問題があることは先ほどもふれたとおりです。この点については，現在，UNCITRAL（国連国際商取引法委員会）でモデル調停法（model concilia-tion act）[補注2] の制定作業が行われている最中でして，日本政府の代表もそれに参加しておられるところですので，その結果を待って法整備を図っていく方向がよろしいのではないかと考えております。

(3)　ADR 機関相互間の連携強化

次に，ADR 機関相互間の連携強化の問題についてお話ししたいと思います。

［補注2］　モデル調停法については，第2章［補注2］参照。

連携の対象としては，もっとも基本的な情報提供に関する連携のほか，個別の事件処理に関する連携，さらにはより一般的な基盤整備に関する連携が必要になると思われます。

　まず，情報提供に関する連携ですが，広告等利用者に対する情報提供の作業について，各 ADR 機関が個別に行うことはリソースのロスが大きいでしょうし，利用者の利便性にも欠けるように思われます。そこで，窓口に共通のリーフレットを常置したり，ホームページ上で相互にリンクを張ったりするなど，利用者が必要な情報にすぐにアクセスできるような連携の工夫が重要でしょう。また，データベースの共有も有意義であり，紛争解決事例等をまとめてデータベース化して利用者のアクセスに供すること等も考えられてよいでしょう。次に，個別の事件処理に関する連携の問題があります。ここでは，第 1 次的なアクセス機関による事件の振り分け等インテイクの機能がまず重要です。相談機関等によって ADR 機関を紹介するほか，場合によっては申立ての代行や手続代理も考えてよいように思われます。さらに，解決機関間で事件を相互移送する枠組みも利用者の利便性を高める効果をもちましょう。最後に，人材養成等基盤整備に関する連携としては，ADR 担当者の合同研修やノウハウ集の共同作成等が考えられるところです。

　そのような連携強化を具体化する方法として，短期的には，ADR 機関相互の連絡調整会議を設け，日常的な連絡態勢を整えるとともに，知識・ノウハウ等の共有を図るような試みが有用ではないかという気がいたします。現在，金融関係の ADR 機関間で消費者の代表等も加えて，金融トラブル連絡調整協議会という会合が定期的に開かれておりますが，そのような形で，さまざまな情報交換がなされ，共通の問題に対処していくことは，ADR 機関間のハーモナイゼイション・相互理解・相互協力を進めるうえで，大変意味があると思います。そして，中長期的な課題としましては，ADR 支援センターと申しますか，相談，事件の振分け，申立ての代行，人材養成，資格認定，広報，モデル規則の作成，履行支援等を一元的に行うような機関が，個別機関間の連携の延長線上で実現すれば，利用者の利便性が飛躍的に高まるのではなかろうかと考えております。

3 ADR と裁判手続との連携強化

(1) ADR から裁判手続への移行

以上，ADR の拡充・活性化の基盤整備についてお話ししてきましたが，最後に，ADR と裁判手続との連携強化の問題について簡単にお話をしておきたいと思います。まず，ADR から裁判手続への移行の問題です。ここでは，ADR が結果として失敗に終わったことが前提になりますが，1 つの問題は，その ADR での審理結果を訴訟手続のなかで活用するということです。これが可能になれば，失敗に終わった ADR も丸まる無駄ではなかったということになるわけでして，ADR を利用するインセンティブになるとともに，裁判所の負担を軽減する効果も期待できましょう。これは，先ほどの ADR 手続内の守秘義務等と矛盾する面は若干ありますが，そのような弊害が出ない範囲で，検討に値するように考えられます。すでに民事調停でそのような試みがありますように，特に専門型 ADR では審理結果の訴訟での利用は大きな意味があると思います。また，前にもふれましたが，ADR 機関による提訴支援の可能性も，ADR から訴訟に円滑に手続を移行させるうえで，検討に値する意義があろうかと思います。これはもちろん，ADR 機関の中立性にもかかわる問題ではありますが，特に当事者間に定型的な力量の格差があるような場合，たとえば消費者関係の ADR 等では，外国にもその実施例があるとされ，検討に値しましょう。

また，部分的な裁判所への移行としまして，事実調査について裁判所の協力を求める場面が考えられます。民間型 ADR の場合には，強制的な証拠調べは不可能であり，ADR 機関内で手続を自己完結できませんので，裁判所の協力は不可欠となります。具体的には，公示催告仲裁法（現在の仲裁法）に，裁判所による協力手続の定めがありますが，その他の ADR 機関についても，そのようなルートの創設等が課題になりましょう。

(2) 裁判手続から ADR への移行

次に，裁判手続から ADR への移行の問題です。まず，これには，提訴され

た事件を全面的に ADR 機関に送致する場合のほか，事件の係属は維持しなが
らその一部を ADR 機関に委ねるような柔軟な移行のスキームも検討に値する
と思います。たとえば，争点整理や一定の争点に関する事実認定に限定して，
事件を ADR 機関に移行させることも視野に入れるべきでしょう。これもすで
に民事調停との関係では実施されているようですが，特に専門的知見を要する
事件については，必要な争点整理や事実認定を専門 ADR に委託することは，
裁判所の負担軽減のほか，利用者の利便性の観点からも大きな意味があるよう
に思われます。

　前にもふれましたように，事件を裁判所から ADR 機関に回すことは，実際
上は ADR 活用の大きな鍵になると思われます。ADR 機関としては，そのよ
うな機会を活かして実績を積みながら，独立の事件も扱っていくという形で，
その発展の手掛かりになることは間違いないと思われます。具体的には，前に
述べましたように，一定の基準で認証した ADR 機関について裁判所が事件を
送付できる旨の規定が必要であると思われまして，アメリカでもフランスでも
ADR に関する中核的な規定はこの部分であると思われます。また，移行の延
長線上にはドイツ等で議論されておりますように，ADR 前置主義という規律
もありえようかと思います。この点でもっとも重要と思われますのは，移行す
る場合に当事者の同意を必要的とするか否かという問題，また前置主義にする
場合に事件を限定する基準です。諸外国の例では，たとえば，フランスは
ADR に送付するには常に当事者の同意を必要としておりますが，最近は離婚
訴訟等でそれを外す方向で検討がされているようですし，アメリカでは仲裁の
み当事者の同意が必要で調停等は不要とされているようです。また，事件類型
の関係では，ドイツでは，前置の対象を隣人事件，名誉毀損事件，少額事件等
に限定し，アメリカでも，憲法上の価値を有する事件等では職権送付に制限が
あるようです。日本の民事調停では，無制限かつ合意なしに送付を認めており
ますが，民間型 ADR に回すとなるとそういうわけにはいかないように思われ
まして，その基準を考えていく必要がありましょう。

　そのほか，ADR 機関間の連携についても述べましたように，情報提供に関
する連携や人材養成等基盤整備に関する連携が，裁判所・ADR 機関間でもや
はり必要になるように思われます。たとえば，裁判所の相談窓口に ADR を含

む総合的な紛争解決についてのパンフレットを置いたり，ADR についても教示の対象とする形で情報提供に協力する必要がありましょうし，司法研修所等による ADR 担当者の研修の実施協力や民事調停とのノウハウの相互提供・合同研修等の協力，さらに先ほどお話しした ADR 機関間の連絡調整会議等への裁判所の参加等も課題となりうると思われます。

　以上，大変アトランダムなお話で，また必ずしも十分に熟したものでもないことを多々述べさせていただきましたが，今後の皆様のご検討になにがしかのご参考となれば大変幸いに存じます。以上で私の報告を終わらせていただきます。

（初出：NBL 706 号（2001 年）6 頁以下）

[補論]　本章は，2000 年 12 月 6 日に開催された，司法制度改革審議会の「司法制度と ADR の在り方に関する勉強会」における著者の講演録に加筆・修正を加えたものである。当時は，1999 年 7 月に 2 年間の期限を切って設置された司法制度改革審議会の審議が折り返し点を迎え，2000 年 11 月に中間報告が公表された後，ADR について，より具体的な提言をするため，竹下守夫委員（駿河台大学学長：当時）を座長とする上記勉強会が設置されていた。同勉強会は，同年 12 月から 2001 年 3 月まで合計 4 回開催されたところ（同勉強会の経緯等については，伊藤眞ほか「座談会・司法制度改革審議会中間報告をめぐって」ジュリスト臨時増刊『司法改革と国民参加』ジュリスト 1198 号（2001 年）41 頁以下〔竹下守夫〕，小林徹『裁判外紛争解決促進法』（商事法務，2005 年）4 頁など参照），著者の報告は，その第 1 回の会議に研究者の視点を示すために行われたものである。著者としては，ADR の法整備に関する最初の包括的見解を示したもので，個人的に感慨深い論稿である。

　　以上のような性格のものであるので，本章は，司法制度改革審議会の中間報告を基本的に支持する立場から，ADR 法制定前の（未だそれが具体的課題になる前の）ADR の拡充・活性化の在り方についての著者の当時の認識を示すものである。そこで示された認識は，ADR の利用しやすさの向上，信頼性・中立性の向上，ADR 機関相互間の連携強化，裁判手続との連携強化等多岐にわたるものであるが，後に ADR 法制定時に活かされたもの，金融 ADR 等一部の ADR で実現したもの，その後の ADR の実務運営等で実現したものなど，その多くはその後何らかの形で実現に至っている。その意味で，（未実現のも

のも含めて）著者は現段階でもここで示された基本的な認識を維持している。

　ADR 法との関係では，時効停止（完成猶予）効や執行力等の主要な問題を論じているが，既に規律対象の問題を困難な点として予測していることが興味深い（同様の問題意識を早い段階で示したものとして，伊藤ほか・前掲 42 頁〔深山卓也〕参照）。この点が結局，ADR 法立案時の最大の課題となったわけであるが，この時点では人（ADR 担当者）の面からの規律を提唱している（問題がより具体化した場面での私見として，本書第 2 章 5 参照）。さらに，機関間連携の観点から，ADR 支援センターの構想を既に論じている点も面白い。この点は，部分的には，現在の日本 ADR 協会に繋がる構想であり，著者が現在（2018 年 10 月），同協会の代表理事を務めていることにも因縁を感じる。20 年近く前の論稿であるが，著者の ADR 論の基礎をなすものとして，本書に収録することにしたものである。

第2章

ADR 基本法に関する一試論
—— ADR の紛争解決機能の強化に向けて

1 はじめに

　司法制度改革審議会意見書（以下「意見書」という）は，国民の期待に応える司法制度の構築のためには，ニーズに応じて多様な紛争解決手段を選択できるようにする必要があり，その意味で裁判外紛争解決手段（以下「ADR」という）の拡充・活性化を図るべきものとする。すなわち，ADR に対する基本姿勢として，「司法の中核たる裁判機能の充実に格別の努力を傾注すべきことに加えて，ADR が，国民にとって裁判と並ぶ魅力的な選択肢となるよう，その拡充，活性化を図るべきである」とされ，そのための制度基盤の整備として，「ADRの利用促進，裁判手続との連携強化のための基本的な枠組みを規定する法律（いわゆる「ADR 基本法」など）の制定をも視野に入れ，必要な方策を検討すべきである」とされる。そして，その際の具体的な論点としては，「時効中断（又は停止）効の付与，執行力の付与，法律扶助の対象化等のための条件整備，ADR の全部又は一部について裁判手続を利用したり，あるいはその逆の移行を円滑にするための手続整備等を具体的に検討すべきである」と提言されている。

　上記意見書が提案するような ADR 基本法等の法制度整備は，近時の諸外国にも広く見られるものである。例えば，ドイツ法は，1999 年民事訴訟法施行法改正による同法 15 条 a において，少額事件，隣人紛争，名誉毀損（マスメディアによらないもの）につき，州法により調停前置を義務づけることを可能とす

る制度を導入している（実際の導入は州により対応が異なるようである）[1]。また，フランス法は，1995 年 2 月 8 日法により訴訟前の調停ないし訴訟中の付調停およびその手続等について定め（これは 1996 年 7 月 22 日デクレにより民事訴訟法典に導入された）[2]，1998 年 12 月 18 日法は法律扶助の範囲を拡大し，一部 ADR にも適用する旨の規定を設けている[3]。更に，イギリス法は，ウルフ卿の勧告を基本的に採用した 1998 年民事訴訟規則において，ADR への付託，訴訟手続の停止，非協力の当事者に対する費用の制裁等 ADR の促進につき規定し，1996 年家族法や 1999 年司法へのアクセス法において，調停や早期中立評価等の ADR を法律扶助の対象としたという[4]。最後に，アメリカ法でも，1998 年連邦 ADR 法は，裁判所の ADR 利用促進義務・当事者の検討義務，ADR 担当者の規律・秘密保持・報酬，ADR 回付の条件等を規定し，更に ADR 手続内情報の開示可能性，証拠能力，担当者の守秘義務，簡易な執行力付与等について定める ABA（アメリカ法曹協会）による統一調停法（Uniform Mediation Act）案の作成[5] の動きがあるとされる[6]〔補注 1〕。加えて，世界的な動きとしては，国際調停について，UNCITRAL（国連国際商取引法委員会）でモデル法を制定する動きもある[7]〔補注 2〕。

　以上のような近時の世界の動向に鑑みても，日本が ADR について何らかの

---

1)　この点については，岡崎克彦「ドイツにおける裁判外紛争解決及び法律相談制度の実情(1)」判時 1724 号（2000 年）22 頁以下など参照。

2)　この点については，垣内秀介〔紹介〕日仏法学 22 号（2000 年）316 頁以下など参照。

3)　この点については，山本和彦「民事法律扶助法について」判タ 1039 号（2000 年）27 頁参照。

4)　この点については，我妻学「イギリスにおける ADR の実情」NBL 724 号（2001 年）など参照。

5)　以下での統一調停法案の引用は，統一調停法委員会による 2001 年 2 月段階の草案（https://mediate.com/articles/umafeb01draft.cfm）の条項によっている。

6)　山田文「アメリカにおける ADR の実情（上）（下）」NBL 718 号・720 号（2001 年）など参照。

〔補注 1〕　同法案は，2001 年 8 月，実際に採択されている。

7)　三木浩一「商事仲裁法制の国際的調和に関する新たな動き（上）」NBL 701 号（2000 年）8 頁以下参照。

〔補注 2〕　同モデル法は，2002 年 6 月，最終的に採択されている。モデル法の条文については，三木浩一「UNCITRAL 国際商事調停モデル法の解説(1)～(9)」NBL 754～764 号（2003 年）参照。

基本法的な規範を制定することは，時宜に適ったものと評価できよう。著者の観点から見て基本法の目的として重要と思われるのはまず，法律により ADR を認知することで，正統化の機能が生じ，利用の促進が期待できる点である。現在，企業担当者や弁護士が紛争解決方法を検討する際に，ADR を選択して失敗した場合には，何故訴訟によらなかったのかという批判を受ける可能性が常にある。それが訴訟に依拠する方向に判断のバイアスをかけている可能性があるところ，ADR を公認の制度とすることで，そのような萎縮効果を減殺できる余地があろう[8]。また，裁判所との連携を強化するという点も，基本法の大きな目的となろう。ADR の健全な発展（とりわけその初期の発展）にとって，裁判所との連携が不可欠であることは広く認められているところ[9]，国家機関である裁判所との連携を円滑に進めるためには，何らかの法的根拠が必要であると考えられる。他方，ここで念頭に置かれている基本法は，個別 ADR の直接の規律や標準化を目的とするものではない。そのような ADR の規律・標準化は，本来自由な競争の下で発展すべき ADR を枠にはめ，その利点を減殺するのみならず，「ADR 外 ADR の叢生」（山田・前掲注 6）（下）NBL 720 号参照）を産むおそれすらあろう。そのような意味で，ADR の手続内容自体を基本法で直接規律するのは一般に妥当とは思われず[10]，基本法の内容としては，一般的な責務規定と ADR・裁判手続間の関係とに絞るべきものと考えられる。

　以下では，ADR の紛争解決機能を強化するための ADR 基本法について，その考えられる内容を検討してみたい。ただ，以下の議論の対象は，民間型 ADR[11] を中心に，行政型 ADR も一応射程に入れるが，司法型 ADR は除か

---

8)　法律において制度が明定されている裁判所の調停は，このような正統化機能を既に具備しているように見受けられる。

9)　フランスでも，調停制度の失敗の中心的理由として，調停活動と裁判所との連携不足が挙げられ，その是正が前記立法の理由とされている（垣内・前掲注 2）316 頁引用の改正法案の政府理由書参照）。

10)　ADR 手続等の規則に関しては，ADR 機関間で緩やかな調整・統一の方向を図るのがむしろ相当であろう。この意味で，現在，金融トラブル連絡調整協議会で行われている金融関係 ADR のモデル・ルール作りは，極めて注目すべき方向である（同協議会に関しては，山本和彦「裁判外紛争処理制度（ADR）」江頭憲治郎＝岩原紳作編『あたらしい金融システムと法』（ジュリスト増刊，2000 年）51 頁以下参照）。同モデル・ルールについては，本書第 6 章 2(2)参照。

11)　これには，弁護士会仲裁センターなど，いわゆる公益型も含める。

れる。これについては既に民事調停法・家事審判法（家事事件手続法）が存在し，ADR 基本法の内容に含める必要性は当面ないと考えられるからである[12]。いずれにせよ，日本では裁判所調停の存在により，そのような制度を知らない諸外国とは規律の前提に差がある点には注意を要しよう。また，仲裁も本章の対象からは除かれる[13]。仲裁手続を ADR 基本法の中に含めるか否かは今後の課題であるが，当面は別の法律としておくのが穏当であると考えられる（諸外国の法制は，いずれもそのような立場によるようである）。

2 基本的理念等に関する規定

(1) ADR 整備の理念・目的

以上に述べたところから，ADR 基本法の内容としては，まず基本的な理念等について定める規定群が想定される。おそらくは，第 1 条として，ADR 整備の理念ないし目的について定めた規定が置かれるものと考えられる。この点は，ADR に何を求めるかに直接関わり，論者によって考え方の差がありうるところであろう[14]。民事調停法 1 条は「当事者の互譲により，条理にかない実情に即した解決」を目的とするし，アメリカの統一法案 2 条 2 項は，情報開示に基づく自律的・自己決定的な紛争解決を目的とする。意見書の趣旨を踏まえれば，事案の性格や当事者の実情に応じた多様な紛争解決方法を整備し，ひいては司法を国民に近いものとし，紛争の深刻化を防止するという点が ADR 基本法の目的として考えられよう[15]。より具体的には，裁判によっては困難な解決方法として，紛争の自主的な解決，非公開による秘密を守った解決，簡易・迅速・廉価な解決，専門的知見に基づくきめ細かな解決，実情に沿った解

---

12) 但し，ADR 基本法ができれば，調整のため，これらの法律も改正が必要となる場面はあろう。

13 仲裁の立法については，三木浩一「仲裁制度の国際的動向と仲裁法改正の課題」ジュリ 1207 号（2001 年）42 頁以下参照。

14) ADR の意義に関して，例えば，田中成明『現代社会と裁判』（弘文堂，1996 年）125 頁以下参照。

15) また，意見書の指摘する「司法の中核たる裁判機能の充実に格別の努力を傾注すべきこと」も，均衡ある ADR の発展のために確認しておくことが望ましいと思われる。

44　第2章　ADR 基本法に関する一試論

決等を促進するものと位置づけることが考えられよう。

(2) 国その他の関係者の責務

次に，ADR の整備に向けた国その他の関係者の責務について規定を設けることが考えられよう。基本法が国家法である以上，規律の中心となるのは，国が ADR 整備のためにいかなる責務を負うかという点であろう。ここで国に期待されているのは，事柄の性質上，原則として予算措置を伴うものではなく，むしろ裁判所等国の機関と ADR 機関との連携の実効化・円滑化にあると考えられる。以下で論じられる人的・情報的連携，法律扶助，個別手続の関係での連携等は，いずれも国の責務の具体化として位置づけられるものであろう。

国以外の関係者については，まず ADR 機関運営者・担当者の責務があろう。具体的には，公正・中立な組織・手続の提供，手続・担当者・活動実績等に関する情報の開示（一定の手続事項に関する規律義務も含みうる），合意の自発性・真意性の保障，機関間連携の充実，訴訟に移行する際の提訴支援，ADR 担当者の育成研修・能力確保等が考えうる。また，紛争当事者の責務としては，ADR による解決を検討する責務[16] や相手方の申出に誠実に対応する責務[17]，ADR 機関の事実調査等に協力する責務等を規定することが考えられようか。ただ，これらはあくまで責務規定であり，具体的な法的権利義務を形成するものでないことは言うまでもない。

(3) 人的面・情報面での連携

国の責務のより具体的な内容として，人的面・情報面での裁判所と ADR との連携が問題となる（意見書が「ADR に関する関係機関等の連携強化」として論じている点である）。担い手に関する人的面での連携としては，判例情報等の積極的な公表による ADR 機関との間の情報の共有，調停委員等の研修と ADR 担

16）　当事者による ADR の検討義務を定めるものとして，アメリカ連邦 ADR 法 652 条 a 参照。

17）　イギリス法は，一方当事者が ADR に応じずに訴訟が開始し，当該当事者が敗訴した場合には，ADR に応じなかったこと等を訴訟費用の算定で考慮するようである（我妻・前掲注 4）参照）。日本法上も，弁護士費用の敗訴者負担制が導入された場合には，負担に関する考慮要素とすることはありえようか。

当者の研修の有機的連携，人材交流の促進等が考えられよう。さらに，将来的
には，調停者について資格化を進め，司法 ADR との人材の共通化を図ること
も想定できよう[18]。また，情報面での連携としては，相談窓口の連携により
訴訟・ADR を含む総合的相談窓口を充実させ，インターネット上のポータル
サイト等の形で情報通信技術を活用した連携の支援も模索されるべきであろう。
更に，将来的には，ADR 機関に関する広告・情報公開や適切な機関への事件
振分け等の機能を有する ADR 支援センター等の機関の整備や ADR コーディ
ネーター等の職能の開発・活動支援なども期待されよう[19]。

(4) 法律扶助の適用

　国の責務としては，以上のような様々な面での連携が中心となると考えられ
るが，より直接的な支援措置として，法律扶助の利用が考えられる。言うまで
もなく，法律扶助は裁判を受ける権利を実質的に保障するための制度であり，
ADR が真に「国民にとって裁判と並ぶ魅力的な選択肢」となるためには，資
力が十分でない国民もそれを利用することが可能でなければならない。ADR
は簡易な手続として本人でも申立てが可能な場合が多いが，例外的にはなお弁
護士代理を要する場合もあるし，より重要な点として，機関の運営や ADR 担
当者の報酬等に充てられる手続費用を相当程度負担すべき場合がある。そのよ
うな費用を一定の資力基準等を前提に，法律扶助によって立替払いすることは
考えられてよい。前述のように，フランスやイギリスなども法律扶助の適用を
ADR 活性化の主要な方法と位置づけているし，先般制定された民事法律扶助
法の下でも，この問題は将来の課題として把握されていた[20][補注3]。ADR の
充実・発展が国の責務として位置づけられるとすれば，国庫補助金を中心に運

---

　18)　ADR 担当者の資格については，弁護士法 72 条との関係がある。この点は意見書も
　　　指摘し，隣接法律専門職種等との関係では，法制上明確な位置づけが必要とされる。た
　　　だ，ADR 担当者に求められる交渉仲介の専門家の資質からは，将来的には，そのよう
　　　な面からの資格化も本格的に考えられてよかろう。この点については，本書第 1 章 *2*
　　　(2)参照。

　19)　この点については，山本和彦「裁判外紛争処理制度（ADR)」ひろば 53 巻 9 号
　　　（2000 年）23 頁参照。

　20)　この点については，山本・前掲注 3) 27 頁以下参照。

　〔補注 3〕　ADR と法律扶助の関係については，本書第 3 章 *5*(3)，第 4 章 *3*(2)も参照。

46　第2章　ADR 基本法に関する一試論

用されている法律扶助の対象として ADR の利用を観念することは，制度上十分に可能となろう[21]。

　以上のような一般的な形での国の責務に加えて，個別手続との関係における裁判手続と ADR との連携に係る国の責務が観念される。これは結局，手続移行等に関する規定の整備とその実現を意味することになる。この点が，まさに ADR 基本法の中心的な規定部分として想定されるものである。以下では項を改め，ADR から裁判手続への移行及び裁判手続から ADR への移行に分け，考えうる規律を可及的に網羅すべく，この問題を検討してみる。

3　ADR から裁判手続への移行に関する規定

(1)　時効の停止（中断）

　まず，先行する ADR が不調に終わった場合に，なお円滑に事件を裁判手続に移行させる方途として，時効の取扱いが重要な問題となる。けだし，ADR 手続による時効の中断・停止の措置がないと，ADR で合意ができなかった場合に改めて訴訟を起こそうとすると，既に消滅時効等が完成しており，請求できないという結果になり，時効期間が近接しているときは当事者としては安心して ADR による交渉を進められず，結局 ADR の利用が阻害されることになるからである。その意味で，ADR の開始に基づき何らかの時効進行の障害を認める必要があるが，申立てで直ちに時効中断を認めるのは他の制度と不整合であるので，ADR 不調後一定期間[22] 内に訴えを提起したときは，ADR 手続開始時に提訴があったものとみなすという時効停止制度の導入が妥当であろう（民調 19 条参照。モデル法案 11 条も同様の立場に立つ）。このような制度を設ける場合は，ADR 手続の開始・終了の時期を明確化する必要があり，終了には ADR 機関の通知を要件とするなど（民調 19 条参照），開始・終了時期も法律に規定する必要が生じようか（モデル法案 4 条・10 条参照）。

---

　21)　ADR が有する訴訟予防効果に鑑みても，法律扶助の対象化は正当化できよう。
　22)　民事調停における 2 週間の期間が他の ADR についても相当であるかについては，なお検討を要しよう。裁判所との距離を考えれば期間を長くする方向も考えられるが，民事調停以上の強力な効果とすることに対する疑問もありえよう。

(2) 調停に代わる決定

ADR をより成立しやすくする方途として，民事調停における調停に代わる決定の制度（民調 17 条）を参考に，合意が成立しない場合にも，ADR 機関が一定の判断を示し，一定期間内に当事者が異議を述べない場合には合意が成立したものとみなす制度が考えられる。積極的同意が成立しない場合にも，消極的同意の調達は可能な場合も多いという事情に基づくものである。しかしながら，基本法の中でこのような制度を一般的に導入することは困難であり，ADR 機関ごとの個別ルールの次元の問題として，そのような消極的同意による合意成立を定めることは，緩やかな仲裁合意の一種として可能であると考えられよう[23]。

(3) ADR における意思表示等の利用制限・秘密保護

ADR における意思表示等の事実の利用制限・秘密保護は必ずしも ADR が不調に終わった場合に限らない論点であるが，実際上は ADR が不調に終わった後の訴訟での利用が大きな問題となる。例えば，ADR で一方当事者がある調停案を受諾する前提として自己の責任を認める発言をしたとして，それが後の訴訟手続で自由に援用できることとなれば，ADR において率直な意見交換・交渉を行うことが困難になってしまう。ただ，他方では，ADR の手続過程が争点となる訴訟もありうるので，その調整は重要な問題となる。実際多くの立法例はこの点に何らかの配慮を示しており[24]，日本法においても，原則としては訴訟での利用を制限しながら，特に利用の必要が強い場合にその制限を免除するという方向が相当と思われる。

具体的に，利用制限の対象となる事実としては，ADR 手続過程での当事者の合意案受諾の意思表示，事実に関する自白，合意案の内容，当事者の申出等が考えられる（モデル法案 12 条 1 項参照）。手続過程で提出された資料の利用については議論の余地があるが，ADR で提出されたという理由だけで訴訟手続

---

23) 但し，このような規定の要件・効果等について，最低限の規律を設けることは考えられるかもしれない。

24) モデル法案 12 条，アメリカ連邦 ADR 法 652 条 d，統一調停法案 5 条以下，フランス民事訴訟法 131-14 条・832-9 条など参照。

から除外されるのは不当であるものの，訴訟では提出義務のない書証等が ADR で提出されたような場合には微妙な問題も生じえよう。利用制限の例外となる訴訟類型としては，ADR に基づく和解の無効確認訴訟や ADR 担当者の責任追及訴訟等が考えられる（統一調停法案は，調停人・代理人の責任を追及する場合や訴訟で利用する利益が大きい場合等を免除の対象とする）。

(4)　ADR 担当者の守秘義務・証言拒絶権等

(3)と同旨の問題として，ADR 担当者の秘密保護に関する規定の必要性がある[25]。ADR 担当者が手続過程について後に開示してしまうと，やはり当事者は安心して率直な主張・立証をすることができなくなり，ADR の成立は困難になるからである。民事調停でも，調停委員による評議の秘密の漏洩（民調 37条）や職務秘密の漏洩（同 38 条）は犯罪として処罰されているし，訴訟における証言拒絶権も認められている（民訴 197 条 1 項 2 号）。ADR に関する立法例の多くも同様の立場をとっている[26]。基本法においても，このような ADR 担当者の守秘義務について刑罰をもって担保することや証言拒絶権を明示することは検討に値しよう。

　同様に ADR 担当者の後続訴訟での地位の問題として，訴訟代理人適格を否定することも考えられる（モデル法案 13 条 1 項参照）。この点は主として弁護士が ADR 担当者である場合の問題である[27] が，弁護士倫理の問題として解決する余地があり，弁護士法 25 条 5 号の仲裁人の規律を拡大するという方向も考えられる[28][29]。ただ，それ以外の者も含めて，基本法の中で整備するとい

---

25)　ADR 当事者の守秘義務も問題となりうるが，訴訟手続においても秘密保護の関係で議論のある論点であり，ADR についてのみ規定するのは妥当でなく，当面は一般不法行為の問題として考えられるべきこととなろう。

26)　モデル法案 13 条 2 項，統一調停法案 5 条 b 項(2)(3)・同 8 条など参照。

27)　但し，意見書の内容が実現すれば，弁護士が特許侵害事件について ADR を担当し，その後に侵害訴訟で共同代理人となる場合にも同様の問題が生じるし（その後，弁理士の共同代理権が法定されている。弁理士 6 条の 2 参照），消費者関係 ADR との関係では，簡裁の許可代理人（民訴 54 条但書）として ADR 担当者の選任が可能かという問題も理論的には生じうる。

28)　現行弁護士法 25 条 4 号の解釈として，裁判所の調停委員として遺言の目的財産の一部の事件に関与した弁護士が遺言執行者となることを認めた例として，大阪高決昭和 38・12・25 判時 363 号 28 頁，旧法下で，労働関係調整法上の斡旋員として関与した弁

う考え方も十分ありえよう[30]。

(5) 証拠調べへの協力

ADR から裁判手続への部分的な移行の方途として，証拠調べに対する協力を裁判所に求める場合が考えられる。少なくとも民間型 ADR 機関は国家機関ではないので，当事者以外の第三者に対しては一般的に，当事者に対しても事前の合意がない限り，強制的な証拠調べをして事実を解明することはできない。しかし，事件によってはそのような事実解明が交渉等の前提として不可欠の場合もある[31]。そこで，そのような証拠調べを裁判所に依頼することが考えられる。既に仲裁については管轄裁判所の協力を求める制度があり（公示催告手続及ビ仲裁手続ニ関スル法律 796 条〔現行仲裁 35 条〕），民事調停にも裁判所による事実調査の嘱託・証拠調べの制度がある（民調規 12 条 2 項〔現行民調 22 条，非訟 51 条・53 条〕）。このような制度を ADR について設けることは，ADR の簡易・迅速性等の利点を失わせるおそれは残るものの，なお十分な検討に値しよう。

(6) 執行力の付与

ADR が成功した場合の裁判所の協力の方途として，ADR 合意に執行力を付与する際に裁判所を関与させることが考えられる。ADR による紛争解決の実効性を確保するためには，ADR に基づく合意に執行力を付与することが有力な方法となる。もちろん合意の時点では，当事者に履行意思はあるはずで，実際にも任意履行の可能性は高いと考えられる[32] が，長期にわたる弁済等の

護士が労働組合の設立無効確認訴訟の原告となることを認めた函館地判昭和 22・11・28 総覧民 2 巻 485 頁など参照。

29) この問題につき特に，住吉博「潜在する利害対立がある複数依頼者の『信認代理』」民商 122 巻 1 号・2 号（2000 年）参照。

30) モデル法案 13 条 1 項は，仲裁人適格も禁止するが，これは調停型 ADR から仲裁型 ADR への移行の問題を含み，日本法上は特に禁止する必要はないようにも思われる。

31) 金融関係の ADR においては，特に事実認定が重要な問題となる場合が多いことにつき，山本・前掲注 10) 47 頁参照。

32) 訴訟上の和解について任意履行率が高いことを示すデータとして，伊藤眞ほか「座談会・当事者本人からみた和解」判タ 1008 号（1999 年）24 頁以下（特にグラフ 15）参照。

合意については当事者が意思を変える可能性は常にありえ，執行力があった方が合意は成立しやすいであろう。ただ，民間型 ADR で行われた合意にそのまま執行力を認めることは，制度の建前として困難であると考えられる[33]。そこで，現在でも，当事者の合意に基づき仲裁判断をしたり，合意について即決和解や公正証書を作成したりするなど実務的工夫がされているようであるが，より抜本的には，裁判所の関与する形で執行力を認めるのが ADR の実効性を高める 1 つの方法ではないかと考えられる。

　具体的には，当事者の申立てに基づき，裁判所が ADR 合意に対して執行力を付与する決定（執行決定）をする制度が考えられる[34]。この場合，裁判所は，合意の真意性，代理の適法性，合意の合法性（公序違反）等を審査することになるが，手続の簡易・迅速性に配慮して，仲裁の場合（公催仲裁 802 条）とは異なり，判決手続（執行判決）を要求する必要はなかろう[補注 4]。執行力付与の条件として，ADR の手続規律の内容を定めるかは 1 つの問題である。このような規律は，それにより ADR 手続を望ましい方向に誘導するというメリットが存し，そういう方向を目指しているような立法例も存在し[35]，検討に値する。しかし，当面は ADR の手続の統一には疑問があり，また裁判所の判断を困難にする面もあるので，むしろ後記 (5) の規律対象に含まれる ADR については，上記の最小限の要件審査で執行決定をするのが相当ではないかと思われる[補注 5]。

---

33)　モデル法案 16 条はそのような立場をとるが，この点に関して意見が鋭く対立していることにつき，三木・前掲注 7) 11 頁参照。

34)　フランス法は裁判所の認可によって執行力を認める立場をとっている（フランス民事訴訟法 131-12 条・832-8 条参照）。

[補注 4]　仲裁においても，その後の改正で決定手続化（執行決定）されている（仲裁 46 条参照）。

35)　例えば，モデル法案は手続の公平性（7 条 3 項）や情報開示（9 条）を問題とするし，統一調停法案 11 条は，全員の申立てがあること，同一訴訟がないこと，合意・執行申立ての際に代理人が存在すること等を執行力付与の要件とする。

[補注 5]　現行法を前提にした ADR 合意の執行力付与の立法論については，本書第 8 章参照。

4 裁判手続から ADR への移行に関する規定

(1) ADR に付する決定

裁判手続から ADR への全面的移行に関する規律として，受訴裁判所が訴訟事件を ADR 機関に回付する決定をする権限を認めることが考えられる。ADR 機関が健全に発展するためには，少なくともその当初においては，裁判所から事件が定期的に回付され，一定数の事件をそこで審理する実績が挙がることで，一般の信頼を獲得していく機会を付与する必要がある。このような事情は各国に共通するものと見られ，多くの国の ADR 関連法制はこの点の規律（次項の ADR 前置を含む）を中核としている。日本でも，民事調停については，付調停の制度があり（民調 20 条），広く活用されていることは周知のとおりである。

このような規律を ADR 基本法においてする場合の最大の問題は，移行に当事者の同意を求めることとするか否かにあると見られる[36]。この点は立法例も分かれている。民事調停は原則として当事者の同意を不要とするが，争点整理後は必要的として時期的に区別する（民調 20 条）。他方，フランスでは常に同意が必要とされるが（フランス民事訴訟法 131-1 条・832-1 条），これは法制定前の実務が同意を不要とする運用をしていたことに対する批判が背景にあるという。また，アメリカ連邦 ADR 法は仲裁に限り同意を必要とし（同法 652 条 b），同意の真意性を確保するため，当事者が状況を十分に知悉していることを求め，拒絶に対する不利益が禁止される旨を規定する（同法 654 条 b）。司法型 ADR以外では，当事者の同意を不要とすることはおそらく困難であり[37]，当事者の同意を必要としながら[38]，例外的に同意を要しない事件類型等を検討して

---

36) また，一定の事件類型については，例外的に回付を認めないという制度構成もあり
えよう。アメリカ連邦 ADR 法も，憲法上の権利が問題となる事件や損害額 15 万ドル
以上の事件について仲裁回付を限定しているようである（同法 654 条 a）。
37) 強制回付とする場合には，ADR 機関の費用の問題を考えておく必要がある。フラ
ンスで同意を必要的とした背景には，ADR の有償性の問題があったとされ，アメリカ
でも同様の議論があるとされるように，有償性を前提に強制回付とすることは相当に困
難であろう。

52 第 2 章 ADR 基本法に関する一試論

いくのが穏当であろうか[39]。

(2) ADR 前置主義

(1)のような回付をより強力にした制度として，ADR における審理を提訴の要件とする ADR 前置主義という制度構成もありえよう。家事調停で広汎な調停前置が採用されていることに加え，民事調停でも地代借賃増減請求については調停前置主義がとられている（民調 24 条の 2）。また，ドイツ法も，ADR 前置を ADR 法制の中心としていることは前述のとおりである。しかしながら，日本のように司法型 ADR をもつ国においては，前置強制は司法型 ADR にのみ認めれば足り，民間型 ADR の関係では，裁判所による付託制度が限度であるように思われる。ただ，調停前置が認められている場合（現状では離婚や家賃等増減額等）に，裁判所の調停と民間型 ADR を当事者が選択できるような規律の余地はあろう。それにより，官民の ADR 機関に競争原理が働けば，利用者サービスの向上にも繋がると考えられる[40][補注 6]。

(3) 訴訟手続の停止・付託期間

(1)のように，受訴裁判所が事件を ADR に付託したとして，ADR における審理期間を無制限なものとすることの相当性が次に問題となる。民事調停においては，付調停とした場合の期間制限は特にないが（民調規 5 条〔現行民調 20 条

---

38) そのような同意調達の前提として，付託する ADR の内容・付託期間や ADR における情報の訴訟での取扱い等について，当事者に十分な情報を開示することが必要となろう。

39) フランス法でも，離婚等家事事件については例外的に同意を不要とする方向で，法改正の議論がされているようである（山本和彦「フランスの離婚訴訟」ケース研究 266 号（2001 年）14 頁参照）。

40) 当事者が ADR 付託の合意をしている場合に，仲裁合意と同様の妨訴抗弁性を認めるかは 1 つの問題である。モデル法案にはこの趣旨の条文があるが（同法案 14 条），一方当事者が ADR の利用を拒否する意思を明示する場合に当然に ADR 手続が終了するものとすれば，あえて抗弁性を認める意味は少ない。一方当事者の提訴は拒否の意思表示と同義だからである。(3)に述べる裁判所による裁量的な期間制限を伴う停止制度を整備すれば，十分と思われる。

[補注 6] 前注の ADR 合意の妨訴抗弁性との関係で，現行法の解釈論について，本書第 9 章参照。

の3〕参照），諸外国の法制ではこの点を規定するものも多い。例えば，イギリス法は原則的な期間を1ヵ月とし，1ヵ月に限り延長を認めるようであるし，フランス法も，調停の種類により，1ヵ月または3ヵ月に付託期間を制限し，同じ期間に限り延長を認める立場をとる（フランス民事訴訟法131-3条・832条）。ADR基本法においても，ADR機関に付託する場合には，訴訟手続を中止することができる旨の規定を設け，中止期間を制限するか裁判所が付託決定を随時取り消すことができることとする必要があろう。この点の規律は，特に付託に当事者の同意のない場合には裁判を受ける権利の保障から不可欠と見られるが，当事者の同意を前提とする場合であっても，ADR機関の迅速な処理を促す意味も含め，期間制限が有効であろう。

(4) 部分的移行

　訴訟からADRへの移行の在り方としては，(1)以下で見たように，事件の全体を付託する方法のほかに，訴訟係属自体は維持しながら，事件の一部の側面をADRに付託することも考えられる。これによって，ADRの利点を訴訟に活かしていくことが可能になる場合があろう。このようなメリットが特に考えられるのは，専門的知見を要する訴訟の場合である。専門訴訟の処理は現下の民事訴訟の大きな課題であるが[41][補注7]，裁判所が専門ADRを補助的に利用して審理を円滑に進める余地がある。考えられる利用形態の1つは，争点整理についてADR機関の専門性を活用する方法である。ADR機関が争点整理を行い，その結果，和解ができればそれでよいし，和解ができない場合にも訴訟審理は遥かに容易となろう。このような試みは，既に現在でも民事調停（専門調停）の中で実施されているという[42][補注8]。また，事実認定について，専門

---

41)　意見書も，民事司法制度の在り方としてこの点を大きく取り上げ，専門委員制度の導入や鑑定制度の充実等多くの提言をしている。

〔補注7〕　前注で述べた提言は，平成15年（2003年）の民事訴訟法改正によって多くが実現された。例えば，専門委員制度の導入について民訴法92条の2以下，鑑定制度の充実について同法215条の2～215条の4など参照。

42)　この点につき，山本和彦「専門訴訟の課題と展望」司法研修所論集105号（2001年）66頁以下参照。

〔補注8〕　ADRの争点整理への活用の可能性については，本書第19章も参照。

54　第 2 章　ADR 基本法に関する一試論

ADR 機関を利用することも考えられてよい。例えば，独立的証拠調べや鑑定に代わるものとして，一定の事実認定を対審的に行い，その結果を裁判所に報告する（その過程で和解が成立しうる）というスキームも考えられよう[43]。直接主義との関係等検討すべき部分は多いが，このような利用方法を基本法の中で規定することは考えられてよいであろう。

5　規律対象となる ADR の限定

　以上が，不十分ながら，現時点で著者において ADR 基本法の内容として考えられる事項であるが，実は，最大の問題は，以上のような規律の対象となる ADR の限定ではないかと思われる。ADR はそもそも不定形なものであり，通行人の喧嘩の仲裁まで規律対象とすることはできず，すべての ADR を基本法の対象とすることは非現実的であろう。したがって，規律対象となる ADR を何らかのメルクマールで特定する必要があることになるが，どの範囲を規律するかは，認める効果とも関連してくる。仮に認められる効果が大きければ，対象とする ADR の範囲は狭くならざるをえず，立法に際してはおそらくこの点をまず慎重に検討する必要が生じよう。限定のメルクマールはいくつか考えられるが，とりあえず，担い手に着目する方法，手続に着目する方法，機関に着目する方法等[44]がありえよう。

　第 1 に，担い手に着目する方法は，ADR の担い手が一定の資格を満たす場合に，その ADR の手続・結果に一定の効果を結び付けるという発想である。この方法は更に，担い手が果たすべき義務[45]や満たすべき要件[46]を抽象的に規定する方法と具体的な資格を明示する方法[47]とがありえよう。第 2 に，手

---

43)　現行法上も，行政型 ADR との関係では，特許判定制度（特許 71 条）や公害事件の原因裁定嘱託制度（公害紛争 42 条の 32）等の試みがあるところである。

44)　紛争類型による区分もありえ，当面は対象を財産事件に限定することも考えられよう。

45)　アメリカ連邦 ADR 法が仲裁人の規律として，宣誓義務や倫理遵守義務等を定める（同法 655 条 b 参照）のはこれに近い発想とも見られる。

46)　フランス法が調停人の資格要件として，犯罪歴等がないこと，紛争の性質に応じた適性，一定の訓練・経験，独立性の保障等を定める（フランス民事訴訟法 131-5 条）のは，これに近い。

続に着目する方法としては，一定の手続内容（最低限，必要と考えられる手続保障）を規定し，それを満たす ADR に対して法の定める効果を付与するという考え方である[48]。最後に，機関に着目する方法がある。これは ADR を実施する機関を予め認証ないし認可し，その機関のした ADR について特別の効力を認めるやり方である[49]。

　これらのうち，おそらく従来の発想では最後の方法が最もなじみやすく，また個別事件の場面で判断する必要がなく，裁判所の運用も容易であろう。しかし，このような発想が，民間活力を重視し，規制を可及的に排除していこうとする国家方針と整合的であるか，疑問もある。この点は慎重な検討が必要であるが，上記 3 つの方法を複合するような規律も考えられるのではなかろうか。例えば，一定の担い手や手続の要件を満たすような ADR 機関について予め認証を付与し，定型的 ADR 機関に関しては執行決定等における裁判所の判断負担を軽減し，利用者の予測可能性を担保しながら，認証されていない ADR 機関についても，個別に担い手・手続等の要件の充足が立証された場合には同様の効力を認めるという例外的方途を設けることなども考えられよう。

（初出：ジュリスト 1207 号（2001 年）26 頁以下）

　［補論］　本章は，ADR 法の立法が具体的に議論される前の段階で，諸外国の法制等を参考にしながら著者の包括的な立法論を展開したものである。当時は，2001 年 6 月に司法制度改革審議会の意見書において ADR 基本法の制定をも視野に入れた検討が提言された後，それを受けて同年 12 月に司法制度改革推進本部（ADR 検討会）での検討が始まる直前の段階であった。従来は，抽象的に ADR 基本法の立法が望ましいとする議論はあったものの（この点は本書第 1 章参照），その規定内容を詳細に展開する立法論は存在せず，おそらく本

---

47)　弁護士や一定の隣接法律専門職種の担当する ADR を定めることが考えられるが，著者は前述のとおり（注 18）参照），調停に関する独立の資格の設定が将来的には望ましいと考えている。
48)　手続の内容としては，消費者 ADR に関する EU 共通基準（我妻・前掲注 4）参照）が示すように，適用法・費用等の透明性，当事者の手続参加権，当事者の同意がない限り判断の拘束力を認めないこと等の基準が参考となろうか。
49)　例えば，ドイツは州司法行政庁による認可等を調停前置の前提とするし，イギリスも法律扶助実施機関の認証を前提に法律扶助の対象となるか否かを決するとされる。

章がそのような立法論の最初の論稿であったとみられる。

　本章は，基本的理念等（*2*），ADR から裁判手続への移行（*3*），裁判手続から ADR への移行（*4*）のそれぞれに関して具体的規律を検討している。そのうち，最終的に ADR 法の中で何らかの形で実現したものとして，ADR の目的・理念（1条・3条1項），国等の責務（4条），ADR 機関間の連携（3条2項），時効の停止・中断（完成猶予）（25条），ADR 前置（調停前置の特則）（27条），訴訟手続の中止（26条）などがある（また，法律扶助についても，実質的にはかなり実現している。この点は，本書第4章 *3*(2)参照）。他方，かなり議論されたものの実現には至らなかったものとして，ADR における意思表示等の利用制限，ADR 担当者の守秘義務・証言拒絶権，執行力の付与，ADR に付する決定などがある。ただ，これらの点は現在でも依然として議論の対象になっており，ADR 法見直しの議論（本書第8章［補注1］参照）などでも，引き続き今後の検討課題とされているものである。その意味で，本章の論述は，将来のありうべき ADR 法の立法論として，現在でもなお維持されている（なお，本章執筆約1年後の著者の立法論については，本書第6章 *3* 参照）。

　本章において最大の問題として指摘した，法律が対象とすべき ADR の限定の問題（*5*）は，実際の立案過程でも最大の論点となった。激しい議論があったものの，最終的には，本章が基本的に妥当としている「機関に着目する方法」が採用され，認証要件として，担い手や手続等もチェックする形となっており，実質的な総合判断として本章の提唱する方式で決着した。他方，本章が例外的方途として提唱している，認証されていない ADR 機関についても効果を認めることは規定されず，類推解釈等に委ねられている。ただ，認証機関が150に達する現在，法の定める効果を求める ADR 機関は認証を得ることが基本となり，むしろ認証の手続・要件等の在り方を論じることが現在の課題であろう。

第3章
ADR 法の意義と今後の課題
── ADR 法制定直後

1 ADR 拡充・活性化の意義

　裁判外紛争解決手続の利用の促進に関する法律（以下「ADR 法」又は「法」という）が成立した。本章は，同法の意義と今後の課題について，簡単に著者の感想を述べるものである。この法律は司法制度改革審議会の提言に由来し，そこで目的とされた ADR の拡充・活性化を達成するための 1 つの手段として制定されたものである。そこで，本法の意義を考える前提として，ADR の拡充・活性化の意義についてまず確認しておきたい。

　現在，日本においては，ADR は必ずしも十分に発展しているとは言い難い状況にある[1]。確かに裁判所の調停（司法型 ADR）は相当数の事件を処理しているし，民間型 ADR も様々な運営主体が様々な類型の ADR 業務を実施している。しかし，その多くは，処理事件数が極めて少なく，実効的に機能しているとは言い難い状況にある。しかし，それでは，ADR を拡充・活性化する必要性がないかというと，そういうことは決してない。そもそも日本では，それが国民性の問題であるかどうかは議論のあるところであるが，紛争を当事者間の話合いで解決したいという需要は相当に大きなものがあると予想される。また，訴訟に比べれば，ADR に多様なメリットがあることは間違いのないとこ

---

1)　日本の ADR の現状と課題に関する著者の認識については，山本和彦「日本における ADR の現状と課題」JCA ジャーナル 543 号（2002 年）10 頁以下参照。

ろである。例えば，簡易・迅速性，廉価性，秘密性，専門性，宥和性などの利点であり，そのような利点が特に有用な紛争類型，例えば，少額紛争，知的財産紛争，建築紛争，医療紛争，プライバシー関連紛争，家族間紛争，隣人紛争，中小企業間紛争などでは，ADR による解決の利点は大きいと考えられる。他方で，裁判所の調停が発達していることは事実としても，やはり「裁判所」ということで，一般の人からすると相当に敷居が高いことは否定できず，結局，現状では行き場がなくて泣き寝入りになっているような事件・紛争が現在の日本にはなお相当数あるように思われる。そのような意味で，民間型を中心にADR を拡充・活性化することができれば，そのような紛争がかなり顕在化してくるのではないかと思われる。

　また，民事手続法の理論から見ても，ADR の拡充・活性化の必要性は肯定できると思われる。著者は，民事司法は国民の法的な利益を保護する公的サービスであると理解している[2]。つまり，教育・医療等と同様に，税金を使って国が国民にサービスを提供しているものである。ただ，このようなサービスは，相当の範囲で民間も提供することができるものである。確かに当事者間で合意が成立せず最終的には権力を用いて紛争の解決を図らなければならないような場合には，その権限は国が独占する必要がある。しかし，そこに至る前に何らかの合意が当事者間に成立するような可能性のある場合には，権力的契機は必然的なものではなく，民間事業者の参入を認める余地は多分にある。私立の大学や病院があるように，私立の紛争解決事業があることは何ら怪しむべきものではない。むしろ近時の一般的潮流において，民間で可能なものはなるべく民間に任せていくという方向があるとすれば，法的利益保護・紛争解決のサービスについても，民間型 ADR の拡充・活性化は望ましいものと考えられよう。また，副次的には，国の提供している裁判や調停も，民間型 ADR の発展に対応して，それとの競争の中でサービスの向上が期待できよう。それによって，利用者である国民にとって，紛争解決のための多様な選択肢が提供され，サービスの幅が拡大し，その質が向上し，結果として，社会全体の正義の総量が増

---

　2)　この点については，山本和彦『民事訴訟法の基本問題』（判例タイムズ社，2002 年）9 頁以下，同『民事訴訟法の現代的課題』（有斐閣，2016 年）2 頁以下参照。

大するものと思われるからである[3]。

　以上のように，ADR の拡充・活性化は，顕在化した需要に直接対応するものというよりは，むしろ潜在化した需要又は将来の需要に対応した試みである。その意味では，ADR の拡充・活性化に向けた今回の立法は，時代を先取りする意義を有する面を持つ事業であると考えられる。

2　ADR 法制定の意義
——総論

　1で述べたように，ADR の拡充・活性化が必要であるとしても，日本においては，国が関与せずにそれらが当然に進展していくものではないと思われる。ADR の発展している米国と日本とでは，司法・紛争解決を取り巻く基本的事情が大きく異なる。既に述べたように，日本には司法型 ADR としての裁判所調停が大きなウエイトをもって既に存在しているし，さらに民事裁判の状況が大きく異なる。特にそのコストの面又は解決結果の予測可能性の面などをとってみれば，日本の司法制度の現状では，米国とは異なり，紛争当事者があえて司法による解決を避けて ADR による解決を志向する契機に欠けているように見える。そして，近時の司法制度改革は，その点をさらに助長する方向を内在している。

　しかし，このように，日本において司法・裁判所の得ている信頼は，司法の容量が従来小さなものに止まっていたことに由来する側面のある点に注意を要する。今後，司法制度改革の中で前提とされたように，司法がより活発に使われるようになってきたとき，従来と同じように，すべての紛争解決を裁判所が行うことでよいかは相当に疑問である。むしろルーティンな紛争，軽微な紛争や専門的紛争等をある程度 ADR に委ねながら，重要な，まさに裁判所でなければ解決できないような紛争に裁判所が特化していくことも考えなければならない時代が遠からず来るのではなかろうか。そして，そのときには，国が紛争

3）　正義の総合システムのパラダイムに関する最新の検討として，小島武司『裁判外紛争処理と法の支配』（有斐閣，2000 年）3 頁以下参照。

解決に係る政策として，ADR にてこ入れする必要が切実なものとして生じて
くると思われる。そこで，現段階から将来を見据えて可能な施策を執っておく
必要があると考えられる。

　以上のような将来に向けた国の施策の一環として，ADR の制度基盤を整備
するために，ADR 全般を射程に入れた法律を制定することには大きな意味が
あったと考えられる。これによって，ADR 一般の基本理念やその充実のため
の国の責務，また民間型 ADR の認証等最低限の枠組みが定められた。その内
容については，もちろん賛否様々な意見があるところと思われるが，少なくと
も議論の土俵ができたことは間違いなく，ADR の拡充・活性化という目的の
ために，今後より適切な方策についてコンセンサスができれば，法律を改正し
て対応しうる基盤が形成された。無から有を創り出すエネルギーの巨大さに比
較すれば，より迅速かつ実効的な対応を可能とする基礎が構築できたと言って
よいであろう。

3　総則規定の意義

(1)　総則規定一般の意義

　ADR 法は，その総則（第 1 章）として，目的規定（1 条）及び定義規定（2 条）
のほか，基本理念等（3 条），国等の責務（4 条）について定めている。このよ
うな規律はいずれも具体的な法的効果を伴うものではなく，努力義務・責務規
定を中心としたものである。しかし，このような基本法的な規定群が制定され
たことは様々な意味で大きな意義があると考えられる。一般的に言えば，
ADR 全体に対する信頼の向上という点で，計り知れない意義を持つ。従来，
例えば，企業が ADR の利用に踏み切れない理由として，仮に ADR を利用し
て良い結果が出ればそれでよいが，悪い結果に終わった場合に，企業の担当者
等は「どうして裁判を利用しなかったのか」として自らの個人的責任を追及さ
れるおそれがある点が指摘されていた。裁判を利用して負けたのであれば，経
営陣にも納得してもらえるが，ADR のような訳の分からないものを使って負
けたときには，担当者個人の責任問題になるとされる。これは日本における裁
判に対する信頼感の裏返しの話であるが，これでは実際の担当者や顧問弁護士

などは，その紛争についていかに優れた ADR があると分かっていても，よほどの成算がない限り，その利用には踏み切れないことになってしまう。著者がいわゆる ADR 基本法の制定を必要と考えた 1 つの理由はそのような点にあった[4]。ADR 法ではまさに，その総則規定で，ADR に関する基本理念を明らかにし，更に国が ADR の利用の促進を図るために必要な措置を講じ，国民の理解を増進する責務があるということが明らかにされたわけで，このような規定が ADR 一般に対する国民の信頼を確保する意義には大きなものがあると考える。いわば ADR 全体に対する国のお墨付きとも言えるものである。

(2) 基本理念（法 3 条 1 項）

法 3 条 1 項は，ADR の基本理念として，「紛争の当事者の自主的な紛争解決の努力を尊重しつつ，公正かつ適正に実施され，かつ，専門的な知見を反映して紛争の実情に即した迅速な解決を図るものでなければならない」とする。ここでは，従来 ADR の特徴とされてきた自主性，公正性，適正性，専門性，柔軟性，迅速性といった要素が ADR の共通の基本理念として公認され，追求すべき目標として措定されていることが重要である。これによって，すべての ADR は，このような特性を基本理念として，裁判と並ぶ魅力的な選択肢となるよう，自ら努力していくことが求められているものと解される。

なお，同条項は，ADR を「法による紛争の解決のための手続」と位置づけているが，ここでいう「法」は「不法」に対する語であり，不相当な者の手続関与や明らかに不当な手続進行，弱者の権利利益を不当に侵害するような解決結果を排除するという程度の意味内容であり，さほどの法的意義を持つものではないと解される。ADR が，両当事者の合意に基づき，法によらない柔軟な解決手続・解決内容をとることができるという点はまさに ADR の生命線であり，この条項がそのような「非法的解決」に向けた努力を否定する趣旨でないことは言うまでもない[5]。

---

4) この点については，山本和彦「裁判外紛争解決手段（ADR）の拡充・活性化に向けて」NBL 706 号（2001 年）8 頁以下参照。

5) ただ，理論的には，このような概念が用いられたことは適当であったとは思われず，将来の改正の課題とされるべきであろう。この文言の問題性については，山田文

62　第3章　ADR法の意義と今後の課題

(3)　裁判外紛争解決手続を行う者の連携協力（法3条2項）

　法3条2項は，ADRを行う者について，「相互に連携を図りながら協力する」努力義務を課している。従来のADRの問題点として，ADR機関間の連携協力の不足が指摘されていたところである。すなわち，広報や人材養成等の課題については，各ADR機関が単独で努力することは効率的でなく，むしろ知見やノウハウの共有を図りながら，連携協力を図っていくことが問題解決に資するものと考えられる。実際に，そのような観点から，例えば，金融分野における金融トラブル連絡調整協議会の試み[6]に見られるように，一部でそのような連携協力の試みがなされている。しかし，そのような取組みはなお局地的なものであり，十分とは言い難い。その意味で，ADR法において明示的にこの点が掲げられたことは重要な意義を有する。特に，この部分は民間型に限らず，行政型・司法型のADRについても適用があるところであり，例えば，国民生活センターや消費生活センターと民間型ADRの協力，裁判所の調停と民間型・行政型ADRの連携なども射程に含む点で，日本のADRの将来の在り方に大きな影響を与える可能性があろう（この点は，*6*(4)も参照）。

(4)　国の責務（法4条1項）

　国は，ADRの利用促進を図るため，ADRに関する調査・分析・情報提供等必要な措置を講じ，ADRについての国民の理解を増進させる努力義務を負うものとされる。これは，ADRの利用促進のための国の責務を正面から定めるものとして，画期的な規定と言える。*2*でも見たとおり，日本の現状では，ADRの利用促進を図るためには，国の関与は必要不可欠なものであり，その意味で，国が継続的にADRの利用状況等をウォッチし，適時に適切な措置を講じる基礎を常に整えておくことの意味は大きい。また，(1)でも見たとおり，ADRの利用促進にとって，ADRは国がその利用を促進するような性質のも

　「ADR法制定と理論的問題」法時77巻2号（2005年）37頁も参照。
6)　これについては，山本和彦「裁判外紛争処理制度（ADR）」江頭憲治郎＝岩原紳作編『あたらしい金融システムと法』（ジュリスト増刊，2000年）46頁以下，小澤時男「金融分野の業界団体・自主規制機関における苦情・紛争解決支援のモデルの概要」NBL738号（2002年）35頁以下など参照。

のである点が明らかにされたことは，利用者の利用態度にも一定のよい影響を
与えるであろう。更に，「国民の理解を増進させる」責務が規定されたことに
も重要な意味があり[7]，広報・教育等様々な側面で，ADR に対する「偏見」
を除いていく試みが必要であろう。

(5) 地方公共団体の責務（法4条2項）

　地方公共団体は，ADR の普及が住民福祉の向上に寄与することに鑑み，
ADR に関する情報提供等の必要な措置を講ずる努力義務を負うものとされる。
これは，紛争解決サービスについて，地方公共団体にも一定の役割を求めるも
のであり，広い意味での司法が決して国の独占的な事務ではなく，地方公共団
体の責務でもあることを示す点でやはり意義が大きい。この点は，法律扶助か
ら司法ネットに至る議論の中で徐々に形成されてきた認識が ADR についても
適用されたものと言うことができよう[8]。問題は，「国との適切な役割分担」
の在り方にあると考えられるが，市民に身近な紛争に関する ADR の設置・運
営（消費生活センター等），情報の提供，啓蒙・教育（ADR に関する法教育等）な
どについては，住民により身近で，その需要を実感できる地方公共団体に期待
される役割が大きいと思われる。

4　認証関係規定の意義

(1) 認証制度の一般的意義

　ADR 法のもう1つの大きな部分として，民間紛争解決手続の業務の認証に
関する規定群がある。これにより，一定の要件の下に民間紛争解決業務を認証
し，認証紛争解決手続について一定の具体的な法的効果を認めたものである。
このような制度が構築された一般的意義としては，個別 ADR 機関に対する信

---

　7)　立案過程では，国民の責務として ADR 利用の検討責務が挙げられたことがあるが，
　　それは裁判を受ける権利と正面から抵触するおそれがあり，国の責務として規定された
　　ことは実質的に相当であったと思われる。
　8)　司法ネットとの関係で特に，伊藤眞ほか「座談会・司法ネット構想の課題」ジュリ
　　1262 号（2004 年）8 頁〔片山善博〕参照。

頼の形成という点があると考えられる。個別 ADR 機関に対する信頼の不十分さという点も，従来 ADR の利用が低調であったことの大きな理由であろう。もちろん各 ADR 機関はそれぞれ様々な方法で広報を行い，解決内容の情報を公開するなど利用者の信頼を得るための努力をしてきたが，利用者の目から見ると，なかなかそのような努力が見えてこなかったようにも思われる。今後もそのような地道な努力が必要であることは間違いないが，やはりもう少し目に見える分かりやすい形で，信頼できる ADR というものを国民に示していく必要があるように思われる。この認証制度は，そのような要請に適合するものではないかと考えられる。

　もちろんそのような認証，つまり一種の適格認定などがそもそも必要であるのか，また必要であるとしてもそれを国が担うのが適当か，という問題はある。確かに ADR 機関の選択・淘汰は本来は市場に委ねるべき性質のものであり，各 ADR 機関がそれぞれのサービスを競い合い，公正な市場の中で消費者がそれを選択し，消費者に受容されなかったサービスは淘汰されていくという在り方が基本であろう。しかし，現段階で，それを完全な形で市場に委ねることには疑問がある。紛争解決サービスというものは，本来その結果がなかなか目に見えにくく，サービスの質の判定が困難な性格のものであり，国民が ADR 機関の提供する紛争解決サービスに十分慣れていない現段階では，やはり専門的観点からの認証が不可欠なものと思われる。また，将来的には，そのような認証を国が行うのではなく，一般に承認された基準に基づき民間において行うことも不可能ではない（*6*(5)参照）。例えば，現在，顧客満足のために国際的平面で ISO による ADR の規格作りが進んでいるが，将来的には，そのような国際規格等も活用して，民間ベースで ADR 機関の認証・格付けがされることも十分ありえよう[補注1]。しかし，制度を立ち上げる現段階では，国が責任をもってそのような機能を担っていくという発想も十分正当化でき，現実的には望ましい方向ではないかと思われる。

　[補注1]　ISO による ADR の国際規格については，本書第 6 章・第 7 章参照。

(2) 認証基準

認証基準は，法6条・7条において定められているが，極めて詳細なものである。これは，司法制度改革推進本部のADR検討会などで，認証が行政の自由な裁量に流れることに強い懸念が示されたことなどもあり，その要件を詳細に法律に書き込む結果となったものと見られるが，望ましいことであったと考えられる。そこに規定されている基準の大半は，暴力団員の使用禁止や通知・資料保管等の定めなど普通のADR機関にとっては極めて当然のものであり，決してADR機関の自由な運営を過度に制約するものではないと言える。

個別に言及すべきものとして（法6条5号の手続実施者に関する規律は，弁護士法との関係で後述する。(5)参照），まず守秘義務の規律がある（法6条11号・14号）。この点は，立案過程では，ADRに関与する者の一般的義務として規定することも検討されたものであるが，最終的には認証要件とされた。秘密性はADRの基本理念とされているところからも，当然の要請と言えよう。やや新奇なものとして，報酬・費用の相当性（同条15号）及び苦情処理の定め（同条16号）がある。これらの要件は，特に消費者保護の要請に基づくものであり，画期的なものと言えよう。前者は，ADR機関の側からは，私人間の合意である料金に対する国の介入を招くという懸念がありえようが，実際には，濫用的なものを除き，企業・消費者間（B to C）のADRについて高額の報酬を求めることは不可能であるし，企業間（B to B）の場合には，その相当性は極めて緩やかに考えられるべきものと思われ，運用上の問題は少ないであろう。また，後者のような定めは従来少なかったと思われるが，ADR自体に対する苦情を適正に取り扱うことは，当該ADR機関の問題点を把握・改善する第1の途であり，相当なものと言ってよい。

(3) 認証紛争解決事業者の義務等

認証紛争解決事業者の義務として，説明義務が課されている（法14条）。これは，認証紛争解決手続の実施契約の締結に先立って行われるべきものであるが，書面又は電磁的記録による説明が求められ，厳格なものとなっている。この点も特に消費者保護の見地から重要なものであるが，電話等による相談の後に斡旋等の業務を行う事業者は，その業務について認証を受ける場合には，フ

ァックス・電子メール等説明に係る書面送付の方法を定めて，手続の区分を明確化する必要があろう。次に，手続実施記録の作成保存義務が課されているが（法16条），これは特に時効中断（完成猶予）との関係で，手続実施の経緯等を明確にする必要があるためである。

また，認証紛争解決事業者に対しては，報告・検査・勧告・認証取消し等，法務大臣による監督がされるが，そのような監督について，ADR業務の特性への配慮が求められている点が重要である（法24条）。ADR業務の秘密性・自主性から，法務大臣が濫りに個別事件の具体的内容や処理結果に立ち入るべきではなく，基本的には可及的に業務実施の外形面に限定する形でその監督が行われるべきことを示すものであろう。

(4) 認証の法的効果

認証に基づく具体的な法的効果の規定が設けられたことには重要な意味がある。従来，日本では，紛争解決事業はほとんど国の独占事業であったわけであるが，そこに民間の参入を勧奨して，民間活力の活用を図ろうとするのであれば，その前提として，民間紛争解決事業と国の紛争解決事業との間で，できるだけ競争条件の均等化が必要になると考えられる。この点で，ADRの一方法である仲裁については，仲裁法の制定により裁判とほぼ変わらない紛争解決機能を持つものとして整備されてきているが，ADRの他の主要な方法である調停・斡旋については，この点は非常に不十分なものに止まっていた。また，裁判所の調停（司法型ADR）と民間型ADRとの競争条件の均等化の問題もある。その意味で，認証紛争解決事業に対する法的効果の付与は（これで十分かはともかく）大きな前進であろう。

特に時効中断（完成猶予）効の承認は重要な意味を持つ。ADRの話合い中にそこで対象となっている債権が時効消滅してしまうというようなことでは，利用者は安心して話合いができず，裁判所の訴訟や調停に比べて民間型ADRは著しく不利な競争条件の下に置かれることになってしまう。そのような意味で，認証紛争解決手続が不調に終わった場合でも，その通知から1ヵ月以内に訴えを提起したときは，当該手続における請求の時に時効中断（完成猶予）効が遡及するという規律（法25条）は大きな意味を有する。これにより，特に時効期

間が短い紛争類型（不法行為紛争，賃金紛争等）を対象とする ADR については，実際的な意義も大きいであろう。

次に，①認証紛争解決手続が実施中で，②当事者間に当該手続による紛争解決の合意があり，さらに③当事者の共同の申立てがあるときは，係属中の訴訟について，4ヵ月以内の期間の訴訟手続の中止が認められる（法26条）。これは，立案時に検討された付 ADR ないし ADR 利用勧奨（5(3)参照）に代替するものとして設けられた制度である。中止がされるには，結局，両当事者の合意・共同申立て及び裁判所の裁量権の行使が必要であり，三者の意思が合致する必要があり，理論的には，審理契約ないし三者合意を制度化したものと位置づけられよう[9]。これによって，様々な理由で訴訟係属が必要とされる場合にも，期限を切って[10] ADR による話合いを進めることができるようになり，当事者の需要に適ったきめ細かい紛争解決サービスの選択が可能となろう。

最後に，調停前置に関する特則が定められている（法27条）。すなわち，調停前置主義の適用がある紛争について，認証紛争解決手続が実施され，不調に終わったときは，調停前置は適用にならないとされる[11]。これは，制度的に認証 ADR を裁判所の調停と同視したものであり，しかも様々な議論にもかかわらず，離婚等の家事調停をも含む形で規定されたことは画期的と言えよう。既に離婚等の紛争につき ADR による解決を図っている機関もあるとされ，調停と民間型 ADR との制度間競争の可能性を高めるものとして注目に値する。

(5) 弁護士法 72 条との関係

ADR の成否を決するものは，人の要素であることに異論は少ない。ADR の手続実施者にいかなる資質が必要であるかについては様々な議論があるが

---

9)　審理契約ないし三者合意については，山本・前掲注2)『民事訴訟法の現代的課題』184頁以下，山本克己「手続進行面におけるルール・裁量・合意」民訴43号（1997年）115頁以下，加藤新太郎「民事訴訟の審理における裁量の規律」ジュリ1252号（2003年）114頁以下など参照。

10)　ADR の側にも間接的に4ヵ月という期間内に解決が事実上要請されることになり，手続の迅速化を図る意味があろう。

11)　法27条後段は，裁判所の裁量による付調停の余地を認めるが，これはいかなる訴訟手続でも一般に認められているものであり（民調20条，家審19条〔現行家事274条〕），確認的規定に止まる。

（この点は，*6*(3)も参照），それが民事上の紛争に関して一定の解決を与えるものである以上，法の解釈適用に関して専門的知識を必要とする場面が生じることは避け難く，そのような場面では法的な専門性が必要となろう。ただ，それは法的な専門家でなければ ADR に関与してはならないということを意味するものではなく，法的な専門的知見が必要な場面で適切にその知見を手続に導入できるような仕組みを設けておく必要があるというに止まる。

　そこで，法は，認証の要件として，法律専門知識が必要な場面で，弁護士の助言を受けることができるようにするための措置を定めていることを掲げ（法6 条 5 号），そのような条件を満たして認証を得れば，認証事業者及び手続実施者が報酬を受けることを正面から認めた（法 28 条）。今後は，「法令の解釈適用に関し専門的知識を必要とするとき」や「弁護士の助言を受けることができるようにするための措置」といった具体的な要件解釈の問題が生じてくると予想されるが，制度の趣旨や ADR 検討会の議論等を踏まえれば，あまりリジッドな解釈をすべきではなく，依頼者保護の観点から最低限の要請が守られていれば十分であろう。そして，仲裁を含む認証外 ADR についても，同様の実質的要件の遵守を前提に，（仮に弁護士法 72 条の構成要件該当性を前提にしても）正当業務行為として違法性が阻却される可能性が高いものと解されよう。

5　ADR 法に関する今後の課題

　以上のように，裁判外紛争解決手続の利用の促進に関する法律の制定は，日本の ADR の拡充・活性化にとって大きな意義を有すると考えられるが，なお今後の課題も多い。以下では，法律に関する課題（*5*参照）と，それ以外の課題（*6*参照）に分けて，簡単に私見を述べてみる。

(1)　定期的な見直しの必要性
　まず，全般的な点として，今回の法律による試みが全く新たなものであり，世界的に見てもあまり類例のないものであること[12)] に鑑み，法律施行後，そ

---

　12)　ADR 一般に関する規律という点では，イタリアにおいて，認定を受けた ADR 機関

の実施状況を慎重にモニターし，必要な見直しを果敢に行っていく必要があろう。この法律の施行後，多くの ADR 機関が実際に設立され，また認証を受けるであろうが，それがどの程度実効的なものとして機能するのか，慎重な見極めが必要なように思われる。また，ISO による国際規格作りや UNCITRAL による国際商事調停モデル法の制定など国際的な状況も踏まえて，必要な見直しを臨機に柔軟に行っていくべきものである。法律の附則として，施行後 5 年を経過した時点で，施行状況に検討を加え，所要の措置を講ずるものとされているので（附則 2 条），それに向けた準備作業を継続的に行っていく必要があるものと解される[13][補注 2]。

(2) 調停手続規範の整備

次に，やはり将来の課題として，UNCITRAL 国際商事調停モデル法[14] に則して，調停手続に関する一般的な規範の制定を考えていく必要があろう。今回の立法はあくまで ADR に関する基本法制の整備を目的とした作業であり，それとは別に調停手続法の制定を検討することの必要性に関して否定的判断がされたわけではない。むしろそのような作業は，国際的紛争解決における調停の重要性に鑑み，将来的に不可欠となってくるように思われる。そして，そのような立法に際しては（十分な需要の裏付けが必要であることは当然であるが），仲裁法の場合のように，世界的な流れから遅れて，結果として紛争解決の舞台として日本の存在感を薄れさせるような事態になることは望ましくないと考えられよう。その意味で，モデル法を日本において法律化していくため，今後中期的な視野に立って，理論的にも実務的にも準備作業を進めていく必要があろう[15]。

──────────

　の行った和解について時効中断効を認め，執行力を認める法案が議会に提出されているとされる。

13)　山田・前掲注 5）36 頁も，その間に「わが国の裁判外紛争解決手続一般に関する実証的な調査データを前提として，さらに掘り下げた検討がなされるべき」とする。

[補注 2]　施行後 5 年の見直し作業については，本書第 5 章注 2）参照。

14)　同モデル法については，三木浩一「UNCITRAL 国際商事調停モデル法の解説(1)～(9)」NBL 754～764 号（2003 年）参照。

15)　特に，調停手続の中での情報について訴訟・仲裁で利用することの当否について，ADR 検討会でも意見が分かれたところであるが，そのような点についての理論的検討

70 第3章 ADR法の意義と今後の課題

(3) 法的効果の拡大

さらに，ADRの法的効果についても将来的課題は残されているように思われる。第1に，執行力の問題がある。この点は，ADR検討会でも主要な論点とされたところであるが，最終的には時期尚早ということで見送られた。しかし，真の意味でのADRと裁判とのイコール・フッティングを考えるのであれば，執行力はやはり大きなポイントになろう。慎重論の根拠としては，濫用のおそれが大きかったと思われるが，法律施行後にそのような濫用的実態が本当に生じるのかどうかという点も慎重に見極める必要がある。逆に認証制度を創設してみても，執行力もなくて実際に実効的に機能するのかという疑問もある。そのような点を十分に見極め，将来再びその当否を判断すべきであろう。著者自身は，将来的には，その対象を相当に限定した形であっても，執行力はぜひ付与するべきであるが，その付与の対象や手続等について今後更に理論的検討を進めていく必要があるものと考える[補注3]。

第2に，法律扶助の対象化という点も，将来的な検討課題となろう。この点については，ADR検討会の内外であまり反対はなかったと思われるが，今回は主として予算上の問題により断念されたものであろう。しかし，この点は大きく言えば，ADRの理論的位置付けにも関係する。ADRが真に裁判と並ぶ紛争解決の選択肢として位置づけられるのであれば，多様な紛争解決手段の中で最も適切な手段を選択できる権利を国民に保障する必要がある。そして，その紛争についての最適の解決方法がADRであるとすれば，それを資力の有無にかかわらず利用できるようにするのは，国の責務である。総合法律支援法の制定によって民事法律扶助事業を担当することになる日本司法支援センターの展開や法律扶助予算の充実も踏まえ，仲裁を含めてADR全般に対する法律扶助の拡大について再検討の必要があると思われる[補注4]。

最後に，付ADR（ADR利用勧奨）についても，将来なお検討すべきである。

は不可欠である。そのような試みとして，山田文「調整型手続における秘密性の規律」谷口安平先生古稀『現代民事司法の諸相』（成文堂，2005年）415頁以下参照。

［補注3］　著者自身のそのような理論的検討の試みとして，本書第8章参照。

［補注4］　この問題の現状については，山本・前掲注2）『民事訴訟法の現代的課題』561頁以下も参照。

今回は，前述のように，両当事者の申立てに基づく裁量的な中止の制度及び調停前置主義の免除制度を導入するに止まったが，ADR の振興策として多くの国が採用しているように，裁判手続との本格的な連携を図るため，当事者の同意を得て[16]，期間を定めて ADR に付する余地を認めるべきように思われる。もちろん現在既に付調停（司法型 ADR との連携）の制度が存在することは確かであるが，裁判所と民間型 ADR との提携の可能性を模索し，司法型 ADR との使い分けを可能とし，さらに将来的には，裁判所内に ADR を置くことの正当性にも踏み込んだ制度的検討が必要になってくるように思われる。

6 ADR の拡充・活性化に向けた今後の課題

最後に，法律に限らず運用面も含めて，ADR の拡充・活性化に向けた今後の課題について述べてみる。以下では，項目の列挙とその簡単な説明に止める。

(1) 司法型 ADR・行政型 ADR に対する波及
ADR 法の認証に関する規定は，前述のように，民間型 ADR のみを適用対象とするものであるが，司法型・行政型の ADR についても影響がないわけではない。まず，法的効果については，司法型・行政型 ADR についても，多くの場合，同等の定めが整備されることになろう。その際，民間型 ADR と比較した規律の相違の理由が個別的に問題とされよう[17]。また，ADR の手続等についても検討の必要があろう。認証要件とされている事柄は，司法型・行政型 ADR については当然にその遵守が前提とされているものと考えられるが，現実には必ずしもそのようになっていない可能性もあり[18]，「逆調整」の必要も

---

16) ADR に付するに際して当事者の同意は不可欠であろう。裁判を受ける権利や ADR 手続の費用負担との関係があるからである。その意味で，これは「付 ADR」というよりはやはり「ADR 利用勧奨」の制度ということになろう。

17) 例えば，なぜ付調停やそれによる訴訟手続の中止には当事者の同意が必要とされないのかなどが問題とされよう。

18) 例えば，標準的な手続進行の定め（法 6 条 7 号），苦情処理の定め（同条 16 号），説明義務（法 14 条）などがすべての司法型・行政型 ADR で実際に担保されているのか，疑問なしとしない。

生じよう。

(2) 政策型 ADR の整備

　民間型 ADR において真に営業として成立しうる分野は，企業間（B to B）の ADR ではないかと思われる。これに対し，企業・消費者間（B to C）の ADR については，NPO や業界型・公益型に一定の期待がかかるものの，政策的に振興措置をとらなければ実際には困難な分野と考えられる。しかるに，このような分野でも今後 ADR を拡充していく必要があるとすれば[19]，法の制定を超えた政策的措置が必要になるように思われる。実際に多くの NPO は資金難であり，業界もコスト削減の中で ADR に対する支出を一般に抑制する傾向にあるとされており，公的資金の投入をも含めた措置の必要性が更に検討されるべきであろう。

(3) 人材の養成

　ADR の発展にとって何より必要であるのは，人・担い手の育成である。ADR の命は，それを担う人材によって左右されると言って過言ではない。また，そこで必要とされる能力は法的知見だけでは十分ではなく，話合いを促進する能力の重要性が確認されている。そこで，中期的な課題としては，ADR の専門能力について確認し，国が資格を付与するような方向（そして，そのような専門家の行った ADR につき特別の効力を認めるような方向）が検討に値しよう。「ADR 士」とも言われる構想である。もちろんその前提として，法律施行後，認証 ADR 等において ADR の実務運営の在り方につき共通の基盤ができ，人材育成の面においても ADR 機関間で緊密に連携していくといった方策が必要になろう。その点で，国の責務として，ADR の人材養成に関する基盤整備についても配慮が必要となろう。

---

　19)　ADR における政策促進・実現機能については，三木浩一「政策型 ADR について」JCA ジャーナル 547 号（2003 年）40 頁以下参照。

(4) ADR 機関間の連携——ADR 支援センター構想

ADR 機関間の連携は法律上の努力義務とされた (*3*(3)参照)。従来は各機関が孤立しており，効率的な広報や研修等の活動に限界があったことは否定できない。しかし，ADR 法の下では，認証・非認証，民間型・行政型・司法型の区別を問わず，各機関の連携が求められる。すなわち，立法後の ADR の拡充は，法律による基盤整備を基底としながら，ADR 機関間の緩やかな連携の努力の上で，各機関が独自の特長を発揮し合うといった，健全な競争と協力の調和が求められるべきことになろう[20]。そして，その延長線上には，法律相談，事件振分け，申立て代行，人材育成，資格認定，広報活動，モデル規則の制定，履行支援等を一元的に行う ADR 支援センターのようなものの実現可能性を模索していくことも考えられよう[21]。

(5) 情報開示と規格・格付け

現在の認証制度の在り方は必ずしも恒常的なものとは思われない。法的効果の付与の関係では，国の関与は必要不可欠であると考えられるが，信頼維持機能の面では，国の関与は必然的なものではない。むしろ将来的には，国際的標準に基づき，民間で ADR の格付けがされていく可能性があり，それは望ましい方向であると思われる。つまり，認証制度の格付け機能は民間に吸収され，純粋に法的効果の付与との関係が認証に残るという方向である。そして，その前提としては，ADR 機関による十分な情報開示の必要性があろう。ADR の秘密保持性や個人情報の保護等との関係には十分な配慮が必要であるが，その透明性の確保も将来的には不可避の課題となってくるであろう。

(6) ADR の理論研究——仲裁 ADR 法学会への期待

最後に，ADR 法の制定を契機として，ADR に関する理論の更なる進展が期待される。そのような理論の発展が立法の改善や政策提言，運用改善の前提となるからである。その意味で，2004 年秋に仲裁 ADR 法学会（理事長：小島

---

20) このような ADR の基本的な在り方について，そのルールの観点から検討したものとして，本書第 6 章参照。

21) この点については，山本・前掲注 1) 20 頁参照。

74 第3章 ADR 法の意義と今後の課題

武司教授）が設立されたが[22]，そのようなフォーラムにおいて ADR に関する理論研究が大いに深化し，この分野を専攻する若手研究者が多く現れてくることが期待されよう[23]。

（初出：法律のひろば 58 巻 4 号（2005 年）16 頁以下）

［補論］　本章は，ADR 法制定直後，その施行前に，ADR 法の意義と今後の課題についてまとめた論稿である。そこでは，ADR の拡充・活性化という司法制度改革審議会の基本的視座に基づき，裁判及び裁判所調停と認証 ADR との間のイコール・フッティングという観点が強調されている。

　　本章の初出時から既に十数年が経過しているが，ここで示された「今後の課題」は依然，なお課題として維持されている。法制面について言えば，**5**(1)でふれた 5 年後見直しは結局，法律自体の改正には至らず，引き続き検討の必要性が指摘されたに止まった（2014 年の法務省の「ADR 法に関する検討会報告書」（第 5 章注 2）参照）では，「制度的な論点の多くについては，今回の検討会においても将来の課題とされた」としている）。ただ，施行後 10 年を経て再び改正に向けた機運が生じており，日本 ADR 協会は ADR 法見直しに向けた提言を 2018 年に公表している（日本 ADR 協会「ADR 法制の改善に関する提言」（2018 年 4 月）参照）。

　　また，運用面を含めた今後の課題について言えば，まず政策型 ADR の整備（**6**(2)）に関しては，2011 年の東日本大震災に伴う原発事故において原子力損害賠償 ADR が整備され，大きな成果を上げたことが記憶に新しい（原発 ADR については，本書第 16 章 **3** 参照。また，これを踏まえた ADR 整備の一般的考え方については，本書第 5 章 **2** 参照）。また，ADR 機関間の連携（**6**(4)）については，それを担うべき団体として，日本 ADR 協会が発足し，活動しているが（その活動内容につき，山田文「民間 ADR の利用促進のために──日本 ADR 協会の取組みから」NBL 1092 号（2017 年）44 頁以下参照），その機能は限定的であり，ADR 支援センターというにはなお程遠い。情報開示（**6**(5)）については，法務省が「認証紛争解決事業者アピールポイント一覧」を作成し，毎年更新しており，日本 ADR 協会も「ADR 機関検索システム」を創設しているが（山

22）　同学会については，青山善充「『仲裁 ADR 法学会』の設立に至るまで」JCA ジャーナル 571 号（2005 年）60 頁以下参照。

23）　ADR の基本理論に寄与する近時の重要な業績として，早川吉尚ほか編著『ADR の基本的視座』（不磨書房，2004 年）参照。

田・前掲 47 頁参照），十分な情報開示というにはまだなすべきことが多い。最後に，ADR の理論研究（**6**(6)）では，仲裁 ADR 法学会は活動を継続しているが（同学会の機関誌「仲裁と ADR」は 2018 年に第 13 号を刊行している），ADR 法を専攻する研究者は未だ数少なく，理論研究が十分な水準にあるとは言い難い。

　以上のように，本章で示した ADR 法の意義は十分に確認され，一定の成果を上げていると評価できるが（近時の評価につき，山本和彦ほか「座談会・ADR 法 10 年——その成果と課題」NBL 1092 号（2017 年）4 頁以下参照），なお残された問題も多く，本章で指摘した課題等の観点については引き続き検証を必要としよう。

第 4 章

ADR 法の現状と課題
── ADR 法施行後 3 年を経て

1 はじめに

　本章の目的は,「裁判外紛争解決手続の利用の促進に関する法律」(以下「ADR 法」という) の施行後 3 年余を経過した時点で, ADR 法の現状と課題を総括し, 後述の見直しに向けた議論を展望することにある。

　ADR 法制定の淵源は, 司法制度改革審議会の提言にある。司法制度改革審議会意見書 (2001 年 6 月) では,「ADR が, 国民にとって裁判と並ぶ魅力的な選択肢となるよう, その拡充, 活性化を図るべきである」との目標を提示し, その具体的方途として,「総合的な ADR の制度基盤を整備する見地から, ADR の利用促進, 裁判手続との連携強化のための基本的な枠組みを規定する法律 (いわゆる「ADR 基本法」など) の制定をも視野に入れ, 必要な方策を検討すべきである」とし,「その際, 例えば, 時効中断 (又は停止) 効の付与, 執行力の付与, 法律扶助の対象化等のための条件整備, ADR の全部又は一部について裁判手続を利用したり, あるいはその逆の移行を円滑にするための手続整備等を具体的に検討すべきである」との提言がされた[1]。その後, 内閣に司法制度改革推進本部が設置され, その中に ADR 検討会が設けられた。同検討会では, 2002 年 2 月の設置から 3 年近くの間に 38 回の会議を開催して,

---

1) 司法制度改革審議会における議論の経緯, その提言の趣旨及び現状に対する評価については, 竹下守夫「司法制度改革審議会における審議過程からみた ADR 法の状況」仲裁と ADR 5 号 (2010 年) 1 頁以下参照。

ADRの拡充・活性化に向けた施策を包括的に検討した[2]。そして，同検討会の議論を受けて国会に提出されたADR法は，2004年11月に成立し，同年12月1日に公布され（平成16年法律第151号），2007年4月1日から施行されている。

このような経過を辿り，日本にとって初めての，そして国際的に見てもおそらく前例のないADRに関する基本的規律を定めるADR法が実現した。ただ，ADR法が画期的な取組みであったことは間違いないが，それによってすべての問題が解決されたわけではない。むしろ立法の段階で実現可能な部分をADR法にまとめ上げたと言った方が実情に近く，そこには残された課題が多くあった。司法制度改革審議会の提言の中でも触れられた執行力の付与や法律扶助の対象化等は規定に至っていないし，ADR検討会の座長レポートでも，「ADR士」などADRの担い手となる人材の育成やUNCITRAL国際商事調停モデル法を模範とした調停手続法的ルールの整備等が中長期的な課題とされている[3]。このように，ADR法は，前例のない新機軸の制度として，未来に向けて一種の「開かれた制度」として発足したものと評価できよう。

以上のような事情に加え，さらに近時ADRに対する新たな期待の増大が見受けられる。それは裁判所における民事訴訟事件等の動向と密接な関係がある。具体的には，本格的な事件数の増大や事件内容の複雑専門化といった質量両面における裁判所の負担増大の問題である。現在の過払金訴訟の増加は遠からず終了しようが，法曹人口の急増に鑑みれば，様々な分野において事件数の増加は不可避であろう。また，社会・法律の複雑化・専門化は，訴訟事件の複雑専門化を招くことも間違いなかろう。そのような中，裁判所には，今まで以上に社会のルールを積極的に形成・明確化していく役割が期待される。他方では，格差社会が進展し，十分な資力のない市民も急増している。そのような状況を前提に，裁判所の機能を維持し，市民の法へのアクセスを実効的に確保するため，ADR法の立法時に比しても，日常的紛争や専門的紛争をADRで解決す

---

2) ADR検討会における議論の経緯，その提言の趣旨及び現状に対する評価については，青山善充「ADR検討会の議論からみたADR法の状況」仲裁とADR5号8頁以下参照。

3) 青山善充「日本におけるADRの将来に向けて——『ADR検討会』座長レポート」小林徹『裁判外紛争解決促進法』（商事法務，2005年）515頁以下参照。

78 第 4 章 ADR 法の現状と課題

るニーズは増大していると解される[4]。

ADR 法は，附則 2 条において「政府は，この法律の施行後 5 年を経過した場合において，この法律の施行の状況について検討を加え，必要があると認めるときは，その結果に基づいて所要の措置を講ずるものとする」とする。前述のような ADR 法の性質上，このような見直し規定は必須のものであったと評価でき，制定時の残された課題及び近時の新たな動向の中で，何らかの見直しが必要であると考えられよう。以下では，そのような認識に基づき，ADR 法の現状を評価し，課題を抽出する作業を試みるものである[5]。

2 ADR 法の現状と評価

(1) 認証制度についての現状

認証 ADR 事業者は，2010 年 7 月末現在，71 機関ある[6][補注 1]。年度ごとの認証件数をみると，2007 年 10 件（4 月以降），2008 年 16 件，2009 年 39 件，2010 年 8 件（7 月まで）となっており，当初は出足が鈍かったが，近時急速に件数が増大していることがみてとれる[7][補注 2]。また，認証事業者が取り扱う紛争分野の範囲も，スポーツ紛争，製造物責任紛争，土地境界紛争，特定商取

---

4) 以上のような著者の見方を詳論するものとして，山本和彦『民事訴訟法の現代的課題』（有斐閣，2016 年）71 頁以下参照。なお，裁判所自体の中でも，ADR の活用が大きな課題として認識されつつあるようにみえる。そのような見方を示唆するものとして，2010 年 6 月 9 日開催の長官所長会同における最高裁判所長官の挨拶の中で「民事訴訟事件は，内容的にも数量的にも大きく変わってきており，今後，訴訟外の紛争解決手段との役割分担や連携の在り方について更に検討を深める」必要性について指摘されている点が注目される（裁時 1509 号 1 頁参照）。

5) 同様の問題意識をもった検討の試みとして，山本和彦ほか「座談会・ADR 法施行 3 年を経て」仲裁と ADR 5 号 35 頁以下など参照。

6) 72 の機関がこれまで認証されているが，認証第 2 号の大阪弁護士会は，認証第 43 号の総合紛争解決センターの発足に伴い，その紛争解決業務を終了している。なお，統計を含めて以下の叙述の多くは，深山卓也「法務省からみた ADR 法の状況」仲裁と ADR 5 号 14 頁以下に負っている。

[補注 1] 2018 年 8 月現在，152 機関である。

7) ただ，2010 年になってから，その増加傾向は鈍っているようにもみえる。

[補注 2] その後，2010 年 32 件，2011 年 16 件，2012 年 13 件，2013 年 5 件，2014 年 5 件，2015 年 8 件，2016 年 8 件，2017 年 3 件となっている。

引紛争，下請取引紛争，労働関係紛争，金融商品紛争，ソフトウェア関係紛争，夫婦関係紛争，事業再生関係紛争，マンション紛争，外国人職場関係紛争，留学紛争，医事紛争，共済契約紛争など極めて多様なものとなっている。ただ，絶対数からみれば，いわゆる士業団体関係が圧倒的比重を占め，全認証 ADR 事業者の 7 割強（51 事業者）を占める[8][補注3]。また，仲裁 ADR 法学会によるアンケート調査の結果によれば[9]，各事業者は小規模なものが多く，主として ADR 事業に携わる事務担当者は，2 人以下の機関が過半数で，3 人以下のものが 8 割近くを占める。また，各事業者の予算も，500 万円以内の機関が約 6 割で，1000 万円以内のものが 8 割を占めている。

　次に，認証 ADR 事業者の活動であるが，その取扱件数は必ずしも多いものではない。2008 年度の統計によれば[10]，26 の認証機関で年間合計 721 件に止まる（1 機関平均約 28 件）[補注4]。それも 100 件を超える一部の機関を除けば，一桁の件数の機関が大半を占める[11][補注5]。これらの機関では，相談数は極めて多いにもかかわらず，ADR の件数に繋がっていない[12]。事件処理の結果は，

---

8)　社会保険労務士会関係 23 機関，司法書士会関係 10 機関，土地家屋調査士会関係 9 機関，行政書士会関係 5 機関，弁護士会関係 4 機関である。

〔補注3〕　2018 年 3 月現在では，約 80% となっている。

9)　山本和彦「認証 ADR 事業者に対するアンケート結果の概要」仲裁と ADR 5 号 66 頁以下参照（2009 年 10 月末現在認証を受けていた 47 事業者に対するアンケート調査であり，37 事業者から回答があったとされる〔回答率 79%〕）。なお，各個別機関のアンケート結果については，「認証 ADR 機関アンケート結果」仲裁と ADR 5 号 69 頁以下参照。

10)　以下の統計も含めて，深山・前掲注6) 18 頁以下の 2008 年度の統計による。

〔補注4〕　2016 年度の取扱件数は，1,071 件であり，認証事業者は倍以上になったが，件数は余り増えていない。

11)　前記（注9) 参照）のアンケート調査でも，（ゼロ件を含めて）一桁の件数の機関が全体の 72% を占めている。

〔補注5〕　2016 年度でも，一桁の機関が約 75% を占める。

12)　例えば，家電製品協会は相談件数 2,206 件に対して ADR は 7 件，自動車製造物責任相談センターは同 2,957 件に対して ADR は 15 件，日本消費生活アドバイザーコンサルタント協会（NACS）は同 2,265 件に対して ADR は 3 件である。同様の傾向は認証機関以外でもみてとれ，金融関係 ADR（2008 年）では，全国銀行協会は相談件数 4 万 1,663 件に対して紛争案件は 30 件，損害保険協会は同 7 万 6,193 件に対して 39 件，生命保険協会は同 1 万 100 件に対して 82 件などとなっている（金融関係 ADR 全体で相談件数 18 万 7,821 件に対して，紛争案件は 553 件で，約 0.3% に止まる）。

80 第4章 ADR 法の現状と課題

合意成立が約 40%，不成立が約 27%，取下げ等が約 8%，相手方の不応諾が約 24% となっている[13][補注6]。取下げの中には実質的に和解となった事件も相当数含まれるとすれば，解決率は半分近くに及び，相当の成果を上げていると評価してよかろう。また，手続の所要期間も 3 ヵ月以内が約 67%，半年以内が約 97% であり，迅速な解決がされている[補注7]。

(2) 認証制度についての評価

以上のような認証制度の現状に対しては様々な評価が可能である。積極面の評価として，第 1 に，ADR 機関の多様化が挙げられる。前述のように，様々な紛争類型について ADR が創設されているが，その多くは認証制度を契機に登場したものである。その意味で，認証制度が様々な分野の ADR の創設を促し，利用者の選択肢を拡大する効果があったことは間違いない。第 2 に，政策的に一定の分野で ADR を推進していく契機となっている点も指摘できよう。例えば，金融関係 ADR については，2009 年の金融商品取引法等の改正によっていわゆる金融 ADR 制度が創設されたし，消費者 ADR については，2008 年に国民生活センターに対して ADR 機能が付与され，積極的利用がされている[14]。これらは，直接に ADR 法の枠組みに乗ったものではないが[15]，ADR 法の立法を契機としていることは間違いなく，質的量的に重要な紛争類型につ

---

13) 同じ 2008 年の裁判所の民事調停（司法型 ADR）の結果は，成立約 8%，調停に代わる決定約 69%，不成立約 6%，取下げ約 16% となっている。調停に代わる決定の大半が異議なく確定しているとすれば，その成立率は極めて高い（ただし，その事件のかなりの部分が消費者金融関係である点には注意を要する）。

[補注6] 2016 年度は，成立 36%，不成立（見込みなし）約 23%，取下げ等約 11%，不応諾約 30% となっており，成立が減少し，不応諾が増加する全体的傾向にある。

[補注7] 2016 年度は，3 ヵ月以内約 50%，半年以内約 74% となり，やや時間がかかるようになっているが，なお訴訟等と比較すれば迅速性を維持している。

14) さらに，医療 ADR については，弁護士会による積極的な専門 ADR の設置に加え，認証 ADR 機関も登場しており，2010 年 3 月以降，厚生労働省において，医療 ADR 連絡調整会議が設けられ，その拡充・活性化に向けた議論が継続的に行われている。

15) 金融 ADR は，ADR 法の認証を前提とせず，直接金融庁により指定がされる仕組みとなっている。ただ，その指定要件には実質的に ADR の認証要件が組み込まれ，紛争解決機関の指定に際しては，金融庁は（ADR 法を所管する）法務省と協議するものとして（金商 156 条の 39 第 3 項等），両者の運用に実質的な齟齬が生じないような制度的配慮がされている。金融 ADR については，本書第 10 章～第 12 章参照。

いてこのような積極的な試みがされていることは重要である。

　他方，ADR 法に対する消極面の評価としては，第 1 に，ADR に対する認知度の低迷がある。そもそも ADR という言葉自体が一般国民の間に十分周知されているとは言い難い。2009 年 1 月に内閣官房が行った ADR に関する認知度の調査で，認証紛争解決サービス（かいけつサポート）を認知していた者は僅か 3.9％ に止まったという[16]。まして個々の ADR 機関の活動内容や取扱分野については十分知られていないものと考えられる。第 2 に，その点と密接に関連する点であるが，利用の不活発の問題がある。ADR 機関は多数認証されたものの，実際の処理件数は低迷していることは，前述の統計からも明らかである。

　以上のような認証制度の現状を総括的に評価するとすれば，司法制度改革の目的であった，裁判と並ぶ魅力的な選択肢としての ADR の拡充・活性化の方向に向けて着実に進んではいるが，なお十分な成果が上がっているとは言い難い状況にある，ということであろう。

(3)　一般法部分の現状と評価

　以上が認証制度に係る評価であるが，ADR 法のもう 1 つの柱として一般法部分がある[17]。まず基本理念（法 3 条 1 項）との関係では，同法が「法による紛争の解決」を掲げる点を問題視する見解が立法当初からある。ADR の本来の理念である自律性を阻害するおそれがあるという批判である[18]。この点はまさに基本理念として ADR の在り方をどのように考えるかという点に繋がるが，著者はこの文言は単に（反社会集団等の関与する）「反・法的」ADR を排除する趣旨にすぎず，（解決基準等が法に基づかない）「非・法的」ADR まで排除する意味をもつものではなく，ADR を「あるべき型」に誘導するものではないと解している[19]。そして，実際の ADR 法の運用も，対話型を掲げる ADR も認証

---

16)　深山・前掲注 6）19 頁以下参照。

17)　ADR 法の全体像については，山本和彦＝山田文『ADR 仲裁法〔第 2 版〕』（日本評論社，2015 年）96 頁以下参照。

18)　山田文「ADR 法制定と理論的問題」法時 77 巻 2 号（2005 年）37 頁，町村泰貴「ADR 新時代」ジュリ 1317 号（2006 年）165 頁など参照。

19)　山本＝山田・前掲注 17）104 頁参照。

の対象になっているなど，そのような趣旨に即しているものと思われる[20]。

次に，ADR 機関間の連携である（法3条2項）。この点は，現状では必ずしも十分ではないように見受けられる。ADR 機関間の横の連絡は必ずしも十分ではないし，制度的にも担保されていない。そのような中で注目される近時の動きとしては，日本 ADR 協会の設立がある。ADR 機関間の様々な連携を進めていく上で，同協会に対する期待には大きいものがある[補注8]。また，特定の分野内の連携の試みとして，金融 ADR に関する金融トラブル連絡調整協議会や医療 ADR に関する医療 ADR 連絡調整会議の試みなどが注目されよう[21]。

最後に，国・地方公共団体の責務である（法4条）。ADR の利用の促進のために必要な措置を講じる努力義務が定められ，その中心は，条文に例示されているとおり，調査分析や情報提供にある。ただ，前述のような ADR の認知度に鑑みると，情報提供の努力が十分と言えるか，なお疑問もある。法テラスや消費生活センター等を活用した情報提供に更なる期待がもたれる。さらに，必要な措置として，行政型 ADR の活用もあり，消費者 ADR において一定の成果を上げているが，その位置付けも含めて，検討を要しよう。加えて，今後の大きな課題としては，ADR に対する財政援助の問題もありうる（この点は，*3*
(3)参照）。

(4)　創設時の課題に対する対応

以上個別に現状と評価をみてきたが，ADR 法立法時に著者が同法の課題として認識していた事項[22] について，この5年間でどのような進展があったか

---

20)　ADR における合意に弁護士の助言が求められる局面があるが（ADR 法6条5号），これは利用者保護の趣旨に由来する適切な情報提供の方策として位置づけられよう（町村・前掲注 18）165 頁以下の議論も参照）。ただ，弁護士助言の必要性の解釈について謙抑性が求められることにつき，山本＝山田・前掲注 17）256 頁参照。

［補注8］　日本 ADR 協会の近時の活動については，山田文「民間 ADR の利用促進のために──日本 ADR 協会の取組みから」NBL 1092 号（2017 年）44 頁以下参照。

21)　制度的に興味深い連携の例として，事業再生 ADR における認定 ADR の手続と裁判所調停（司法型 ADR）との連携がある。そこでは，認定 ADR の手続が先行する場合には，ADR における専門家の関与を勘案して，裁判官の単独調停を原則化する規律が設けられている（産活 49 条〔現行産業競争力 50 条〕）。この点については，山本和彦「事業再生 ADR について」名古屋大学法政論集 223 号（2008 年）407 頁参照。

22)　本書第3章 *6* 参照。

をみてみよう。

まず，ADR 法のルールの司法型・行政型 ADR に対する波及の問題であるが，これは，行政型 ADR につき，いくつかの法改正の結果，時効中断（完成猶予）効等の規定が導入されて，規律の平準化が図られている。他方，司法型 ADR については未だ十分な対応はされていないが，近時の法制審議会非訟事件手続法・家事審判法部会（部会長：伊藤眞教授）における家事審判法の改正論の中では，当事者の手続保障の充実が重要な課題と認識されており，認証 ADR における手続保障と見合った水準への展開が認められよう[23][補注9]。

次に，政策型 ADR の整備の問題については，前述のとおり，金融 ADR，医療 ADR，消費者 ADR 等の進展が顕著にみられるところである。

更に，人材の養成の問題も，認証 ADR 事業者の増加に伴い，日本仲裁人協会などをはじめとして盛んに人材養成のセミナー等が開催されている模様であるし，日本 ADR 協会においても，手続実施者候補や事務局担当者の合同研修が企画されており，徐々に進展している。また，ADR 機関間連携の問題，更には ADR 支援センターの構想でも，やはり日本 ADR 協会の動きが注目される。既に広報や研修活動における各機関の協力が想定されているようであるが，将来的には，法律相談・事件振分け，資格認定，モデル規則の制定等の活動も期待されよう。

次いで，情報開示と規格・格付けの問題については，国際的動向として，ISO10003 の制定が注目される[24]。ADR の利用に係る国際標準が設定され，現在その JIS 化の作業が進められており[補注10]，このような国際標準に準拠した形での民間による格付け等の展開が期待されよう[25]。

最後に，ADR の理論研究であるが，2004 年に設立された仲裁 ADR 法学会

---

23)　将来的には更に民事調停法の改正も視野に入ってくるものとみられる。

［補注9］　その後，家事事件手続法が制定されている。そのなかで，例えば，付調停について当事者の意見の聴取が義務づけられる（家事 274 条 1 項）などしていることは，ADR における利用者の意思の重視とバランスをとるものとの評価も可能であろう。

24)　本書第 7 章 5 参照。

［補注10］　その後，JIS 化が実現し，2010 年，JISQ 10003 が発行されている。

25)　特に消費者関係の分野の ADR については，消費者団体等による消費者の目線からみた ADR 機関の格付け等の必要があるのではなかろうか。

84　第4章　ADR法の現状と課題

は順調に活動を展開し，その規模も拡大して会員数 400 人を超える団体に成長
している。そして，ADR に関係する様々な学問分野の学際的な展開が図られ，
実務家の積極的参加が実現するとともに，若手研究者の活躍の場を提供してい
るものと評価できよう[26]。

3　ADR 法の課題

　以上のように，ADR 法は一定の成果を上げ，司法制度改革が掲げた大目標
に向かって進展していることは間違いないが，その実現のためにはなお課題も
多く残されている。以下では，実務面・制度面・財政面に分けて，残された課
題を概観したい。

(1)　実務面の基盤整備

　実務面の課題としては，まず広報の施策が重要であろう。前述のように，現
下の ADR の最大の問題の１つがその知名度不足であり，その結果としての利
用の低迷であることは否定し難い。この点については，公的部門の責任が大き
い[27]。法務省を中心とした様々なキャンペーンは不可欠であるし，特に強調し
たいのは，地方公共団体の身近なレベルでの広報活動である。実効的紛争解決
を可能にすることは住民サービスの根幹をなすものであることを各自治体が認
識すべきであろう。また，日本 ADR 協会に対する期待も大きい。広報の問題
では，各 ADR 機関による個別の活動には限界があり，効率性の問題もある。
同協会がシンポジウムその他の活動を通じて ADR のメリットを効果的にアピ
ールすることが望まれる[28][補注11]。

---

　26)　その活動の内容につき詳しくは，同会の機関誌「仲裁と ADR」1〜13 号を参照。
　27)　ADR 法上も，国や地方公共団体は ADR の情報提供等に努めるものとされている
　　　　（法 4 条参照）。
　28)　事業再生 ADR が活用されていることは，特殊な分野の成功例であるとはいえ，
　　　　ADR 一般においても学ぶべき点が多いように思われる。
　［補注 11］　日本 ADR 協会は，このような観点から，ADR 機関の情報を一覧性をもって
　　　　提供するため，ADR 機関検索システムの開発・運営に取り組んでいる。山田・前掲
　　　　［補注 8］46 頁参照。

次に，利用促進の施策である。この点は，知名度を上げることが前提になり，広報の課題とも重複するが，それに加えて，第一次的な相談アクセス機関による事件の振分けが重要となろう。ADR におけるインテイクの重要性である。法テラスや消費生活センターによる ADR 機関の紹介・取次が肝要であり，日常的な形での連携が構築されることが望まれる[補注12]。また，司法制度の側からの振分けも重要であり，まず弁護士が ADR を利用する契機を生み出すことが重要であろう。各地の弁護士会 ADR でも，積極的に ADR 事業を推進している弁護士会では顕著に ADR の利用実績が上がっていることは，手続選択に果たす弁護士の役割を示す[29]。更に，いったん訴訟になった後も ADR の利用の可能性はある。付 ADR という制度的対応（これについては，(2)参照）はともかく，ADR 法 3 条 2 項の理念に基づき，裁判所と ADR 機関の実務的な連携の可能性が模索されるべきであろう[30]。

更に，情報開示の問題もある。この点の現状は必ずしも十分とは言い難いが[31]，利用促進の方策として重要性を有する課題である。けだし，当該機関においてどのような事件をどのように解決しているかについて十分な情報がなければ，利用者がその利用を躊躇するのは当然だからである。ADR 機関は，守秘義務に配慮することは当然としても，事件の概要等については積極的に開示していくことが重要であろう。

最後に，利用者からの苦情処理の問題がある。この点は認証要件とされているが（法 6 条 16 号），各機関の苦情処理対応に不満があるときは更に第三者機関に対する申立てを可能とする環境作りも重要であろう。それにより，利用者

[補注12] 　日本 ADR 協会は，このような観点から，ADR 機関が各地の消費生活センターを訪問して，要望等のヒアリングを行うことを仲介するプロジェクトを展開している。山田・前掲［補注 8］46 頁参照。

29)　また，弁護士の意識改革は応諾率を高める点でも意義がある。ADR の相手方が弁護士に相談した場合，当該弁護士が訴訟によるべきとするか応諾を勧めるかによって当然応諾率に大きな違いが出てこよう。

30)　このような実務的な方向性を示唆する動きとして，大阪に誕生した総合的な ADR 機関である総合紛争解決センター（現在の民間総合調停センター）等との連携が重要な課題として意識される，林圭介「大阪地裁建築・調停事件における現況と課題」判タ 1300 号（2009 年）37 頁以下参照。

31)　山本ほか・前掲注 5）49 頁以下参照。

86 第4章 ADR法の現状と課題

が安心してADRを利用できる基盤が整備されるからである。日本ADR協会
等の役割に期待がされるところであろう。

(2) 制度面の基盤整備

次に，制度面の基盤整備であり，この点はまさにADR法の改正に直結すべ
き課題となる。その多くは既にADR法制定時に議論されたが，時期尚早とし
て見送られたものといえる。しかし，ADR法が実際に施行される中で再度真
剣な議論が必要となるように思われる[32][補注13]。

第1に，いわゆる付ADR，すなわち裁判所によるADR利用勧奨[33][補注14]
の制度である。裁判所からADRに事件を回す「水路」を構築することは，ど
の国でもADRの利用促進の1つの重要な方策として位置づけられているとこ
ろである。ADR法の立法時には，裁判所が利用を勧められる適切なADR機
関が存在するか，また運用上ADRの利用を勧めれば十分ではないか等の疑義
が呈されて実現には至らなかったが[34]，認証ADR制度が定着する中で再度検
討の必要があろう。もちろん運用上の対応は有用であるが，やはり法的根拠が
ないと裁判所の集団的対応には限界があることも否定できず，明文規定の必要

---

32) 以下の問題のほか，時効中断（完成猶予）規定についても考慮が必要であろう。現
在は当事者の請求の定立時を時効中断（完成猶予）の基準時としているが，ADR手続
実施契約の時点に遡及させることも考えられないではない。ただ，時効一般について現
在，債権法改正が法制審議会民法（債権関係）部会で論じられており，そのような大き
な枠内で引き続き検討がされるべきものであろう（そもそも同部会の議論では，当事者
の協議に時効の進行停止の効果を認める提案もされており，ADR法の時効中断（完成
猶予）規定の独自の存在理由も含めた抜本的検討が要請されよう）。
[補注13] 前注の点は，最終的に，協議を行う旨の合意による時効の完成猶予の規定と
して実現した（民151条）。ただ，ADR法の規定は，なお独自の意義を有するものと
して維持されている。この問題については，山本和彦「民事手続法からみた民法（債権
関係）改正」法の支配190号（2018年）96頁以下。
33) 当事者の同意が必要である限り，利用勧奨という位置付けになる。他方で，司法型
ADRについて，当事者の意思を全く無視した現在の付調停の仕組みには疑問もありえ，
少なくとも当事者の意見を聴く必要があるのではなかろうか（家事審判法の改正の中で
も，そのような問題の指摘がされている）。
[補注14] 前注最後の点は，家事事件手続法274条1項で，付調停について当事者の意
見を聴くものとして実現している。
34) 小林・前掲注3) 357頁以下参照。

性はなお検討すべきであろう。

第2に，法律扶助の適用である。この点も ADR 法制定時に相当の議論がされ，適用可能性に多くの支持があったが，主に財政的問題で実現しなかったものである。その後，総合法律支援法の施行，日本司法支援センター（法テラス）の設立，法律扶助予算の拡充等この問題を取り巻く状況に変動はあるが，財政不足の状況は更に悪化しているともいえる。その意味で，実現可能性の観点からなお難しい課題であるが，後述の財政面の基盤整備（⑶参照）の中で包括的に対応が検討されるべき事項であり，その際には日本の格差社会化の中ですべての人に正義へのアクセスを確保できるような制度の在り方という視点から，抜本的に問題を検討すべきであろう[35][補注15]。

第3に，執行力の問題である。この点が ADR 法制定時の最大の論点であったことは言うまでもない。ADR 法施行後の状況をみるとき，ADR の利用を促進する1つの方策として，執行力の付与がなお重要な課題であることは否定し難い。そのような効力の付与によって初めて，ADR と訴訟や裁判所調停とのイコール・フッティングが可能になるものであり，特に代理人弁護士による手続選択という観点からは重要であろう[36]。その具体的な制度設計についてはなお困難な問題があるが，それを乗り越える叡智の結集が必要と思われる。私見につき詳論する余裕はないが[37]，ADR 法の認証に加えて，執行力を有する特別 ADR のような形で別途認定する二段階の制度設計[38]が現実的であるように思われる。

最後に，その他の問題として，いくつかの点がある。弁護士法との関係では，

---

35) 国家財政負担全体の中で考えると，ADR に対する資源の投下は，訴訟事件を減少させ，結果として財政負担の軽減に結び付く可能性もある点は強調されるべきであろう。

[補注15] ADR と法律扶助の関係については，山本・前掲注4) 561 頁，特に補注 17 も参照。近時の状況及び立法論については，日本 ADR 協会「ADR 法制の改善に関する提言」（2018 年4月）参照。現状では，代理人の選任については法テラスの運用の変更により対応が図られたが，なお代理人の付かない当事者による ADR の利用については，課題が残るとされる。

36) 弁護士としては，合意の結果として強制執行が保障されないとすれば，依頼者に対して責任をもって認証 ADR の利用を助言できるかというと，やはり疑問が残ろう。

37) 立法論の方向性については，本書第8章参照。

38) ADR 法の認証に産活法（現在の産競法）の認定を上乗せする事業再生 ADR と同様のイメージである（なお，金融 ADR も実質的には同様の内実を有する）。

88   第4章   ADR法の現状と課題

ADR法は法的助言の規定を設けて弁護士法72条の適用除外を可能にしたが，専門家の活用の方策として，現状の厳格な規律を緩和していく余地がないかは検討課題となりえよう。また，業界型ADRの活用に向けては，金融ADRにおいて定められた様々な特則[39]，すなわちADR手続の応諾，資料の提出，ADR合意の受諾等について事業者側に一定の義務付けを図る規律の一般化は検討される余地があろう[40]。

(3)　財政面の基盤整備

最後に，財政面の基盤整備の問題がある。実際上最も重要な問題ともいえる。各ADR機関に対するアンケート調査においても，最も関心が高い問題である[41]。ただ，他方で，現在の国や地方の財政状況に鑑みれば，最も解決が困難な課題であるともいえる。理論的には，ADRに対して国が担うべき役割いかんという問題となろう。国には，裁判と並ぶ魅力的な選択肢としてADRを国民に提供する責任があるとすれば，ADRは大きな意味で司法制度の一翼を担う「公共的存在」であると考えられる。仮に民間の主体がその運営に当たるとしても，少なくともそのコストの一部は本来公的セクターが担うべきものと考えられよう。

問題は，コスト負担の在り方である。公的機関がADRに財政支出をするとしても，その方途にはいくつかの選択肢がありうる。例えば，司法型・行政型ADRを自ら整備すること，民間型ADRに直接的な財政支援を行うこと，民間型ADR利用者に対する間接的支援（法律扶助等）をすることなどである。いかなる負担の在り方が適切かについては，各分野ごとに具体的に検討していく必要があろう。ただ，大きくみれば，国の在り方を行政中心から司法の役割重視に切り替えるための司法予算の全体的な大幅増の中で，ADRについても司法の役割を一部担うとの位置付けの下，抜本的な発想の転換が求められているものといえよう[42]。

---

39)　金融ADRの意義や規律内容については，本書第10章〜第12章参照。

40)　これも，金融ADR同様，ADR法に上乗せする規律となろうか。

41)　山本・前掲注9) 67頁以下参照。

42)　また，地方公共団体についても，ADRの活用は紛争解決に向けた身近な住民サー

4 おわりに

　現在，ADR がようやく日本の社会・経済の中に根付き始めた萌芽的な実感がある。また，21 世紀の司法を大局的に考えるとき，ADR の拡充・活性化が必要不可欠であるとの認識は，ADR 法制定時に比べても更に高まっているように思われる。もちろん法律においてできることに限界があることは確かであるが，他方で法律によってしかできないことがあることも間違いない。今後予想される ADR 法の見直しに向け，再び叡智を結集すべき時期が到来しつつある。本章がそのような議論に向けた手掛かりとなれば望外の幸いである。

（初出：法律のひろば 63 巻 9 号（2010 年）3 頁以下）

　［補論］　本章は，ADR 法施行後 3 年余（同法制定後 6 年弱）の時期に執筆されたものである。前章が同法施行前の論稿であったのに対し，本章は施行直後の状況を踏まえて，その評価及び課題を論じたものということになる。

　　この時点での ADR 法に対する著者の全体的評価は，「裁判と並ぶ魅力的な選択肢としての ADR の拡充・活性化の方向に向けて着実に進んではいるが，なお十分な成果が上がっているとは言い難い状況にある」というものである。また，施行前に提起されていた課題（本書第 3 章 *6*）に対する進展についても，一定の進展はみられるものの，なお十分に課題が解消されたとまではいえないという評価である（*2*(4)参照）。そして，このような全体的評価は，本章の執筆時から更に 8 年ほどが経過した現在（2018 年）の段階でも大きな変化はない（ADR 法施行後 10 年の評価について，山本和彦ほか「座談会・ADR 法 10 年――その成果と課題」NBL 1092 号（2017 年）4 頁以下参照。特に同 43 頁の著者の発言は，総括として「ADR 法については，司法制度改革の諸課題の中でも，なかなか評価の定まりにくいものかと思います。今日のお話にもありましたように，成果が上がったと考えられる部分も多いわけですが，他方では道半ばという部分も大きい」と評価している）。

　　ビスであるとの認識が重要であろう。現在の ADR は大都市中心になっていることは否定できず，地方で身近に利用できる ADR の整備は，その拡充・活性化の大きなポイントとなろう。

以上のような（当時の）状況評価を受けて，ADR 法の課題として，実務面（(1)）・制度面（(2)）・財政面（(3)）に分けて，基盤整備の必要性が論じられている。これは，本章執筆時から約 3 年後に行われることになった ADR 法の見直し作業を意識したものであった。ただ，その見直しの検討においては，実務面の課題については一定の対応が図られたものの，制度面・財政面については事実上手がつけられなかった（但し，法律扶助については，運用面から一定の対応がされている。この点は，［補注 15］参照）。すなわち，2014 年の法務省の「ADR 法に関する検討会報告書」（本書第 5 章注 2）参照）においては，例えば，付 ADR（利用勧奨）については，「制度化することについては，克服すべき課題が多いものといわざるを得ず，今後の認証 ADR の実施状況等を踏まえて，将来において更に検討されるべきである」とされたし，執行力については「現時点では克服すべき課題が多いものといわざるを得ない」として「今後も検討を続けるべき将来の課題とする」など，この段階でもなお時期尚早として整理された部分が多かった。

ただ，「執行力や時効中断効の論点については希望する一部の事業者に対し合理的な制度枠組みを設定しつつこれらの内容を実現する制度の導入の可能性やその当否，付 ADR の論点については今後の認証 ADR 制度の実施状況を踏まえた導入の可能性について，具体的な検討課題として提示しているところであり，政府においては（中略）今後も検討を続けられたい」として，なお継続的な検討が求められたところであり，引き続き様々な場で立法論的検討が求められよう（近時の日本 ADR 協会の法改正に向けた包括的提言として，日本 ADR 協会「ADR 法制の改善に関する提言」（2018 年 4 月）参照。そこでは，付 ADR や執行力のほか，ADR 前置事件の拡大，手続応諾義務の適用範囲の拡大，秘密の取扱いについての規定の整備等が提言されている）。

第5章

ADR の将来
—— ADR 法施行後 8 年を経て

1 ADR の現状と課題

ADR の現状については，認証 ADR の数・種類の飛躍的増加等による認証
制度の発展，為替デリバティブ等による事件急増による金融 ADR の隆盛，年
間 4,000〜5,000 件，累計延べ 7 万人以上の被害者の申立てに係る大半の事件を
和解によって解決している原子力損害賠償 ADR の展開[補注1]，JAL やアイフ
ル等社会的に影響の大きな事業再生に積極的に寄与している事業再生 ADR の
存在感など，ADR 法制定前に比べれば，ADR がこの 10 年余〔本章原論稿執筆
時の 2015 年時点〕で飛躍的な発展を遂げたことは，誰の目にも明らかであろう。
このことは，とりもなおさず ADR 法の大きな成果であると言える。しかし，
なお解決すべき問題が ADR について多く残っていることもまた疑いのない事
実である[1]。

ADR の課題としてまず挙げられるのは，利用の活性化への疑問である。前
述のように，ADR 機関は増加しているものの，そこにおける申立件数は低迷
している。主要な ADR 機関として，原子力損害賠償 ADR（4,091 件）を筆頭
に，認証 ADR（1,122 件），弁護士会 ADR（1,012 件），金融 ADR（1,021 件）な
どがあるが（いずれも 2013 年度），ADR 全体でも 1 万件には達していないと思

[補注1] 2017 年末までの累計申立人数は 10 万 5,849 人となっている。

1) ADR の現状に関する著者の近時の認識を示すものとして，山本和彦「ADR の今日
と将来」ひろば 67 巻 6 号（2014 年）4 頁以下参照。

われる[補注2]。この数字は，裁判所における訴訟事件（地裁・簡裁第 1 審約 48 万件），調停事件（民事・家事調停約 19 万件）と比較すると，やはり圧倒的に少ない。

次に，解決の実効性への疑問もある。例えば，認証 ADR 及び弁護士会 ADR の応諾率（申立事件比の相手方が手続に応じた率）は，前者が 74%，後者が 72% であり，解決率（申立事件比の和解成立率）は，前者が 42%，後者が 40% に止まる（いずれも 2103 年度）。また，金融 ADR の和解成立率も 35%（2014 年度上半期）である。特殊な制度背景を有する原子力損害賠償 ADR（2014 年解決率 88%）の場合を除き，概ね 4 割前後の解決率に止まっており，これが申立てに対する回避理由となっている可能性がある。

更に，活動の永続性への疑問もある。財政的問題である。これは多くの民間型 ADR に共通する課題であるが，未だ解決の見通しは立っていない。以上のような様々な課題に対し，ADR 法見直しの議論がされたものの，最終的には法律の改正には至らず，運用改善の提言に止まった[2]。このことは，以上のような課題については，法律でできることは限られていることを示唆している。

本章は，以上のような現状と課題を前提にしながら，課題の解決に向けた ADR の将来の在り方を検討するものである[3]。検討の順序としては，まず ADR の理論的な位置付けないし役割について研究者の立場から整理したい（*2* 参照）。次いで，民間 ADR としての業界型 ADR（*3* 参照）及び専門 ADR（*4* 参照）の可能性とその発展の前提条件を検討する。その際，前者について比較的成功しているモデルとして金融 ADR を参考とし，後者について発展の必要性の大きい分野として医療 ADR を題材とする。更に，行政型 ADR の意義とその可能性について，環境 ADR を手掛かりに考えてみる（*5* 参照）。そして最後に，今後の ADR の展開を考える際に，関係者の叡智を結集する恒常的フォーラムの設置の必要性を提言する（*6* 参照）。

[補注 2] この数字は近時も大きな変動はないとみられるが，原子力損害賠償 ADR の事件数は近時大きく減少しているので，全体としての件数は減少傾向にあろう。

2) 「ADR 法に関する検討会報告書」（平成 26 年 3 月 17 日）については，http://www.moj.go.jp/content/000121361.pdf 参照。

3) なお，紙幅の関係から，司法型 ADR，すなわち調停制度の在り方については，本章の対象外とする。

2 ADR の将来
——理論的位置付け

　ADR の将来を考えてみる際に，個々の ADR の発展のみならず，特に訴訟との関係で ADR の理論的位置付けを確認してみる必要があると思われる[4]。言うまでもないことであるが，社会に生起するすべての紛争を民事訴訟により解決することは，そもそも不可能であるし，相当でもない。むしろ当事者間で合意による解決が可能であれば，それが望ましいことは明らかであろう。紛争解決・法的利益救済のラスト・リゾートというべき訴訟の役割としては，以下の 2 点が指摘できよう。第 1 に，訴訟外で当事者間において紛争を解決する場合の解決基準（法的ルール）の具体化・明確化を図ることである。もちろん社会において妥当するルールの設定の第 1 次的責任は立法機関にあるが，ルール設定における立法の限界を補うものとして訴訟の役割は大きい。第 2 に，当事者間ではどうしても解決できないような紛争の最終的解決を図ることである。裁判所という資源（とりわけ裁判官・裁判所書記官等の人的資源）は日本社会にとって極めて貴重なものであり，社会的にみればそのような資源をそれが有用に機能する場面に集中して投下する必要があると考えられる。その意味では，紛争解決というサービス自体は民間でも提供できる性質のものであり，「民間でできることは民間に」という発想は有効であろう。ここに，ADR への期待が大きくなることになる。

　しかし，現在の日本において，ADR の機能が必ずしも十分とは言い難い点に争いはないであろう。ADR の活動領域・機能がなお十分でない結果として，第 1 に訴訟による解決に過剰な負担がかかっている可能性があり，第 2 に訴訟を何としても回避したいと考えるような当事者は，そもそも紛争解決自体を断念している（泣き寝入りしている）おそれがある。その意味で，訴訟にかかっている過剰な負担を軽減するとともに，当事者の法的利益の適切な救済を図って

　4）　以下につき，山本和彦『民事訴訟法の現代的課題』（有斐閣，2016 年）2 頁以下，本書序章 *5* も参照。

94 第5章 ADRの将来

いくためには，やはり社会における訴訟の役割を明確化し，訴訟とADRの適切な役割分担を制度的に構想していく必要があるものと解される。ここでは，そのような検討の手掛かりとして，紛争類型による考察を1つの試論として提示したい[5]。

まず，ある時点の社会において徐々に増加していくような紛争類型におけるADRによる対応である。これについては，参考となる過去の例として，交通事故や公害事件の紛争解決がある。このような紛争は，当初は新奇な紛争の解決として，裁判所＝訴訟に対する期待が大きくなる。ただ，裁判所における判決によりその処理方針が徐々に確立するとともに，処理すべき件数が増大する中で，裁判所内においても，確立しつつある方針に基づき訴訟上の和解による対応が図られていくことになる。更に，処理方針の確立と事件数の増大が進むと，裁判所の外での紛争解決を図るためADR機関の設置が進められることになる。交通事故については交通事故紛争処理センター等であり，公害については公害等調整委員会や都道府県公害審査会等である。これにより，ルーティンな紛争の解決はADRへの移行が進み，裁判所は上記のような役割（ルールの追加的設定にとって重要な事件やADR等での解決が困難な事件）に専心していくことになる。このような形で，徐々に紛争解決の適切な役割分担が成熟化していくことは，社会的にみて望ましい展開であるといえよう[6]。

これに対し，ある時点の社会において（予測できずに）急増するような紛争類型におけるADRの対応には，より困難な問題がある。このような紛争の急増は訴訟制度＝民事司法の機能を著しく妨げるおそれがあり，そのような事態の防止のためには，ADRのより戦略的な活用の可能性があると考えられる。

---

5) このような役割分担については，既に小島武司教授や井上治典教授などによる有用な分析がある。それらの概観として，山本和彦＝山田文『ADR仲裁法〔第2版〕』（日本評論社，2015年）84頁以下参照。

6) その過程においては，ADRを利用しやすい仕掛けづくりによって政策的にADRへの誘導を図ることが考えられる。例えば，交通事故紛争の場合には，上記ADR機関の解決結果について片面的拘束力（保険会社のみに対する拘束力）を認めることによって，利用者にとって実効的な紛争解決を可能にした点が制度の普及にとって大きな意味があったように見受けられる。この手続については，山本＝山田・前掲注5) 28頁など参照。なお，このような片面拘束型のADR一般についての理論的検討として，山本和彦「片面拘束型ADRの意義と課題」仲裁とADR 13号（2018年）1頁以下参照。

ここでは，過去の2つの例で考えてみたい。

第1に，過払金返還請求の問題である。周知のように，このような紛争類型は，最高裁判所による判例（最判平成18・1・13民集60巻1号1頁）等を契機として2006年頃から事件数が急増したものである[7]。しかるに，このような紛争との関係では，適切なADRの枠組みが設定されておらず[8]，すべての事件を訴訟制度がまともに受け止める結果になった。その結果として訴訟事件数は急増し，10年近くにわたって裁判所の人的・物的資源を圧迫し続け，他の事件にもしわ寄せを与えるような事態が生じてしまった[9]。過払金返還請求事件の多くは，法的な論点を含まず，また当事者間にもその返還をめぐって大きな争いはないものであったことに鑑みれば，その大多数は，前述のような考え方に則せば，ADRによる解決が望ましい紛争であった。その意味で，上記のような経過は，社会全体の観点からみて，急増する類型の紛争処理の制度構築における1つの失敗例と評価できるように思われる。

第2に，同様の紛争急増の例として，原子力損害賠償請求の問題がある。2011年3月の福島第1原子力発電所の事故に基づく大量の損害賠償請求に対する対応である。このような紛争については，同年9月には行政型ADR，すなわち原子力損害賠償紛争解決センターが立ち上げられた。同センターでは，その後約3年半後の2015年4月までの間に1万6,074件の申立てを受け，1万3,102件について解決している（和解成立は1万886件）[10]〔補注3〕。この間，裁判

---

7) その正確な統計分析については，過払金返還請求訴訟が司法統計上分離特定されていない関係で困難な点がある。そのような中，過払金返還請求訴訟が多く含まれる事件類型（「金銭のその他」等）を除外して分析がされる場合がある（これについては，最高裁判所事務総局「裁判の迅速化に係る検証に関する報告書（平成21年7月）」概況・資料編24頁参照）。具体的には，金銭請求のうち統計上他の事件類型に属するものを除くもの（「金銭のその他」）の事件数が，2005年に4万2,614件であったものが，最盛期の2009年には14万4,468件となり，2016年には4万7,352件となっている。この数字に鑑みれば，最盛期の過払金返還請求事件は年間10万件を超えていた可能性がある。

8) 考えられるADRとしては，消費者金融業界の設置する金融ADRなどがあったが，この問題では実際にはほとんど利用されなかったようである。

9) 例えば，訴訟利用者調査の結果として，裁判官評価において不満を示す者の中で「傾聴」や「背景知識」を重視する者が多いとされるところ（手嶋あさみ「裁判官の目から見た利用者調査の意義」NBL 1002号（2013年）19頁参照），事件急増による裁判官の多忙は，当事者の話をよく聴く余裕や背景知識を増やす余裕を裁判官から奪ったおそれが否定できない。

96　第 5 章　ADR の将来

所に提起された訴訟は（近時若干増加傾向にあるものの）それほど多くはなかっ
た。このような例は，前述の過払金返還請求の事例と比較して，制度としては
相対的な成功例と評価できるように思われる。このケースでは，もともと原子
力損害賠償法の中に一定の枠組み（原子力損害賠償紛争審査会の制度）が存在し，
以前の比較的小規模な事故に際して一定の処理実績があったこともあり[11]，
大規模事故の発生に際して迅速な対応が可能になったものと考えられる[12]。
このような例に鑑みれば，大量紛争の発生に際して可及的に迅速な ADR の立
ち上げを可能とするような平時の用意が重要であるものと解される。

　以上のような観点から，近時の ADR の動向をみると，いくつかの点を指摘
することができよう[13]。まず，ADR 法の制定を契機として，認証 ADR 機関
が増加し，とりわけニッチな紛争分野における専門的な紛争解決機関が生じて
いる点が指摘できる。そこで処理される件数は僅かであっても裁判所にとって
解決困難な事件を少なくする効果は見られよう。ただ，この側面ではむしろ，
従来裁判所に提起されなかったような紛争類型を解決し，法へのアクセスを改
善させるという点により大きな意味がある[14]。次に，金融 ADR の活用動向に
窺われるように，比較的大きな紛争分野について，ADR による解決が本格化
していく契機が見受けられる。このような状況は今後更に，医療紛争や消費者
紛争の分野にも拡大していく可能性がある。そのような動きが進んでいけば，
上記のような訴訟と ADR の望ましい役割分担も現実的な視野に入ってくる可

---

10)　同センターの近時の活動の詳細については，原子力損害賠償紛争解決センター「原
　子力損害賠償紛争解決センター活動状況報告書～平成 26 年における状況について～」
　http://www.mext.go.jp/a_menu/genshi_baisho/jiko_baisho/detail/pdf/adr_011.pdf
　参照。
［補注 3］　2017 年度までの累計で，申立てが 2 万 3,215 件，和解成立は 1 万 7,548 件に達
　している。
11)　1999 年の東海村 JCO 臨界事故では，賠償対象が約 7,000 件，被害額が約 154 億円で
　あったが，紛争審査会への申立ては 2 件，いずれも納豆会社の風評被害であり，和解打
　切りで終了している。なおこの事件での訴訟は全部で 11 件であったとされる。
12)　もちろん引き続き制度整備を進める必要がある。これについては，5 参照。
13)　以下については，山本和彦「ADR の意義，沿革，展望」仲裁 ADR 法学会 = 明治大
　学法科大学院編『ADR の実際と展望』（商事法務，2014 年）8 頁以下も参照。
14)　例えば，日本スポーツ仲裁機構の活動は，従来，法に対する意識がやや希薄であっ
　たスポーツの世界における法の支配の確立に大いに寄与しているように見える。スポー
　ツ関係 ADR については，本書第 17 章参照。

能性があろう。いずれにしても，ADR の位置付けが変容・拡大すれば，相対
的に民事訴訟の位置付けも変容していく可能性が大きい。現在の方向性として
は，前述のような両者の間の適切な役割分担が徐々に可能になっていき，その
基盤が整備されつつあるように見える。今後，様々なツールを活用して，その
ような方向性を更に進めていく必要があるものと解される[補注4]。

3 業界型 ADR（民間型 ADR）の将来
—— 金融 ADR をモデルとして

　民間型 ADR の 1 つの中心として，業界型 ADR がある[15]。顧客との紛争に
おいて，訴訟以外の紛争解決方法を顧客に対して用意しておくことは，本来，
どのような業界にあっても不可欠のことと思われる。これは商品・サービスの
品質の確保の一環であり，ひとたび顧客が不満を持った場合には，その適切な
解決方法を用意することは顧客満足の大前提となる。このことは国際的な共通
理解として，ISO10003 等が前提とする考え方でもある[16]。しかし，他方で，
紛争の一方当事者が ADR の運営機関ないし資金源であるという事実は，当該
ADR の中立性に対する顧客の疑義を招きやすい。そのような意味で，このよ
うな ADR が成功するためには様々な工夫の必要があることになる。
　現在，日本の業界型 ADR を見回したとき，最も発展し，また利用されてい
るものが金融 ADR であることに異論は少ないであろう。金融 ADR はもとも
と，金融商品販売法の制定とともに，訴訟によらずに紛争を解決する方法も整
備する必要が議論され，結局（横断型の新規 ADR ではなく）既存の業界型 ADR
のレベル向上を目指すとの政策決定がされたことに由来する[17]。そして，新

　［補注4］　そのような理想型に到達するための条件につき，本書序章*5*参照。
　15）　業界型 ADR とは，「特定の業種に属する事業者やそれら事業者によって構成される
　　　団体（業界団体）による財政的な負担に基づいて設立・運営される機関で，これらの事
　　　業者の提供する製品・サービス等にかかる消費者紛争を対象として ADR 手続を提供す
　　　るもの」と定義される。山本 = 山田・前掲注5）22 頁参照。
　16）　本書第7章*5*参照。
　17）　この点につき，山本和彦「裁判外紛争処理制度（ADR）」江頭憲治郎 = 岩原紳作編
　　　『あたらしい金融システムと法』（ジュリスト増刊，2000 年）46 頁以下参照。

98 第5章 ADRの将来

たに設けられた金融トラブル連絡調整協議会において，モデル・ルールの制定[補注5]やそのフォローアップ等ADRの機能に対する日常的なモニター活動の実績が積み重ねられる中，徐々に制度的対応の必要性に対する認識が高まった。その結果，法律に基礎を有するものとして，金融ADR制度が整備された。

金融ADRの特徴の最大のものとして[18]，事業者の義務に関するいわゆる「三種の神器」の法定がある[19]。すなわち，顧客の申し立てた手続に応じる応諾義務，ADRの進める手続に対する資料提出等の協力義務，ADRの提案した解決案の尊重義務である。金融ADRにおいては，各金融機関は，このような義務を内容とするADRとの和解仲介の実施契約を締結することが業務実施の前提となり，その履行につき金融庁の監督を受けることになる。このような義務がある結果，金融機関の顧客は，金融機関との間に紛争が生じた場合，金融ADRに申し立てれば，相手方は必ず手続に応諾し，相手方が保有する必要な資料は提出され，ADRによる調停案も尊重されることを期待できることになる。

業界型ADRの宿命は，前述のように，顧客の側からみた中立性に対する疑義，すなわち「業界寄り」の懸念である。そのようなデメリットを払拭するため，中立確保や情報提供等様々な努力がされ，そのような努力はいずれも重要である。しかし，現実的には，それだけでは決定的な解決策にはなりえない。そのような努力とともに，上記デメリットをオーバーライドできるような決定的メリットが必要である。それが実効性の確保ではないかと思われる。合理的な申立てであれば，ADRにおいてほぼ必ず紛争を解決できることへの顧客の信頼があって初めて，使われるADRとなることができよう。

その際注目されるべきは，顧客は調停案を拒絶して訴訟を選択することが可能である一方，事業者はADRの結果を尊重する義務を負うことである[20]。つまり，紛争解決の「片面性」が実効性の1つのカギとなっていると言え

[補注5] モデル・ルールについては，本書第6章2(2)参照。

18) 他の特徴としては，顧客の費用負担の最小化や個別金融機関による周知広報等も金融ADRの利用の活性化にとって大きな意義を有する。

19) 金融ADRの機能につき詳細は，本書第10章～第12章参照。

20) 交通事故ADRでも同様の結果が実現されているが，これは制度的なものではなく，事実上の「紳士協定」に基づくもののようである。

る[補注6]。これは，まさに業界型 ADR でなければ実現できないものであろう。しかし，この点にもなお問題点は残っている。金融 ADR 制度の採用する特別調停案制度も最終的には事業者による訴訟提起のおそれを残す点である。すなわち，事業者は訴訟を提起すれば，最終的に特別調停案を拒否できる結果，訴訟を恐れる顧客側の譲歩によって，場合によっては事業者側の言い分を丸のみするような解決のおそれがある[21]。その意味で，上記「片面性」に実効性をもたせるその他の可能性も検討に値する。理論的には，事業者側のみに訴訟提起の選択肢を事前に放棄させることが最も効果的であるが，このような仕組みは憲法上の裁判を受ける権利を侵害する可能性が大きい。他方，スポーツ仲裁における仲裁の事前応諾条項は，顧客（選手）側も訴訟による解決を放棄することを前提に，ADR の解決に最終的効力（多面的拘束力）を認めるものである。理論的には，ADR による解決を望むが訴訟の可能性を放棄したくない顧客には現状の ADR（和解仲介）の選択を認め，訴訟は全面的に諦めて ADR による解決のみを望む顧客には仲裁の選択を認めるといった形で，多様な選択肢を提供することも考えられよう。

　以上のような金融 ADR を 1 つのモデルとして，今後他の業界においても実効的な業界型 ADR の整備が期待される。もちろん，以上のような制度的対応だけがすべてではなく，ADR の普及にはむしろ地道な活動が重要である。その一例として，自動車 PL センターでは，訴訟によって解決された事件について一種の模擬 ADR を実施して，どのような期間でどのような解決案になるかをシミュレーションし，訴訟（判決）と同様の帰結を，遥かに短期間で実現しうることを実証して，ADR の現実のメリットを示す試みがされているという[22]。ADR の迅速性・廉価性・秘密保持等のメリットは本来事業者側にとっても意味があるものであり，事業者による積極的な活用を促す取組みと言えよう。このように積極的に活動している業界型 ADR の取組みを ADR 業界全体

[補注6]　このような片面拘束型 ADR の意義と課題に関する詳細な分析については，山本・前掲注6）参照。

21)　この点は，同様のスキームを有する原子力損害賠償 ADR でも，近時同様の問題が生じている。

22)　その他にも，消費生活センター等相談機関との積極的な交流により，消費者の第1次アクセス機関からの事件の振り分けを拡大する努力もされているという。

100　第5章　ADRの将来

で共有し，拡大していく地道な努力がADRの拡充・活性化の真の解決策となろう[補注7]。

4　専門ADR（民間型ADR）の将来
——医療ADRを題材として

　ADRのメリットとして，専門性の重要さが指摘される。多くの民間型ADR機関は，その専門性を第1の「売り」にしている[23]。また逆に，専門性を欠くようなADRについては，その発展は困難と思われる。けだし，日本においては（迅速性・廉価性等の点で）強力な訴訟制度があり，かつ，裁判所における調停制度がそれを補完している状況にあり，その意味で裁判所の絶対的優位が前提とならざるをえないからである[24]。そこで，専門ADRの発展の可能性は，日本における民間型ADR全体の発展に直結する課題である。その意味で，専門ADRの中でその将来性が大きいものがあるとすれば，それは特に訴訟手続においては解決が困難な紛争類型に係るADRであろう。その典型として，医療関係紛争があると思われる。以下では，医療ADRを題材に専門ADRの発展可能性を探ってみたい。

　医療ADRの議論としてまず重要な点は，患者・遺族の期待（すなわち原因究明・再発防止）と訴訟制度の目的（すなわち責任追及・損害賠償）との間にズレがあるため，制度利用に歪みが生じている可能性である。すなわち，必ずしも責任追及等を前提としないで訴訟提起が行われ，それが医療側・患者側双方に不満感・不信感を残しているおそれがある。このような訴訟による医療紛争の解

　　[補注7]　前注のようなADR機関の努力をサポートする日本ADR協会の取組みにつき，山田文「民間ADRの利用促進のために——日本ADR協会の取組みから」NBL 1092号（2017年）47頁参照。

　23）　例えば，法務省の作成した「認証紛争解決事業者アピールポイント一覧」（平成29年4月1日現在）においては，ほとんどすべての認証ADR機関が何らかの意味での専門性を自己のアピールポイントとして摘示している。

　24）　例えば，最高裁判所事務総局「裁判の迅速化に係る検証に関する報告書（平成25年7月）」社会的要因編16頁も，「一般的な民事紛争について，民間型ADRは低調といわざるを得ないのが現状であるが，専門性の高い分野や行政との関わりが強い分野などでは，法整備も含めた紛争処理制度の整備が進められている」と分析している。

決が根源的に包含する問題点を解決するため，新たな枠組みとして，事故原因究明制度（医療事故調査制度）＋医療 ADR 制度の組み合わせが考えられ，医療訴訟によるよりも満足度の高い紛争解決方法になる可能性がある。既に先行して事故調査制度の整備がなされて，2015 年 10 月に施行予定とされるが[25]，医療 ADR についても厚生労働省において医療裁判外紛争解決（ADR）機関連絡調整会議による検討が継続中である[補注8]。

　以下では，専門 ADR としての医療 ADR の可能性について，諸外国の医療 ADR からみた日本の制度構成の在り方という，より大きな観点から考えてみたい[補注9]。諸外国の制度として[26]，著者のみるところ，多数派である非拘束裁定型（米スクリーニング・パネル，フランス，ドイツ，スウェーデン，フィンランド）と，少数派である調停型（米・仏の一部）があるようにみえる[27]。専門 ADR に対してどの程度の事実認定機能を求めるかについては様々な考え方がありうるが，少なくとも当事者間に強い争いのある場合の厳密な事実認定は裁判に委ねざるをえないであろう。しかし，専門家の一種の相場観の中で（大きくは誤らない）簡易・迅速な紛争解決を見出す選択肢はあってもよい[28]。著者のみるところ，非拘束裁定型はそのような方向を目指すものであり，将来の専

──────────

25)　山本和彦「医療事故調査の新たな制度」ひろば 67 巻 11 号（2014 年）8 頁以下参照。その後，予定どおり，制度が発足している。

[補注8]　但し，現在は中断されている。

[補注9]　医療 ADR について詳しくは，本書第 15 章参照。

26)　諸外国の制度に関しては，米国につき，村松悠史「医療 ADR の試みと医療訴訟の実務的課題」判時 2128 号・2129 号（2011 年），平野佑子「米国における医療訴訟の現状と ADR の利用（下）」判タ 1337 号（2011 年）など，ドイツにつき，岡崎彦彦「ドイツにおける裁判外紛争解決及び法律相談制度の実情」判時 1724 号・1726 号（2000 年），我妻学「ドイツにおける医療紛争と裁判外紛争処理手続」都立大法学会雑誌 45 巻 1 号（2004 年）など，フランスにつき，工藤哲郎「フランスにおける医事責任法の改正について」判タ 1176 号（2005 年），我妻学「フランスにおける医療紛争の新たな調停・補償制度」法学会雑誌 46 巻 2 号（2006 年）など，北欧につき，石井芳明「スウェーデン，ノルウェー，フィンランドにおける裁判外紛争処理の実情」判タ 1359 号（2012 年）など参照。また，近時の状況について，最高裁判所事務総局・前掲注 24) 99 頁以下にも，ドイツ，フランス，米国の実情報告がある。

27)　そのほか，仲裁型として米国のカイザーの制度，拘束裁定（行政処分）型としてノルウェーの制度などがある。

28)　他方，事故調査制度が整備されれば，そこで明らかにされた事故原因を前提に，損害額等について調停型 ADR を整備する可能性は別途ありえよう。

102　第5章　ADRの将来

門ADRの1つの方向ではないかと思われる。

　このような専門ADRは，専門性と簡易・迅速性を同時にADRのメリットとして理解する考え方に基づき，専門家が中立的立場から一定の判断を示し，その後は当事者間での相対交渉や別途用意された調停パネルによる話合いの仲介を図るものである。現行ADR法では，このようなものは和解の仲介にも仲裁にも当たらないが，ADRの定義には含まれ，将来の専門ADRの1つのありうる方向となる可能性がある[29]。その意味で，将来のADR法では，このようなADRを提供する機関も認証手続の対象にする可能性が真剣に考えられてよい。

　そして，このような発想は，医療ADRのみならず，他の専門ADRにも応用展開できる可能性がある。既に一部実施されているものとして，2014年のSOFTICによるソフトウエア紛争の中立評価手続の新設がある。これは，第三者であるソフトウエアの専門家が原則3ヵ月以内に法律関係や技術的問題について一定の判断や解決案を当事者に示す手続である。この場合，当事者はその判断内容には拘束されず，あくまでも相対交渉の材料にすることが期待されている[30]。日本で最初の評価型ADRとみられるこの手続の運用が注目されるが，このような発想自体は，例えば，住宅ADR等にも適用が想定できる。建築紛争も細かな瑕疵の事実認定を要する困難な紛争類型であるが，専門家の観点から，個々の細かな事実認定には立ち入らず，重要な瑕疵に絞った形で現実的な落とし所を見出すニーズはあるように思われる[31]。専門的知見を活用しながら，紛争解決コストを抑えた手続に対するニーズがうまく顕在化できれば，専門ADRの将来にも明るさが見えよう。

---

[29]　山本＝山田・前掲注5）424頁以下では，ミニ・トライアル，早期中立評価など「評価」を用いたADR手続の可能性を積極的に論じている。

[30]　ただ，SOFTICにおける和解斡旋手続への移行も可能とされる。

[31]　例えば，裁判手続の中でそのような簡易手続を設ける旨の提案として，最高裁判所事務総局「裁判の迅速化に係る検証に関する報告書（平成23年7月）」施策編55頁では，建築関係訴訟に関して「専門家の関与のもと，早期に概括的判断を行って審理期間を短くする手続の検討」が提言されている。

5 行政 ADR の将来
──環境 ADR を手掛かりとして

　民間型 ADR と行政型 ADR の関係については，一般に行政型 ADR の補完性が認められる。「補完性」の意味合いには様々なものがあるが，いずれにしろ民間型 ADR によっては対応が困難であることがその中核にあると思われる。そして，民間型 ADR における対応が困難な分野の 1 つの典型として，環境紛争があると言えよう。これが民間型により対応が困難な理由としては，①特定の業界に関わる問題ではないこと（その結果，業界の費用負担による ADR の整備，すなわち業界型 ADR による対応が定型的に困難な分野であること），②専門性が高く，紛争解決にコストがかかること（民間ではその費用の負担が難しく，民間型による対応に困難があること），③個別の紛争解決と行政の施策に連続性があること（個別紛争を契機とした一般的政策の定立・遂行という行政の本来的役割との連携が図りやすいこと）等から，行政が ADR を直接運営することの正統性と必要性が認められよう。以下では，環境紛争における行政型 ADR の機能を確認し，その他の行政分野（特に消費者分野）における拡大の可能性を考えてみたい。

　まず，環境 ADR の中核的役割を有するのは，公害等調整委員会である[32]。具体的紛争との関係で，例えば，豊島産業廃棄物事件では，行政から多大な費用を投入した真相解明及び解決案提示がされたし，大阪空港騒音事件では，司法による解決を ADR において具体化する努力がされた。更に，スパイクタイヤ事件では，個別の紛争解決をスパイクタイヤの全面禁止という行政の施策に展開していった。そのような紛争解決制度の特徴として，①手続の柔軟性（環境紛争等実体的ルールの整備が十分でない分野でも事案に適合した紛争解決が可能となる），②他の行政機関との連携（出向している事務局職員等を介して綿密な協力が可能となる），③職権による資料収集（民間型 ADR ではコスト負担ができず，実効的な解決が難しい），④裁定手続の活用（裁判との連携の中，ADR の実効性を確保できる），⑤環境政策への波及（解決結果や事件係属自体が新たな政策展開の契機となる）

---

32)　その役割・機能について，本書第 16 章 *2* 参照。

104 第5章 ADRの将来

などが指摘できよう。司法による集団的紛争解決の仕組み（団体訴訟制度等）が不十分な分野であるだけに[補注10]，今後も行政型ADRの活躍が大いに期待されよう。

また，やや特殊な環境紛争に関するものであるが，原子力損害賠償紛争解決センターもこのような行政型ADRの一種である[33]。原子力発電所の事故は，その発生が予測困難であり，かつ，極めてスパンの長い紛争でありながら，ひとたび発生すると一挙に大量かつ困難な事件が集中するという特質を有し，制度的に扱いにくい紛争類型である（この点については，2も参照）。このような紛争特性に鑑みれば，行政型ADRがほぼ唯一の選択肢となる。民間型ではおよそ対応できず，司法による対応も，柔軟な制度運営が困難と思われる[34]。その意味で，基本的な制度枠組み（骨格）を平時に整備しておき，事案が発生したときに，迅速に人や予算をそこに投入していくことが最も実効的である[35]。今回の福島の事故ではまさに制度を組み立てながら走っていく過程であったが，現在議論の開始した原子力損害賠償法の改正の中で，より合理的な制度の創設が期待されるところである[補注11]。

以上のような環境ADRの枠組みは，他の行政型ADRにも応用できる部分がある。例えば，消費者ADR（国民生活センターのADR）には，環境などと同様の問題が存在するように思われる。やはり個別業界による対応は難しいし，「悪質」事業者との紛争解決等民間による対応が困難な場合があり，行政の施策とも関連性が大きいとすれば，行政型ADRに馴染む部分はある。ただ，他方で若干事情が異なる点もある。この分野は，その範囲が広いため，様々な機関との間で役割分担の観点が必要になるように思われる。すなわち，①業界型ADRとの役割分担（分野ごとに紛争解決ニーズが高まり，専門的な紛争処理機関が

[補注10] 環境分野における団体訴訟制度の可能性については，山本和彦「環境団体訴訟の可能性」福永有利先生古稀『企業紛争と民事手続法理論』（商事法務，2005年）175頁以下参照。

33) その役割・機能については，本書第16章3参照。

34) 裁判所の人的・物的資源を事故発生時に急激かつ大量に増やすことは事実上不可能であろう。

35) いわば平時に方程式を組み立てておき，紛争発生時に具体的な数を代入して制度を完成させるようなイメージである。

[補注11] 原子力損害賠償法の改正については，本書第16章補論参照。

創設されれば[36]，そちらに解決を委ねていくという役割分担が必要となる），②民間型
ADR との役割分担（消費者団体の公益活動[37]への援助との選択が問題であり，行政
が真に乗り出すべき悪質事案と民間に委ねられるべき事案とで役割分担が必要となる），
③訴訟制度との役割分担（団体訴訟や集団的被害回復訴訟[38]等の新設があったこと
から，ADR と訴訟との役割分担の見直しを図っていく必要がある）などである。一
般的に言えば，各行政分野について，行政が ADR の整備を図る根拠とその他
の紛争解決制度との役割分担を検討していく必要があろう。

6 おわりに
—— 「ADR フォーラム」の必要性

　以上からも明らかなように，日本における ADR の将来は，まだまだ発展の
余地があることは誰しも認めるところであろう。業界型 ADR は，紛争が多い
業界においてすら必ずしも十分に整備が進んでいない現状にある。例えば，通
信（携帯電話等）業界について，現在は消費者紛争一般の中に埋没し，消費生
活センター等による処理に委ねられているが，一定の専門性が認められ，諸外
国では行政型 ADR による対応の例もある。通信業界においても苦情処理機関
の創設の動きがあるというが，望ましい ADR の枠組みの議論が必要な分野は
他にも多い[39]。また，専門 ADR は，医療や住宅等を含め，更に発展の余地が
ある。高度専門化した社会では紛争も高度専門化することは必至であり，訴訟
による対応には限界がある。やはり様々な分野で専門 ADR の需要が高まるこ

---

36) 金融や住宅などはそのような面を有するが，他の事業分野においても引き続き業界
型の拡大が想定されうる。この点については，注 39) も参照。

37) 現在でも，例えば NACS（日本消費生活アドバイザー・コンサルタント・相談員協
会）などが特商法関係事件について民間型 ADR を設けて活発に活動している。

38) 後者については，山本和彦『解説消費者裁判手続特例法〔第 2 版〕』（弘文堂，2016
年）参照。

39) 例えば，ADR 法に関する検討会の報告書では，例として，「インターネット，モバ
イル機器をめぐるトラブルや，レストラン，コンビニエンスストア等の店舗におけるト
ラブル，公共交通機関等をめぐるトラブルや，公的機関との民事上のトラブル」などに
ついて具体的な ADR 整備の可能性が指摘されたところである（同報告書・前掲注 2)
5 頁注 1 参照）。

106 第5章 ADRの将来

とは間違いない。行政型ADRも，行政の機能の多様化の中，行政固有の機能との連関で紛争解決が有用な分野は多いし，民間型の発展に向けた触媒としての役割にも重要性がある。その意味で，質量ともにまだまだ不十分である状況と言えよう。

以上のように，ADRの発展の余地は大きいとしても，他方で，ADR活性化のための前提条件の整備は必ずしも容易なものではないし，その条件は日夜変動する。その意味で，日本全体で叡智を結集した議論を定期的・継続的に遂行していく必要性は大きい[40]。そのためには，ADRに関する公的な議論の場を設けておく必要があると思われる。この点について「ADR法に関する検討会報告書」でも，「政府においては，今後開催される各種協議会等の様々な枠組みへの関与や実施等を通じ，認証ADR事業者や利用者の意見を十分聴取しながら，今後も検討を続けられたい」として，「協議会等」の恒常的な枠組み整備の重要性が指摘されている。このような「ADRフォーラム」において，ADR機関，利用者，有識者等が建設的な議論を着実に積み重ねておくことで，実際に社会においてADR整備の更なる機運が盛り上がった際に，適切かつ迅速な（しかも拙速ではない）対応が初めて可能となろう[41]。最後に，このようなフォーラムの設定の必要性を改めて指摘して，本章を終えることにしたい。

（初出：法の支配178号（2015年）40頁以下）

［補論］　本章は，ADR法施行後約8年（立法後10年余）の時期に執筆されたものである。ADR法の見直しの検討作業が終わった後，結局，そこでは法改正がされなかったなか，ADRの将来に向けての著者の展望を，どちらかと言えば理論的な観点から論じたものという位置付けになる。

　　まず，ADRの理論的位置付け（2）に関して，訴訟とADRの理想的な役割分担について論じ，徐々に増加していく紛争類型に対する対応と，急激に増加

---

40)　ADR法の見直しをめぐる議論において，検討の内外で極めて有意義な議論が展開されたことは記憶に新しい。例えば，日本ADR協会からは多くの項目につき具体的な改正提言がされたし，その延長線上で現在ADR機関と相談機関の連携の試みなど実際の動きにも繋がっている。この点は，山田・前掲［補注7］44頁以下参照。

41)　前述のように，金融ADRは，まさに金融トラブル連絡調整協議会における定期的・継続的な議論を受けて制度化されたものである。

していく紛争類型に対する対応とに分けて論じている。前者はオーソドックスなもの（交通事故・公害等）で，今後もそのような分野が生じていくとみられるが，問題は後者である。過去の失敗例（過払金）と成功例（原発事故）を挙げているが，社会の発達・変化がますます急激なものとなるところ，このような事態は今後も司法を翻弄するであろう。第4次産業革命やAI・IoT・自動運転，仮想通貨・FinTechなど社会・技術の根本が変化していくなか，訴訟とADRの役割分担が適切に果たせるような装置を引き続き組み立てていく必要があろう（そのような観点からは，近時欧米で議論されている紛争予防を含む「紛争システム・デザイン」という発想は注目されてよい。See Ethan Katsh = Orna Rabinovich-Einy, *Digital Justice* (Oxford, 2017)）。

　次に，業界型ADRの展望の中では，金融ADRに見られる片面拘束型ADRの構想の普遍化が論じられている。民間型ADRの利用のカギがその実効性にあるとすれば，片面拘束型はその解決の1つの柱となりうるものである。ここでの叙述は，その後も著者の大きな関心事項となっており，近時のより一般的な観点からの考察として，山本和彦「片面拘束型ADRの意義と課題」仲裁とADR13号（2018年）1頁以下がある（また，日本ADR協会が2018年に公表した「ADR法制の改善に関する提言」（2018年4月）でも，「現在一部のADRで導入されている手続応諾義務に関する規律の適用範囲をさらに拡大する可能性について，その現実的ニーズと理論的当否の両面から，検討に着手すべきである」とされている）。

　更に，専門ADRについては，医療ADRを題材に，非拘束裁定（中立評価型）を1つのモデルとして検討している。これについて，より詳細に展開したものとして，本書第15章を参照されたい。また，本書第18章の筆界特定手続も行政型の非拘束裁定ADRと位置づけられ，本書第19章の争点整理におけるADRの活用でも，非拘束裁定ADRを受け皿となるADRの選択肢として論じており，著者は一貫して，このモデルが将来の日本のADRが展開する1つの方向であると感じている。

　最後に，行政型ADRについても，環境ADRを手掛かりとして，その展開の可能性を論じている（環境ADRの詳細については，本書第16章参照）。業界非依存性，高コスト，行政施策との連続性等の特徴から，民間型では十分対応できない紛争類型について行政型の可能性を公害ADRや原子力損害賠償ADRから見出し，消費者ADR等においても行政型の発展の可能性を論じたものである。行政国家としての長い伝統をもつ日本では，過剰な民業圧迫・非司法化が進展することに常に注意が必要ではあるが（その意味で一種の「劇薬」

に類したものであるが），強い効能を発揮できる可能性がある ADR として，やはりその活用が望ましい場面もあろう（特に，前述の ADR の理論的分析のうち，急激に増加していく紛争類型に対する対応としては，行政型 ADR への期待が大きくなろう）。

Ⅱ　ADR 法総論（その 2）
——ADR の規格化・標準化

第 6 章

ADR 法制と ADR 機関ルールの在り方

1 本章の目的

　司法制度改革審議会意見書は，裁判外の紛争解決手段（ADR）の拡充・活性
化のための措置として，「ADR の利用促進，裁判手続との連携強化のための
基本的な枠組みを規定する法律（いわゆる「ADR 基本法」など）の制定をも
視野に入れ，必要な方策を検討すべきである」旨を提言する[1]。後述のように，
現在，このような提言を受けて，司法制度改革推進本部に設けられた ADR 検
討会の場を中心に検討作業が進行中である。ところで，ADR 機関の組織や手
続を規律する定めとしては，同意見書が提示する法律（国家法）のほかにも，
個別 ADR 機関のルール（規則）が重要な意味をもつことは言うまでもない。
そして，この両者は，一方の規律の仕方が他方に影響を与え合う性格のものと
考えられる。その意味で，望ましい ADR 法制の組立てのため，また ADR 機
関ルールの検討のためには，ADR 法制と ADR 機関ルールの役割分担の在り
方を検討しておく必要があるように思われる。本章は，不十分ながら，そのよ
うな作業を試みるものである。
　ADR 法制については，現在，司法制度改革審議会意見書に従って，立法作
業が進行中である。すなわち，司法制度改革推進本部において組織された 10

1）「司法制度改革審議会意見書──21 世紀の日本を支える司法制度」ジュリ 1208 号
　（2001 年）201 頁以下参照。

の検討会[補注1]のうち，ADR 検討会（座長：青山善充教授）において，ADR 法制の検討が行われている。同検討会は，2002 年 2 月に第 1 回の会議が開かれた後，ほぼ月 1 回のペースで開催され，同年 8 月現在，第 6 回の会議を終えたところである。検討内容としては，労働団体・消費者団体・経済団体・法曹三者等のヒアリングを行い，基本的な考え方について議論を交わした後，現在は各論的な検討（時効中断，執行力等）に移ったところである。今後は，隣接法律専門職種等に対するヒアリングも経て，更に議論を深めていく予定とされる[2]。そして，2002 年 3 月に閣議決定された司法制度改革推進計画においては，「ADR の利用促進，裁判手続との連携強化のための基本的な枠組みを規定する法律案を提出することも含めて必要な方策を検討し，遅くとも平成 16 年 3 月までに，所要の措置を講ずる」ものとされた。したがって，仮に法制整備が実現するとすれば，2004 年ころには立法に至るものと予測される[補注2]。

　他方，ADR に関する制度的整備のもう 1 つの柱と言うことのできる ADR 機関ルールについては，その整備の状況や規律の内容は必ずしも明らかなものではない。しかし，司法制度改革推進本部事務局が 2002 年 1 月に ADR 検討会等における議論の参考のために行った民間 ADR 機関に対するアンケート調査の結果[3]によれば，主宰者の行為規範については 61% の機関が（有効回答数：59），紛争処理手続規範については 86% の機関が（有効回答数：50），組織運営規範については 92% の機関が（有効回答数：61），それぞれ制定していると回答している。このように，多くの ADR 機関では何らかのルールが設けられているようであるが，この点に関する近時の注目すべき動きとして，金融分野の ADR におけるルールのモデル化の試みがある。これは，金融審議会にお

　［補注1］　その後，2002 年 10 月に知的財産訴訟検討会が発足し，11 の検討会となった。
　2）　ADR 検討会の審議の状況については，司法制度改革推進本部のホームページに議事録ないし議事要旨が掲載されていた。現在アクセスできるものとして，http://www.kantei.go.jp/jp/singi/sihou/kentoukai/03adr.html 参照。
　［補注2］　最終的には 2004 年 12 月に公布され，2007 年 4 月に施行に至った。なお，本文に記載したものを含め，検討会における検討の経緯については，小林徹『裁判外紛争解決促進法』（商事法務，2005 年）6 頁以下参照。
　3）　司法制度改革推進本部事務局「民間 ADR に対するアンケート調査の結果」参照。現在アクセスできるものとして，http://www.kantei.go.jp/jp/singi/sihou/kentoukai/adr/anketo/index.html 参照。

ける議論を受けて設立された金融トラブル連絡調整協議会[4] において、金融関係 ADR の整備のためのベンチマークとしてのモデル作りが行われ、2002年4月にその完成を見たものである（その詳細については、2(2)参照）。今後は、様々な分野において、ADR の充実強化の動きの中で、このような ADR 機関ルールの整備が進められていくものと予想される。

そこで、国家による ADR 法制の整備と ADR 機関ルールの整備との関係について、この時点で検討しておく必要があるように思われる。従来は、必ずしもその両者の在り方について論じるものはなかったように見受けられるが、この点は、以下のような理由で、将来において重要な問題になると考えられる。第1に、法律の規律範囲を考える際に、当然に、各機関のルールとの関係を考慮しなければならないという点である。各機関のルールは、結局、それを利用する当事者の意思（合意）に取り込まれるものである。したがって、どの範囲で各機関規則に任せてよいかという問題は、結局、どの範囲で当事者間の合意の有効性を承認するか、逆にどの範囲で国家が強制的な規律を及ぼすのかという問題と同義である。したがって、具体的な法律のイメージを得るためには、この点の関係を整理しておくことが不可欠であると思われる。第2に、逆に、機関の規則を規定するについては、今後は当然に、法律との関係を意識しなければならないことになる。その際にも、その両者がどのような関係に立つかを理解しておくことが前提として不可欠となると見られる。

本章は、以上のような問題意識に基づいて、ADR 法制と ADR 機関ルールのあるべき関係について検討することを目的とする。以下では、まず、ADR 機関ルールとそのモデル化の意義について、特に前述の金融関係 ADR モデルを材料に検討する[5]（2）。次に、両者の関係を考える前提として、ADR 法制の姿について、著者が現段階で持っているイメージを簡単に明らかにしておく[6]（3）。最後に、上記のような ADR 機関ルール及び ADR 法制のイメージ

---

4) 同協議会の設立の経緯については、山本和彦「裁判外紛争処理制度（ADR）」江頭憲治郎＝岩原紳作編『あたらしい金融システムと法』（ジュリスト増刊、2000年）51頁以下参照。

5) なお、著者は、金融トラブル連絡調整協議会委員（座長代理）及び同協議会苦情・紛争処理のモデルに関するワーキンググループ委員（進行役）として当該モデルの策定に関与したものである。

との関係で，両者の関係がどのように位置づけられるのかを明らかにしてみた
い（4）。なお，上述のように，現在，ADR 法制の整備や ADR 機関ルールの
整備について様々な動きがあるところであるが，本章はあくまで理論的・一般
的な検討を中心に行うものであり，それらの作業に直接寄与することを狙った
ものではないことをお断りしておきたい。

2　ADR 機関ルールとそのモデル化

(1)　ADR 機関ルール及びモデル化の意義

　ADR 機関は，その多くが機関の構成や手続について固有の規則をもってい
る[7]。ADR がその多様性・自主性を生命線とする以上，自律的な機関ルール
の存在は大前提となる。また，その組織・手続の内容について，細部にわたっ
て統一的に規律することには限界がある。したがって，たとえ将来的に ADR
法制が整備されたとしても，組織・手続等 ADR に関するすべての事項を法律
で規律し尽くすことはできない[8] し，またすべきでもない以上，ADR 機関ル
ールの重要性は将来にわたっても維持されるものと解されよう。

　しかし，それでは，ADR 機関ルールが機関ごとに全くバラバラであること
が望ましいかは，また別の問題である。ADR 利用者の保護のために必要不可
欠な規律や ADR である以上は当然に求められるような規律はやはり存在する
ものと考えられ，そのような部分については，（法律で上から権力的に押し付ける
ことが必ずしも望ましくないとしても）個々の ADR 機関の自助努力・連携によっ
て自主的にハーモナイズされていくという方向性が望ましいのではないかと思
われる。その意味で，あるべき ADR 機関ルールの像としては，一定の基本的
な共通規律の上に，各機関が独自に工夫した多様な「売り」の部分が乗ってい
るというイメージがあろう。

---

　6)　なお，著者は，現在，ADR 検討会の委員（座長代理）として法制の検討に関与して
　　　いる。
　7)　前掲の ADR 機関に対するアンケート調査結果（注 3））参照。
　8)　この点について一般的に詳細な規律を設けている仲裁法制においても，（当事者の合
　　　意の余地を認めるほか）その手続等についてすべてを規律し尽くしているわけではない
　　　ことに注意すべきであろう。

そして，ハーモナイゼイションの方法としては，取り扱う対象が類似する機関間でまず調整作業が進められることが期待されるように思われる。扱う紛争が類似していれば，それに対処するルールも類似する部分が大きいものと一般には思われるからである。例えば，金融関係 ADR，PL 関係 ADR，弁護士会関係 ADR 等の間で，相互のルールをチェックしながら，共通する規律部分を拡大していく作業が進められることが期待されよう。そして，その次の段階として，民間型 ADR 全般について，共通する部分をルール化していく作業が有用ではないかと思料される。このようなハーモナイズの作業によって，①各 ADR 機関が相互に有用な規律を学びあうことができる，②整備が遅れている ADR 機関の底上げが可能となる，③各機関が独自性を発揮できる部分を見極めることができる，などの利点があるように思われる。その意味で，司法制度改革審議会意見書が提言している ADR 関係諸機関の連携促進作業の1つとして，ADR 機関ルールのモデル化が検討されるべきものと考えられる。

以上のような ADR ルールのモデル化作業の第1段階として考えられる，取扱対象事項の類似する ADR 機関間のハーモナイゼイションの試みの一例として注目されるべきものとして，金融関係 ADR のモデル化作業があるので，以下ではこの試みを紹介して，議論の素材とする。

(2) モデル化の一例——金融関係 ADR モデルの紹介

(a) モデル制定の経緯とその全体像

金融関係 ADR モデルの作成は，2000 年 6 月の金融審議会答申[9]に遡る。金融審議会においては，金融商品販売法において金融商品の販売に係る紛争に関する実体ルールを整備したが，それとともに，紛争が発生した場合の解決方法に関する手続ルールを整備する必要がある旨の認識が示されていた。そこで，金融審議会第1部会ホールセール・リーテイルに関するワーキンググループにおいて，実効性確保のための裁判外紛争処理制度の機能強化についての審議が進められたものである。紛争解決の第1次的手段は言うまでもなく裁判である

---

9) 金融審議会「21 世紀を支える金融の新しい枠組みについて」(2000 年 6 月 27 日) の中のホールセール・リーテイルに関するワーキンググループ報告「金融分野における裁判外紛争処理制度の整備について」(2000 年 6 月 9 日) 参照。

が，金融関係紛争については，①少額事案も多く簡易・迅速な紛争解決が求められること，②事実認定が困難な場合も少なくないこと，③金融商品の複雑化・多様化に伴い，解決に高度の専門性を要すること，④誤解や感情的対立によりこじれた事例も多いことなどから訴訟による解決には限界もあると考えられ，訴訟に代わる紛争解決手続の構築が求められた。その意味で，利用者の自主性を活かした解決，簡易・迅速・低廉な解決，専門的知見を活かしたきめ細かい解決，実情に沿った解決等を図るために ADR の整備が求められたわけである。そこでは，将来においては，すべての金融分野を横断する包括的・統一的な ADR 機関の創設が理想的なものと位置づけられた。しかし，最終報告である「ホールセール・リーテイルに関するワーキンググループ報告」(注 9) 参照) では，そのような包括的統一的機関の創設は既存機関との関係や費用負担等の理由から断念され，それに代わる形で，既存の業界型 ADR 機関を充実させることとし，そのような充実を後押しする方途として，金融庁の音頭の下に金融トラブル連絡調整協議会が設けられたものである10)。

　金融トラブル連絡調整協議会は，上記のような金融審議会答申を受けて，2000 年 9 月に設置され，答申において早期に実施が求められていた，①機関間連携の強化，②苦情紛争処理手続の透明化，③苦情紛争処理事案のフォローアップ体制の充実，④苦情紛争処理実績に関する積極的公表，⑤広報活動を含む消費者アクセスの改善といった項目を中心に議論を進めていった。その過程で，金融関係の ADR 機関間に相当な落差が存在し，各機関の底上げが不可欠であること，既存の ADR 機関の運用には消費者保護等の観点から必ずしも十分でない部分もあること等の共通認識が金融トラブル連絡調整協議会の中で醸成されていった。そこで，そのような現状を打開し，より利用しやすい ADR を整備するためには，現状において実現可能な範囲の下で理想的と考えられる ADR の手続をモデルの形で示すことが相当であると考えられた。そのような認識を前提に，2001 年 3 月，金融トラブル連絡調整協議会の下に「苦情・紛争処理のモデルに関するワーキンググループ」が設置され，そこで前述のモデル作りが行われた。そして，同ワーキンググループにおいて策定されたモデル

---

　10)　以上の経緯につき詳しくは，山本・前掲注 4) 46 頁以下参照。

案については，金融トラブル連絡調整協議会で議論が行われ，パブリックコメントも経て，2002 年 4 月，「金融分野の業界団体・自主規制機関における苦情・紛争解決支援のモデル」（以下「モデル」という）が完成した。以上のような経緯からも明らかなとおり，このモデルはあくまで今後の ADR 整備の指針ないしベンチマークとなる性格のものであり，何らかの拘束力を有するものではないが，業界団体・自主規制機関が ADR 手続を整備していくにあたっては，このモデルを踏まえた取組みを行うことが期待されている。そして，金融トラブル連絡調整協議会においても，今後，そのような取組みがされるように，支援・関与を行っていく予定とされる[11][補注3]。

　以上のように，金融トラブル連絡調整協議会における ADR モデル作りの動きは，業界型 ADR における自主的努力の 1 つの在り方を示しているものとも言うことができる。また，そこで作成されたモデルは，一方では金融分野の ADR 独自の性質を反映したものであるが，他方では ADR 機関ルールに共通する普遍的な性格を有する部分も多いと思われる。そこで，以下では，モデルの内容について，その特徴的な点に焦点を当てて簡単に紹介したい[12]。モデルは，前文のほか，理念的事項（2 項目），通則的事項（10 項目），苦情解決支援規則（18 項目），紛争解決支援規則（28 項目）に分かれているので（全部で 58 項目），順次主要な規律に絞って紹介していきたい。

　(b)　理念的事項・通則的事項

　まず，理念的事項及び通則的事項であるが，ここではまず，ADR の基本理念として，①公正中立，②透明性，③簡易・迅速・低廉，④実効性の確保，⑤

---

11)　具体的な関与の方策としては，モデルの実施状況のフォローアップを行うこととし，フォローアップにあたっては，ADR 機関による自己評価及び今般のモデルに盛り込まれた運営協議会等を活用した外部評価並びにこうした評価に対する協議会の関与を組み合わせた手法が想定されている。この点については，金融トラブル連絡調整協議会「金融トラブル連絡調整協議会の今後の取組みについて」（2002 年 7 月 22 日）参照。

［補注3］　その後，このようなフォローアップ作業は金融トラブル連絡調整協議会の中心的な活動内容となり，それが最終的に金融 ADR の創設につながった。これについては，本書第 11 章参照。

12)　モデルにつき詳しくは，小澤時男「金融分野の業界団体・自主規制機関における苦情・紛争解決支援のモデルの概要」金法 1644 号（2002 年）48 頁以下など参照。モデルの全文については，http://www.fsa.go.jp/singi/singi_trouble/houkoku/f-20020425a_hou.pdf 参照。

金融市場の健全な発展が列挙されている（項目 1-1）。このうち，①から④は ADR 一般に妥当する理念であると考えられるが，特に金融関係の場合は，従来②や④の点に問題が指摘されていたところであり，具体的な規律の中でもこのような理念の実現に配慮がされている。また，⑤は金融関係 ADR に特殊な点ではあるが，業界型 ADR は一般的に，裁判に代わる紛争解決の仕組みを作ることで，当該業界全体に対する消費者の信頼を高め，それにより安心して消費者が取引に入ることができ，市場・業界全体の発展に資するという観点が強調されよう[13]。

次に，この部分では，情報の提供に関わる規律が多くあることが注目されよう。例えば，苦情・紛争（以下では「苦情等」ともいう）の発生原因等を ADR 機関が解明し，その情報を消費者等に提供することで，同種の苦情等の再発防止・未然防止を図ること（項目 1-2），ADR 機関の消費者への周知として，リーフレットの備置きやポスター等の掲示のほかに，会員企業が商品販売時に苦情相談窓口の連絡先を交付書類に記載すべきものとしていること（項目 2-2），紛争解決委員の名簿を公開するものとしていること（項目 2-3-1），苦情等の受付結果・対応結果に関する統計や主たる事案の概要を定期的に公表すること（項目 2-8）などが規定されている。このような形で，ADR 機関の活動を一般消費者の目に見えるものとし，透明性を高めることは，現在の民間型 ADR が不活発であることの大きな原因が広報不足・不透明性にあると指摘されている[14] 点からすれば，大きな意味があろう。

それと関連して，手続自体の透明化に関する規律も多く置かれている。まず，苦情・紛争の定義について，項目 2-1 が定める。ここでは，特に，苦情を「関係者にその責任若しくは責務に基づく行為を求めること，又は，商品やサービスの内容若しくは営業活動等に起因して何らかの被害が発生しているか，若しくは，被害が発生する可能性があるもの」と定義している点（項目 2-1-1）が重要である。従来，相談と苦情の境界がはっきりせず，利用者は苦情を申し立て

---

[13]　このような理念は，ADR について業界全体が資金を拠出して財政を負担することの大きな根拠となっているものであろう。

[14]　山本和彦「裁判外紛争解決手段（ADR）の拡充・活性化に向けて」NBL 706 号（2001 年）7 頁以下参照。

ているつもりでも，ADR 機関には単なる相談として扱われ，うやむやのうち
に処理される点に不満をもつと批判されてきた点を改善し，両者の境界を明ら
かにしながら，苦情として正式の手続に乗せる場合を増やして，その処理を透
明化することを目指している。このほか，手続の透明化に関する規律として，
当事者間の合意や機関決定に対する対応結果の会員企業による報告（項目 2-9）
や，消費者等からの意見聴取，利用者アンケートの実施等の外部評価の実施
（項目 2-10）が定められている。更に，利用者の信頼を得る手段の１つとして，
職員や委員等の守秘義務を明定している（項目 2-6）。

　その他の項目として，当事者の選択権の保障について，委員名簿の公開や組
織外の苦情対応機関の情報提供等を定め（項目 2-3），またアクセス媒体の多様
化，アクセスポイントの拡充，アクセス時間の拡大などユーザーフレンドリー
な手続[15]に努める旨の規定もある（項目 2-4）。更に，人材育成として，解決
支援担当職員の育成の努力義務が規定される（項目 2-5）。最後に，他の ADR
機関の一覧表の備置きや他機関の紹介を規定する（項目 2-7）。これは，いわゆ
る機関間連携に関する定めであり，他の金融関係 ADR 機関のみならず，弁護
士会仲裁センターや消費生活センター等との連携も視野に入れているものであ
る。

(c)　苦情解決支援規則

　苦情解決支援規則については，従来必ずしも透明な形にはなっていなかった
ものの，実際には取扱事件の大宗を担っている苦情解決について，その透明化
を図り実効性を確保しようとした点に，本モデルの１つの大きな意義があると
言えよう。まず，苦情解決支援の目的として，利用者の権利保護とともに「金
融市場の健全性の確保」が挙げられている点に業界型 ADR の特性が表されて
いる（項目 3-1）。次に，苦情解決支援機関の一般的な責務（項目 3-2）及び組織
とともに，その中立性・専門性について規定し，それを担保するための外部評
価の仕組みが考慮されるべきものとされる（項目 3-3）。

　業界型 ADR の１つの特質として，そのルールの中で，手続の一方当事者で

---

　15)　更に，留意すべき点として，遠隔地の消費者が利用しやすいように，電話は無料電
　　話（フリーダイヤル）とするものとされている。

ある企業（会員企業）の責務についての規定を設けることができる点が挙げられよう。その点はADRの実効性を確保するうえでも，大きな意味を有するものと評価できる。そして，この点は，企業と消費者の相対交渉等ADR機関の介入が相対的に弱い苦情解決支援の段階において，特に大きな意義を有するものと考えられよう。本モデルも，その点についていくつかの規定を設けている。まず，会員企業の一般的な責務として，誠実迅速対応の責務，ADR機関に対する協力の責務，対応結果のADR機関に対する報告義務，再発防止策等措置の責務などが規定される（項目3-4）。次に，より具体的な形で，苦情を相対交渉で解決する場合に，会員企業の応諾義務，誠実迅速交渉義務，解決努力義務，対応結果報告義務等が定められている[16]（項目3-11）。更に，フォローアップの充実として，会員企業の苦情解決促進義務及びADR機関に対する定期的な対応状況報告義務を定める（項目3-12）。いずれも一般的な会員企業の責務を強化・明確化し，消費者との相対交渉等の中で苦情がうやむやのうちにもみ消されるような事態を防止しようとしたものである。

　更に，手続の透明化についても，苦情解決支援の趣旨に即して，いくつかの規定が置かれている。まず，当該機関において取り扱う苦情の範囲を明記する[17]とともに（項目3-5），申立人の範囲についても明示の規定を設けることを求めている（項目3-6）。また，苦情解決支援の手続についても，相対交渉によるか斡旋によるか，更に紛争解決支援手続への移行等に関して具体的に規定することが求められる（項目3-7）。加えて，苦情解決の申立てが安易に握りつぶされないよう，苦情解決支援を行わない事由（却下事由）を，訴訟係属中の場合，不当目的の場合，再三の苦情申立ての場合等に限定して明示すべきものとする（項目3-10）。最後に，受け付けた苦情の対応結果をADR機関が把握し，

　16）　同項目は，更に，相対交渉手続に標準処理期間を設けること，申立人は相対交渉を打ち切り，ADR機関に追加対応を求めることが併せて定められている。後者は，申立人と会員企業の間の情報力・交渉力に関する格差に配慮し，常にADR機関の介入の余地を認める趣旨である。

　17）　機関間連携等により会員企業以外の苦情をも受け付ける場合には，その旨を明記し，取り扱う苦情の範囲を明確にすることを求めている。金融関係においては，近時金融商品の多様化により複数の業態に跨るような商品も消費者に対して販売されるようになっているところ，その場合に苦情が発生すると，各業態のADR機関をたらい回しにされるおそれがあり，その点の防止が大きな課題と考えられるからである。

原則として申立人にその結果を報告するものとしている（項目3-15）。利用者の信頼を得るためには，ADR機関による結果報告等により手続を透明化することは不可欠と考えられるからである[18]。

　次に，利用者がADRを利用するか否かを決する重要なファクターとして，申立人の予測可能性の点がある。本モデルは，そのような予測可能性を高める観点からいくつかの規定を設けている。まず，最も重要な点として，解決期間の予測可能性を高める措置として，いわゆる標準処理期間を設けることとしている（項目3-8）。すなわち，2ヵ月ないし3ヵ月程度の標準処理期間を設け，当該期間内に未解決の案件については，ADR機関は，その間の取扱状況を申立人に示し，紛争解決機関への移行等を紹介・説明すべきものとされる。これにより，苦情解決の迅速性・予測可能性が高まるものと期待される。また，苦情受付時の対応として，手続要旨や標準処理期間等重要な点について説明し，手続がどのように進行し，申立人はどの段階でどのような主張ができるのか等を事前に把握できるように配慮している（項目3-9）。

　最後に，ADR手続の実効性の確保が，利用者の信頼を得るためには必要不可欠である。そこで，本モデルはまず，事実調査の実効性確保のため，ADR機関の事実調査に対する会員企業の協力義務を規定する（項目3-13）。すなわち，会員企業はADR機関の事実関係等の調査について，資料提供等を含め，正当な理由がある場合[19]を除いて，協力しなければならない義務を負う。また，解決の実効性の確保のために，苦情解決支援機関が一定の場合に解決案を提示することができ，その場合に会員企業はその解決案を尊重する義務を負うものとされている（項目3-14）。この規定は後述の紛争解決支援機関が設けられていないADR機関について，簡易・迅速な解決を図るため，苦情解決支援段階でADR機関による解決案の提示を認め，その際に会員企業に対する尊重義務を課したものである。このように一方当事者に協力義務を課し，解決の実効性を担保できるのは，業界型ADRの大きな利点と言うべきであろう。このほか，解決の実効性を確保する措置として，苦情未解決の場合の紛争解決支援手続へ

---

18)　但し，相対交渉に委ねた場合には，会員企業に報告義務を課すこととしている。

19)　留意すべき点では，協力を拒絶できる「正当な理由」とは，民事訴訟等の際にも提出されない資料を除外する趣旨であると説明されている。

の移行や他の機関の紹介に関する規定（項目 3-16），会員企業が規則等に反した場合[20]に，必要な措置・勧告を行うとともに，その概要を公表する[21]ものとする規定（項目 3-17）などが設けられている。

(d) 紛争解決支援規則

本モデルの中核的な部分であり，また最もフォーマルな ADR 手続を定めるのが，紛争解決支援規則の部分である。この部分の冒頭規定は，まず手続の目的について，①勧誘・取引の公正性の確保，②利用者の正当な利益の保護，③金融市場の健全性の確保を挙げている（項目 4-1）。そして，ADR 機関の組織及び責務について，苦情解決支援の場合とほぼパラレルな規定を設ける（項目 4-2，4-3）。ここでは，紛争解決支援機関の会員企業となっている事業体はマーク等で識別できるようにするものとしている点が注目される。これは，当該企業が紛争解決に意を用いているか否かを顧客に対して明示し，利用者（市場）による淘汰に委ねる発想が表れており，興味深い。

次に，紛争解決支援委員の要件及び選任等について，やや詳細な規定を設けている。これは，ADR の実質的機能を確保するためには，主宰者の質が決定的な重要性をもつという理解に基づく。委員の構成については，中立型または三者構成の例が示されているが，いずれにせよ中立性・信頼性を担保する構成が重要とされる（項目 4-4）。そして，その点を実質的に確保するため，委員の欠格事由（項目 4-5），除斥事由（項目 4-6），解任事由（項目 4-7）を定めている。注目すべき点として，委員名・所属の原則公開を求めている点がある（項目 4-4-4）。これによって機関・手続の透明性を確保し，利用者の実質的な選択権を担保する趣旨である。ただ，例外的に，公開により手続の公正性が損なわれるおそれがある場合[22]には，委員構成の公開に止めることは認められているが，この場合も，申立人に対しては，その選択権の確保のため，申立ての前に名簿

---

20) これは手続違反行為に加えて，苦情への対応や苦情原因となった金融取引に関する問題行為の防止も含む趣旨である。

21) ADR 機関が必要と認めた場合には，企業名も含めて公表できるものとする。但し，手続の公平性を担保するため，事前に会員企業に対し事情の説明及び自らの正当性に関する主張の機会を付与しなければならないものとしている。

22) 具体的には，不当な依頼を受けて示談交渉等を行う者などが委員に対して不当な圧力をかけるおそれが認められるような場合であるが，単なる抽象的なおそれでは足りな

122 第6章 ADR法制とADR機関ルールの在り方

を公開することが必要とされている。

次に，手続の透明性を担保する規定も多く設けられている。取り扱う紛争の範囲[23]（項目 4-10），紛争申立人の範囲（項目 4-11），代理人の範囲・資格[24]（項目 4-12）について規定されているが，苦情解決支援規則に比してより具体的な規定ぶりになっている。更に，紛争申立ての形式（項目 4-13），申立ての却下事由（項目 4-14），審理手続（項目 4-17），斡旋等の打切り（項目 4-20），記録の保存・公表（項目 4-27）等の規定も，手続の透明化に資するものと考えられよう。この点について特に注目に値する規定として，運営委員会の設置を定めた規定がある（項目 4-8）。これは紛争解決支援業務の公正・円滑な運営を図るための組織であり，中立・公正な外部者により構成され，必要に応じてADR機関に対して勧告・提言等を行うことができるものとされる。

更に，ADR手続の利用を促進するため，申立人の予測可能性を確保し，そのアクセスを容易にする規定群がある。すなわち，手続開始にあたって申立人に必ず事前に手続の進め方を説明し，その同意を得なければならないとされるとともに（項目 4-15），苦情解決支援の場合と同様に，標準処理期間の定めを置く（項目 4-16）。具体的には，申立て受付から原則として3ヵ月または4ヵ月以内に斡旋調停案の作成を義務づけている。また，アクセス改善のための措置として，費用の原則無料[25]を定める（項目 4-26）。

最後に，紛争解決支援手続の実効性の確保についても，やはり本モデルは重視している。まず，事実調査の実効性確保に関して，会員企業が証拠書類等の提出に努めなければならないものとし，仮にADR機関の提出要求に会員企業が応じない場合は，その理由を説明しなければならないとする（項目 4-18）。そして，その理由が正当でないと認められるときには，紛争解決支援委員会は

いと解されている。

23) 苦情解決支援または相対交渉を行ったものの，一定期間を経過しても解決の見込みがないことが要件とされているが，これは紛争解決に対する自助努力が先行すべき旨を確認する趣旨である。

24) 自然人については一定の親族関係に限定されているが，友人・知人等の介入により，紛争がいたずらに混乱することのないように配慮しているものである。

25) 但し，出席交通費等は，原則として申立人の自己負担とされるが，予めその旨を十分に説明し，申立人の予測可能性を確保し，その納得を得る必要があるとされる。

企業名及び拒否理由を公表することができる[26]。最終的には公表の制裁により，会員企業の手続上の責務を担保しようとするものである。また，事実調査の実効性の確保として，専門家の手続関与の規定も注目される（項目4-19）。ADR 機関が審理過程で専門家の意見を求めることができるとするものであり，ADR 手続，特に金融関係 ADR では，専門的知見の活用が重視されているところ，意見聴取という形でこのような規定が設けられたことは注目に値しよう。

　更に，解決の実効性を確保する規定として，斡旋調停案の会員企業による尊重義務が重要である（項目4-23）。そして，尊重義務を実質的に担保するため，事実調査の場合と同様に，理由説明義務＋公表のスキームが採用されている。会員企業の裁判を受ける権利に配慮しながら，申立人と会員企業との実際上の力量の格差を考慮したものである。すなわち，会員企業が斡旋調停案を受諾しない場合には，その理由を紛争解決支援委員会に説明しなければならず，その理由が正当とは認められない場合には，委員会は斡旋調停案，企業名及び受諾されなかった理由を公表できるものとしている。このほか，両当事者の同意がある場合の仲裁への移行の規定（項目4-24），会員企業に義務違反等がある場合の措置・勧告権限（項目4-25）等も ADR 手続の実効性確保に資するものと見られる。

(3)　金融関係 ADR モデルの特徴

　以上のような金融関係 ADR のモデルについては，一方では，業界型 ADR ないし B to C 型の ADR に特徴的な規定を有するが，他方では，より一般化・普遍化することができ，ADR 一般の機関ルールのモデルとなりうる事項をも含んでいるように思われる。後者のような事項で特徴的なものとして，まず目的規定において，公正中立性，透明性，簡易・迅速・低廉性，実効性の確保を挙げる点が指摘できよう。また，具体的な規律として，手続の透明化を図るため，苦情の定義の明確化，外部評価の実施（運営委員会の設置等），申立人や代理人等の範囲・資格の明確化，具体的な手続態様の明確化を定める諸規定があ

---

26)　その背景にある会員企業の責務として，迅速誠実手続対応責務や資料提出要請に対する協力の責務が定められている（項目4-9）。

る。更に，利用者の予測可能性を確保する趣旨の規定として，標準処理期間を定める条項や受付時の教示義務を定める条項などがある。また，当事者の選択権の保障を図る規定として，委員名簿の公開等に関する規律がある。そのほかにも，守秘義務に関する規定，人材育成に関する規定，機関間連携に関する規定などは，ADR 一般において普遍的にモデルとなりうる規律ではないかと思料される。

　他方，業界型 ADR において特徴的と考えられる規定群としては，まず目的規定において，業界（金融市場）の健全な発展を挙げている点が指摘できよう。業界として ADR を設ける以上，それが業界の健全な発展に資する目的を有することは必要不可欠な事柄であろう。換言すれば，ADR の設置により消費者が安心して当該業界の商品やサービスを購入できることで業界全体のパイが拡大し，また ADR に加入していないアウトサイダーを市場から排除する有力な材料になりうることが期待されている[27]。また，本モデルの随所に見られるADR 手続における会員企業の責務を定める規定も業界型 ADR に特徴的なモデル規定と言えよう。例えば，会員企業の手続応諾義務・誠実迅速交渉義務・解決努力義務等を定める規定である。特に重要な点として，ADR の実効性を確保するための会員企業の義務を設定する規定がある。すなわち，ADR 機関の事実調査に対する協力義務及び ADR 機関による解決案の尊重義務がそれである。このような一方当事者の義務を規定することができる点は，業界型ADR の大きな利点であると同時に，正統化の根拠ともなるものであろう。更に，B to C 型 ADR の特徴的な部分としては，情報提供による被害の拡大・再発の防止等情報提供の充実がある。対消費者の ADR では，個別の紛争解決と並んで，将来の紛争の発生・拡大の防止も ADR の重要な機能となると考えられるからである。また，ユーザーフレンドリーな手続を目指すべき点も Bto C 型に共通する重要点であろう。本モデルに定められたアクセスポイントの拡充やフリーダイヤルの採用等は，対消費者 ADR のモデルとなりうる点と

　27）　本モデルでも，マーク等により会員企業を表示することを提言しているが（項目 4-2 の留意すべき点参照），これは，そのようなマークの存否により消費者が取引業者を選別することで，市場の力によりアウトサイダーを淘汰することを目指すものと言うことができよう（(2)(d)も参照）。

言えよう。

3 ADR 法制のイメージ

以上に述べてきたところから，ADR 機関のルールについて一定のイメージ
が得られたものと考えられる。次に問題となるのが，もう1つの ADR 手続の
規律方式である国家法による規律，すなわち ADR 法制のイメージである。こ
の点については，*1* でも述べたように，現在，ADR 検討会において議論がさ
れている最中であり，未だ明確な方向性が固まっているわけではない。以下で
述べる事柄は全くの私見であることは言うまでもなく，また必ずしも定見でも
なく現段階での著者の試論にすぎないが，後述の ADR 法制と ADR ルールの
関係に関する考察の前提として，簡単に示しておくこととする[28]。以下では，
まず ADR の定義規定の問題について述べ，それに続いて，規定の性格に応じ
て，いわゆる基本法規定，通則法（規制法）規定，促進法規定に関して[29]順次，
検討してみる。

(1) ADR の定義規定

ADR について一般的に規律する法律においては，まず ADR に関する定義
規定を定める必要があることは言うまでもない[30][補注4]。後述のとおり，規定
の内容ごとに具体的に対象となる ADR の範囲は異なってくる可能性はあるが，
法律の規律の対象となる ADR の外延を定義規定により画する必要性は否定で

---

28)　以下の記述については，本書第 2 章も参照。

29)　このような区分については，加藤新太郎ほか「座談会・ADR の過去・現在・未来」
　　判タ 1081 号（2002 年）19 頁以下など参照。

30)　また，ADR について的確な日本語化を図る必要があろう。外国語を法文に用いる
　　ことは不可能ではないと思われるが，法制の目的である ADR の普及という観点からは
　　望ましくないと考えられるからである。この点は，ADR 検討会において廣田尚久委員
　　などが繰り返し強調されているところであり，今後工夫していく必要があろう。

[補注 4]　前注記載の日本語化の問題は，小泉純一郎元首相などからも問題提起されたが
　　（本書序章注 4）参照），結局名案はなく，実現に至らなかった（認証 ADR 機関を指す
　　愛称として「かいけつサポート」という名称が用いられているが，普及しているとは言
　　い難い）。

126　第6章　ADR法制とADR機関ルールの在り方

きないと思われる。

　定義規定を考えるについては，定義の内容が規律の種類によって変わってき
うる点をまず認識しておく必要があると思われる。すなわち，いわゆる基本法
規定では，規律の効果自体が責務や努力義務に関し，具体的な法的効果を発生
させるものではないことから，比較的広く緩やかに規律対象を捉えることがで
きるように思われるのに対し，通則法・促進法においては，効果が具体的・直
接的なものであるため，必然的にその適用対象も厳格に捉える必要があること
になろう。全体に統一的な定義規定を置くとすれば，後者に合わせることも考
えられるが，責務的な規定については，より広く捉えておくのがADRの総体
的発展のために有用であるとすれば，全体の定義規定においては緩やかに規定
しておき，通則法・促進法など具体的効果を伴う規定については，対象ADR
の範囲を別途絞り込むことが相当ではないかとも思われる。

　定義規定の具体的内容を考えるに際しては，対象となるADRの紛争範囲・
設置主体・手続類型等について各々検討していく必要がある。まず，ADRの
対象紛争の範囲について見れば，法律上の紛争が基本となると思われるが，基
本的な定義としては前述のように広く捉えるとすれば，非法的な紛争も含みう
るものとすることは十分に考えられる。少なくとも，法的紛争に転化しうる紛
争を切り捨てないように規定する必要があろう[31]。また，行政紛争や家事紛
争についても，適用対象として開いておくことが考えられよう。もちろん，よ
り具体的な効果との関係で，どのような紛争を扱うADRを対象にできるかは
別個の問題であり，個別の効果ごとに検討していく必要があろう[32][補注5]。

　次に，ADRの設置主体の範囲については，ADR法制の主眼が民間型ADR

---

31)　例えば，いわゆるスポーツ仲裁裁判所で争われるような紛争について，オリンピッ
　クの出場権の有無という点は法的紛争に該当しなくても，それに関する慰謝料の紛争と
　なれば法的紛争に転化していく余地はありうるかもしれず，ADR法制の適用対象から
　アプリオリに排除すべきかについては，なお慎重な検討が必要であろう。なお，スポー
　ツ関係のADRについては，本書第17章参照。
32)　具体的な効果との関係でも，例えば，調停前置の代替（*3*(4)参照）などの効果との
　関係では，家事関係ADRを対象とすることは検討に値しよう。このほか，この問題は，
　仲裁法に規定される可能性のある仲裁適格とも密接に関連する問題である（仲裁適格を
　めぐる議論については，司法制度改革推進本部事務局「仲裁法制に関する中間とりまと
　め」（2002年8月）第1編第2〔1〕（別冊NBL 71号（2002年）6頁）参照）。

の充実・発展にあることは明らかであるが，司法型 ADR および行政型 ADR についても，適用対象に含まれるものと考えられる。特に基本法の関係では，これら公的な ADR についても適用がある方が望ましいであろう。もちろん，司法型については民事調停法・家事審判法（現行家事事件手続法）が，行政型については各設置の基準となる法律が別途存在し，そこで ADR 機関の構成や手続について詳細な定めが置かれていることも多いが，その場合には，それらの規定が特則として ADR 法の適用除外を定めているものと理解すれば足りよう。

　また，ADR の手続類型の範囲も問題となる。調停や斡旋，更に苦情処理と呼ばれる類型[33]が適用対象に含まれることは明らかであるが，単なる法律相談は原則として対象から排除されよう。ただ，当初は相談であっても，そこから斡旋・調停に移行する可能性をもつような場合には，規律対象に含まれるものと考えてよい。その意味でも，定義としては，広範なものを含みうる形が望ましいであろう。更に，仲裁は当然に適用対象になると考えられるが，これについては，仲裁法が特別法を構成することは言うまでもない。

(2)　基本法規定

　基本法的な規律としては，ADR に関係する諸団体や個人の責務を規定することが考えられる。規律の対象は様々なプレイヤーがありうるが，例えば，国の責務，地方公共団体の責務，ADR 機関の責務，ADR 主宰者の責務，当事者の責務等が考えられよう。国については，ADR の振興やそのための基盤整備の責務を認め[34]，また地方公共団体などについても，現在住民サービスとして行われている法律相談などの延長線上で，地域住民の利便のための ADR

　［補注 5］　仲裁適格については，仲裁法 13 条 1 項参照。「当事者が和解をすることができる民事上の紛争（離婚又は離縁の紛争を除く。）」が仲裁の対象とされている。

33)　これら相互の区別が必ずしも明らかでない場合があるし，また ADR 機関ごとにその内実は異なっている。例えば，PL センターでは一般的に，事務局による調整を斡旋，弁護士による調整を弁護士斡旋，パネルによる調整を調停という形で区別しているようであるのに対し，金融関係 ADR モデルでは，前述のように，苦情解決支援と紛争解決支援に大別され，両者の相違は中立的委員会の構成と手続等のフォーマル性にあるとされている。

34)　ADR の健全な発展が訴訟手続の機能発揮を必然的な前提とするとすれば，訴訟手続の機能を十全なものとして維持することも ADR 振興のための国による基盤整備の一

128 第6章 ADR法制とADR機関ルールの在り方

振興に一定の寄与をなしうる点を確認することが考えられよう[35]。

　基本法の部分において，ADR機関ルールとの関係で実際に最も問題となりうるのは，ADR機関の責務規定の在り方であろう。この点について，著者は，一般論として，責務規定の中で将来のADR手続の在り方に関する抽象的で緩やかな方向性が示され，それが各ADR機関ルールの中で具体化されていくことがADRの健全な発展のために望ましい原則的なルール化の在り様と考えている。具体的な規定内容としては，ADRに対するアクセス拡大の責務，当事者に対する公平取扱いの責務，ADR主宰者や事務局の人材育成・研修等の責務，ADR手続の透明性確保の責務，ADRにおける解決の実効性確保の責務，解決結果の公表等の責務などが想定されうる。この点においては，国家として，利用者保護のために必要となる消極的な観点からの規制のみならず，ADRが裁判と並ぶ魅力的な選択肢となるために必要と考えられる積極的な観点からの規律も設け，緩やかな形で各機関を誘導するために，ADRが将来進展していくべき方向を規定していけばよいように思われる。

　このほか，ADR主宰者の責務及び当事者の責務などについても，規定を設けることが考えられよう。例えば，ADR主宰者については，中立公正な手続運営の責務や専門的な能力の維持涵養の責務などが想定されよう[36]。また，当事者についても，ADR手続を一次的に検討する責務[37]や手続に対する一般的な協力の責務，さらに秘密保持の責務等について規定することが考えられるかもしれない。そして，以上の責務についても，ADR機関ルールの中でさらに詳しく具体的に規定する可能性はあり，そのように，緩やかな方向性を国家法が示し，より具体的な内容の義務を各機関が個別にそれぞれの事情に応じて定立する[38]ような方途は，ADRに関する望ましい規律方式ではないかと

　　　環として捉え，基本法の中に規定する余地もあろう。

35)　このような地方公共団体の責務を定める例として，民事法律扶助法3条2項は「地方公共団体は，その地域において行われる民事法律扶助事業に対して必要な協力をすることができる」との規定を置いている（その発展形態として，総合法律支援法9条も参照）。

36)　守秘義務についても後述の通則法規定から外れるのであれば，基本法上の責務規定として定めることは考えられよう。

37)　このような責務がアメリカの連邦ADR法の中で定められていることにつき，山田文「アメリカにおけるADRの実情（上）」NBL 718号（2001年）40頁参照。

3 ADR 法制のイメージ 129

思料される。

(3) 通則法（規制法）規定

通則法としては，前述のように，ADR 機関の構成や手続等について通則的に規定する類型が想定されている。例えば，ADR 主宰者の適格・人数，その忌避・守秘義務，通知の在り方，ADR 手続の進行や言語等手続準則に関する規定などが典型的なものである[39]。この点は，もし法律に規定されるとすると，機関ルールと大幅に重複する規律内容になるものと考えられる。したがって，この場合，当該規定が強行規定であるのか，任意規定であるのかを更に分けて検討する必要がある。当該規定が強行規定である場合には，その規律に反するような ADR ルールは認められず，無効となる。例えば，ADR 主宰者に守秘義務を負わせる規定が法律に置かれ，これが強行規定と解されるとすれば，一定の場合には守秘義務を課さないとする ADR 機関ルールがあったとしても，守秘義務を解除する範囲で無効になると解される[40]。これに対し，当該規定が任意規定であるとすれば，それに反する機関ルールは当然に有効であり，当事者がその機関を選択することにより，当事者間で法律とは別段の合意をしたものとして，効力が認められる。例えば，ADR 法に主宰者を 3 名とする規定が仮に置かれたとしても，それが任意規定と理解される限りで，単独主宰者を定める ADR 機関ルールは効力を認められることになる。

このような任意規定は仲裁法にも多く見られる。ただ，ADR 基本法との関係で注意すべきは，調整型の ADR が仲裁とは異なる点として，原則として訴

38）　例えば，業界型 ADR については，一方当事者である会員企業の義務についてより踏み込んだ規律をすることは十分に考えられる。金融関係 ADR モデルが示すように，機関の事実調査や斡旋調停案の受諾について義務を課したり，理由説明義務＋公表等の制裁を設けるなど，各機関・業態の実情に応じて様々な工夫の余地が認められるところであろう。

39）　仲裁法には一般的にこのような規律が置かれている。例えば，モデル法 10 条以下は仲裁人及び仲裁廷について定めているし，同法 18 条以下は仲裁手続について定めている。

40）　更に複雑な場合として，「正当な理由のない限り」守秘義務を認めるというような法律の規定の場合に，機関ルールが（当事者の合意など）一定の守秘義務解除事由を定めているときは，当該ルールは法律の定めを具体化する趣旨のものとして原則有効と考えられるが，法律の趣旨を損なう場合にはなお無効と解される余地もあろう。

訟に代わるものではなく，その結果が当然に執行力等一定の効果を有するものとしては想定されていない点がある。その意味で，ADR 一般について任意規定を設ける必要性は大きくないように思われる[41]。仮に規定を設ける必要があるとすれば，手続の入口と出口の点，すなわち，手続の開始をどの時点とするかという問題と手続からの離脱の権利を当事者に認めるという問題ではないかと思われる。ただ，手続の開始についても，主として問題となるのは時効中断（完成猶予）との関係であり，開始一般を規律する必要性には疑問もあるし，手続からの離脱についても，規律するとすればむしろ強行規定の問題と考える余地があろう。以上の点に鑑み，著者は通則法として任意規定を設ける必要はないものと考える。その結果，通則法として想定されるのは強行規定だけということになり，その実質は「規制法」と称すべきものとなろう（想定されるその内容については，さらに 4 (3)参照）。したがって，ADR 機関ルールとの関係では，当該規律と抵触するルールの効力を否定し，対応するルールがない場合にはそれを補充するものとなろう。

(4)　促進法規定

　最後に，促進法規定であるが，これは一定の要件を満たす ADR 手続等について，一定の積極的効果を付与することで，そのような要件を充足する ADR を促進することを目的とした規定群である。例えば，一定の要件を満たす ADR 手続には時効中断（完成猶予）の効力を認めることによって，そのような ADR による紛争解決を促進する効果を期待できることになる。ここでの「促進」の意義は，①訴訟と比較して ADR に同等の効果を認めることで対訴訟の競争力を確保し，ADR 自体の利用を促進するとともに，②一定の要件を満たす ADR のみにそのような効果を付与することで，各 ADR がそのような要件を充足するように誘導・促進するという 2 つの側面があると言えよう。したがって，促進法規定を検討するに際しては，その要件及び効果がともに重要な意味をもつことになる。

---

41)　当事者の訴権が失われるとすれば，国家が責任をもってデフォルトルールを定めて，当事者間で合意ができない場合にも手続が暗礁に乗り上げないように配慮する必要があろう。しかし，調整型 ADR においては，そこまでの必要はないと考えられよう。

まず，ADR に法的な効果を付与する場合の要件であるが，この点は一般的
に論じることは困難であり，常に付与される効果との対応関係で決していく必
要があろう。例えば，時効中断（完成猶予）の効果を付与できる ADR にはど
のような要件が求められるか，執行力を付与するためには ADR の手続はど
のようなものでなければならないか，といった思考方法である。その意味で，そ
の実質については各論的な検討に委ねたいが，要件チェックの方法については，
大別して，①事前チェックのみの方式，②事後チェックのみの方式，③事前チ
ェック・事後チェック併用の方式が考えられよう。ここで，事後チェックとは，
一般的に要件を定めておき，問題が裁判所等に行った場合に当該 ADR 手続が
要件を満たしていたか否かを事後的に審査するチェック方式であり，事前チェ
ックとは，予め各 ADR 機関等について要件充足を推認させる事項を審査・認
定しておき，認定を受けた ADR 機関等の手続に（裁判所等においても）一定の
効果を認めるチェック方式である。

事前チェックの具体的な方法としては，多様な組合せが想定される。第 1 に，
認定の対象に即した区分として，ADR 機関それ自体を認定するのか，そのう
ちの一部の手続を認定するのか[42]，更には人の観点から ADR 主宰者を認定す
るのか[43]，といった区分が考えられる[44]。第 2 に，認定の効果について，一定
の法的効果を自動的に認めるのか，当該効果に係る法律上の推定の効果を認め
るのか，単なる名称独占のみを認めて事実上の推定の効果に期待するのか[45]，
といった選択肢が想定できよう。第 3 に，認定機関についても選択肢がありえ
よう。何らかの国家機関が認定すると考えるのが素直である[46]が，指定法人

---

42) この場合は，同一の ADR 機関内でも認定手続と非認定手続とが混在する可能性が
あることになる。

43) 最も素直な構成は ADR 主宰者資格の創設（資格制）であるが，資格を設けずに一
定の要件を満たす者について認定することも考えられる。この点については，*4*(3)も参
照。

44) もちろん，これらを混合して用いる可能性〔例えば，一定の主宰者による一定の手
続のみを認定すること〕も理論的には考えられる。

45) 例えば，認定 ADR 機関という名称の独占使用を許し，裁判所はそのような機関の
ADR 手続については，法定の要件が満たされることを事実上推定することが想定され
よう。なお，電子署名及び認証業務に関する法律（電子署名法）における特定認証業務
の認定（同法 4 条以下参照）はこのような考え方によっているとされる。

や NPO 機関に認定を委ねることも一定の効果についてはありうるかもしれない[47]。以上のような多面的な選択肢の中から最も適切な組合せを考えていくことになるが，これも効果ごとに考えるのか，すべての法的効果に関して共通のワンパッケージの認定システムにするのか，選択肢がありうるところである[48]。事前チェック方式は，法的効果付与の予測可能性を高め，当事者の利便に資するとともに，紛争発生の可能性が減り，また事後の判断が容易になることで裁判所の負担を軽減する利点を有するが，他方で法的効果が付与される ADR 機関が限定され，一種の 1 級 ADR と 2 級 ADR とに差別化されるおそれもある。私見としては，③の併用方式を採用しながら，事前チェック方式の利点を可及的に活かし，その欠点を可及的に抑制できるように，上記のような事前チェックの選択肢の中から適切な組合せを見出すべきものと考える。

　以上のような要件に基づき付与される法的効果としては様々なものが想定されるが，主なものは以下のような点であろう。第 1 に，時効中断（完成猶予）の効果である。ADR の申立て[49]に時効の中断（完成猶予）の効果を認めることは，当該手続における交渉を実効的なものとするため，不可欠の要請と見られるところであり，一定の要件に基づき当事者が第三者の関与の下の話合いに入った場合，その話合いが不調に終わったとしても，一定期間内に訴訟に連続すれば時効中断（完成猶予）の効果を認めてよいであろう。実際に，民事調停や一部の行政型 ADR についてはそのような規律がされているところである。

---

46)　その場合でも，裁判所が認定するのか，ADR 機関の所管官庁が認定するのか，あるいはどこかの府省が一元的に認定するのか，様々な選択肢が考えられよう。

47)　例えば，法律扶助の付与可能性については，指定法人である法律扶助協会の認定に委ねる可能性はありうる（現在は，独立行政法人に準じる日本司法支援センター〔法テラス〕が担当する）。更に，認定は国家機関が行うとしても，その基礎となる調査等を民間機関に委ね，国家の介入の範囲を限定することも考えられる。電子署名法における指定調査機関制度（同法 17 条以下参照）はこのような考え方によるものと見られる。

48)　理論的には（本来の要件が異なるとすれば）各効果ごとに認定をしていくのが正当と言えようが，それに要するコスト等を考えれば，ワンパッケージ方式にも合理性があろう。

49)　時効中断（完成猶予）の時点をどこにするかは 1 つの問題である。申立書の相手方への到達の可能性を考えれば，原則は相手方への通知の時点となろうが，認定 ADR については，通知到達の確実性の観点から，申立て時に時効中断（完成猶予）効を認める余地もありえよう。

ただ，被申立人は話合いに応じる義務はないので，時効中断（完成猶予）が認められるのは，相手方が話合いに応じた場合に限られるであろう。

第2に，執行力の付与がある[50]。ADRにおける解決結果は当事者間の合意の結果として和解契約としての効力は有するが[51]，当事者がADRの合意内容を履行しなかったとしても，相手方はそれに基づいて直ちに強制執行をすることはできず，裁判所に訴える必要がある。それでは，ADRの実効性は小さくなり，結果としてADRの利用は限定されたものにならざるをえない。そこで，ADRの解決結果に執行力を付与する旨の提案がされている。この点については否定的な意見も多いと思われるが，例えば，一定の要件を満たすADR手続について，裁判所の事後的な審査に基づく執行決定を得て，執行力を認めることはなお検討に値するのではないかと思われる[52]。常に裁判所に行かねばならないとすると，現在の代替的な解決手法（注51）参照）と比較して利便性に乏しいとも思われるが，解決直後に他の機関（公証人役場・簡易裁判所等）に行かなければならない現行の扱いよりも，紛争が発生した後に初めて裁判所に行くというスキームは，ADR結果について実際に不履行が問題となる事案が少ないとすれば，なお利便性を増大する側面は十分にあろう[53]。

第3に，裁判手続との連携に関わる諸効果がある。いくつかの効果が考えられるが，まず，ADRが不調で訴訟に移行した場合に，ADR過程で得られた一定の情報[54]について，訴訟における利用を否定する[55]ことが考えられる。

---

[50]　ADR法の特別法である仲裁法によって（裁判所の執行決定に基づき）執行力が既に認められている仲裁については，以下の規律の対象とはならない。

[51]　現行法下でも，代替的な工夫として，和解的仲裁判断を行うこと，和解結果に基づき公正証書（執行証書）を作成すること，和解結果に基づき簡易裁判所で即決和解を行うことなどが試みられているようである。

[52]　フランス法が一部の調停についてこのような考え方を採っていることにつき，山本和彦『フランスの司法』（有斐閣，1995年）326頁，垣内秀介「勧解・調停の促進」日仏法学22号（2000年）316頁以下など参照。

[53]　もちろん裁判所の執行決定に際する審査対象をどのように構成するかは困難な問題である。

[54]　一方当事者による調停の申込み，ADR機関の提示した和解案，和解案に対する当事者の諾否，手続過程での当事者の自白等が考えられよう。この点については，UNCITRAL国際商事調停モデル法10条も参照。

[55]　証拠能力を否定するのみならず，当事者が主張した場合の効力をも否定することが考えられる。更に，訴訟の場を超えて開示を禁止するところまで徹底すれば，当事者の

134　第6章　ADR法制とADR機関ルールの在り方

それによって，ADR手続で自由な交渉を可能とし，合意の成立しやすい環境を整備することで，一部ADRの活用を促進する趣旨である。また，ADR手続で事実に争いがある場合に，裁判所に証拠調べ等の協力を求めることも考えられよう。ADRが実情に応じた解決を図るためには，事実の解明が必要となることもありえ，その場合には裁判所による強制的な証拠調べに期待すべき場合も考えられる。更に，裁判所に一旦係属した事件をADRに付する付ADRの制度[56]や，調停前置主義が採用されている事件類型[57]についてADRを経ていれば調停前置に代わるものとして扱う制度も考えられる。お上意識が強い日本では，このような形で裁判所に流入した事件をADRに回すことでADRに対する国民の信頼を高め，一定数の事件処理の実績を挙げていくことが，特にADR立ち上げの時期においては重要と考えられるからである。

　以上が促進法として想定される中心的な事項であるが[58]，それでは，このような規律とADR機関ルールとはいかなる関係に立つのであろうか。要件・効果に分けて考えてみると，まず要件については，その充足の有無を判断する材料としてADR機関ルールを用いることが想定されうる。例えば，事後チェック型の場合には，要件認定の対象となるのはあくまで個々の手続ではあるが，ADR機関ルールがあれば，そのルールに従って手続が進行した旨の事実上の推定が働く場合はありえよう。他方，事前チェック型の場合には，まさに各ADR機関や手続を認定するに際して，当該機関や手続のルールが認定判断の有力な前提となることは言うまでもないであろう[59]。次に，効果との関係では，法により規定することが予定されている効果がADR機関ルールによって

　守秘義務を認めるということになるが，そこまでいくのであれば通則法（規制法）の問題となろうか。
56)　事件全体をADRに付するのではなく，争点整理や証拠調べ（鑑定等）の部分だけをADRに付託し，そこでの成果を訴訟手続に引き継ぎ活用することも想定できよう。
57)　民事調停の関係では地代家賃増減額請求事件が調停前置を採るが（民調24条の2），更に離婚等の家事調停（家審18条〔現行家事244条〕）に対する代替も考えられてよいであろう。
58)　このほか，一部ADRを法律扶助の対象とすることも当該ADRの促進のためには意義があろう。
59)　もちろん，これは立派な規則さえ定めておけば足りるというわけではなく，それが実際に適切に運用されている旨のチェック（監査）が不可欠であろう。

代替される場合がありえよう。このような場合には，法による促進的効果はあくまでデフォルトルールに止まることになる。前述のような想定される効果のうち，時効中断（完成猶予）や執行力等は ADR 機関ルールによって代替できない性質のものであるが，ADR 過程に表れた情報の訴訟への持出禁止，更に守秘義務などは ADR 機関ルールにおいてその旨を定めておけば，同様の効果を発生させうるものとも考えられる[60]。このような効果については，結局，機関ルールに特別の定めがない場合に，既存の法的規律や当事者の通常の意思等に鑑み，どのような効果を付与するのが適当かという観点から検討していくべきことになろう。

4 ADR 法制と ADR 機関ルールの関係

⑴ 総 論

　以上のような ADR 機関ルールの在り方及び ADR 法制の在り方に関するイメージを前提に，以下では，本章の主題である ADR 法制と ADR 機関ルールとの関係について考えてみたい。まず両者の関係について総論的な検討を行い，次いで国家法規範のありうべき各類型に応じて各論的に両者の関係を見ていくことにしたい。

　総論として ADR 手続に関する規律の在り方について一般的に言えば，ADR 機関の自治ないし自律を可及的に尊重するような方式が望ましいと考えられる。この点は，ADR を何故，促進・充実させるのかという目的と関係する。これについては，司法制度改革審議会意見書が指摘するように，ADR を裁判手続と並ぶ魅力的な選択肢とすることにより，多様な紛争解決の手段を紛争当事者に付与する点に ADR 充実の目的があると考えられる。そうだとすれば，ADR を一律の枠にはめてしまい，均等なサービスを提供させるという発想ではなく，ADR 手続・機関ごとに多様な試みを可能とし，利用者は十分な情報の下に自己責任でそれを選択し，結果として利用者の紛争解決の個別的ニ

---

　60)　守秘義務は ADR 機関ルールに対する両当事者の同意によって守秘契約が締結されたと見られるし，情報の訴訟への持出禁止も証拠制限契約等の訴訟契約として考えられる余地があろう。

ーズに最も適合的な方法がとられるというADRの在り方こそが基本となるべきものと解される。

そして，個別のADRがすべての点で裁判を上回るようなサービスを提供できるということは考え難い。むしろADRが裁判と並ぶ真の選択肢となりうるためには，迅速さでは負けない，専門性では負けない，安さでは負けない，など裁判や他のADRと比較して，各ADR機関がいわゆる「売り」の部分を作っていく努力が必要不可欠であると思われる。その際には，裁判等と比較して劣る部分が生じることは，当然覚悟する必要があろう。その意味で，ADR機関に最低の規律を求めることは，欠点を矯めることにより長所をも失わせてしまうおそれがある点に常に配慮する必要があろう。したがって，ADRの機構や手続の在り方については，各ADR機関が独自性を発揮できることが法整備の大前提となるべきであり，ADR機関の自治ないし自律を可及的に尊重するような規律方式が不可欠であると考えられる。

以上のような法整備の目的を考えれば，ADR法制の基本としては，国家がADRに臨む姿勢の表明がまず確認されなければならない。国が国としてADRの整備に責任をもつことを明らかにし，また関係者のADRに対する責務を明確にすることで，ADRというもの一般について利用者に信頼感を持たせることが基礎となろう。これは，前述の基本法部分が担当すべきことになる。次に，裁判と競争できる（利用者に代替的サービスを提供できる）ためには，一定の制度的な基盤整備が重要となる。これは，一定の要件を満たすADR機関について，一定の効力を付与する形で規律することになると考えられ，いわゆる促進法の部分が担当すべき問題である。ADR法制の基本は以上のものに尽きるが，なお悪質なADRを排除するために，最低限の規制が必要となる場面がありえよう。ただ，この場合でも，前述の趣旨からは，可及的に直接的な規制は避け，ADR機関に対して一定の情報の開示を義務づけるに止め，最終的な淘汰はその情報に基づく利用者の判断，すなわち市場による淘汰に委ねるべきものと考えられる。したがって，通則法（規制法）の規律の在り方としては，第1次的には情報開示の充実をルール化し，それでもなお不十分と考えられる場合に限って直接的な規制ルールを設けるべきものと解される。

ADR法制の基本的な在り方について以上のように考えるとすると，ADR

機関ルールに法制が直接介入する部分は極めて限定的なものとなろう。考えられるのは，主宰者について一定の限定を設ける可能性であろう。現在の弁護士法 72 条による規制が厳しすぎることは明らかであるが，反社会的勢力の介入等を排除するために何らかの限定は必要ではないかと考えられる。その他の部分については，基本的には情報開示に関する規制により対処すべきではないかと思われる。すなわち，一定の事項について ADR 機関ルールの中で規定を設けることのみを定め[61]，規律の具体的な内容までは法定しないとするものである。利用者はそのような情報開示を受けて，当該 ADR での手続を選択するか否かを自己責任の下で決断すべきことになる[62]。

　ADR 法制の機関ルールに対する関与は，上述のような基本的認識に基づけば，主としては間接的なものとなろう。第 1 に，基本法的な部分で，将来 ADR 機関が進むべき方向性について緩やかな形で規定することが考えられる。そこでは，望ましい「ADR 像」について，ある程度抽象的な形で規定し，特段の法的効果を設けず，具体的な規律は各 ADR 機関ルールに委ねるという方式が想定される[63]。この部分は，一般的に ADR にとって必須であり，また利用者の保護のために不可欠な規律を規定して，ADR 機関ルールを誘導していくことになろう。そして，具体的な規律に際しては，既存の ADR 機関ルールの規律内容を汲み上げていくような努力も必要であると考えられる。第 2 に，促進法的な部分で，ADR 機関ルールにおいて一定の規律をしている機関について，特別の法的効果を付与するという規律が考えられる。いわゆる事後チェック方式では原則として当該手続の具体的内容が問題になると考えられる[64]

---

61)　それにもかかわらず規定を設けない（アドホック ADR の場合には，ADR 手続開始に際してその情報を付与しない）場合には，何らかの制裁を加えることになろう。認定 ADR 機関の場合には，認定の取消しが考えられるが，認定外 ADR 機関やアドホック ADR をも考えれば，行政罰，更には刑事罰によって担保するしかないかもしれない。

62)　ただ，このような原則的規律が，消費者を利用者とする場合にもなお十分に妥当しうるかには疑問もあるところである。あるいは，消費者を一方当事者とする ADR については，消費者保護のための独自の規制法的規律を要するかもしれないが，この点については，4 (3)参照。

63)　EU のディレクティブや UNCITRAL のモデル法のように，そこで示された指針に沿って各機関がそれぞれの固有の事情を背景に独自にルールを整備して，緩やかな形で規範のハーモナイゼイションを図っていくというイメージである。

138　第6章　ADR法制とADR機関ルールの在り方

が，事前チェック方式を併用する場合には，ADR機関ルールにおいて一定の定めを置くことが求められ，そのような定め及びその運用実践が認定の基礎となるという規律方式は十分に考えられよう。そうだとすると，時効中断（完成猶予）・執行力等促進的な効果を求めるADR機関はそのような認定要件を満たすようなルールを整備していく方向に間接的に誘導されることになろう。

　以上が国家法制と個別ルールの関係についての著者の総論的な認識である。繰り返しになるが，総じて直接的な規制は避け，基本法や促進法の形で，間接的に必要最小限の規律に誘導しながら，各ADR機関における自助努力や工夫を最大限に尊重すべきものと考える。以下では，基本法，通則法，促進法のそれぞれについてより立ち入った検討を行うが，その前にアドホックADRの位置付けについて簡単にふれておく。アドホックADRもADR法制の規律対象に含まれることは言うまでもなく，また一定の要件を満たせば法的効果を享受できる場合があろう。問題は，アドホック仲裁のように，ADR法の中でデフォルトルールを書き込むか否かであるが，原則としてその必要はないと考えられる。けだし，任意規定の部分は当事者の合意に全面的に任せてよいし，その結果としてADR手続がデッドロックに乗り上げれば，合意の見込みはないものとして手続を打ち切り，原則として訴訟に移行すれば足りるからである[65]。また，公序の部分については通則法として最低限の規律をしておけば足り，アドホックADRに特有の事項を考慮する必要はない[66]。以上の点を考えれば，ADR法制においては，アドホックADRを考慮した独自の規定は原則として必要ないものと考えられよう。

---

64)　但し，ADR機関ルールの存在が，当該手続においてもルールに定められた手続が履践されたことを事実上推定させる機能を果たす場合もありえようか。

65)　この点において，仲裁合意の効果として訴訟に移行できない仲裁とは根本的に異なる。仲裁においては，手続がデッドロックに乗り上げてしまわないような最小限のデフォルトルール（例えば，当事者の合意がない場合には，手続は仲裁人が定めるといった規律）が法律において不可欠になるが，ADR一般にはそのような事情はない。

66)　ここでも，そこでされた判断が判決に代わって当事者を拘束する仲裁手続とは異なり，当事者は原則として自由に手続から離脱することができるし，また手続に不満があれば最終的な解決案を拒否することもできる点を考えると，規制の必要に乏しいであろう。

(2)　法規定の具体化――基本法

　まず，基本法として関係者の責務等を定める部分の法規律と ADR 機関ルールの関係であるが，この部分では，ADR 機関の責務又は ADR 当事者の責務を定める場合に，その規律と ADR 機関ルールにおいて定められた機関・当事者の義務・責務との関係が問題になる。この点については，前述のように（4(1)参照），法律の中で望ましい「ADR 像」をある程度抽象的な形で規定しながら，それを具体化するより詳細な規律を ADR 機関ルールに委ねるという役割分担が考えられてよかろう。また，具体的な責務を法律に規定する際には，既存の ADR 機関ルールの内容を汲み上げていくことも考えられる。このような観点から，基本法の中で想定される機関・当事者の責務と ADR 機関ルールの中でのそれらとの関係を考えてみると，以下のような事項が一応検討に値するものとして想定されよう。

　まず，ADR 機関の責務として，当事者に対する公平取扱いの責務が考えられる。その手続が法的に規律されない ADR においては，公平性は手続の中核であり，当事者保護の基本として法律の中でその方向性を明示することは十分に検討に値しよう[67][補注6]。そして，そのような責務をより実質化する ADR 機関ルールの規定として，当事者の忌避権や ADR 担当者の回避義務の規定を設けることなどが考えられよう。第2に，人材育成や研修等の責務を ADR 機関に課することが考えられてよかろう。ADR の命は何といってもそれを支える人にあり，その担当者を研修等によって育成していくことは，ADR の充実発展に不可欠な事項と言えるからである[68]。ただ，ここでも，法律において規定すべきは，あくまで一般的な事柄に限られ，ADR 機関ルールの中で，具体的な研修の在り方など等人材育成の中身について規定していくべきものであ

　67）　ADR 法の特別法に当たる仲裁法においても，当事者の平等取扱い義務について規定を設けることが検討されていることにつき，「仲裁法制に関する中間とりまとめ」（前掲注32））第1編第5〔1〕（別冊 NBL 71 号 14 頁）参照。

　〔補注6〕　仲裁法 25 条 1 項において，前注の点が明確にされている。

　68）　日本の ADR 機関（特に業界型 ADR 機関）の多くでは，苦情処理や斡旋など事件数の大半が処理されている場面で，その担当者は ADR に関する正規の研修・教育を受けた経験のない会員企業等からの出向者・退職者であり，一定の期間を経て出身母体に戻るような人事運用がされていることや在職期間が短いことも多いようであり，人材育成という観点から見れば問題はなお大きいように見受けられる。

ろう。第3に，ADR 手続の中立性・透明性を確保する責務も ADR 機関の責務として問題となろう。ADR の利用が必ずしも活発でない1つの原因は，裁判等に比して ADR 手続が不透明であり，またその中立性に疑念をもたれている結果ではないかと考えられるからである。このような点で，ADR 手続の中立性及び透明性を法律の中で法的要請として掲げることには大きな意義があり，それを受ける形で，ADR 機関ルールにおいては，第三者評価・外部評価の手続や利用者に対する情報提供等，それを達成するための具体的な措置を規定していくことが望ましいと思われる。

　第4に，ADR における解決の実効性を確保する ADR 機関の責務もまた重要なポイントである。その解決過程及び結果の尊重が国家権力をもって担保されている訴訟と異なり，ADR の利用を促進していくためには，法律の中で解決の実効性を ADR 機関の努力義務として課すことが検討されてよいように思われる[69]。そのような規定を受けて，各 ADR 機関は自己の機関ルールの中で自助努力を図っていくことになるが，特に業界型 ADR 等では，金融関係 ADR モデルの例が示すように，事業者側に対し，一方的な手続応諾義務，事実調査協力義務，結果尊重義務等を課していくことが考えられてよかろう。第5に，解決結果の公表等の責務を ADR 機関に課すことも検討に値する。これは ADR の透明性を高めるとともに，解決結果の予測可能性を利用者に付与し，利用のインセンティブとなりうると思われるからである[70]。ADR 機関ルールでは，それを受ける形で，具体的な結果公表の態様・手続等を定めることになろう[71]。最後に，ADR に対するアクセス拡大の責務も考えられる。ADR へのアクセスを拡大していくことについては各関係者がそれぞれ努力していく必要がある[72]が，ADR 機関が中核的な役割を果たすべきことは当然であろう。

---

69)　なお，解決結果の尊重に関しては，促進法の内容として執行力の付与が考えられる（また，そもそも仲裁については執行力が付与されている）が，その場合にも，その要件を満たさない ADR や解決過程の実効性（手続への応諾・協力等）を担保する必要性はなお否定できない。

70)　消費者関係の ADR などでは，更に，被害の再発・拡大等を予防する効果も期待できよう。

71)　他方では，ADR の利点として秘密保持があるので，各 ADR の特性に合わせて，公開の態様や手続の在り方については，関係者のプライバシーや企業秘密の保持等に慎重な配慮がされるべきものであろう。

そして，どのような方法が真のアクセス拡大に資するかは各 ADR 機関の置か
れている状況により異なると考えられるので，具体的なアクセス拡大方法（広
告宣伝の方法，費用の負担方法，申立ての方法等）は各機関のルールに委ねるべき
であろう。

　以上に見たような ADR 機関の責務に加えて，ADR 利用者（当事者）の責務
について，基本法の中で規定を設けることも考えられる。例えば，紛争解決に
際しては ADR の利用を検討すべき責務[73] や ADR 手続において誠実に交渉
する責務，更に ADR 機関の事実解明等に協力する責務，ADR 手続の過程等
をみだりに公表しない責務等が検討の対象として考えられようか。ただ，これ
については，ADR の主宰者である ADR 機関の責務とは異なり，その利用者
に対して責務を課すことがいかなる根拠に基づき可能であるのか，なお慎重な
検討を要するところであろう。そして，仮にこのような責務が定められるとし
ても，その内容は抽象性の高いものとならざるをえないと考えられ，やはり
ADR 機関ルールの中でそれを具体化するような規定が必要となろう[74]。

(3)　最低限の規制・情報開示の措置──通則法

　前述のように（4(1)参照），本章の基本的な姿勢は，個々の ADR に対して強
制的な形で国家が規制をかける範囲を可及的に小さくしようとするものである
が，なお一定の部分については包括的に網をかける必要性は残るかもしれない。
最大の問題は，やはり主宰者の要件であろう。現在は，弁護士法 72 条により，
仲裁については明示的に例示され，また調整型 ADR に関しても，それが一般
の法律事件に関する和解に該当するとすれば，弁護士以外の者が業として
ADR を主宰することは禁止されていると解釈されうる。しかし，このような

---

72)　促進法として，付 ADR の規律を設けるとすれば，それは国家（裁判所）として
　　ADR へのアクセスを拡大する 1 つの方法とも言えよう。
73)　このような責務を規定する例として，アメリカ連邦 ADR 法やイギリス法がある。
　　これについては，山田・前掲注 37) 9 頁，我妻学「イギリスにおける ADR の実情」
　　NBL 724 号（2001 年）23 頁（当事者が合理的な理由がないにもかかわらず ADR に協
　　力しない場合には，費用によるサンクションを裁判所が課す余地が認められているとさ
　　れる）など参照。
74)　ADR 機関ルールとして定めるとき，その規定内容は ADR の利用者である顧客との
　　契約の一内容を構成することになろう。

142　第6章　ADR法制とADR機関ルールの在り方

広い規制が一般に妥当でないことについては，広い範囲でコンセンサスが成立しているのではなかろうか。特に調整型ADRを念頭に置く場合，交渉の仲介に要求される知見・技術は法曹の定型的に有する知見・技術と重なり合う部分は必ずしも大きくなく，また法律以外の専門的知見を紛争解決に導入する必要も大きいとされる[75]。

むしろ問題は，法曹有資格者要件を排除するとして，どのような範囲の者についてADR主宰者適格を認めるか，という点にある。理論的にはおよそ要件を置かないという選択肢もありうるが，反社会的集団など交渉仲介に不適切な者が紛争解決過程に介入することの多い日本の現状を考えれば，直ちにそこまでいくことは相当とは思われない[76]。方向としては，①いわゆる隣接法律専門職種等既存の個別資格者について（その根拠法等において）ADR主宰者適格性を承認する準法律家アプローチ，②交渉専門性を重視し，その専門性を徴表する要件を定め，それを満たす者にはADR主宰者としての活動を認める交渉専門性アプローチ，③ADR主宰者の資格を新たに設けて[77]，その資格者の活動を認めるADR資格者アプローチ等が考えられよう。そして，そのような要件を満たさないにもかかわらず，ADRを業として主宰した者は制裁の対象となるが，この場合の制裁は，現在の弁護士法72条の延長線上で罰則ということになろうか。

以上のような形で，国家法がADR主宰者について規律するとすれば，ADR機関ルールは当然のことながら，それを前提にして主宰者について定めることになる。仮に当該ADR機関において必要とされる専門的知見を有する者が国家法規制の関係でADR主宰者となることができないような場合には，

---

75)　もちろん鑑定等の判断資料の形で専門的知見を導入することも考えられるが，訴訟でも専門委員をめぐる議論が盛んであるように，主宰者に直接専門家を投入する方が解決の質の向上・コストの低減に貢献しうる場合があるものと考えられよう。

76)　当事者にADR主宰者の選択権を認める場合には，規制を免除することはありうるかもしれないが（ADR機関ルール等に当事者による主宰者選択権の規定を設ける場合には，法の認めるADR主宰者適格を有しない者が主宰者となっても制裁を課さない旨の例外を設けるなど），当事者の真意性が十分に担保されない危険を考えると，なお躊躇を覚えるところである。

77)　これは国家資格とするほか，資格認定機関のみを国家が認証し，複数の機関がそれぞれ認定した者が資格を取得するようなアプローチも考えられるかもしれない。

主宰者とは異なる形で，その者の援助を得ることができるような仕組みを工夫する必要が生じよう。例えば，鑑定人のほか，協力専門委員等の形で専門的知見を提供してもらうような工夫は可能であろう。

　次に，主宰者適格ではなく，ADR 主宰者に求められる最低限の規律を通則法的に規定することも考えられるかもしれない。典型的に想定されるのは，守秘義務に関する規定や賄賂の禁止に関する規定である。この点は仲裁に関しては既に規定が設けられ，また設けられる方向で議論が進んでいる。すなわち，仲裁人に関する贈収賄は既に処罰対象となっているし（刑 197 条以下〔現行仲裁 50 条以下〕），守秘義務に関しても，「仲裁手続の遂行上取り扱ったことについて知り得た秘密を正当な理由なく漏らしてはならない」という規律が検討されている[78]〔補注7〕。このような規律については，調整型 ADR を含めて規定することは考えられてよい。守秘義務については，既に司法型 ADR である調停の調停人については規定されているし（民調 38 条，家審 31 条〔現行家事 292 条〕），紛争解決に当たる者の基本的義務と解されよう[79]。他方，贈収賄については，最終的な判断権限をもたない調整型 ADR の主宰者にまで罰則規定を適用する必要があるかについては，なお検討を要するようにも思われる。仮に守秘義務規定が設けられる場合，ADR 機関ルールにおいては，秘密を漏らしうる「正当な理由」について，より具体的な規定を設けることが考えられよう。私法上の義務として守秘義務が規定される場合，ADR 機関ルールは利用者と ADR 機関との契約内容になると考えられるとすれば，そこで規定される事由が存する場合には原則として守秘義務が免除されることになるという意味で重要な規律となろう[80]。

　次に，ADR 利用者に対する情報開示義務を強行的にすべての ADR に対し

78）「仲裁法制に関する中間とりまとめ」（前掲注 32））第 2 編第 4〔3〕（別冊 NBL 71 号 34 頁）参照。但し，罰則規定までは設けない方向が現段階では有力である。

〔補注7〕　仲裁法では，結局，守秘義務に関する規定は見送られ，すべて仲裁人契約上の問題として整理されている。

79）　実際にほとんどの ADR 機関では担当者の守秘義務について規定していると思われる。金融関係 ADR モデルについては，項目 2-6（苦情・紛争解決支援担当者等の守秘義務）参照。

80）　もちろんそのような免除は無制限なものではなく，公序による限定は被るし，消費者を対象とする ADR の場合には，消費者契約法の規律も適用になる。

て課すことが考えられる。このような情報開示は，それによってADR利用者が事前に当該ADRの規律を了解して手続に入ることができるという意味で，利用者の自己責任を問う前提をなすものであり，ADR機関の自主性を可及的に尊重しながら，市場の規律により悪質なADR機関を排除しようとする本章の基本的な発想法からしても，極めて重要な部分である。これは，一般的に言えば，開示の内容自体は縛らないで，開示対象事項だけを規律するアプローチということになる。開示の対象項目としては，様々なものが想定できるが，重要なポイントとしては，ADR主宰者の選任方法，審理手続，標準処理期間，費用等が考えられようか。いずれにせよ，考え方としては，ADR利用者が裁判や他のADR機関との比較で当該ADR機関を選択する際に必要となる情報を規定すべきことになろう。開示義務に反してADR機関が法定情報を開示しなかった場合の制裁は困難な問題である。そこで成立した合意の効力を一般的に否定するのは問題であり81)，刑事罰は重すぎるとすれば，過料を中心とした行政罰ということに止まろうか82)。このような情報開示は，アドホックADRの場合には利用者に対する事前開示の問題となるが，ADR機関の場合には一般にADR機関ルールの中で開示義務を規定し，それを運用していくこととなろう。その意味で，このような情報開示の規律は，ADR機関ルールとの関係では，同ルールにおける必要的な記載事項を定める意味合いを有することになろう83)。

最後に，消費者保護の必要性という観点から通則法的規制が必要か否かについて考えてみる。この点は仲裁法においては1つの大きな論点となっているところであり，そこでは，事前の仲裁合意について消費者に一方的解除権を認める規律や消費者契約法等における不公平条項等を仲裁合意にも及ぼす規律などが論じられている84)[補注8]。そこで，消費者を一方当事者とする契約の中で調

---

81) 但し，例外的に，詐欺・錯誤等の主張が可能である場合がなくはなかろう。

82) 認定の対象となっているADR機関については，認定の取消しという制裁は考えられる。

83) アメリカ連邦ADR法にもこのような趣旨の規律が存することにつき，山田・前掲注37) 9頁参照。

84) 「仲裁法制に関する中間とりまとめ」（前掲注32)) 第2編第4〔4〕（別冊NBL 71号34頁）参照。

整型 ADR 前置[85] を定める規定が存する場合に，そのような合意の効力を認めるか（換言すれば，そのような合意の存在にもかかわらず当事者が訴えを提起した場合に，訴えを却下すべきか）が問題となる。紛争発生後の合意は有効と考えられよう[86] が，紛争発生前の合意については，仲裁合意と同様の問題が発生しうる。しかし，合意の有効性に基づき訴権が一切行使できなくなる仲裁とは異なり，調整型 ADR の場合は，話合いに応じる義務を生じるだけであり，あえて解除権まで付与する必要はないとも考えられる。その意味で，例外的に，業界型 ADR 機関において 1 年間交渉した後でなければ訴訟を提起できないとか，相手方が ADR の交渉終了に同意しない限り提訴できないといったように，不当に消費者の訴権行使を制約するおそれがある条項は消費者契約法に反するか又は公序良俗に反するとして無効と解すべきであるが，原則としては，ADR 前置の条項もその効力を認めてよく，通則法として規定する必要まではないのではないかと思われる[87][補注9]。

(4)　規律範囲の特定材料——促進法

　促進法部分との関係で，機関ルールの在り方として最も問題となるのは，前述のように，一定の効果を付与する要件との関係であろう。要件の定め方としては，やはり前述したように（*3*(4)参照），事前チェック型と事後チェック型とがありうるが，いずれにしても ADR 機関におけるルールの定め及びその運用が考慮材料になることは疑いない。そこで，以下では，要件の構成要素となりうる事項に関するルールの在り方について見た後，事前チェック型を採用する

　［補注 8］　最終的には，本文の前者（当事者の一方的解除権）の規律が暫定的な措置として導入された。仲裁法附則 3 条参照。

85)　特に，いわゆる業界型 ADR 前置を定める規定などが問題となろう。

86)　これは不確定期限付の不起訴合意として位置づけられよう。したがって，訴訟契約として，それに反する訴えは却下されることになるものと解される。

87)　但し，合意された ADR の手続が不公平なものである場合には，別途 ADR 機関ルールに従う旨の合意の有効性はチェックされるべきであろう。例えば，会員企業のみに ADR 担当者の選任権を付与する条項や ADR 手続費用について当事者の一方的負担を求める条項等がある場合には，そのような条項の効力は否定される余地があろう。

　［補注 9］　本文で述べたような ADR 合意の訴訟手続との関係での効力の問題一般については，本書第 9 章参照。

146　第6章　ADR法制とADR機関ルールの在り方

場合の認定の在り方にも簡単にふれてみたい。

　まず，一定の法的効果（その具体的内容については，*3*(4)参照）を認めるために必要な要件要素とADR機関ルールの関係であるが，どのような要素が必要となるかは，前述のように，各要件ごとに異なろう。したがって，以下の点がいずれの効果を認めるについても必要となるわけではなく，また以下の点が満たされていればすべての効果が認められるわけでもないが，一応の検討材料として挙げてみる。大きく分ければ，ADRの主宰者に関する要件と手続に関する要件とがあるのではないかと思われる[88]。

　ADR主宰者については，その者が中立・独立の者であり，またADR手続の主宰に関して一定の専門性を有した者であることが一般的な意味で要件となりうるものと考えられよう。このような要素を満たす方法は様々なものが考えられる。忌避の可能性を認めるなど手続的な方法での規制，当事者による選択を認めるなど当事者の同意による規制，更にADR主宰者の資格を定めるなど資格による規制など多様な選択肢がありえよう。また，規律の方法としても，中立性等を担保する旨の抽象的な規定に止めるか，その方法にまで踏み込んだ具体的な規定を設けるか，その抽象度・具体度に関しても多様なパターンが考えられる。そして，どのような抽象度の規定を設けるかによって，機関ルールで規律しうる範囲も異なってくることになろう。前述のとおり，基本法の関係では可及的にADR機関の自由の余地を残すことが望ましいと考えられるが，促進法の関係では，より踏み込んだ要件を設けることは不可避であり，また必要と考えられよう。ADR手続についても，同様のことが言えよう。抽象的な要件としては，中立かつ透明な手続の下で合意の調達に向けた真摯な努力がされることが効果付与の条件となろうが，手続開始時期の明確化や当事者による離脱権等どこまで具体的な定めを要件として構成するか，どこからを各ADR機関ルールの規律に委ねるかが1つの論点となろう。

　最後に，事前チェック型を採用する場合に，ADR機関・手続等の認定の在り方とADR機関ルールの関係について簡単に検討する。事前チェック型は，

---

　88)　このような要件は事後チェック型の場合も念頭に置いているので，アドホックADRも一応対象となる。また，ADR機関に関する要件は，ADRの主宰者・手続のいずれかの要件に吸収されるものと一応観念される。

結局，一定の要件[89] を満たす機関・手続を認定し，認定を受けた機関等に対して一定の効果を認める（自動的効果，法律上の推定効，名称独占に伴う事実上の推定効など）という規制方法をとるものである。その際には，一定の公的機関ないしは第三者機関が認定を行うことになると見られる[90] が，これらの機関は，上記のような要件を満たす規定の集合（パッケージ）が当該 ADR 機関の規則の中にあることを確認し，更に，規則が一般的に遵守されていることの担保を求めて，場合によっては立入調査等をすることも必要となろう。ここでは，いずれにしても，ADR 機関ルールが認定の中心的資料になるものと思われ，認定を求める ADR 機関にとってはルールの整備が重要な課題となろう。そして，要件の設定の仕方によっては，ADR 機関ルールの統一に向けた大きなインセンティブになるものと考えられる。その意味で，ADR 機関の自主性を失わせないという考慮が一方で必要とされ，他方では ADR 利用者の便宜をいかに図りうるかを考慮する中で，バランスのとれた形で認定要件が設定される必要があろう。

5 おわりに

以上によって，ADR に関する基本法制の整備と各 ADR 機関のルール整備（機関間のモデル・ルール等の試みを含む）の望ましい関係及び在り方の検討を終わる。繰り返しになるが，一方では，各 ADR 機関の自主性を可及的に尊重することが ADR というものの本質上重要であり，それによって初めて望ましい ADR の充実発展が図られると考えられる一方で，ADR 利用者の保護のために必要最小限の規律を図りながら，ADR 全体を望ましい方向に引っ張っていくための努力も必要となろう。そのようなバランスの観点から，ADR 法制の中で，最低の水準を満たさない ADR 機関を排除しながら，ADR の望ましい方向性を抽象的な形で示して，一定の ADR 機関等に優遇的効果を付与する要件として ADR 手続をそのような方向に誘導していくことが考えられる。また，

---

89) これは法律効果をもたらす法律要件と密接に関連するものである必要があることは言うまでもないが，認定に際してなお一定の幅は認められることになろう。

90) なお，外国の ADR 機関等についても認定の余地は認められよう。

148　第6章　ADR法制とADR機関ルールの在り方

ADR機関の側でも自助努力の中で，関連するADR機関と連携しながら，望ましい方向にADR機関ルール及びその運用を整備していくことが必要と思われる。本章は全くの試論の域を出ず，様々なご批判を受けて検討したいが，そのようなADR関係者の努力に当たって少しでも寄与することができれば望外の幸せであり，日本のADRが，司法制度改革審議会意見書において示されたように，裁判と並ぶ魅力的な選択肢となっていく方向に進んでいくことを最後に祈念しておきたい。

　　　　　（初出：ジュリスト1230号74頁以下，1231号161頁以下（2002年））

　［補論］　本章は，ADR法の制定の議論が始まった頃に，その議論や金融機関の
　　ADRモデル・ルールの策定に携わっていた著者の観点から，両者のあるべき
　　関係について論じ，ADR法の規定内容についても検討したものである。
　　　まず，ADRの機関ルールについては，その後，本文で示したモデル・ルー
　　ルを踏まえて，それを発展解消させる形で，2010年10月，いわゆる金融
　　ADRが開始された（金融ADRの詳細については，本書第11章・第12章参照）。
　　その意味では，現在，このモデル・ルールはそのままの形で妥当するものでは
　　なくなっているが，金融ADR制度において各ADRに求められる要件や金融
　　庁による監督の指針の基礎となるものとして，ここで述べたルールの要素は現
　　在でも概ね妥当している。また，このような機関ルールのモデル化の試みは，
　　本文でも述べたように，業界型ADRにおいては，依然として1つのモデルと
　　なりうるものであろう（2014年の法務省の「ADR法に関する検討会報告書」
　　でも，ADR手続一般のルール等に関して，後述のように，むしろ「モデルル
　　ールの策定等」「各事業者の判断において検証・改善していくことが望ましい」
　　ものとされている）。
　　　次に，本章が述べているADR法のイメージについてであるが，本章執筆時
　　は，司法制度改革推進本部のADR検討会の議論が開始された直後の時期であ
　　り，本書第2章の執筆から概ね1年後のものとなる。ここでは，ADRの定義
　　規定（3(1)）を受けて，基本法規定（3(2)），通則法（規制法）規定（3(3)），促
　　進法規定（3(4)）に分けて論じているが，最終的には，基本法規定や促進法規
　　定として論じられている規定内容の一部が実現した。通則法（規制法）として
　　論じた，ADR利用者のために必要最小限度の規制をかけるという構想は実現
　　せず，その規律内容の一部は，促進法の前提要件（ADR機関の認証制度におけ

る認証要件）として実現したに止まる。

　以上の結果，ADR 法制と ADR 機関ルールの関係については，本章が述べるような多元的なものとはなっておらず，促進法の前提となる認証要件を満たすような ADR 機関ルールが整備される形となっている（本章 4(4)の観点が現実には中心的なものである）。ただ，前述のように，基本法や通則法の内容とされている事柄も，認証要件と関連する限りで，ADR 機関ルールの内容に取り入れられている（人材養成や手続の公平・中立，ADR 主宰者の適格，利用者への情報開示等）。

　以上のように，本章で述べた提言は，現状においては，部分的に実現したに止まる。ただ，最低水準を満たさない ADR 機関の排除は，本章のような直接的規律（規制法）によるのではなく，認証制度と情報開示による市場の淘汰に委ねるという政策的判断は十分ありうるものであり，今後は，本章でも強調されているように，情報開示の徹底が期待される。他方，促進法（認証制度）によって望ましい方向に ADR 手続を誘導していくという方向性は，現行法の下で一定の成果を上げているのではないかと評価できよう。今後，ADR 機関の自主的取組みの中で，機関間の連携によって，引き続きそのルール整備を図っていくことが望まれる。そのような機関ルールの収集・分析・モデル化等の作業においては，ADR 機関が加入する任意団体である日本 ADR 協会の活動が期待される（前述の「ADR 法に関する検討会報告書」でも，ADR 手続一般のルール等については，「日本 ADR 協会等による横断的な枠組みにおいて，規則類の収集・公開やモデル・ルールの策定等を含む適切な情報交換や情報共有を図りつつ，各事業者の判断において検証・改善していくことが望ましい」とされている）。

第7章

ADR の規格化・標準化の試みについて

1 ADR 拡充の意義

　本章は，現在様々なところで進められている ADR の規格化・標準化の試みについて，その意義及び将来の方向性を検討することを目的とするが，その前提として，まず ADR の拡充・活性化それ自体の意義について簡単に確認しておく。

　現在，日本においては，ADR は必ずしも十分に発展しているとは言い難い状況にある[1]。確かに裁判所の調停（司法型 ADR）は相当数の事件を処理しているし，民間型 ADR も様々な運営主体が様々な類型の ADR 業務を実施している。ただ，後者の多くは，処理事件数が極めて少なく，実効的に機能しているとは言い難い状況にある。しかし，それでは，ADR を拡充・活性化する必要性がないかというと，そうではない。そもそも日本では，それが国民性の問題であるかどうかは議論のあるところであるが，紛争を当事者間の話合いで解決したいという需要は相当に大きなものがあると予想される。また，訴訟に比べれば，ADR に多様なメリットがあることも間違いのないところである。例えば，簡易・迅速性，廉価性，秘密性，専門性，宥和性などの利点であり，そのような利点が特に有用な紛争類型として，例えば，少額紛争，知的財産紛争，

---

　1)　日本の ADR の現状と課題に関する著者の認識については，山本和彦「日本における ADR の現状と課題」JCA ジャーナル 49 巻 9 号（2002 年）10 頁以下参照。

建築紛争，医療紛争，プライバシー関連紛争，家族間紛争，隣人紛争，中小企業間紛争などでは，ADR による解決の利点はやはり大きいと考えられる。他方で，裁判所の調停が発達していることは事実としても，やはり「裁判所」ということで，一般の人からすると相当に敷居が高いことも否定できず，結局，現状では行き場がなくて泣き寝入りになっているような事件・紛争が現在の日本にはなお相当数あるように思われる。そのような意味で，民間型を中心にADR を拡充・活性化することができれば，そのような紛争解決のニーズがかなり顕在化してくるのではないかと思われる。

　また，民事手続法の理論から見ても，ADR の拡充・活性化の必要性は肯定できると思われる。著者は，民事司法は国民の法的な利益を保護する公的サービスであると理解している[2]。つまり，教育・医療等と同様に，税金を使って国が国民に公的なサービスを提供しているものである。ただ，このようなサービスは，その性質上，相当の範囲で民間も提供することができる。確かに当事者間に合意が成立せず最終的には権力を用いて紛争の解決を図らなければならないような場合には，その権限は国が独占する必要がある。しかし，そこに至る前に何らかの合意が当事者間に成立するような可能性のある場合には，権力的契機は必然的なものではなく，民間事業者の参入を認める余地は多分にある。私立の大学や病院があるように，私立の紛争解決事業があることは何ら怪しむべきものではない。むしろ近時の一般的潮流において，民間で可能なものはなるべく民間に任せていくという方向があるとすれば，法的利益保護・紛争解決のサービスについても，民間型 ADR の拡充・活性化は一般論として望ましいものと考えられよう。また，国の提供している裁判や調停も，民間型 ADR の発展に対応して，それとの競争の中でサービスの向上が期待できよう。それによって，利用者である国民にとって，紛争解決のための多様な選択肢が提供され，サービスの幅が拡大し，その質が向上し，結果として，社会全体の正義の総量が増大するものと思われるからである[3]。

---

[2]　この点については，山本和彦『民事訴訟法の基本問題』（判例タイムズ社，2002 年）9 頁以下，同『民事訴訟法の現代的課題』（有斐閣，2016 年）2 頁以下参照。

[3]　正義の総合システムのパラダイムに関する最近の検討として，小島武司『裁判外紛争処理と法の支配』（有斐閣，2000 年）3 頁以下参照。

152　第7章　ADRの規格化・標準化の試みについて

以上のように，ADRの拡充・活性化は，現在顕在化している需要に直接対応するものというよりは，むしろ潜在化した需要又は将来の需要に対応した試みである。その意味では，ADRの拡充・活性化に向けた様々な規格化・標準化の試みはそれ自体，時代を先取りする意義を有する面を持つ事業であると考えられる。

2　ADRの規格化・標準化の意義と必要性

現在，様々な場面・次元で，ADRについてのルール化の作業が行われている。このような状況は，以下のような理由に基づくと思われる。すなわち，ADRはそもそも両当事者の合意，つまりその意思をその正統化の根拠としている。その点において，裁判との決定的な相違があり，意思を正統性の基礎とできない裁判では，その解決手続・解決内容について法により規律することで初めて正統性を取得できる。他方，ADRでは，その解決手続・解決内容は挙げて当事者の意思に委ねられており，そのルール化は不要とも考えられる。しかし，事はそれほど単純ではない。

まず，ADRの解決手続や解決内容に一定の法的効力を付与するに際しては，一定のルールが必要になる。ADRは極めて多様なものであり，そのすべてのものに同等に法的な効果を付与することは実際上不可能であり，適当でもないとすれば，効果が付与されるADRを選別・識別するために，一定のルールを立て，そのルールに適合しているようなADRについてのみ法的な効果を付与する制度とせざるをえない。その結果，ADRに法的効力を認める前提としてのルールが必要となる。

また，紛争解決の手続全般について当事者が事細かく合意するということは実際にはほとんど考えられない。紛争解決手続というものはその事柄の性質上，流動的かつ多様なものであり，将来生じうるあらゆる事態に対応した合意を予めしておくことはそもそも不可能に近い。そこで，当事者の合意を補完するようなルールが必要となる。このようなルールは，当事者が明示的に反対の意思を表示すれば適用されないものであり，いわゆるデフォルト・ルールということになる。

更に，特に B to C など当事者間に力の格差があるような紛争を取り扱う ADR において，力の弱い側の当事者を保護するためのルールが必要となる場面がある。社会的・経済的な力の違いが紛争解決の場面における合意にも影響する可能性があり，その場合にはその合意は法的には有効なものとされるとしても，実質的に見て弱者たる当事者の真意を反映しているとは言い難いこともあろう。そのような場合に，なおそのような合意を正統性の根拠とすることは疑問であり，合意の真意性を確保するための最小限の規制（ミニマム・ルール）が必要となる。このようなルールは，当事者が仮に反対の合意をしてもなお適用されるものであり，いわゆる強行規定ということになる。

以上のような様々な理由で，現在，ADR の規格化・標準化が進められていると考えられる。具体的には，第1に，法的効果付与の前提となるルールの例として，2004 年に制定され，2007 年4月から施行されている「裁判外紛争解決手続の利用の促進に関する法律」（以下「ADR 法」という）を取り上げる（*3* 参照）。第2に，デフォルト・ルールとして，各 ADR 機関の規則があるが，それをハーモナイズしていく動きがある。ここではその代表的なものとして，金融機関の ADR のモデル・ルールを取り上げる（*4* 参照）。第3に，消費者保護を1つの目的としたルールとして，現在 ISO で制定に向けた議論がされている EDR（External Dispute Resolution）の国際規格を取り上げる（*5* 参照）。

3　ADR 法（裁判外紛争解決手続利用促進法）

(1)　ADR 法制定の経緯

ADR 法は，2001 年6月の司法制度改革審議会意見書をその淵源としている。そこでは，ADR に関する関係機関等の連携とともに，「総合的な ADR の制度基盤を整備する見地から，ADR の利用促進，裁判手続との連携強化のための基本的な枠組みを規定する法律（いわゆる「ADR 基本法」など）の制定をも視野に入れ，必要な方策を検討すべき」ことが提言された。それを受けて，内閣の司法制度改革推進本部 ADR 検討会（座長：青山善充教授）において，ADR 機関や利用者の要望をも把握しながら審議が進められた[4]。認証制度の導入や法的効果としての執行力の付与など意見の分かれる問題点も多くあったが，

154 第7章 ADRの規格化・標準化の試みについて

2004年6月の検討会の最終とりまとめ[5]を受けて，同年11月に成立したのが
ADR法である[6]。

(2) ADR法の概要

ADR法（以下単に「法」ともいう）は，大きく2つの部分に分かれる。法律
の目的，ADRの基本理念，国等の責務を明らかにした総則規定（第1章）と，
ADR業務の認証の要件・手続・効果等について規定した認証関係規定（第2
章以下）である。なお，法の施行は，公布の日から2年6ヵ月を超えない範囲
内において政令で定めるものとされ（法附則1条），2007年4月から施行されて
いる[7][補注1]。

まず，総則規定としては，ADR法の目的として，「紛争の当事者がその解
決を図るのにふさわしい手続を選択することを容易にし，もって国民の権利利
益の適切な実現に資すること」が挙げられ（法1条），ADRが当事者の紛争解
決の選択肢を増やし，その権利実現に資するものとして，初めて制度上位置づ
けられている。また，ADRの基本理念として，「紛争の当事者の自主的な紛
争解決の努力を尊重しつつ，公正かつ適正に実施され，かつ，専門的な知見を
反映して紛争の実情に即した迅速な解決を図るものでなければならない」とさ
れ（法3条1項），従来ADRの特徴とされてきた自主性，公正性，適正性，専
門性，柔軟性，迅速性といった要素が，ADRの共通の基本理念として公認さ
れたことが重要である。また，このような基本理念を受けて，ADRを行う者
の間で相互に連携を図りながら協力する努力義務を課す（同条2項）とともに，

---

4)　意見照会のための資料として，司法制度改革推進本部事務局「総合的なADRの制度
基盤の整備について」（2003年）〔小林徹『裁判外紛争解決促進法』（商事法務，2005
年）279頁以下所収〕参照。

5)　「裁判外の紛争解決手続の拡充・活性化を図るための諸方策（案）」（2004年）〔小
林・前掲注4）446頁以下所収〕参照。

6)　同法の詳細については，内堀宏達『ADR法 概説とQ&A』（商事法務，2005年）参
照。また，その後の政省令・ガイドラインについては，内堀宏達「裁判外紛争解決手続
の利用の促進に関する法律——政省令およびガイドラインの概要」NBL 838号（2006
年）23頁以下参照。

7)　また，いわゆる見直し条項も設けられ，法施行後5年経過後に検討を加え，必要と認
められる所要の措置を講ずるものとされている（法附則2条）。

［補注1］　前注の見直しについては，本書第5章参照。

国は，ADR の利用促進を図るため，調査・分析・情報提供等必要な措置を講じ，ADR についての国民の理解を増進させる責務を負う（法4条1項）。ADR 利用促進のための国の責務を正面から定める画期的な規定である。

次に，認証制度についてであるが，まず確認されるべきは，この認証を受けるか否かは完全に事業者の自由に委ねられている点である（法5条は「法務大臣の認証を受けることができる」〔傍点著者〕とする）。その意味で，認証を受けずに ADR 業務を行うことは，従来どおり，全く自由であり，従前に比べて何らの不利益も課されない。認証の対象となるのは，ADR の「業務」である（法5条）。複数の業務を行っている事業者の場合には，その一部の業務についてのみ認証を取得することもできる。また，認証を受ける主体は「民間紛争解決手続」（法2条1号）を業として行う者である。したがって，①行政・司法型 ADR，②法律に基づき ADR を行う者[8]，③仲裁等「和解の仲介」以外の ADR を行う者は，認証の対象外である。

認証の要件・適格について，詳細な定めがされている。その中でも特に，手続実施者が弁護士でない場合の規律として，ADR の実施に当たり法令の解釈適用に関し専門的知識を必要とするときに弁護士の助言を受けることができるようにするための措置を定めていることが認証要件とされる（法6条5号）。このような措置を定めることで，事件の解決に必要な法的知見の補充を担保し，その限りで報酬を取得しても（法28条），弁護士法72条に反しないとする趣旨である。このほか，利用者保護の観点から，守秘義務（法6条11号・14号），報酬の正当性（同条15号）や苦情取扱いの定め（同条16号）等が求められる。また，認証事業者に対して，利用者に対する手続実施者選任・報酬・手続進行等に関する説明（法14条），暴力団員等の使用禁止（法15条），手続実施記録の作成・保存（法16条）の義務を課し，監督庁（法務大臣）による報告・検査（法21条），勧告（法22条），認証取消し（法23条）等の監督規定を定めている。ただ，監督に際しては，ADR における当事者・事業者間の信頼関係や自主性の重要性に鑑み，ADR の業務の特性に配慮すべきものとされる（法24条）。

8）　施行令1条によれば，自動車損害賠償保障法23条の5第2項の規定する指定紛争処理機関の調停の手続や，住宅の品質確保の促進等に関する法律66条2項の規定する指定住宅紛争処理機関のあっせん・調停の手続がこれに該当するとされている。

最後に，以上のような形で認証を受けた ADR の業務については，特別の法的効果が定められている。前述の弁護士法 72 条の適用除外のほか，認証に係る名称の独占権が認められる（法 11 条）。また，裁判手続との連携という観点から，ADR 手続継続中に両当事者の申立てによる訴訟手続の中止を認め（法26 条），また調停前置が定められている場合（離婚や賃料改定等）も認証 ADRの実施によるその適用除外が認められる（法 27 条）。そして，最も重要な効果としては，時効中断（完成猶予）に関する規定がある（法 25 条）。これによれば，ADR 交渉が失敗に終わったとしてもそれから 1 ヵ月以内に訴えを提起すれば，ADR における請求時に提訴があったものとみなされ，時効期間経過間近でも安心して ADR による和解の交渉ができるように配慮されている。

(3)　ADR 法の意義

(a)　法律制定の意義——総論

1 で述べたように，ADR の拡充・活性化が一般に必要であるとしても，日本においては，国が関与せずにそれらが当然に発展していくと予想することは楽観的にすぎるように思われる。ADR が発展している米国と日本とでは，司法・紛争解決を取り巻く事情が大きく異なる。既に述べたように，日本には司法型 ADR としての裁判所調停が大きなウェイトをもって既に存在しているし，更に民事裁判の状況も大きく異なる。特にそのコストの面又は解決結果の予測可能性の面などをとってみれば，日本の司法制度の現状では，アメリカとは異なり，紛争当事者があえて司法による解決を避けて ADR による解決を志向する契機に欠けているように見える。そして，近時の司法制度改革は，その点を更に助長する方向性を内在している。

しかし，このように，日本において司法・裁判所の得ている信頼は，司法の容量が従来小さなものに止まっていたことに由来する側面の大きい点に注意を要する。今後，司法制度改革の中で前提とされたように，司法がより活発に使われるようになってきたときにも，従来と同じように，すべての紛争解決を裁判所が行うということでよいかは相当に疑問である。むしろルーティンな紛争，軽微な紛争や専門的紛争等をある程度 ADR に委ねながら，重要な，まさに裁判所でなければ解決できないような紛争の解決に裁判所が特化していくことも

考えなければならない時代が遠からず来るのではなかろうか。そして、そのときには、国が紛争解決に係る政策として、ADR にてこ入れする必要が切実なものとして生じてくると思われる。そこで、現段階から将来を見据えて可能な施策を執っておく必要があると考えられるのである。

以上のような将来に向けた国の施策の一環として、ADR の制度基盤を整備するために、ADR 全般を射程に入れた法律を制定することには大きな意味があったと考えられる。これによって、ADR 一般の基本理念やその充実のための国の責務、また民間型 ADR の認証など最低限の法的枠組みが定められた。その内容についてはもちろん賛否様々な意見があるところと思われるが、少なくとも議論の土俵ができたことは間違いなく、ADR の拡充・活性化という目的のために、今後より適切な方策についてコンセンサスができていけば、法律を改正して対応する基盤が形成された。無から有を創り出すエネルギーの巨大さに比較すれば、より迅速かつ実効的な対応を可能とする基礎が構築できたと言ってよいであろう。

⒝　総則規定の意義

ADR 法は、その総則（第 1 章）として、目的規定（1 条）及び定義規定（2 条）のほか、基本理念等（3 条）、国等の責務（4 条）について定めている。このような規律はいずれも具体的な法的効果を伴うものではなく、努力義務・責務規定を中心としたものである。しかし、このような規定群が制定されたことは様々な意味で大きな意義があると考えられる。まず一般的に言えば、ADR 全体に対する信頼の向上という点で、計り知れない意義を持つ。従来、例えば、企業が ADR の利用に踏み切れない理由として、仮に ADR を利用してよい結果が出ればそれでよいが、悪い結果に終わった場合に、企業の担当者等は「どうして裁判を利用しなかったか」と非難され、責任を追及されるおそれがある点が指摘されていた。裁判を利用して負けたのであれば、経営陣・株主にも納得してもらえるが、ADR のような訳の分からない手続を使って負けたときには、担当者個人の責任問題になりかねないとされる。これは日本における裁判に対する信頼感の裏返しの話であるが、これでは実際の担当者や顧問弁護士などは、その紛争についていかに優れた ADR があると分かっていても、よほどの成算がない限り、その利用には踏み切れないことになってしまおう。著者が

いわゆる ADR 基本法の制定を必要と考えた 1 つの理由はそのような点にあった[9]。ADR 法ではまさに，その総則規定で，ADR に関する基本理念を明らかにし，更に国が ADR の利用の促進を図るために必要な措置を講じ，国民の理解を促進する責務があるということが明らかにされたわけで，このような規定が ADR 一般に対する国民の信頼を醸成する意義には大きなものがあると考える。いわば ADR 全体に対して国がお墨付きを与えたとも言えるものである。

(c)　認証関係規定の意義

ADR 法のもう 1 つの大きな部分として，民間紛争解決手続の業務の認証に関する規定群がある。これにより，一定の要件の下に民間紛争解決業務が認証され，認証紛争解決手続について一定の具体的な法的効果が認められた。このような制度が構築された一般的意義としては，個別 ADR 機関に対する信頼の形成という点があると考えられる。個別 ADR 機関に対する信頼の不十分さという点も，従来 ADR の利用が低調であったことの大きな理由である。もちろん各 ADR 機関はそれぞれ様々な方法で広報を行い，解決内容の情報を公開するなど利用者の信頼を得るための努力をしてきたが，利用者の目から見ると，なかなかそのような努力が見えてこなかったようにも思われる。今後もそのような地道な努力が必要であることは間違いないが，やはりもう少し目に見える分かりやすい形で，信頼できる ADR というものを国民に示していく必要があるように思われる。この認証制度は，そのような需要に適合するものではないかと考えられる。

もちろんそのような認証，つまり一種の適格認定などがそもそも必要であるのか，また仮に必要であるとしてもそれを国が行うのが適当か，という問題はある。ADR の選択・淘汰は，本来は市場に委ねるべき性質のものであり，各 ADR 機関がそれぞれのサービスを競い合い，公正な市場の中で消費者がそれを選択し，消費者に受容されなかったサービスは淘汰されていくという在り方が確かに基本であろう。しかし，現段階で，それを完全な形で市場に委ねることには疑問がある。紛争解決サービスというものは，その結果がなかなか目に

---

　9)　この点については，山本和彦「裁判外紛争解決手段（ADR）の拡充・活性化に向けて」NBL 706 号（2001 年）8 頁以下参照。

見えにくく，サービスの質の判定が困難な性格のものであり，国民が ADR の提供する紛争解決サービスに十分慣れていない現段階では，やはり専門的観点からの認証が不可欠なものと思われる。また，将来的には，そのような認証を国が行うのではなく，民間が一般に承認された基準に基づいて行うということも不可能ではない。例えば，現在，国際的平面で顧客満足のために ISO で国際的な ADR の規格作りが進んでいるが（5 参照），将来的には，そのような国際規格等も活用して，民間ベースで ADR 機関の認証・格付けがされるということも十分ありえよう。しかし，制度を立ち上げ，ADR の拡充・活性化を図っていこうとする現段階では，国が責任をもってそのような機能を担っていくという発想も十分正当化でき，現実的には望ましい方向ではないかと思われる。

4 金融関係 ADR モデル

(1) 金融関係 ADR モデル制定の経緯

「金融分野の業界団体・自主規制機関における苦情・紛争解決支援のモデル」（以下「モデル」という）は，金融審議会の答申に基づいて設置された「金融トラブル連絡調整協議会」（座長・岩原紳作教授：当時）において策定されたものである。その趣旨は，金融関係 ADR の整備の指針ないしベンチマークとなる性格のものであり，何らかの拘束力を持つものではないが，業界団体等が ADR 手続を整備する際に，モデルを踏まえた取組みが期待されるとされる。前記協議会では，そのような機関ルールの整備につきフォローアップの作業が現在も行われている[補注2]。モデルは，前文のほか，理念的事項（2 項目），通則的事項（10 項目），苦情解決支援規則（18 項目），紛争解決支援規則（28 項目）から成るものである[10]。

(2) 金融関係 ADR モデルの概要

まず，理念的事項・通則的事項であるが，ここでは ADR の基本理念として，

　　［補注2］　金融トラブル連絡調整協議会の最近の活動内容については，https://www.fsa.
　　go.jp/singi/singi_trouble/index.html 参照。
　　10）　モデルの詳細については，本書第 6 章 *2* (2)参照。

①公正中立性，②透明性，③簡易・迅速・低廉，④実効性の確保，⑤金融市場の健全な発展が列挙されている。特に，⑤として，ADR の整備が消費者の信頼を高め，市場・業界全体の発展に繋がる点が強調されている点は注目される。また，通則的事項としては，情報の開示や手続の透明化に関する事項が多く規定されている点が重要であろう。金融商品の販売時に苦情相談窓口を交付書類に記載すること，紛争解決委員の名簿を公開すること，苦情の受付・対応結果や主たる事案の概要を定期的に公表すること，苦情を定義して相談との境界を明確にしていること，利用者アンケートの実施等外部評価を実施することなどが重要な規定内容となっている。

次に，苦情解決について，従来必ずしも透明な形になっていなかったが，実際には ADR の活動の大半を占める苦情解決支援について明確にルールを整備した点が，このモデルの大きな意義と言える。苦情解決支援の態様は柔軟なものであり，斡旋のほか相対交渉への支援も認められているが，その手続を明確にし，対応結果を ADR 機関が把握し，原則として申立人にその結果を報告すべきものとされている。また，利用者の予測可能性を確保するために，2〜3 ヵ月の標準処理期間を設け，その期間内において未解決の案件については，ADR 機関は取扱状況を申立人に示し，紛争解決への移行等を申立人に説明すべきものとされる。更に，業界型 ADR の 1 つの特長は会員企業に対する責務を定めうる点にある。モデルでは，ADR の実効性確保のため，会員企業の手続応諾義務，誠実迅速交渉義務，解決努力義務，対応結果報告義務等を定めるとともに，より具体的に，事実調査に対する協力義務，苦情解決機関による解決案の尊重義務が定められている。

最後に，最もフォーマルな手続として，紛争解決支援の手続がある。これは，中立的な第三者の介入する ADR 手続として構想されており，紛争解決支援委員の選任や欠格事由・除斥事由など中立性を確保するための規定が設けられ，更に委員名・所属機関の原則公開も定められて，利用者の選択権の確保が意図されている。また，その手続については，詳細な規定が設けられ，やはり標準処理期間（3〜4 ヵ月）の規定が設けられる。更に，紛争解決支援業務を公平・円滑に運営するため，中立・公正な外部者により構成される運営委員会の設置も定められている。また，紛争解決の実効性についても配慮がされており，紛

争解決支援委員会の求める証拠提出に会員企業が応じる義務や委員会の示した
斡旋調停案を会員企業が尊重する義務が定められている。そして，会員企業が
そのような求めや解決案に応じない場合には，その理由を説明しなければなら
ず，その理由が正当とは認められないときは，紛争解決支援委員会は企業名や
拒否理由を公開できるものとされる。手続の実効性を担保するための一種の制
裁を可能とするものである。

(3)　金融関係 ADR モデルの特色と意義

(a)　モデルの特色

　以上のような金融関係 ADR モデルについては，一方では，業界型 ADR な
いし B to C 型の ADR に特徴的な規定を有するが，他方では，より一般化・
普遍化することができ，ADR 一般の機関ルールのモデルとなりうるような事
項をも含んでいるように思われる。後者のような事項で特徴的なものとして，
まず目的規定において，公正中立性，透明性，簡易・迅速・廉価性，実効性の
確保を挙げる点が指摘できよう。また，具体的な規律としては，手続の透明化
を図るため，苦情の定義の明確化，外部評価の実施（運営委員会の設置等），申
立人や代理人等の範囲の明確化，具体的な手続態様の明確化等を定める諸規定
がある。更に，利用者の予測可能性を高める趣旨の規定として，標準処理期間
を定める条項や受付時の教示義務を定める条項などがある。また，当事者の選
択権の保障を図る規定として，委員名簿の公開等に関する規律等がある。その
ほかにも，守秘義務に関する規定，人材育成に関する規定，機関間連携に関す
る規定などは，ADR 一般において普遍的にモデルとなりうる規律ではないか
と思われる。

　他方，業界型 ADR において特徴的と考えられる規定群としては，まず目的
規定において，業界（金融市場）の健全な発展が挙げられている点が指摘でき
よう。業界として ADR を設ける以上，それが業界全体の健全な発展に資する
目的を有することは必要不可欠な事柄であろう。換言すれば，ADR の設置に
より消費者が安心して当該業界の商品やサービスを購入できることで業界全体
のパイが拡大し，また ADR に加入していないアウトサイダーを市場から排除
する有力な材料になりうることが期待される[11]。また，本モデルの随所に見

られる会員企業の責務を定める諸規定も業界型 ADR に特徴的なものと言えよう。例えば，会員企業の手続応諾義務・誠実迅速交渉義務・解決努力義務等を定める規定，更に ADR 機関の事実調査に対する協力義務及び ADR 機関の提示する解決案の尊重義務の規定である。このような一方当事者の義務を規定することができる点は，業界型 ADR の大きな利点であると同時に，その正統化の根拠ともなるものであろう[12]。

更に，B to C 型 ADR としての特徴的な部分としては，情報提供による被害の拡大・再発の防止等情報提供の充実がある。対消費者の ADR では，個別の紛争解決と並んで，将来の紛争の発生・拡大の防止も ADR の重要な機能となると考えられるからである。また，ユーザーフレンドリーな手続を目指すべき点も B to C 型に共通する重要な規律であろう。本モデルに定められたアクセスポイントの拡充やフリーダイヤルの採用等は，対消費者 ADR のモデルとなりうる点と言えよう。

(b) モデルの意義

ADR 機関は，その多くが機関の構成・手続に関する固有の規則を持っており，ADR がその自主性・多様性を生命線とする以上，自主的な機関ルールの重要性は言うまでもない。また，その組織・手続の内容について，細部にわたって統一的に規律することには限界がある。これらの点について法律で統一的な規定を設けることは不可能であり，また望ましくもない。実際に ADR 法は，認証要件として最低限の規律を置くものの，原則としてこれを各 ADR 機関の自主性に委ねている。しかし，それでは，ADR 機関のルールが機関ごとに全くバラバラであればよいのかと言えば，それはまた別の問題である。ADR 利用者の保護のために必要不可欠な規律や ADR である以上は当然に求められる規律はやはり存在するであろう。そのような部分については，法律による権力的な規律が望ましくないとしても，個々の ADR 機関の自助努力・連携によっ

---

11) このモデルでも，マーク等により会員企業を表示することを提言しているが，これは，そのようなマークの存否により消費者が取引業者を選別することで，市場の力により紛争解決に熱心でないアウトサイダーを排除することを目指す趣旨と言えよう。

12) 業界型 ADR についてはその中立性に疑念が呈されることは避け難いところであるが，このような事業者の片面的義務による実効性の確保はいわばその見返りとしての面をも有しよう。

て自主的にハーモナイズされていくという方向性が ADR の発展にとってむしろ望ましいのではないかと思われる。その意味で、あるべき ADR 機関ルールの像としては、一定の基本的な共通規律の上に、各機関が独自に創意工夫した多様な「売り」の部分が乗っかっているというイメージがありえよう。

そして、ハーモナイゼイションの方法としては、取り扱う対象が類似する機関間でまず調整作業が進められることが期待されるように思われる。扱う紛争が類似していれば、それに対処するルールも一般に類似する部分が大きいと考えられるからである。例えば、金融関係 ADR、PL 関係 ADR、弁護士会関係 ADR 等の間で、相互のルールをチェックしながら、共通する規律部分を拡大していく作業が進められることが期待されよう。そして、その次の段階として、民間型 ADR 全般について、共通する部分をルール化していく作業が有用ではないかと思われる。このようなハーモナイズの作業によって、①各 ADR 機関が相互に有用な規律を学びあうことができること、②整備が相対的に遅れている ADR 機関の底上げが可能になること、③各機関が独自性を発揮できる部分を見極めることができることなどの利点があろう。その意味で、ADR 法が求めている ADR 機関間の連携協力（同法 3 条 2 項）の 1 つの方策としても、ADR 機関ルールのモデル化が展開されるべきものと考えられよう。ここで紹介した金融関係 ADR のモデル化は、上記の第 1 段階として位置づけられる、取扱い対象事項の類似する ADR 機関間のハーモナイゼイションの試みの一例として、注目すべきものと言えよう。

5 ISO の EDR 規格（ISO10003）

(1) ISO における議論の経緯
(a) ISO の目的・組織

ISO とは、国際標準化機構（International Organization for Standardization）の略称である。1947 年 2 月 23 日に設立され、スイスのジュネーブに本部を有する。2003 年 1 月段階で、146 ヵ国の標準化機関が加盟する非政府組織（NGO）である。その目的の中心は、電気・電子分野を除く全産業分野に関する国際規格を作成することである。2003 年 1 月までに作成された国際規格は、13,763

164　第7章　ADRの規格化・標準化の試みについて

件に上っており，その中では，1987年に発行した品質マネジメントシステム
に関するISO9000シリーズ，1996年に発行した環境マネジメントシステムに
関するISO14000シリーズなどが名高い[13]。

　ISOの組織としては，すべての加盟国で組織される総会が年1回開催される
ほか，18ヵ国で組織される理事会が中心的な役割を果たす（アメリカ，イギリス，
フランス，ロシア，ドイツ，日本が現在の常任理事国である）。理事会の下には，技
術管理評議会（TMB：Technical Management Board）が設けられ，規格作成の
責任をもつ。そして，実際の規格作成に向けた作業は，各種の専門委員会
（TC：Technical Committee）において行われるが，具体的な規格ごとに専門委
員会の中に分科委員会（SC：Sub-Committee）が設けられ，必要に応じて更に
作業グループ（WG：Working Group）が設けられて検討されることになる。
2003年1月現在，TCが188，SCが550，WGが2,175あるとされ，多数の事
項に関して多数の会議が世界中で開催され，国際規格の策定に向けて活発な議
論が展開されている。

(b)　ISOにおける規格制定の手順

　新たな国際規格を策定するためには，まずTMBにおいて新作業項目
（NWI：New Work Item）の提案がされ，承認されなければならない。NWIの
承認については，TC又はSCの正規メンバーの過半数が賛成し，かつ，5ヵ
国以上の正規メンバーの積極参加が表明されることが条件とされる。NWIが
承認されると，通常WGが設置され，作業原案（WD：Working Draft）が作成
される。その後，SCにおいて委員会原案（CD：Committee Draft）が作成され，
それはTC又はSCのメンバーに回付され，3〜6ヵ月の期間をとって各国か
らの意見の提出が求められ，委員会の正規メンバーの投票の3分の2以上の賛
成を得て承認される。CDに対する承認を受けて，それについて寄せられた意
見を更に検討し，国際規格原案（DIS：Draft International Standard）が作成さ
れる。DISはすべての国に回付され，5ヵ月後に投票に付される。承認の条件
は，TC又はSCの正規メンバーの投票の3分の2以上が賛成し，かつ，反対

---

13)　そのほかにも，食品の品質マネジメントシステムISO15161や情報セキュリティマ
　　ネジメントシステムISO/IEC17799などが著名である。

が投票総数の4分の1以下に止まっていることである。DISが承認されると，投票の際に述べられた修正意見等を踏まえて再検討がされ，最終国際規格案（FDIS：Final Draft International Standard）が作成される。FDISはすべての国に回付されるが，まさに最終案であり，この段階では規格内容の修正はできず，2ヵ月後に単純な賛否の投票に付される。承認条件はDISと同様である（3分の2以上の賛成と4分の1以下の反対）。FDISが承認されると，国際規格が発行することになる。

　このように，大変慎重な，また民主的な手続に基づいて国際規格は制定されるものである。NWIの提案から規格発行まで，ISOでは望ましい期間として，3年（36ヵ月）という期間を定めているが，これは拘束力をもつものではなく，実際には3〜5年の期間を要するのが通例とされる。なお，国際規格が発行した場合に，それが原則としてそのまま国内規格（日本ではJIS規格）化されることが多い。

(c)　苦情対応・紛争解決関連規格に関する議論

　この点について最初に議論が提起されたのは，1998年5月のチュニスにおけるISOの消費者政策委員会（COPOLCO：Committee on Consumer Policy）の総会においてであった。COPOLCOとは，ISO理事会の下の政策委員会の1つであり，消費者の視点から理事会に勧告を行うことをその役割とするが，自ら規格を策定する機能は有していない。このCOPOLCO総会では，グローバル市場における消費者保護を目的として，苦情処理，市場ベースの行動規範及び外部顧客紛争解決システムについて具体的な提案を準備するように決議がされた[14]。

　その後の議論の中では，まず苦情処理について先行してNWIとすることがTMBで承認され，TC176（品質システム及び品質管理関係）のSC3（支援技術関係）に付託された。そこで，SC3にWG10が設置され，2001年5月にデルフトで第1回会合が開かれた。なお，ISOの場で日本案を提案するために，先行

---

14)　その背景として，ISOの活動が従来の品質（第一世代）・環境（第二世代）から，企業の社会的責任（CSR）や消費者保護の分野（第三世代）に移行してきたことが指摘される。矢野友三郎＝平林良人『新・世界標準ISOマネジメント』（日科技連，2003年）参照。

して JIS 規格の制定が進められ，2000 年 10 月に JIS Z9920（苦情対応マネジメントシステム）が制定されていた[15]。その結果，ISO の議論においても日本の主張が多く取り入れられたとされ，ISO の検討作業は順調に推移し，最終的に，FDIS が賛成 39，反対 4，棄権 4 の投票結果により承認され，2004 年 7 月，ISO10002 が発行した[16]。

他方，COPOLCO 総会において提案された問題のうち，行動規範と外部紛争解決（ADR）については規格化自体に対する反対の意見もあり，しばらく具体的な作業が進展しなかったが，2003 年になって TMB において NWI とすることが承認され，やはり TC176 の SC3 に付託されることとなった。SC3 には，ADR に関する WG12 と行動規範に関する WG13 が設置され，2003 年 10 月にブカレストで第 1 回会合が開かれた。その後，順調に検討作業が進められ，2005 年 1 月に CD1 が，同年 11 月に CD2 が各国に回付され，2006 年 4 月 CD が承認された（ISO10001 については，賛成 26，反対 1，棄権 4 の投票結果，ISO10003 については，賛成 24，棄権 5 の投票結果であった）。そして，2006 年 5 月には DIS の策定作業が実質的には終了し，同年 7 月現在，各国に対する回付のための準備作業中とされる。今後も順調に作業が進められれば，2007 年中には ISO10001 及び ISO10003 として発行する予定とされる[補注 3]。

(2)　紛争解決関連 3 規格の関係

以下では，紛争解決関連 3 規格の相互の関係を総論的に検討したいが（(b)参照），その前にそれに必要な範囲で 3 規格のそれぞれの概要を紹介することと

---

15)　同 JIS 規格については，社団法人消費者関連専門家会議編『苦情対応マネジメントシステムの指針　解説とマニュアル作成のためのガイド』（日本規格協会，2001 年）参照。

16)　なお，この規格は当初，ISO10018 という番号が付されていたが，後に，行動規範及び ADR の規格と同じグループのものと位置づけられることにより（(2)(b)参照），このような番号に変更されている。

[補注 3]　ISO 10001 及び 10003 は，最終的に，2007 年 12 月に発行している。それぞれの規格の詳細については，芝原純「ISO/DIS 10001 "品質マネジメント－顧客満足－組織のための行動規範に関する指針" について」JCA ジャーナル 53 巻 11 号・12 号（2006 年），山田文「裁判外紛争解決手続に関する ISO 規格（NWI 10003/DIS）の概要」JCA ジャーナル 54 巻 1 号・2 号（2007 年）参照。

する（(a)参照）。

　(a)　3 規格の概要

　まず，ISO10001 は，正式には「品質マネジメント（Quality Management）
―顧客満足（Customer Satisfaction）―組織のための行動規範に関する指針
（Guidelines on codes of conduct for organizations）」と呼ばれる。ここでの「行
動規範（code of conduct）」とは，顧客満足を目的とした行為に関連して，組織
が顧客に対してする約束（promises）として定義されている。やや分かりにく
い概念であるが，その具体例としては，ピザの宅配業者について「ピザが冷め
て届いた場合や 30 分以内に届かなかった場合には，ピザ代金を無料にします」
とか，医療の診療所について「予約時間が遅れる場合には，直ちに患者にその
旨を告げ，別の時間を選べるようにします」とかいった約束が挙げられている。
この規格では，そのような行動規範の具体的な内容自体を定めるものではなく，
それを策定・適用する際の指導原則（履行の体制整備，アクセスしやすさ，顧客ニ
ーズへの応答性，説明責任など）や，行動規範の立案・実施・維持・改善の望ま
しい手続等を定めるものである。なお，この規格（及び ISO10002・10003）が品
質マネジメントの規格の一環として捉えられているのは，ISO における品質
マネジメントの要求においては，製品・サービスの狭義の品質保証に加えて，
一般的な顧客満足の向上も含まれているためである。但し，ISO9000 などと
は異なり，これらは認証（certification）を目的としたものではなく，あくまで
企業等が自主的に自己の苦情対応・紛争解決システムを改善していくために利
用することが想定されている。

　次に，ISO10002 は，正式には「品質マネジメント（Quality Management）
―顧客満足（Customer Satisfaction）―組織内における苦情対応のための指針
（Guidelines for complaints handling in organizations）」と呼ばれる。この規格は，
他の 2 規格に先んじて発行したものであるが，企業等の内部における苦情対応
について定めるものである。この規格では，苦情対応の指導原則（公開性，客
観性，秘密保持，顧客重視，説明責任等）が定められるとともに，苦情対応手続の
立案・実施・維持・改善の望ましい手続等を定めるものである。

　最後に，ISO10003 は，正式には「品質マネジメント（Quality Management）
―顧客満足（Customer Satisfaction）―組織外の紛争解決のための指針（Guide-

lines for dispute resolution external to organizations)」と呼ばれる。この規格は，組織の外部にある裁判外の紛争解決手続（ADR）について定めるものである。ただ，注意すべきは，この規格は直接ADR機関による利用が予定されているものではなく，あくまで企業等が自己の製品等に対する顧客との紛争を解決するためにどのような外部紛争解決手続を用意するか，という観点から，いわば企業等によるADRの選択基準を提供することを目的としている点である。もちろん，それによって，企業等による利用を促進するために，ADR機関の側もこの規格の基準に適合するように努力するという形で，間接的にはADR機関においても利用できる側面があるが，規格の主たる名宛人は企業等であり，その意味で上記2規格と同列のものと位置づけられているわけである。この規格においても，やはり紛争処理の指導原則（任意参加，アクセスしやすさ，公正性，能力，迅速性，秘密保持，透明性，合法性等）が定められるとともに，紛争解決のための方針の立案・実施・維持・改善の望ましい手続等が定められている。特に，この規格には多数の付属書（annex）が付されており，ADRの指導原則等について詳細化が図られている点が注目に値しよう[17]。

(b) 3規格の相互関係

以上のような概要を有する3規格の相互の関係はどのようなものであろうか。まず，ISO10002とISO10003とは，それぞれ苦情対応・紛争解決の方法に関するものであり，その差異は，その解決が当事者である企業等の内部でなされるか，企業等の外部でなされるかにあるといえよう。そして，通常はまず企業等の内部で対応の努力がされ，それがうまくいかない場合に初めて外部に解決が委ねられるということになろうから，両者は時間的にみても前後関係があることになる[18]。他方，ISO10001は，適切かつ明確な行動規範を事前に定立・徹底することにより，そのような苦情・紛争自体が発生することを予防するとともに，いったん苦情・紛争が発生した場合には今度はその対応・解決の過程で顧慮される規範として機能することになるものと考えられる。

---

17) 例えば，紛争解決の透明性については，手続等の情報開示，年次報告書の作成，判断の公開等が付属書の中で定められている。

18) 但し，厳密には，外部紛争解決手続の利用の前提条件として常に内部苦情対応手続を経由することが規格上求められているわけではなく，以上は1つのありうべきプロセ

以上のような関係を具体的な苦情・紛争との関係で整理すると，以下のようになろう[19]。まず，顧客に対する製品やサービスの提供の過程で，顧客に不満を生じる可能性のある何らかの問題が生じる場合に備えて，予め企業等組織の内部で適切な行動規範が設定される。これがISO10001において目的とされているところであり，これによって苦情・紛争の発生自体の予防が図られる。それにもかかわらず，顧客が苦情を申し立ててきた場合には，原則としてまず企業等組織の内部において苦情に対する対応が図られる。その点を定めるのがISO10002であり，その場合の苦情対応においては行動規範の内容も考慮される。それでもなお苦情が解決されない場合には，組織の外部の紛争解決手続に委ねられる。その点を定めるのがISO10003であり，その紛争解決に際してはやはり行動規範の内容も考慮の対象となる。そして，組織の内外でなされた苦情対応・紛争解決の結果（あるいは解決されなかった結果）は，その後の行動規範の内容にフィードバックされるし，また外部紛争解決手続による紛争解決の結果はやはり内部苦情対応手続の在り方にフィードバックされる。そのような形で，苦情・紛争解決システムの全体が持続的に，かつ，顧客の要望に応じてレスポンシブに発展していくことが想定されている。

(3) ADR規格の意義

(a) 規制緩和の潮流と消費者保護の重要性

以上のように，苦情・紛争解決システムという，従来のISOの活動領域から見ればやや異質とも思われる分野において，あえて国際規格策定の作業が進められたことには，いくつかの理由があると考えられる。まず，20世紀の末頃から世界全体において進行している規制緩和の潮流，公的セクターから民間セクターへの重点の移行という流れの中で，国際的に見て消費者保護の重要性という統一的な視点が形成されてきたという点が挙げられよう。従来は，各国とも，行政が企業等の活動を直接規制することによって消費者保護を図っていたのが，行政の役割が徐々に（あるいは急速に）後退し，企業活動の自由化が進

スを述べるに止まる。

19) これは，各規格の付属書の中で3規格の相互関係を説明したフローチャートに基づく説明である。

展する中で，より緩やかな形で間接的に企業活動の規律を図っていく必要性が増大してきている。すなわち，従来のように，国が一定の規律を定め，権力（許認可等）によりそれを強制するという手法に代わり，民間で企業活動に関する規格を定め，企業の格付け等様々な形でそれを民間が活用することにより，市場の内部で間接的に企業に対してその遵守を迫るという手法は，21世紀の消費者保護の在り方においては重要な意義を有するものであろう。

そして，以上のような消費者保護の動きは，製品やサービスの中身自体に加えて，その周辺領域にも及んできている。顧客満足の最大化というISO9000シリーズ以来目指されている方向性からすれば，顧客が不満を抱かないようにするための事前の対処や，不満を抱いた場合の事後的な対応・解決の在り方は，1つの重要なポイントとなっていると言えよう。また，そのような苦情・紛争の内容を企業活動にフィードバックしていくことも，競争の激しいグローバル市場において企業が生き残りを図っていくためには不可欠の作業と言える。苦情・紛争という形で市場から発せられるシグナルを見落とすことは，企業活動にとってそれ自体大きな打撃となり，場合によっては企業の存続を危うくしてしまうことは，近時の日本社会に生じた様々な実例がよく示すところであろう。そのような観点からは，企業内で行動規範を作成し，苦情対応・紛争解決の手続を形成するための規格が策定されることは，消費者保護にとって大きな意義を有することはもちろん，企業活動の健全な発展それ自体にとっても重要な意義を有することであり，企業及び経営者は積極的に取り組む必要がある問題と言えよう。

(b) グローバル経済における国際規格の必要性

以上のような消費者保護の必要性が単なる各国国内の規格を超えて国際規格の策定に向けた潮流を作っていることについては，いわゆるグローバル経済，すなわち企業活動のグローバル化が重要な契機となっていることは言うまでもない。やはり20世紀の末頃から，世界市場はその一体性を急激に強めているが，その一方で，様々な分野において法律を中心とした各国の公的規制は依然として大きな差異を有している。もちろん各国の規制について，条約やモデル法等を通じて統一し，ハーモナイズしていく動きも進展しているが（例えば，UNCITRAL（国連国際商取引法委員会）の活動など），なおその限界は大きい。そ

のような中で，実態として企業活動のグローバル化のみが進展すると，それは
野放図なものとなりかねない。けだし，ある国がある企業活動を規制すると，
その企業活動が他の国に移転するなどして当該国の経済全体を悪化させかねず，
本来必要なはずの規制についても（企業誘致＝経済発展のために）各国の消極的
な態度を誘発するおそれが生じかねないからである。その意味で，国際的な平
面で，必要な規制の在り方を議論し，国際的に適用させていく必要が大きいと
言える。そして，条約等による強いハーモナイズが困難であるとすれば，民間
レベルで企業の側から自主規制を迫る国際規格の策定は重要な規制ツールとな
りえよう。

　以上のような考え方は，苦情対応・紛争処理の分野においても妥当するもの
と考えられる。この分野においては裁判という方法が歴史的に重要なものとな
っているが，その中身は各国によって区々であり，最も統一が困難な法制度の
分野とされている。しかし，国際的に活動する企業において，その活動から生
じる苦情・紛争についてどのような対応・解決を図るかという問題については，
苦情・紛争の発生した国がどこであれ，その内容が同様のものであれば，同様
の対処がされることが本来望ましい。もちろん国ごとに文化や国民性の相違な
どもあるが，少なくとも苦情対応・紛争解決システムに求められる最低限の共
通の水準というものは想定できると考えられる。そこで，苦情対応・紛争解決
システムについて国際規格を設定し，企業等がその水準を維持することになれ
ば，最終的に解決が困難で，裁判に行かざるをえない紛争が相対的に少数であ
ることを考えると，大多数の場面において国際的に見て満足のいく共通の対応
が確保されることになろう。そして，そのことは結果として消費者の安心をも
たらし，長期的な視野に立てば，グローバル経済の発展を支えるインフラスト
ラクチャーを構成するものと評価することができよう。

(c)　日本国内の議論との関係

　以上のような国際的な潮流が決して日本と無関係なものでないことは言うま
でもない。規制緩和による消費者保護の必要性の高まりやグローバル経済の進
展に伴う国際的な規制の必要性という問題は，まさに現下の日本経済・日本社
会の直面している問題といってよい。また，苦情対応・紛争解決システムとい
う場面についても，最近の様々な社会的事件（食肉偽装事件，耐震強度偽装事件，

保険金不払事件等々）は，消費者の保護という面からも，企業活動の健全な発展という面からも，重要な示唆を与えているように見受けられる。これらの事象は，今後の社会においては，個々の苦情や紛争に表れているその企業の問題点を企業の経営トップが十分に認識し，迅速に対応できるような仕組みが設けられていなければ，企業の存続それ自体が一瞬のうちに危うくなってしまうことをよく示している。すなわち，苦情や紛争の存在を市場が発する警告として受け止め，それに対して迅速かつ丁寧に反応しながら，企業としての適切な行動規範を設定し，恒常的に改善していくことが，グローバル市場の中で日本企業が生き残っていく唯一の途であるともいうことができよう。

　しかし，翻ってみれば，このような活動は本来日本企業の最も得意とするところではなかったか，とも思われる。訴訟社会といわれる諸外国と比較して，日本においては，企業活動においても裁判は常に最後の例外的手段であり，社内における苦情対応に重点が置かれ，それが日本企業の信頼性を高めていた部分があったように思われる[20]。また，ADR の分野でも，様々な評価はあるものの，調停制度は古くから日本の紛争解決システムを支える一翼となり，日本社会に根付いてきたものである。そして，新たな動向として，ADR（特に民間型 ADR）の拡充・活性化を図るために，ADR 全体について包括的な規定を有する，世界的にも稀有な ADR 法が制定されている。奇しくも，ADR について，国内における新たな法制と国際的な新たな規格とが同じ年にスタートする結果となった。ADR 法による認証制度と ISO10003 による国際規格は，直接の目的や効果を異にしていることは当然であるが，大きな意味では共通の目的・方向性を有し，相互に密接な関連性を持つものであり，それに加えて各ADR 機関のハーモナイズを含む自助努力が相伴って，21 世紀を通して日本のADR が発展していくことが望まれよう。

（初出：小島武司編著『日本法制の改革：立法と実務の最前線』

（中央大学出版部，2007 年）237 頁以下及び

JCA ジャーナル 53 巻 8 号（2006 年）2 頁以下を統合）

20）　この点が ISO10002 の策定においても日本が主導的な役割を果たしえた実質的な背景であったと考えられる。

［補論］　本章は，ADR の規格化・標準化の試みについて，その意義・必要性を検討するとともに，現実の世界における法制度（ADR 法の制定），機関ルールの標準化（金融関係 ADR モデル）及び国際規格（ISO 10003）のそれぞれの動きを概観したものである。国内外でほぼ同時期にこのような動きが生じたことは，ADR という制度が社会的に重視されるようになるとともに，その規格化・標準化の必然性を示唆しているように思われ，それ自体興味深い。

　このうち，ADR 法及び金融関係 ADR モデルについては前章で詳論したが（ADR 法は，その後実際に立法され，本章ではそれを反映している），ISO 10003 については，その後，2010 年に日本でも国内規格化され，JISQ 10003 となっている。ただ，発行後既に 10 年近くが経過しているが，この規格は必ずしも企業等に普及しているとは言い難い状況にある。この規格が（ISO 9000 シリーズや 14000 シリーズのように）外部認証（certification）を前提としたものではなく，契約や発注等の前提要件として企業等の選別の基準となりにくいことがその原因かもしれない。しかし，本章でも詳述したように，顧客に対して適切な裁判外の紛争解決（ADR）の可能性を与えることは，企業の社会的責任であり，また顧客満足度の向上のためにも重要なツールになりうると考えられる。近時，SDGs（持続可能な開発目標）が叫ばれ，社会的責任投資（ESG 投資）等が話題になるなか，この国際規格も再び注目がされてよいように思われる。

Ⅲ　ADR 法総論（その 3）
——ADR 法の立法論・解釈論

第8章

ADR 和解の執行力について

　本章は，ADR 手続の中で当事者間で締結された和解（ADR 和解）の執行力について検討することを目的とする。この問題は，ADR 法の制定を検討した司法制度改革の中で議論されたが，最終的には規定が見送られたものである。ただ，このような効力の付与が不要だと政策判断されたものではなく，あくまで今後の検討に委ねられたものである。ADR 法は施行5年後に見直しが求められており，この点は見直しの1つの柱になると考えられ，現段階から理論的検討がされることが望ましい[補注1]。そこで，本章では，従来の議論を整理し，ドイツ・フランスを中心に諸外国の制度を検討して，制度構成の試論を提示するものである。

1　はじめに
　　　——本章の問題意識

　本章は，ADR の手続の中で，対象とされる紛争につき当事者間で締結された和解の合意（以下「ADR 和解」という）について，執行力を認める可能性及びその際の制度構成を検討することを目的とする[1]。周知のように，ADR に

　　［補注1］　この見直しの結果については，「ADR 法に関する検討会報告書」（http://www.moj.go.jp/content/000121361.pdf）参照。結局，この点は，引き続き検討を続けるべき将来の課題として整理された。詳細は，本章末の補論参照。
　1）　なお，仲裁手続については，その手続でなされる和解における合意を内容とする決定を仲裁廷がすることができ（仲裁38条1項），その決定は仲裁判断としての効力を有するものとされるので（同条2項），（仲裁法上の執行決定を前提に）当然に執行力が認め

ついては，「裁判外紛争解決手続の利用の促進に関する法律」（以下「ADR 法」という）が制定されている。同法制定の過程では，ADR 和解に対する執行力の付与について詳細な議論がされたが，結局，立法には至らなかった。しかし，そのことは将来的にも ADR 和解の執行力を否定する旨の政策的判断がされたというものではなく，ADR 法制定の時点で執行力まで認めることは時期尚早であり，将来の再検討[2]を期するというものであったと考えられる[3]。ADR 検討会の認識を示す座長レポートにおいても，「執行力の付与は，ADR の実効性の確保という点でその利用促進に資する面があると考えられることから，ADR 法施行から 5 年の期間経過後に予定されている見直しにおいては，認証 ADR 機関の利用の実情を踏まえつつ，また利用者の権利保護にも十分配慮しながら，その採用の是非を慎重に検討すべきであろう」とされている[4]。この点は，国会における附帯決議にも明確にされているところである[5]。以上のことから，ADR 法制定後の現在もなお，この問題について検討を続けていく必要があると考えられる。

さて，ADR 法において ADR 和解に対する執行力の付与が見送られた理由としては，濫用のおそれという点が最大のものであったが，もう 1 つの理由として，理論的な根拠の不十分さという点も問題とされた。この点は確かに否定し難いところであり，ADR 法制定の従来の議論の中で，ADR 和解の執行力は 1 つの論点として挙げられてきたが，その理論的根拠について必ずしも掘り

られる。そこで，以下の検討は主に調整型の ADR を対象とするものということになる。
2) ADR 法附則 2 条は，法律の施行後 5 年（2012 年 4 月）を経過したときの施行状況に対する検討義務を課し，「必要があると認めるときは，その結果に基づいて所要の措置を講ずるものとする」としている。
3) 内堀宏達「裁判外紛争解決手続の利用の促進に関する法律の概要」ひろば 58 巻 4 号（2005 年）15 頁注 2，本書第 3 章 5 など参照。
4) 青山善充「日本における ADR の将来に向けて——『ADR 検討会』座長レポート」小林徹『裁判外紛争解決促進法』（商事法務，2005 年）525 頁参照。
5) 参議院法務委員会における附帯決議（平成 16 年 11 月 18 日）第 5 項では「民間紛争解決手続における執行力の付与については，紛争解決の実効性を確保するため，利用者の権利保護も十分配慮した上で，引き続き法整備等の措置も含め検討すること」とされ，衆議院法務委員会における附帯決議（平成 16 年 11 月 9 日）第 2 項でも「民間団体等が行う裁判外紛争解決手続において，その解決の結果を当事者が履行しないときは，裁判外紛争解決手続を利用する国民のためその実効性が確保されるよう，利用者の権利保護も十分配慮した上で，必要に応じ法整備を含めて検討すること」とされている。

178　第8章　ADR 和解の執行力について

下げた検討がされてきたとは言い難い状況にあったと思われる。しかし，目を海外に転じると，日本と手続法制（したがって執行力の考え方）の類似するドイツ法やフランス法において，近時相次いで訴訟手続外の和解について執行力を認める制度が創設されている。これらの制度はいずれも ADR の促進を目的としたものであり，日本の近時の動向とその動機においても類似性が大きい。そこで，今この段階で，特に執行力付与の理論的な根拠に遡って基本的な検討をする必要があると解される。

　以上のような問題関心から，本章ではまず従来の議論を振り返るが，本格的議論が展開されたのは，前述のように，司法制度改革の論議からであるので，司法制度改革審議会及びその後の ADR 検討会の議論を中心に見てみる（2 参照）。次に，前述のように，近時法制度を整備しているドイツ法及びフランス法について，その制度の概要及びそれに関する議論を簡単に見てみる（3 参照）。そして，以上のような議論を受けて，考えうる将来の制度設計について簡単に検討してみたい（4 参照）。

2　議論の経緯

(1)　司法制度改革審議会意見書とそれに関する議論

　司法制度改革審議会（以下「審議会」という）における議論が開始されるまで，ADR 和解の執行力に関する議論はほぼ皆無と言ってよかった。それ以前に ADR 基本法の制定を提唱された石川明教授も，法律の具体的な内容を明確にされるものではなく，執行力についてもふれられていなかった[6]。そのような議論の状況を大きく転換したのは，審議会における議論であった。審議会の当初の中間意見の段階では，ADR についての提案は必ずしも具体的なものではなかったが，その後，審議会の内部で集中的な検討がされ[7]，最終的には具体的な提案がされるに至った。すなわち，2001 年（平成 13 年）6 月に公表された

---

　6)　石川明「ADR 基本法の制定を」判タ 879 号（1995 年）4 頁以下〔同『調停法学のすすめ』（信山社，1999 年）114 頁以下所収〕参照。
　7)　「司法制度と ADR の在り方に関する勉強会」の検討については，小林・前掲注 4)193 頁以下参照。そこでの議論の内容がおおむね審議会の最終意見に採用されている。

審議会の最終意見（「司法制度改革審議会意見書──21世紀の日本を支える司法制度」。以下「審議会意見書」という）においては，国民の期待に応える司法制度という観点から，裁判外の紛争解決手段（ADR）の拡充・活性化に関する包括的提言がされた[8]。そこではまず，ADR の拡充・活性化の意義として「ADR が，国民にとって裁判と並ぶ魅力的な選択肢となるよう，その拡充，活性化を図るべきである」という基本的な認識が示される。そして，そのような拡充・活性化のための具体的施策として，ADR に関する関係機関等の連携強化と ADR に関する共通的な制度基盤の整備が挙げられる。本章の主題である執行力の問題は後者に位置づけられている。

　具体的には，「総合的な ADR の制度基盤を整備する見地から，ADR の利用促進，裁判手続との連携強化のための基本的な枠組みを規定する法律（いわゆる「ADR 基本法」など）の制定をも視野に入れ，必要な方策を検討すべきである。その際，例えば，（中略）執行力の付与（中略）等を具体的に検討すべきである」旨の提言がされている。そして，その補足説明では，ADR の利用を促進する見地から，「執行力の付与（中略）を可能とするための具体的要件を検討すべきである」としている。このように，審議会意見書は，ADR 和解に対する執行力の付与を ADR の拡充・活性化のための重要な方策として位置づけ，かなり踏み込んでその可能性・具体的要件の検討を求めたものとみられる。

　このような審議会の方向については賛否の意見が存した。例えば，石川教授は，一般の ADR に執行力を認める根拠に欠けるとして，「ADR 条項が合意されても，その効力は私人間の契約にすぎないとみられ，それ以上の法律上の効力を発生せしめるべきものではない。したがって，債務名義にもならない」と論じられた[9]。これに対し，著者は，「一定の資格者の関与が担保されるような ADR 機関の手続を認証し」「その手続による調停結果に裁判所の執行決定等に基づいて執行力を付与するような規律が考えられないか」と積極的立場から意見を表していたところである[10]。ただ，この段階では，未だこの点が新

---

8)　審議会意見書 35 頁以下参照。
9)　石川明「ADR の発展と法的規制のあり方」月刊司法改革 7 号（2000 年）23 頁（同『民事手続法の諸問題』〔朝日大学法制研究所，2001 年）114 頁所収〕参照。但し，石川教授は，その後改説されたとみられる（(3)参照）。

たな問題であったため，その理論的根拠や具体的な制度設計には議論が至っていなかったと言える。

(2) ADR 検討会の議論

(a) 議論の経緯

審議会の議論を受け，それを具体化する組織として内閣に司法制度改革推進本部が，更にその下に ADR 検討会（以下「検討会」という）が設けられ，ADR の制度基盤の整備に関する議論が行われることになった。検討会では，まず委員による ADR の拡充・活性化に関する基本的な認識が示されたが，執行力の問題に関しては，この段階から終始委員の間で積極論と消極論に分かれていた。また，検討会では，審議の前提として ADR 機関に対するアンケート調査が行われたが，そこでは 48% の ADR 機関が ADR の拡充・活性化のためには執行力の付与が最も必要とされる旨を回答していた。これを受けた検討会内部の議論でも両論が分かれたところであるが，導入を前提とした制度構成に関する議論も行われた。そのような審議を受けて，司法制度改革推進本部事務局の責任において，パブリックコメントのために検討会の議論のまとめが行われた。その検討状況の中では，執行力に関しても【論点 21】として相当の分量を割いて議論の紹介がされたところである[11]。パブリックコメントの結果も，検討会内部の議論と同様，かなり賛否が分かれたものであった[12]。

その後，最終的なとりまとめに向けて，一時期はいわゆる認証制度が断念されたことから[13]，それを必然的な前提とする執行力についてもその採用は事実上断念される方向が固まった。しかし，その後，再び認証制度の導入が議論され，その導入が前提とされることとなったため，新たな観点から執行力付与

---

10) 本書第 1 章 *2*(2)(b)参照。なお，この論稿は，審議会の前記勉強会（前掲注 7）参照）における著者の報告を基に加筆修正したものである。

11) 司法制度改革推進本部事務局「総合的な ADR の制度基盤の整備について——ADR 検討会におけるこれまでの検討状況等」（2003 年 7 月）（以下「検討状況」という）46 頁以下（小林・前掲注 4）340 頁以下）参照。

12) 「論点に記載された要件の下で執行力を付与することに賛成する意見も相当数あったが，寄せられた意見のなかでは，相対的には，反対意見が多くを占めた」と整理されている（小林・前掲注 4）407 頁参照）。

13) この間の経緯については，小林・前掲注 4）24 頁以下参照。

の可能性も検討されることとなり，具体的な制度設計も真剣に論じられた[14]。しかし，この段階においても，なお濫用のおそれに基づく消極論が有力であり，最終的には時期尚早としてその導入は見送られることに決した。

(b) 執行力付与の当否に関する議論

前述のとおり，検討会内部では，執行力の付与の当否に関する議論がその中心を占めたが，その内容は「検討状況」の中に適切に要約されているとおりである。すなわち，積極論の論拠としては，ADR の実効性の確保のための必要性が主張された。執行力が存しないような紛争解決機関を利用すること，またその中で合意をすることについて，制度利用者の躊躇が生じ，特に代理人である弁護士は裁判に代えて ADR の利用を依頼者に勧めることが難しくなると考えられる。換言すれば，訴訟・調停等他の紛争解決手続とのバランスから，ADR が真に裁判と並ぶ魅力的な紛争解決方法となるためには，ADR 和解に執行力を付与することが必要不可欠とする主張である。他の代替的手段は確かにあるが，即決和解や執行証書は合意時に債務名義を作成する必要があり，任意履行率が高い ADR では無駄が多いし，和解的仲裁判断は制度の本旨にそぐわない感を否めないとする。

これに対し，消極論の中心的な論拠は濫用のおそれであった。すなわち，執行力の付与によって，債務名義を粗製濫造するような，いわば「債務名義製造会社」が出現する危険性は否定できず，消費者金融業者等がそれを利用するおそれがあると主張された。そして，それを避けるために執行力付与の手続を厳格化する場合には，かえって即決和解や執行証書等既存の代替的手段を利用する方が簡便となり，制度創設の意義が乏しくなる。また，そもそも私法上の和解にすぎない ADR 和解に対して執行力を付与することのできる理論的根拠が認められるかについても，なお検討が必要であると指摘された。

(c) 執行力付与の仕組みに関する議論

以上のように，検討会ではそもそも執行力付与を認めるか否かに関する議論が中心であったが，積極論を前提に，具体的な執行力付与の仕組みについても

---

14) 後述のようないわゆる公証人関与構成（(c)参照）も，この段階で提議されたものである。

議論がされた。「検討状況」では，執行決定の構成が提示された。そこでは，裁判所が執行決定を付するという制度構成を前提に，執行決定の要件として，適格ADR（認証要件の充足及び執行要件の確認の適格）におけるADR和解であること，債務者の執行受諾文言の記載があること，執行拒絶事由（合意内容の公序良俗違反，和解意思の欠缺・瑕疵，和解可能性の欠如[15]）がないことが挙げられていた。また，対象とされる請求権の範囲として，金銭請求等に限定する考え方もあったが，執行決定を前提にすれば，より広いものでよいとされていた[16]。

これに対し，審議の最終段階で浮上してきた考え方として，公証人関与（執行承認）構成があった。これは，執行力付与の対象を金銭支払請求に限定するとともに，公証人の関与により裁判所の負担を軽減しながら国の認証の要素を満たそうとするものである。すなわち，上記の執行決定の要件とされるADR和解の法的正当性の審査を，当事者の嘱託に基づき，公証人に委ねるものである。その他の点（執行拒絶事由等）については，執行決定構成と基本的に同様とされる。そして，利用者の便宜を図るため，ADR機関による代理嘱託を認める可能性も検討された。いずれにせよ，この制度構成については，最終的に執行力付与が時期尚早として見送られたため，十分な検討がされないままに終わったといってよい。

(3) 学説の反応

以上のような検討会の議論の過程で，この問題に関する学説の関心も高まり，様々な立場から意見が提示された。まず，積極的な立場から，著者は，ADRにおける合意の促進を根拠に，ADRの活性化のためには執行力の付与が望ましいという立場を示した。そして，具体的な制度構成として，執行決定の構想を提案した[17]。また，山田文教授も，ADRの自由を根拠に消極に解する立場

---

15) この点について，更に，当事者の合意によっては排除できない手続ルール（強行法規）を法定し，その違反も執行拒絶事由とすることが検討課題とされていた。

16) そのほか，執行決定手続，執行拒絶事由と請求異議事由の関係，手続主宰者の職務執行の公正性の担保などの検討が必要とされた。

17) 本書第2章 *3*(6)参照。

に対し，むしろ最大公約数として法的効果を規定し，各 ADR 機関がその独自性に応じて利用するか否かを決めることが相当とされる。そして，消費者保護の観点から濫用のおそれに対しては，裁判所のチェックを組み込むことにより対処すべきものとされた[18]。更に，注目すべき点として，従来 ADR の執行力について消極的見解を示されていた（(1)参照）石川明教授が積極的方向に改説された[19]。そこでは，「解決機関に法曹有資格者が入ること，両当事者の審問請求権が保障されるなど一定の手続的要件を具備することを前提に債務名義性を認めることが考えられないではない」とし，ADR の信頼性等を前提に，執行決定構成は十分評価されるとされた[20]。このほか，畑瑞穂教授や藤田耕三元判事も，理論上の問題や対象限定の問題等検討すべき課題が多いことを指摘されながら，執行力付与に肯定的な方向を示唆されている[21]。

これに対し，消極論を強く主張されるものとして，萩原金美教授の見解がある[22]。同教授は，ADR 基本法について「異常な負の副作用」を発生させてしまうおそれを懸念され，執行力の付与についても「安易に執行力に依存することなく，執行段階においても紛争解決における私的自治を貫徹してゆく方向も大切であり，どうしても執行力を必要とする場合には現行法上それが具備している紛争解決手段を利用すれば足りるのではあるまいか」として，消極的立場を示される。このほか，小島武司教授も明示的な否定論ではないが，慎重な検討を必要とされている[23]。

---

18)　山田文「ADR 基本法（仮称）立法の意義」自正 53 巻 10 号（2002 年）46 頁注 17 参照。

19)　石川明「ADR 覚書」小島武司編『ADR の実際と理論 I』（中央大学出版部，2003 年）19 頁以下参照。

20)　石川教授は，執行決定によるか執行判決によるかについて詳細な検討をされ，「執行証書対象請求権の範囲内では執行決定，その余の請求権に関する ADR の合意は執行判決に委ねてはどうか」と提案される（但し，これが仲裁判断について執行判決を求めていた公示催告仲裁法（旧法）を前提にした論述であることには注意を要する）。

21)　畑瑞穂「ADR について」加藤新太郎編『民事司法展望』（判例タイムズ社，2002 年）142 頁，藤田耕三「司法制度改革と ADR」JCA ジャーナル 51 巻 1 号（2004 年）22 頁参照。

22)　萩原金美『法の支配と司法制度改革』（商事法務，2002 年）142 頁以下参照。

23)　小島武司「司法制度改革と ADR」ジュリ 1207 号（2001 年）18 頁は，「自由に生成発展する ADR に内在する力を損なうことのないように留意し弱い ADR の存在意義についても考慮を払うべき」として，「執行力の付与の要否も一律に決すべきものではな

184　第 8 章　ADR 和解の執行力について

3　諸外国の法制

　以上のように，日本法は当面，ADR 和解に対する執行力付与を決断しなか
った。しかし，諸外国，特にヨーロッパ大陸法諸国においては，ADR の拡
充・活性化策の 1 つの有力な方法として，ADR 和解に対する執行力の付与が
位置づけられている。このような比較法的状況は日本にとっても参考になると
ころが大きいと思われる。なぜなら，このような国々は，制度の基礎となる民
事法及び民事手続法において日本と類似するところが大きく，かつ，ADR と
いう点からは後進国であり，人為的方法でその活性化を図る必要があるとされ
ているからである。そのような意味で，例えば，ADR 先進国であり，特段の
人為的な振興策を必要とせず，かつ，その制度的前提（民事法制度・民事訴訟制
度等）を日本とは大きく異にするアメリカ合衆国の状況[24] などに比較しても，
参考になる部分が大きいと言うことができよう[25][補注 2]。そこで，以下では，
ドイツ法及びフランス法について簡単に紹介する[26]。

　　い」とされる。
[24]　なお，アメリカにおける ABA の統一調停法（Uniform Mediation Act）の 2001 年
　　のドラフトの段階では，執行力の付与に関する規定を設けることが検討されたが（山田
　　文「アメリカにおける ADR の実情（下）」NBL 720 号（2000 年）76 頁〔「起草委員会
　　はこの制度には反対しているが，統一法委員会からの要請があったのでやむなく挿入し
　　た条文のようである」とされる〕，本書第 2 章 *3*(6)注 33 参照），最終案ではこの点の規
　　定は設けられていないようである。
[25]　このように，諸外国の法状況は必ずしも一様のものではない。国際商事調停につい
　　て規律のハーモナイゼイションを図った UNCITRAL 国際商事調停モデル法においても，
　　結果として，この点については，実質的な規定は設けられず，各国の国内法に委ねられ
　　ることになった（同法 14 条参照）。その点につき詳しくは，三木浩一「UNCITRAL 国
　　際商事調停モデル法の解説」NBL 764 号（2003 年）46 頁以下参照。
[補注 2]　UNCITRAL では，その後，国際商事調停について執行力を付与する方向で，
　　モデル法及び条約の検討が進められている。この点については，本章末の補論も参照。
[26]　なお，この両国の他に，例えば，イタリアにおいて議会に提出されている ADR に
　　関する法案において注目すべき規定がされているようである。すなわち，そこでは，登
　　録 ADR 機関（同法案 7 条 5 項参照。なお，機関の登録後 18 ヵ月内に ISO9000 の資格
　　証明書の取得が義務づけられ，取得がない場合には登録が抹消されるという，国際規格
　　に適応した措置がとられている）の作成した和解調書について，裁判所による認証を前
　　提に，執行力を付与する構成がとられている（同法案 12 条）。その意味で，最も日本法

(1) ドイツ法

まず，ドイツ法においては，弁護士和解（Anwaltsvergleich）にかかる執行力の制度があるが，これは 1990 年 12 月 17 日の司法簡素化法（Rechtspflegever-einfachungsgesetz）によって，民事訴訟法に導入されたものである（当初は民訴法 1044 b 条に規定されていたが，その後，1998 年に一部改正され，規定の位置も同法 796 a 条以下に移動された[27]）。その規定の目的は[28]，東西ドイツの併合により急増した民事訴訟事件に関する裁判所の負担を軽減するため，和解に馴染む事件については裁判外の紛争解決手続の活用を図りながら，それが濫用されることを防止するため，弁護士が代理人として締結した和解に執行力を認めたものとされる[29]。

その利用状況についての情報は有していないが，立法時に以下のような指摘がされていたことは興味深い[30]。すなわち，債権者は債務者が遅滞に陥って初めて執行決定の申立てをすることになると見られ，この制度の活用は債務者に義務履行の意欲と能力があることが前提であり，執行決定が不要である場合には費用の節減の効果が大きい[31]。特に扶養料の請求やその金額の変更について，支払うべき額を迅速に明確化し，新たな債務名義を形成するという意味

に近いアプローチが採用されているといえる。ただ，同法案が最終的に法律となったかどうか，現時点では確認できていない（同法案の邦訳については，西谷祐子准教授〔東北大学：当時〕のご協力を得ることができた。同准教授にこの場を借りて厚く御礼を申し上げたい）。

27) 当初の 1044 b 条は，第 10 編仲裁手続の第 5 章仲裁手続の遂行において，仲裁手続における和解の次の条文として置かれていたが，新たな 796 a 条以下は，第 8 編強制執行の第 1 章総則部分の債務名義に関する諸規定の部分に置かれている。

28) 同様の目的のための改正として，証拠保全を独立証拠調べ手続にした点がある。それにより，証拠調べの結果に基づき訴訟上の和解を締結することを可能とした（492 条 3 項）。

29) Rosenberg = Schwab = Gottwald, Zivilprozessrecht (16 Aufl., 2004), S. 903. 従来は執行証書の可能性のみがあったが，この方法は両当事者が弁護士を依頼した場合には好まれないところ，そのような場合にも当事者に執行力をもった和解を可能にし，裁判外の紛争解決を促進し，裁判所の負担を軽減する目的によるものと説明される。

30) H.-J. Ziege, Der vollstreckbare außergerichtliche Vergleich nach § 1044b ZPO (Anwaltsvergleich), NJW 1991, S. 1585.

31) 執行決定が必要となる場合，特に当事者間で争いがあり裁判所による決定が必要となる場合には，費用面のメリットは薄まるとされる。

186　第 8 章　ADR 和解の執行力について

で，弁護士和解は適切な方法となりうるとされる。

　(a)　規定の内容

　まず，現行法の規定の内容は以下のとおりである。

民訴法 796 a 条（弁護士和解の執行力の要件）

　①　弁護士が自己の代理する当事者の名前で授権されて締結した和解は，債務者がそこで即時の強制執行を受忍し，かつ，和解締結時に当事者が普通裁判籍を有していた区裁判所に対し，その成立の日を示して預け置かれたときは，当事者の申立てにより，執行可能であると宣言される。

　②　前項の規定は，和解が意思表示に向けられているとき，又は住居の賃貸借関係の存在に関するときには，適用されない。

　③　和解が無効であるとき，又はその承認が公の秩序に反するときは，執行決定の申立ては棄却しなければならない。

民訴法 796 b 条（訴訟裁判所による執行決定〔Vollstreckbarerklärung〕）

　①　前条第 1 項の執行決定については，執行すべき請求権の裁判上の主張について管轄を有するはずの裁判所が訴訟裁判所として管轄を有する。

　②　執行決定の申立てについての裁判の前に，相手方は審尋されなければならない。裁判は決定でされる。不服申立ては許されない。

民訴法 796 c 条（公証人による執行決定）

　①　当事者の同意がある場合には，和解は更に，その事務所所在地が第 796 a 条第 1 項により管轄を有する裁判所の管轄区域内にある公証人に預け置かれ，その者が執行決定をすることができる。その場合においては，前 2 条が準用される。

　②　公証人が執行決定を拒絶する場合には，理由を付さなければならない。公証人による拒否は，前条第 1 項により管轄を有する裁判所に対する申立てにより，不服を申し立てることができる。

以上の規定と 1990 年の立法当初の規定[32]との主な相違点は，①現行法では

---

32)　1044 b 条は以下のとおりであった。

　民訴法 1044 b 条（弁護士和解）

　①　当事者及びその弁護士によって署名され，その中で債務者が即時の強制執行を受忍した和解については，その強制執行に関して，仲裁手続における和解に関する規定が準用される。

　②　当事者の同意がある場合には，和解は更に，その事務所所在地が第 1 項により管

弁護士の代理権のみが問題とされているが，旧法では弁護士・当事者双方の署
名という形式要件が定められていた点，②意思表示及び住居賃貸借に関する適
用除外が現行法では定められている点，③規定の形式として，旧法は和解仲裁
判断の規定を準用していたのに対し，現行法は書き下ろしている点などである。
以下では，現行法に即して，執行力付与の要件・手続について簡単に紹介す
る[33]。なお，執行力を付された和解の法的性質については，フランスと異な
り，ドイツではあまり議論がなく，通常の民法上の和解と同じものと解されて
いる[34]。

(b) 執行力付与の要件

(i) 適用対象　まず，弁護士和解の原則的な適用対象となるのは，当事者
の和解権限が認められる事件である。そのような当事者の処分可能性が認めら
れれば，事件の対象に限定はない。ただ，執行決定手続が求められる関係で，
対象となる義務が通常裁判権に服するものである必要があると解されている。
例えば，個別労働紛争の和解は労働裁判権の管轄に属するので，弁護士和解の
対象外とされる[35]。

これに対し，1998 年改正によって明示的に対象から除外された事項として，

　　　轄を有する裁判所の管轄区域内にある公証人に預け置かれ，その者が執行決定をす
　　　ることができる。その場合に，1044 a 条第 1 項及び第 2 項が準用される。
33) 以下の叙述については，主に以下の文献によっている。Stein = Jonas, Kommentar
　　zur Zivilprozeßordnung B. 7 (21 Aufl., 1994), S. 561 f. (P. Schlosser) ; Musielak,
　　Kommentar zur Zivilprozeßordnung (3 Aufl., 2002), S. 2024 f. (W. Voit) ; Lüke =
　　Wax, Münchner Kommentar zur Zivilprozeßordnung B. 2 (2 Aufl., 2000), S. 2239 f.
　　(Wolfsteiner) ; Baumbach = Lauterbach = Hartmann, Zivilprozeßordnung (62 Aufl.,
　　2004), S. 2132 f. ; Rosenberg = Schwab = Gottwald, a. a. O. (29), S. 903 f. ; H.-J. Ziege,
　　a. a. O. (30), S. 1580.
34) 例えば，H.-J. Ziege, a. a. O. (30), S. 1584. 同論文では，それを前提に，時効期間に
　　ついて論じられている。ちなみに，ドイツ法では，1990 年法制定の時点では，時効に
　　ついて特別の手当はなく，和解交渉中も時効期間が進行し，事案によって時効の援用が
　　信義則に反する場合があるに止まるという理解であったが（同論文もそのような結論を
　　とる），その後の民法改正により，当事者の交渉による時効の停止が認められるに至っ
　　ている。
35) これに対し，Lüke = Wax, a. a. O. (33), S. 2025 は，仲裁手続（労働事件については
　　原則として認められない）と切り離した 1998 年改正後は，労働裁判権による執行決定
　　が認められるとするが，少数説に止まるようである。

188 第8章 ADR和解の執行力について

第1に意思表示を義務づける和解がある。意思表示を強制する和解については，和解自体の有効性は否定されないが，執行決定はできず，和解に基づく義務の履行を裁判所に求めるほかはない。第2に，住居賃貸借関係の存否に関する和解がある。旧法ではこれも適用範囲に含まれていたが[36]，濫用に対する懸念も多く，明示的に適用除外としたものである。「住居賃貸借の存否」とは，「住居に利用される部屋についての賃貸借又は転貸借の有効・無効に関する紛争」とされ，住居・営業の両方に用いられている部屋の場合には，その契約の重点が決定的とされる。契約の存否の紛争が前提問題の場合にも妥当し，例えば，明渡しの和解の前提問題として契約の存否が問題になる場合にも適用される。しかし，賃貸借契約の存否と関係しない請求は含まれず，例えば，損害賠償請求，修繕請求，賃料引上げに対する同意請求，賃料支払請求などについては，弁護士和解に基づく執行決定が可能とされる。

(ii) 実質的要件　　次に，実質的要件として，和解の締結がある。ここでの和解は，民法779条のそれと同義とされる。そのため，要件として，「互譲」が問題となるが，これは極めて広く解され，本案の譲歩は不要であり，費用や判決取得の放棄でも十分と解される。そして，債務者による即時の執行受諾の意思表示が必要である。即時強制執行の受忍（Unterwerfung bezüglich sofortiger Zwangsvollstreckung）は執行証書の受忍文言とパラレルであり，訴訟法上の効力を有する法律行為と解されている。

次に，弁護士による和解の締結が要件となる。そこでは弁護士の意思表示が必要であり，単に当事者の締結した和解に弁護士が署名するだけでは不十分である[37]。弁護士は，ドイツの裁判所で活動できる権限を有する者である必要があり，複数の弁護士に授権した場合には，各弁護士が代理権を有する。授権

---

36) なお，民訴法1025a条は仲裁手続について適用除外としていた。但し，Stein = Jonas, a. a. O. (33), S. 561 f. は，これを賃貸人・賃借人双方にとって賃貸借関係の終了について費用等に関して有利な紛争解決方法を与えるものとして積極的に評価していた。

37) 旧法では「署名」という文言からそのような解釈が有力であったが，新法はその点で文言を変更している。ただ，新法下でも，なおそのような解釈は当事者自治に反し疑問であり，規定の文言にもかかわらず，当事者本人も和解を締結でき，弁護士の関与は署名のみに止まりうるとする見解もある（Lüke = Wax, a. a. O. (33), S. 2026）。

の規律は，和解の性質上，訴訟代理に関する民訴法の規定ではなく，私法行為の代理に関する民法の規定による。第三者が和解に関与する場合，その第三者も弁護士に代理されている必要がある。

(iii) 形式的要件　　形式的要件としては，書面性要件が問題となる。旧法では，「署名」という文言から書面性は当然の前提であったところ，1998年改正によって署名の要件はなくなりこの点は排除されたと理解する見解もあるが[38]，多数説はなお書面性を必要と解している。また，和解には日付を明示する必要があるが，これは和解の特定を目的とする趣旨であり，日付の正確さ自体は重要でないとされる。

(iv) 執行拒絶事由　　執行拒絶事由として，まず和解の無効がある。無効事由としては，和解対象に和解可能性がないこと，和解締結の際の意思の欠缺，解除，取消し，事情変更，代理権の欠缺（追認されない場合）などがある。また，書面性の欠如など形式的要件違反も無効事由となる。更に，執行証書の場合と同様，給付義務の特定の必要もある。なお，強制執行可能な内容を有しない和解（例えば，所有権確認の合意等）も執行決定の対象となると解されている。

　請求権の存在に対する異議（弁済，猶予，免除，相殺等）が執行拒絶事由となるかは問題である。これは請求異議事由の執行決定手続における主張可能性の問題となる。この点は，旧法が仲裁判断の執行決定の規律を準用していたため，肯定説が通説であったが，新法はこの点を明示的に規定せず，棄却要件とならないようにも読める。しかし，この点について新法の理由書は沈黙しており，新法がこの可能性を排除して，請求異議のみで主張させようとしたのか，疑問があり，手続の集中という観点から，執行決定における異議主張を認め，請求異議を排斥するのが合理的とされる。但し，執行決定に対する不服申立てが禁止されているところ，執行決定で請求異議事由を主張しなかった場合に，請求異議の遮断効まで認めることには，当事者の手続保障から疑問が大きいとされる。

---

38)　Musielak, a. a. O. (33), S. 1784. この見解によれば，預置きの要件を満たすため，事後的に書面化される必要はあるが，和解それ自体としては，書面性は要件とされないとされる。そして，この結果，書面性を要件としていた旧法下で活用されていた「持ちまわり式」の和解は不要になったとされる。

最後に，和解に対する執行力の承認が公序に反することも執行拒絶事由となる。ただ，その場合通常は，和解自体が民法上無効となるはずであり，その適用範囲は限定されるとされる。実際には，和解がドイツ法に服さないような場合が典型的となる。

(c) 執行力付与の手続

(i) 裁判所による執行決定　　裁判所による執行決定の前提として，当事者は和解を管轄裁判所に預け置く必要がある。それにより，和解文書の事後的な変更や紛失を防止できる。預置きの行為は本人でも可能であり，弁護士強制はないし，相手方の同意や授権も必要ない。

弁護士和解がされたときも，当事者は履行訴訟を選択することができる。ただ，通例は執行決定の可能性があれば権利保護の利益を欠くことになり，特に執行決定を利用できない場合やそれが棄却されるおそれがある場合にのみ給付訴訟を利用できるとされる。執行決定の管轄は[39]，執行されるべき請求権にかかる訴えについて管轄権を有する裁判所にある（預置きの裁判所とは異なりうる）。複数の管轄裁判所がある場合には，申立人が選択できる。請求権に関する合意管轄条項も適用になる。和解の対象とされた請求権について専属管轄が存する場合は，執行決定にも適用される。和解後に権利関係の承継があった場合は，承継人が執行決定の申立てをできる。

執行決定の申立ては書面による。地方裁判所では弁護士強制の原則が妥当する。審理は任意的口頭弁論による。口頭弁論が求められる場合は法定されていないが，相手方が明示的に口頭弁論を求める場合や和解の無効が問題となる場合などには口頭弁論の開催が望ましいとされる。口頭弁論が開かれない場合には，相手方の審尋が求められる。裁判所が申立てを却下・棄却に熟すると判断する場合にも，審尋は必要である[40]。なお，執行決定の手続は煩雑であり，費用も執行証書よりも高いものになるとの指摘がある。

裁判は決定により行い，不服申立ては禁止される。1998 年民訴法改正によ

---

39) 事物管轄については通常の規律により，請求権の価額を基準として定まる。

40) 却下の場合には，相手方は実体的に棄却を求める利益を有するし，棄却の場合には却下を求めて，相手方も弁護士和解を援用する可能性を残す利益があるので，結局，あらゆる場合に相手方の審尋の必要があることになるとされる。

り，口頭弁論を開いても決定で裁判することにされたのは，手続の迅速の重視による。しかし，この点については手続保障の観点から疑問が提起されている。そもそも両当事者の同意があれば公証人に申立てが可能であり，裁判所に執行決定を求める場合は相手方が反対していることが多く，その場合にもなおこのような手続の簡略化がされることには疑問があるとの批判である。なお，強制執行の基礎となるのは，弁護士和解自体ではなく，執行決定である。

　(ⅱ)　公証人による執行決定　　ドイツ法の特色として，裁判所による執行決定と並んで，公証人による執行決定のスキームを設けている点がある。当事者にとって費用的に有利な選択肢を付与する趣旨とされる[41]。公証人に執行決定の申立てをするには，両当事者の同意が要件となる。これは公証人により執行決定がされることについての同意である[42]。この要件の結果，この手続は当事者間で執行要件に争いがある場合には利用できない。争いは予定されていないので，執行決定に対する不服申立ては認められないし，異議が主張される場合は同意が欠缺することになるので，申立ては不適法となる。争いがある場合は，裁判所に執行決定を申し立てるほかはない。

　公証人の審理の範囲については，民訴法796a条が準用されている。したがって，形式的要件と並び，和解の有効性や承認の公序適合性等も審査対象となる。また，当事者を審尋する必要がある（796b条2項1文の準用）。ただ，証人尋問や鑑定人尋問の権限は公証人にはないので，疑わしい場合には申立てを棄却するほかない。当事者の合意によってもそのような公証人の審査義務を免除することはできないと解されている。公証人が申立てを棄却する場合には理由付けの義務がある（796c条2項1文）。判断は決定でされる。公証人の決定に対して不服申立てはできないが（796c条1項による796b条2項2文の準用），棄却決定の場合には，当事者は裁判所の執行決定を求めることができる（同条2項2文）[補注3]。

---

　41)　執行決定の費用は，公証人の通常の報酬規程の半額とされているようである。

　42)　個別の公証人まで特定して同意する必要はないと解されている。

　[補注3]　ドイツ法の最近の状況について，渡部美由紀「ドイツにおけるADR」法時85巻4号（2013年）48頁によれば，2012年のメディエーション法の制定時には，メディエーションによる和解に執行力を付与すべき旨の議論があったものの，最終的には，本文のような弁護士和解等の執行力の規定が存在することに鑑み，特段の規定は設けられ

(2) フランス法

フランスにおいて和解の執行力が最初に問題とされたのは，調停人による調停（conciliation）の結果である合意についての執行力であった。フランスにはかつて治安判事（juge de paix）という制度があり，そこでは必ずしも法律家ではない地区の名士等を登用した裁判官によって積極的に和解による紛争解決が図られていた。1958年にその制度が廃止され，新たに職業裁判官で構成される小審裁判所が創設されたが，その後，治安判事の和解機能を維持するため，1978年に創設されたのが調停人の制度である。しかし，当初は調停人の署名した和解合意書には執行力が付与されず，このような効力の弱さに対する批判があったところ，それを解決するために1981年5月18日デクレ（décret n. 81-583）によって初めて，小審裁判所による認可を条件とした執行力が認められるに至った[43]。

次に問題となったのは，1996年7月22日デクレ（décret n. 96-652）による民事訴訟法典の改正である。この改正は，民事訴訟手続の迅速化・効率化等を目的とするものであったが，その中で，裁判所が当事者の同意に基づき，係属中の事件の解決を第三者に付託する裁判調停（médiation judiciaire）を充実させ，その結果である合意について執行力を認めた。その立法趣旨はまさにADRの充実及びそれに伴う裁判所の負担軽減であり，訴訟手続から移行したADRに執行力を保障し，移行に対する当事者の合意調達を容易にしたものである。

最後に，直近のものとして，1998年12月28日デクレ（décret n. 98-1231）による民事訴訟法典の改正がある[44]。これは，①より市民に身近な司法，②より合意を重視した司法，③より迅速な司法を目的とするものであるが，②の点では，当事者の合意による訴訟手続の停止，小審裁判所における調停手続の促進に加え，裁判外の和解に対する一般的な執行力の付与が規定されることになったものである。

(a) 規定の内容

フランスの制度は以上のような経緯を経たものであるが，現在は上記3つの

なかったとされる。

43) 以上の点については，山本和彦『フランスの司法』（有斐閣，1995年）326頁参照。

44) このデクレについては，voir, S. Guinchard, L'ambition d'une justice civile ré-

ADR の執行力に関する規定が並存している。いずれも極めて簡単な条文であるが，まず裁判調停との関係では以下のように規定する。

民訴法典 131-12 条

　　裁判官は，当事者の申立てにより，当事者が裁判官に提出した合意を認可することができる。認可（homologation）は非訟事件とする。

次に，調停人の調停の執行力が以下の規定である。

民訴法典 832-8 条

①　当事者によってされた合意確認書の認可の請求は，調停人により裁判所に送付される。それには合意確認書の写しが添付される。

②　認可は非訟事件とする。

最後に，一般的な和解の執行力の根拠が次の条文である。

民訴法典 1441-4 条

　　大審裁判所長は，和解の一方当事者の申請により，提出された文書に執行力を付与する。

なお，1998 年デクレでは，新設された和解の執行力付与につきそれを執行名義とする明文規定がなかったため若干の混乱が生じていたところ，1999 年 11 月 22 日法（loi n. 99-957）によって民事執行手続法を改正し，同法 3 条 1 号に下記〈　〉内の文言を加えて，その執行名義性を明確にしている[45]。なお，和解の強制執行が問題になる事件は多いわけではないが，単なる教科書設例でもないと説明されている。

民事執行手続法 3 条

　　（前略）以下のもののみが執行名義となる。

①　それらが執行力を取得した場合に，司法裁判権又は行政裁判権の裁判所の裁判〈及び大審裁判所長に提出された和解〉（後略）

(b)　和解及び認可の法的性質

まず，フランスで激しい議論を呼んでいるのは，和解及び認可の法的性質の

───────────

　　novée, D. 1999, ch., p. 65.

　45)　これが執行士を初めとした関係者の期待に応えるものであったことにつき，voir, Y. Desdevises, Les transactions homologuées: vers des contrats juridictionnalisables?,

問題である。この点について，民訴法典131-12条及び832-8条は，前記のように，認可が非訟事件であることを明示しているが，同法典1441-4条はその点を明らかにしていない。また，民事執行手続法3条は，この和解を裁判所の裁判と併記して執行名義性を認めているが，このことがその法的性質との関係で意味を持つかも問題とされている。

和解の法的性質については，契約か裁判か，が問題になる。立法者は，この点について，和解と裁判所による認可とを一体的に考えて，それを裁判と理解するものであったとされる。特に，1999年民事執行手続法の改正において，それを裁判と並べて執行名義とした点で，和解を判決と同等の資格で執行名義とすることを明確にしたものと位置づける理解が示されていた[46]。このような理解を支持し，この裁判を非訟事件（申請に基づく命令）と解する見解も有力である[47]。他方，これを裁判としながら裁判の性質を（非訟事件ではなく）対審的な判決であると理解する近時の見解として，タオルミナ准教授の説がある[48]。同准教授は，この裁判においては，和解の相手方の利益の保障が重要になるが[49]，非訟事件と理解すると，対審によらない裁判が可能となり，相当ではないとする。そして，仲裁判断の執行判決や外国判決の執行判決と同様[50]，争訟手続に基づき判決で裁判すべきものと解している。

しかし，多数説は，この和解は，裁判所の認可にもかかわらず，和解としての性質を失うものではないと解している。すなわち，裁判所の関与は非訟事件

D. 2000. ch., p. 284.

46) About 氏の上院報告書（D. 1999-2000, n. 57）はその点を明示するとされる。Desdevises, op. cit.(45), p. 286（契約性を重視するのであれば，別の号として規定するか，又は3号〔調停調書〕か4号〔執行証書〕に置くことも可能であったとされる）。但し，デドゥビズ教授は，そのような認識は必ずしも一致したものではないと評価される。

47) R. Perrot, L'homologation des transactions, Procédures 1999. chron., n. 10 ; H. Croze, note, Procédures 2000 comm., n. 145.

48) G. Taormina, Brèves remarques sur quelques difficultés pratiques rencontrées dans le cadre de la procédure d'exequatur des transactions de l'article 1441-4 NCPC, D. 2002. ch., p. 2353.

49) なお，非訟事件とされている裁判調停や調停人調停の場合には，認可の申出は両当事者によりされる必要があると解されている点で，一方当事者の申立てによることができる和解の認可とはその性質が異なるとされる。

50) Taormina, op. cit.(48), p. 2354 note 6は，認可（homologation）と執行判決（exequatur）とは内容的に同じ概念であるとする。

など裁判行為ではなく，当事者の意見を登録するようなものにすぎず[51]，（裁判所の固有の意思は存しない）非裁判的司法行為（acte judiciaire non juridiction-nel）である[52]と解される。この点を詳細に論じられるデドゥビズ教授によれば，①調停等は手続の中で行われるので非訟裁判と位置づける余地はあるが，民訴法典1441-4条の和解は完全に裁判外のものであること，②ここでの申請は裁判所に和解を送付する手続にすぎず，手続（裁判で終わるもの）を開始する請求ではないと理解しうること，③これを裁判と見て裁判の効力を付与することは，紛争解決の合意にも（専門家を介した十分に理解した交渉から争いに疲れた半強制的合意まで）様々な種類のものがあり，対象となる契約の範囲も広汎であることに鑑みれば相当ではないことといった理由が挙げられる[53]。特に，③の理由は，和解の締結過程やその範囲を一切問題にしないフランス法の規定に対する消極的な評価から，判決と同視するような強い効果を認めることに対して消極的な帰結を導いている点で，興味深い。

(c) 執行力の適用範囲

以上の点とも関連するが，執行力の適用範囲についても議論がある。これは，2000年10月20日破毀院意見[54]をめぐって議論が盛んになった点である。同意見は，和解に基づく不動産の明渡執行について，「（商業用不動産の）明渡しは，大審裁判所長の命令により執行力を取得した和解に基づいて執行することはできない。当該名義は，1991年民事執行手続法61条[55]に限定的に列挙された2つの執行名義のいずれにも相当しないからである」として，執行名義性を否定した。したがって，この意見は，裁判所の認可の付された和解は，裁判とも調停とも言えないことを明らかにしたものといえる。

この判決について，特にペロ教授の分析が興味深い[56]。それによれば，

---

51) S. Guinchard, comm., MEGACODE: NCPC（1999），p. 949 の表現である。

52) Guinchard, op. cit.（44），p. 67.

53) 同旨の見解として，L. Cadiet, JCP Gen. 1999. I. 130, n. 18; Ch. Jarrosson, RGDP 1999, p. 136; J. Héron, RGDP 1999, p. 73 などがある。

54) Cour de Cassation, 20 oct. 2000, D. 2000. IR. 296.

55) 同条は，「特別の規定のない限り，不動産又は住居からの退去又は排除は，裁判所の裁判又は執行力のある調停調書によってのみ，かつ，当該場所を明け渡すべき旨の催告の送達の後においてのみ，行うことができる。（後段略）」と規定する。

56) R. Perrot, note, RTD Civ. 2001, p. 213.

196   第 8 章　ADR 和解の執行力について

1991 年法 61 条は，不動産の明渡しという効果の重大性から，事前の裁判所に
よるコントロールを必要的なものとする趣旨である。そして，民訴法典 1441-
4 条の和解を調停と同視することができるかについて，両者に実質的な違いが
あるかには疑問もある。いずれも当事者の合意＋裁判所の関与という構成によ
るからである。しかし，大きな違いとして，調停は裁判官（又はそれに代わる調
停人）が直接調書を作成し[57]，対審手続が前提にあるのに対し，和解では当事
者の任意性や合意の適法性に疑問があり，これは裁判所の認可では治癒できな
い疑義がある手続であるとして，結論的に破毀院の意見は妥当なものであると
評される。ここにも，和解に対する執行力付与の手続に対する学説の慎重な姿
勢を看取することができよう。

(d)　認可手続及び不服申立て

最後に，認可の手続について，これは非司法的な裁判行為であり，弁護士強
制は適用にならないとされる（ただ，通常は弁護士代理があるとされる[58]）。裁判
所の審査の目的は，それが和解に該当するか，その内容が公の秩序に反しない
かを確認することにある。その意味で，最小限の内容上のコントロールも可能
であるとされる。認可によっても和解の無効事由は治癒しない。例えば，処分
可能性や錯誤・詐欺・強迫等に関する事後的主張は可能である。

認可に対する不服申立ての方法については，それに裁判性を認めるか（認め
るとしてどのような裁判と考えるか）によって結論に相違を生じる。それを非訟
事件と考えればレフェレによる異議申立てが可能となるし，争訟事件（判決）
と考えれば控訴が可能になる。他方，これを単なる契約と考えれば，契約の無
効訴訟（action en nullité）のみが可能となる（裁判所が認可を拒否した場合には，
和解の有効性を主張して本案訴訟が必要となる）[補注 4]。

---

57)　Y. Desdevises, note, JCP 2001. II. 10479 も，同意見について，破毀院は和解過程に
　　裁判所が関与しているか否かを決定的に重視した可能性があると評価する。

58)　当該弁護士が交渉にも関与するのが通常とされる。このような弁護士の関与は，法
　　へのアクセス扶助による法律扶助の対象となる。1998 年 12 月 18 日の法改正により，
　　交渉が失敗した場合でも一定の要件を満たすときは扶助対象とされたことにつき，山本
　　和彦「民事法律扶助法について」判タ 1039 号（2000 年）27 頁参照。

［補注 4］　フランスの最近の状況として，垣内秀介「フランスの ADR 法制」法時 85 巻 4
　　号（2013 年）53 頁（特に注 31）によると，2012 年 1 月 20 日デクレによって，あらゆ
　　る紛争解決合意について執行力の付与が一般的に認められた点が重要である。その結果，

4 制度設計の検討

　以上のような従来の議論及び諸外国の法制を参考としながら，ADR 和解に
対する執行力の付与に関する今後の制度設計の可能性について検討してみる。

(1)　執行力付与の必要性

　まず，執行力付与の必要についてである。この点は，前述のように，ADR
検討会等において中心的論点とされたところであり，肯定・否定双方からの議
論がほぼ出尽くしているように見られるところであるので，以下ではごく簡単
に論じるに止める。

　執行力の付与が ADR の拡充・活性化のための政策において重要な位置を占
めることは，審議会における議論，ADR 検討会で行われたアンケート，更に
諸外国の法制の動向等からも明らかなことと思われる。著者の観点から，1 点
だけ述べれば，重要なのは，いかに ADR に向けた誘導措置がとられようとも，
最終的な ADR の結論に裁判と同等の効果が認められなければ，紛争解決ルー
トの選択に責任ある立場の者（例えば，企業の担当者や代理人弁護士等）が自信を
持って ADR を選択することが困難になるという点である。けだし，最終的な
結論が出た後に債務者が合意した債務を任意に履行しない場合は（責任者とし
ては常に最悪の事態の発生を念頭に事に当たらなければならない），再度訴えによら
なければならないとすれば，最初から提訴を選択することになる場合も多いと
考えられるからである。また，その結果として，ADR で和解をする際にも，
よほどの自信がなければ，分割払い等事後的なリスクが生じる解決策をとるこ
とに躊躇せざるをえず，解決の選択肢が大きく狭まることにもなろう。以上の
ような点を考えれば，執行力の付与が ADR の拡充・活性化に寄与する部分が
あることは間違いないと言えよう。

　他方，ADR 検討会等の議論で問題になったのは，仮にそのようなメリット

　本文で説明した民訴法典 1441-4 条は削除されたが，その実質は同法の新 1565 条以下に
継承され，より広い範囲で執行力の付与が認められるに至っているという。

があるとしても，それに代替する手段があることと，それを上回るデメリットないし副作用が執行力付与に認められるという点であった。以下では，このような執行力付与に対する批判につき簡単に検討しておく。

まず，代替手段として，①執行証書，②即決和解，③和解に基づく仲裁判断などが挙げられる。しかし，このうち，①と②は，合意が成立した時点で当該手続を行わなければならない点に問題がある。ADR 和解は，一般に言われるように，その大半が任意に履行されるものであろう。執行力が実際に必要となる場面は限定されており，それに備えてあらゆる場合に費用と手間をかけて執行証書や即決和解の手続をとっておかなければならないとする制度設計は相当ではない。また，③は確かにそのような追加的コストを要せずに実施でき，紛争が発生した時点で裁判所の執行決定を取得すれば足りる。しかし，和解が成立してから仲裁合意を結び和解合意を内容とする決定をすることは，仲裁法38 条に言う「仲裁手続の進行中において」成立した和解と言えるか，疑義が否めない59)。いずれにしろ，脱法行為としての側面が強く，そのような必要があるのであれば，正面から ADR 和解の執行力を検討すべきものではなかろうか。

次に，濫用のおそれである。この点は確かにそのようなおそれが存することは間違いない。問題は，それによって執行力付与そのものを断念するのか，それとも（対象となる紛争や ADR の限定などにより）そのようなおそれを可及的に排除する形で制度化を図るのか，どちらをとるかの政策判断ということになる。ADR による紛争解決は，それが良質のものであれば，裁判によることが困難な消費者等にとっても大きな利便をもたらすことに異論は少ないと思われる。しかるに，行政型・司法型 ADR の飛躍的拡充は昨今の行政改革・規制緩和の動向から将来的に望み薄であるとすれば，民間の ADR 機関の振興を図る以外に方法はない。しかし，執行力の付与なしに画期的な ADR 振興を図りうるかは，大いに疑問である60)。ただいずれにしろ，この点は客観的な事実の認

---

59) 近藤昌昭ほか『仲裁法コンメンタール』（商事法務，2003 年）209 頁は「仲裁手続中に仲裁人が関与して成立した場合及び仲裁人が関与しないで成立した場合のいずれも含まれる」とされるが，仲裁手続前に成立していた和解については言及されていない。

60) 著者の見るところ，B to C の ADR がそれ自体として採算をとることは容易でない。

識・予測に基づく政策判断に帰する事柄であり，当面できるだけそのような懸念の生じにくいような制度設計を検討していくことが肝要であろう。

なお，執行力の付与が自主性を旨とする ADR の本質を害するとか，各 ADR 機関の自主性を害するといった議論もある。しかし，このような議論は，前述の山田教授の論稿が適切に批判されているように（*2・3*参照），すべての ADR に対して執行力の付与を強制するものではないスキームを前提にすれば，合理的なものではない。けだし，執行力が ADR の本質に反するとか，ADR 機関の自主性を害すると考える機関は，執行力を取得しなければよいだけだからである。自己の業務にとって執行力の付与が必要であると考える機関のみがその付与を求めれば足りる。逆に，後者のような機関が現に存する限り（その点は ADR 機関へのアンケートからも明らかである），執行力付与の選択肢を否定することは，付与を求める ADR 機関の自主性を害し，「ADR の本質」に関する一定の理解を押し付ける結果になることに注意しなければならない。

(2) 執行力付与の理論的根拠

次に，執行力付与の理論的根拠について考えてみる。執行力の根拠は，当該債務名義に基づき強制執行をすることを認めた法律にあるが，どのような文書を債務名義とするかは，立法者の政策的考慮にかかっている[61]。中野教授は，そのような考慮として，「基本的には，国家の強制権力を発動して債務者の権利圏に侵害を加えることが一般に是認される程度に高度な蓋然性をもって給付請求権（執行債権）の存在と内容とを表象する文書が存在しなければならない」とされる。それは公文書であることが多いが，私文書もその性質上債務名義たりえないわけではないとされる。そして実質的には，「債務者に対する手続保障が強制執行の正当性を支える」ものとされるが，「債務者に機会が保障される手続関与の内容は，一様でない」と評価され，債務名義の成立前後の債

そこで，業界型以外の中立的 ADR を育成するとすれば，B to B 紛争である程度利益を出して，B to C にも取り組むような ADR 機関しかイメージできないのではなかろうか。そして，B to B の ADR において採算性を取得するためには，執行力の付与を得て，裁判等に代替するものでなければ困難ではなかろうか。

61) 以下につき，中野貞一郎『民事執行法〔増補新訂5版〕』（青林書院，2006年）157頁以下参照。

務者の関与や不服の機会を総体的に勘案すべきものとされる。以上を要すれば，文書の公私は関係なく，①文書に表象される権利の存在の高度の蓋然性，及び②債務者の手続保障が執行力の実質的根拠になるものと解されよう。

そこで，裁判を除き，現行法上債務名義として認められている文書の実質を見てみると，大きく2つの類型に分かれるように思われる。第1に，執行証書型と言うべきものである。これは，執行証書（民執22条5号）のように，請求権に関する当事者の合意（特に債務者の認容）があり，その合意を公務員が認証することにより，権利関係存在の蓋然性と債務者の手続保障を担保しようとするものである（調停調書などもこれと同様であろう）。ADR和解も当事者の合意に基づくものであり，このような構成に馴染みやすいと考えられる。ただ，合意の認証主体について，(a) ADR機関の認証で足りるとする考え方と，(b)事後的に裁判所等の国家機関が認証するとの考え方がありうる。(a)の考え方は，ADR手続実施者等を公証人など国家機関と同視するものであるが，仮に認証ADR制度を前提としても，そのような同視が可能であるかが問題となろう。他方，(b)の考え方は，そもそもそのような事後的認証が相当かという問題のほか，特に紛争発生後に認証が求められるような場合，過去の合意を認証することができるか，それは認証の域を出ているのではないか（判断行為が生じているのではないか），といった疑問が生じよう。

そこで，第2に，仲裁判断（執行決定）型と言うべき構成が考えられよう。これは，執行決定のある仲裁判断（民執22条6号の2）のように，裁判権が排除された場面における私的機関の判断について，裁判所による執行要件の確認による補充に基づき，権利関係存在の蓋然性と当事者の手続保障を担保しようとするものである。前述のように，ドイツ法上の弁護士和解＋裁判所・公証人による執行決定やフランス法上の和解＋裁判所による認可など，諸外国において一般に認められる執行力付与の考え方である。そこで，仲裁判断について執行力が認められる実質的根拠を考えてみるに，(1)訴訟によらず紛争を解決する旨の当事者の合意[62]（債務者から見れば，敗訴時には執行力の付与を受忍する意思

---

62) 合意の適法性（仲裁45条2項1号・2号）や，そもそも合意による紛争解決が可能であること（同項8号）が前提となる。

の存在），⑵適正な手続に基づく当事者の手続保障（仲裁法による規律及び裁判所によるチェック〔仲裁 46 条 8 項・45 条 2 項 3 号〜6 号等〕），⑶判断内容が公序に違反しないこと（同 46 条 8 項・45 条 2 項 9 号）であろう。このうち，⑶は，権利関係存在の蓋然性それ自体は，当事者の紛争解決に向けた合意及び仲裁手続内での手続保障に吸収させ，裁判所は再審査をせず（実質的再審査の禁止），公序違反のみをチェックすることとしたものであり，そのような政策判断・制度設計が可能であることを示している。

　ADR 和解について仲裁判断型の構成を考えてみると，⑴は和解合意及び執行受諾文言の付与により担保できると考えられるし，⑶は当然執行決定の要件となろう。問題は⑵であるが，これにはいくつかの考え方がありうるように思われる。すなわち，①すべてを当事者の合意の問題に吸収し，和解合意によりすべてが正当化されるとの考え方，②仲裁法による手続規律に代わるものとして，当該 ADR 手続につき認証等による一定の担保を図る考え方，③保障されるべき手続を内容的に規定し，それを執行拒絶事由と構成する考え方などである。これらはいずれも理論的に成立しうる考え方であり，いずれにせよ仲裁判断型構成に基づき ADR 和解に執行力を付与することは理論的に十分可能と解される[63]。

⑶　考えられる制度設計

　最後に，執行力の付与を認めるとして，その具体的な制度設計を簡単に考えてみる。まず，基本的スキームとしては，前述したところから，執行決定構成を中心に考えるべきであろう。前述の理論的根拠からも，また諸外国の法制からも，そのような帰結が得られよう。そして，執行決定を付与する主体は裁判所が中心となるが，なお（ドイツ法のように）公証人関与方式を付随的に利用することの可否は議論の対象になりうると解される。

---

[63]　なお，仲裁法 38 条が仲裁手続中の和解合意を内容とする決定に仲裁判断としての効力を認め，執行力を付与していることもその根拠となろう。けだし，これと一般の ADR 和解の差異は仲裁合意の有無及び仲裁法の規律によるが，これらの要請は執行受諾文言を付すことや対象 ADR を認証等により限定する措置によって十分代替できると解されるからである。

202　第8章　ADR和解の執行力について

　次に，ADR和解の要件としては，まず当該ADR手続が認証手続であることが前提になろう。諸外国の法制に見られるように，すべての和解に執行力の可能性を認めたり，弁護士代理を要件としたりすることは，白地に絵を描く場合には考えられることであるが，日本ではすでにADR法が成立し，認証紛争解決手続制度が存する以上，それを前提にするのが自然な姿であろう。問題は，認証の要件を加重するかどうか（換言すれば，認証手続の中にも，執行力付与の認証とそれ以外の認証を認めるか[64]）である。この点については，時効中断（完成猶予）効等と執行力との効力の強大さの相違，相手方の権利侵害のおそれの相違等に鑑みれば，より慎重な対応が必要であると考えられる。具体的には，和解の作成手続において合意確認等が行われる態勢を十分に整備していること，手続実施者等として弁護士等の法律家が関与できる態勢を整備していること[65]（後述参照）などを付加的な認証要件とすることが考えられよう。

　ただ，以上のような認証手続においてされたADR和解のすべてが執行力を有するものではない。和解の要件としては[66]，第1に，書面によることを求めるべきである。前述のように，ドイツでは1998年改正法の下で議論があるところであるが，慎重性の要請から書面性が求められることに加え，執行決定とともにADR和解自体が債務名義になると解されるとすれば，書面性が必要であろう（仲裁判断も書面でされることにつき，仲裁39条1項参照）。また，和解書には当事者又はその代理人の署名が必要とされるべきであろう。この点もドイツ1998年改正法では議論のあるところであるが，慎重性の観点から要件とされるべきである[67]。

　64）　時効中断（完成猶予）効等を前提とする認証制度がまずスタートする以上，一般的な形で認証要件を加重し，それを満たさない既存の認証機関がある場合に，認証を取り消すという方式は現実的な選択肢としてありえないであろう。

　65）　これは，ADR法6条5号を加重する要件ということになろう。

　66）　ほかに和解の内容が強制執行に適するものであることが当然の要件となろう。

　67）　更に，手続実施者による和解内容の読み聞かせを要件とするかが問題となる。確かに執行証書と同視すればこのような読み聞かせは必要とされうるが（公証39条1項），ADR和解は一定の手続が行われ，その成果としての和解であることに鑑みれば，そこまでの手続は必要でなく，あとは当事者の合意の真意性の問題と考えれば足りようか（訴訟上の和解や調停調書，仲裁手続中の和解等でもそのような読み聞かせは要件とされていない）。

第2に，弁護士その他の法律家の関与が問題となる[68]。執行力付与の実質的根拠となる権利存在の蓋然性及び当事者の手続保障のいずれの観点からも，ADR手続及び和解作成手続に法律家が関与する意味は大きく，その必要があるものと考えられる。問題は，ドイツの弁護士和解のように代理人としての関与とするか，手続実施者としての関与とするか，という点である。著者はその両様の可能性があるものと考えている。すなわち，仮に両当事者に弁護士等法律家が代理人として付いている場合には，手続実施者に弁護士が含まれていなくても（ADR法6条5号に従い，必要があれば弁護士の助言を受けることができる措置がとられていれば），執行力を認める余地がある。他方，そのような双方弁護士等代理の場合以外には，手続実施者に弁護士等を含んでいる必要があると考えられよう。

第3に，請求権等和解の対象範囲の限定が問題となる。この点は，特に濫用のおそれを懸念する意見が大きい中では，重要なポイントと考えられる。制限の手法として，請求権の内容により限定する考え方，例えば金銭請求に対象を限定する考え方がありうる。しかし，これでは，ADR和解に執行力を求める需要の重要部分が落ちてしまうおそれが大きい。ADRの特性の1つはその解決内容の柔軟性であり，事後的に執行を必要とする債務内容は金銭の支払に限定されないのが通常であろう。その点で，著者はむしろ対象当事者の範囲から限定を加えていく手法が相当ではないかと考える[69]。つまり，事業者対個人のADR和解で，個人が債務を負担するものについては，執行力を認めないという考え方である。このB to Cの排除という手法は，仲裁合意の対象の限定の際にも用いられたものであり（仲裁附則3条参照），仲裁と併せて将来的に再検討する余地を残しながら，当面は執行力の対象に乗せないという選択肢は十分に考えられよう[70]。

---

68) どのような法律家が関与適格を認められるかについては様々な考え方がありえよう。現段階では，一応，手続代理権を認められている法律家の関与の要否という視点で検討する。

69) ドイツやフランスで適用除外とされている住居賃貸借の紛争についても，個人を相手方とする和解に執行力を否定すれば問題はほぼ解決される。逆に，法人を相手方とする場合には，それが零細事業者であっても，執行力を認めることに問題は少ないであろう。

204 　第 8 章　ADR 和解の執行力について

　以上のような要件を満たす ADR 和解については，執行決定により執行力が付与されることになる。ここで問題となるのは，執行拒絶要件である[71]。まず，当事者の意思に欠缺・瑕疵があること，和解が形式的要件（書面要件・署名要件等）を満たしていないことその他和解が有効でないことが執行拒絶要件となる点に争いはなかろう（ドイツ・フランスもこの点を認めている）。次に，和解の執行決定の公序違反も執行拒絶要件となろう。この点はおおむね和解の無効の要件に吸収できるが，ドイツ法で議論されているように，国際的な場面における合意で，公序の基準が和解の準拠法国（外国）と執行法国（日本）とで異なる場合（準拠法上有効な和解でも，日本では公序に反すると解される場合等）には，なお意義がある要件と言える。最後に，和解に至る手続違反を顧慮するかが問題となる。当該違反が当事者の意思に影響する場合や手続的公序違反となる場合には，前記要件に該当することになるが，それ以外の場合になお重大な手続違反を考慮するかである。結論として，その必要はないと思われる。仲裁において手続違反がチェックされるのは，最終的な合意がない場合に権利存在の蓋然性や手続保障を担保するためには手続違反の不存在が絶対要件となるのに対し，当事者の最終的な合意がある和解では，基本的にそれに至る手続違反は治癒されると考えてよいからである[72]。なお，和解に至る過程で重大な情報が隠蔽されていたような場合には，錯誤無効（取消し）を招来しうることは言うまでもない。

　執行決定の主体は裁判所であることが原則である。そして，執行決定の手続は仲裁判断の執行決定に準じる[73]。問題は，ドイツのように，公証人による

---

70)　そのように考えても，個人を相手に執行力を付与することで，ADR の活性化が図られるという事態はあまり想定し難く，問題は少ないのではなかろうか。

71)　このほか，請求異議事由を執行決定手続で主張できるか，主張しなかった場合に遮断されるか等の問題があるが（これに関するドイツ法の議論は，3 (1)(b)(iv)参照），基本的に仲裁判断の執行決定の際と同等の議論が妥当しよう。仲裁判断に関する改正後の議論については，三木浩一 = 山本和彦編『新仲裁法の理論と実務』（有斐閣，2006 年）389 頁以下参照。

72)　和解に基づく仲裁判断の執行拒絶事由に関する議論として，三木 = 山本編・前掲注71) 307 頁以下参照。

73)　ドイツ法でも，(旧法では仲裁判断の執行決定の手続が準用され，新法では書き下ろされているが) 基本的に同一の手続によっている。特に，手続保障のため，口頭弁論又は当事者双方の立ち会うことができる審尋の期日を経る必要がある（仲裁 46 条 10 項・

執行承認を選択肢として認める可能性である。前述のように，ドイツではこのような選択肢が費用節減のために認められる。ただ，日本ではこのような手法が費用節減の要素になるか，疑問もある[74]。むしろ日本で重要なのは，裁判所に行かなくても債務名義を取得できるという点であろう。裁判所へのアクセス改善にかかわらず，やはり裁判所の敷居が高いという認識が一般的であるとすれば，この点は一定の意味があろう。ただ，このような任務を公証人に付与することは，従来公証作用を担当してきた公証人の役割を大きく変容させることは間違いがない。確かに，例えば，対象を金銭請求に限定し，かつ当事者の同意がある場合にのみ公証人に対する申立てを認めるのであれば，従来の任務からの乖離は限定される。しかし，それでは制度の実効性を欠くのみならず，なお「公証」行為とは言い難い面が残る。確かに公正証書の法的有効性の確認業務（公証26条）や執行文付与における執行可能性の判断業務（民執26条〜28条）は今でも公証人の役割とされているが，それも一般には法律行為の有効性まで公証しているわけではないと解されている[75]。その意味で，相当大きな制度変更となるが，そのようなハードルを前提にしてなお公証人による手続を選択肢として設けるべきか，議論が必要であろう。

5 おわりに

　以上，ADR 和解に対する執行力の付与について，主として理論的な観点から検討してきた。もちろん立法は理論の観点のみからされるものではなく，立法事実の存在が前提となる。ただ，ADR の立法に関して言えば，これはある意味では，日本の司法の将来の在り方に向けた壮大な実験であると言うこともできる。ADR が真に裁判所と並ぶ魅力的な紛争解決方法となりうるために，

44条5項参照）ものと解される。

74）　執行決定手続が実質的に弁護士代理による必要があるかにかかってくる。ただ，公証人の承認手続もその審査内容が同じであれば，弁護士代理の有無が変わってくるか，疑問である。裁判費用の観点だけからすれば，執行決定手続は廉価なものになる可能性が強い（例えば，仲裁判断の執行決定手続の印紙代は 4,000 円である。民訴費別表第 1 の 8 の 2 参照）。

75）　兼子一＝竹下守夫『裁判法〔第 4 版〕』（有斐閣，1999 年）442 頁参照。

206　第8章　ADR和解の執行力について

様々な政策努力を尽くしていくべきとすれば，執行力の付与はいずれその検討を避けられない大きな課題ということになろう。今はADR法の施行状況を見守るべき時期ではあるが，そのような時間を無駄にせず，学説がこの問題を理論的に検討する作業を継続することが強く期待される[76]。本章がそのような作業の1つの手掛かりとなることができれば望外の幸いである。

　（初出：NBL 867号9頁以下，868号24頁以下（2007年）〔小島武司先生古稀
　　　祝賀『民事司法の法理と政策　下巻』（商事法務，2008年）603頁以下所収〕）

[補論]　本章は，2008年出版の小島武司先生の古稀祝賀論文集に寄稿されたものであるが，その元となる原稿は2006年2月に脱稿されていた（その後，ほぼ同旨の原稿がNBL 867号及び868号（2007年）に公表されている）。本章原論稿脱稿後その公表前の動きとして注目されるものに，認証ADR機関に更なる認定を行い，特別の効果を付与する，事業再生ADRに関する産業活力再生特別措置法（現在の産業競争力強化法）上の制度の創設がある。その詳細は本書第13章の叙述に委ねるが（また，山本和彦『倒産法制の現代的課題』（2014年，有斐閣）第16章も参照），認証ADRのうち一定の要件を満たすものを経済産業大臣が認定し（これを「特定認証紛争解決手続」という），それについて，ADR手続後の特定調停手続や再生・更生手続等において一定の特例的効果を定めるものである（産競法49条以下参照）。このような枠組みは，執行力を付与するADRを創設するに際しても参考に値するものであり，仮に本文のように，執行力の承認について付加的な要件を求めるとすると，そのような要件を満たすADR機関を別途認定して，執行力を付与するスキームが考えられよう。
　　本章原論稿公表後の動きとしては，ADR法の5年後見直しに際した議論がある。この点について，仲裁ADR法学会（本文注76）参照）のシンポジウムで，ADR法の改正課題が取り上げられ，その中でADR和解の執行力が1つの論点とされた（徳田和幸ほか「シンポジウム・ADR法の改正課題」仲裁とADR 9号（2014年）86頁以下〔濱田陽子〕参照。それに基づく具体的な条文案

────────────

76）　青山・前掲注4）522頁も「ADRに関しては，これまで学問的な蓄積が必ずしも十分でなかった。本年〔2004年〕10月に発足した『仲裁ADR法学会』などを中心に，仲裁やADRの学問的深化，国際的動向についての研究や実態調査などが行われていくことを期待したい」とされている。本章の扱った問題も，そのような場等で理論的な深化が図られることを期待したい。

〔執行決定スキームを前提に，執行決定手続や執行拒絶要件の具体的な定めをする〕の提案として，同105頁以下参照）。また，日本ADR協会の改正提案（「ADR法の改正に向けて」（2012年提言））において，「ADRにおける和解合意に対して，当該認証ADR機関の選択により，裁判所の執行決定による執行力の付与を可能とすべきである」とし，「執行力付与が可能なADR機関において，執行力を伴う条項を含む和解合意をする際には，当該条項に関して当事者が執行を受諾する旨の文言を要求することにより，強制執行の可能性についての当事者の意思を確認するものとすべきである」として，執行力の付与が提言された。いずれの提案も，本文における著者の提言と基本的方向性を共通にするものであった。

　ただ，このような提言は5年後見直しにおいては，結局，採用されるには至らなかった。すなわち，2014年の法務省「ADR法に関する検討会報告書」の結論としては，「認証ADRにおいて成立した和解に執行力を付与することについては，主として利用者等の動機付けや便宜の観点等からこれを望む意見がある一方で，必要性を疑問視する意見や執行力の存在による利用者への萎縮効果などADRの機能を害するおそれがあるとの意見があるほか，執行力を付与するには和解の内容の適切性・妥当性を確保するための仕組みが必要不可欠であるなどの指摘もされている。これらの事情に鑑みれば，ADRによる和解への執行力の付与は，現時点では克服すべき課題が多いものといわざるを得ないが，他方で，事業者の選択及びこれに対する適切な規制による一部のADRのみに対する執行力の付与や裁判所の関与による和解の適切性の確認等により合理的な制度設計が可能ではないかとの見解もあることから，このような見解にも留意しつつ，今後も検討を続けるべき将来の課題とする」とされた。

　以上のように，引き続き検討を続けるべき将来の課題として，この問題は位置づけられているが，国際的にみれば，この間この問題については大きな進展があったものと考えられる。すなわち，欧州においては，2008年のメディエーション指令及び2013年の消費者ADR指令等に基づいて多くの国で法整備が図られている模様であり，その中ではADR和解に対する執行力の付与が重要な課題とされている（［補注3］や［補注4］でふれたドイツ・フランスの最近の動きも，このようなEUレベルでの動きを反映したものとみられる）。更に，UNCITRAL（国連国際商取引法委員会）において，国際商事調停による和解につき執行力を付与するモデル法及び条約案の検討が進められており，2018年6月に成案が得られたようである。このような国際的状況を前提に，また国内における認証ADRの定着の状況をも踏まえれば，再びADR和解の執行力の議

論を始める時期に来ているというのが著者の認識である（なお，2018 年 4 月の日本 ADR 協会の「ADR 法制の改善に関する提言」においても，この点で 2012 年提言の内容を維持する提案がされている）。

第 9 章

ADR 合意の効力
―― 訴権制限合意についての若干の検討

1 問 題 意 識

　本章は，いわゆる ADR 合意[1] の効力について検討する。本章では，特にそ
れが訴訟とどのような関係に立つのか，すなわち ADR 合意が当事者間で締結
されていることによって当事者は当該事案について裁判所に訴えを提起するこ
とができなくなるという効果を生じるのか，という問題を中心に若干の検討を
するものである。近時，この点について，東京高判平成 23 年 6 月 22 日（判時
2116 号 64 頁）（以下単に「本判決」ともいう）が出され，若干の議論が展開されて
いるが[2]，未だその検討は十分とは言い難い。仲裁合意については，法律の明
文で訴権を排除する効果が認められているが（仲裁 14 条 1 項），ADR 合意につ
いては ADR 法等にその点につき明示した規定は存しない。ただ，今後，
ADR の発展普及に伴い，当事者間に予め ADR 合意が締結される事態も相当
に増加するものと考えられ，この点を検討しておくことは，理論的にも実務的

　1）　本章で「ADR 合意」とは，当事者間で裁判以外の紛争の解決方法を定める合意のう
　　ち，仲裁合意を除くものを指す。山本和彦 = 山田文『ADR 仲裁法〔第 2 版〕』（日本評
　　論社，2015 年）66 頁では，同旨のものとして「ADR 手続契約」という概念を非典型
　　契約として観念し，「特定の紛争について特定の ADR 手続を通じて解決を図ることを
　　約する契約」と定義する。
　2）　同判決の評釈として，中野俊一郎・判批・判時 2133 号（2012 年）166 頁以下が大変
　　有益である。なお，本章は，同判決の基礎となった事件において，被告側から東京高等
　　裁判所に提出された著者の法律意見書を元にしたものである。

にも一定の意義があると考えられる。

　以下では，まず ADR 合意の意義について論じ，それが訴権を制限する合意であると認められる要件について考える（2 参照）。次に，仮に ADR 合意が訴権制限合意であると認められた場合にも，それに基づき裁判所が訴えを却下できるかどうかは別の問題であるので，その点について別途論じる（3 参照）。最後に，以上のような一般的な考え方を本判決の事案に当てはめて検討してみる（4 参照）。

2　ADR 合意の意義について

(1)　ADR 合意の種別

　当事者間で ADR 合意が締結される場合，そのような合意には様々な種類のものがあると考えられる。最も単純には，当事者間で当該紛争の解決のために（特定の）ADR 手続を利用することができる旨の合意，すなわち「ADR 利用合意」があるが，これは基本的に訴訟手続の利用とは関係を有しない。他方，当事者間において当該紛争の解決のために（特定の）ADR 手続の利用を両当事者に義務づける合意，すなわち「ADR 利用強制合意」がありうる。更に，当事者間で当該紛争の解決のために（特定の）ADR 手続を経ないで訴えを提起することを両当事者に許さない合意，すなわち「訴権制限合意」がありえよう。これらはそれぞれ別の内容を有する合意であると解される。

　このうち，ADR 利用合意が ADR 利用強制合意や訴権制限合意を当然に含むものでないことは明らかであろう。単なる ADR 利用合意においては，ADR を利用するかどうかは当事者の任意に委ねられるが，一方が ADR を利用する場合には，他方はそれを拒絶できないという効果を有するに止まることになる。他方，ADR 利用強制合意があったとしても，それだけで提訴が当然に許されないことにはならないと考えられる。ADR 利用強制合意に反した場合としては，当事者が ADR を利用しなかったこと（その不作為）が相手方に対する債務不履行にはなるが，訴えを提起したことそれ自体が義務違反になるものではないと解されるからである。その意味で，ADR 利用強制合意の存在は，それのみでは訴え提起の効力に直接の影響を与えるものではないと考えら

れる。それに対し，訴権制限合意は，当事者の訴え提起行為に直接着目した合意であるので，その存在は訴訟手続に対して一定の効果を有しうる[3]（但し，それが直ちに訴え却下の効果を導くものとはいえないことについては，*3*参照）。

以上から，個々の ADR 合意と訴訟手続との関係を考察するに際しては，その ADR 合意が上記のうちどのような内容を有するものであるのか，具体的にはそれが訴権制限合意としての内容を有するものであるのか，についてまず慎重な検討を要する。

(2) 訴権制限合意の根拠——明示の合意の必要

ある ADR 合意について，それが（ADR 利用強制合意を超えて）訴権制限合意としての内容を有するとされる場合には，原則としてその旨の当事者の明示の合意が必要になるものと解される。けだし，これは不起訴の合意の一種（いわば「時限付不起訴合意」）であり，当事者の裁判を受ける権利を直接制限するものであるところ，裁判を受ける権利は憲法が保障する基本的人権であり，それを制限する例外的な合意としては当事者の明示の意思表示が原則として不可欠であると考えられるからである。確かに一般的な不起訴合意や仲裁合意とは異なり，訴権制限合意は裁判を受ける権利を永久に当事者から奪うものではないが，たとえ一時的にであれ，当事者の裁判を受ける権利が侵害されることは間違いのないところであり，裁判を受ける権利の重要性に鑑み，その排除を正当化するには当事者のその旨の明確な効果意思が必要不可欠と考えられる。

以上のような訴権制限合意の例外性の付加的な根拠としては，ADR 法（正式名称は「裁判外紛争解決手続の利用の促進に関する法律」）の立案過程での議論が重要である。すなわち，ADR 法の立法に際しては，いわゆる「付 ADR」（付調停に対応するもので，裁判所が係属する訴訟事件を民間 ADR に付託する制度）の当否が議論となった。しかし，裁判所が当事者の意思に反して事件を ADR に付することは，それがたとえ一時的なものであったとしても，当事者の裁判を受

---

3) 山本＝山田・前掲注1) 85 頁が「ADR 合意の存在は必ずしも訴訟を排除するものではない（ただし，当事者が ADR によってのみ解決すべき旨の特別の合意をしているときは，それは不起訴の合意としての効力を認められうる）」（傍点著者）とするのも，以上のような趣旨を表そうとしているものと解される。

ける権利を侵害するおそれがあるとして否定された[4]。その結果，最終的には，付 ADR という形ではなく，当事者間で ADR 手続が実施されている場合又は ADR 合意がある場合において，当事者の共同の申立てがあるときに，裁判所は訴訟手続を中止することができる旨の規定（ADR 法 26 条）に止まったものである。この規律で特に注目されるのは，当事者の合意として，ADR の利用に関する合意とともに，共同の中止申立てが別途必要とされている点である。つまり，このような規律は，ADR 手続を訴訟手続に優先させることを正当化するためには，ADR 利用の合意に加えて，訴権制限の明示の合意を要することを示しているものと評価できるからである[5]。そして，事後（提訴後）の ADR 合意ですら，訴権を制限するためにはそのような明示の合意が必要であるとすれば，法体系の一貫性に鑑み，事前の合意によって ADR 手続を優先させて訴権を制限する場合には，それが可能であるとしても，その旨の明確な効果意思及び意思表示が必要とされるはずである。

　したがって，訴権制限合意の認定に際しては，原則として，ADR 手続を利用する義務を当事者に課してその代わりに提訴できないことを明示するか，あるいは少なくともその趣旨が一義的に明白に（他の解釈を許さない形で）合意の中に読み取ることができるものである必要があると解される。

---

4)　この議論については，山本＝山田・前掲注 1) 280 頁以下参照。その結果，司法制度改革推進本部の「ADR 検討会」の議論でも，この論点は「裁判所による ADR を利用した和解交渉の勧奨」という形で，あくまでも「勧奨」という位置付けに止められている（この点は，小林徹『裁判外紛争解決促進法』（商事法務，2005 年）357 頁参照）。また，フランスでも同様の議論があり，フランス法における付 ADR の制度は，当初の実務では当事者の同意を不要とするものであったが，裁判を受ける権利の観点からの批判を受け，現在の法律では必ず当事者の同意を要件とするものとされている（これについては，本書第 2 章 **4(1)**など参照）。

5)　山本＝山田・前掲注 1) 281 頁参照。訴訟手続係属中に ADR 手続を実施したり，ADR 手続を利用する合意を当事者がしたりするのであるから，常識的には訴訟ではなく ADR による解決を当事者が志向している（黙示的に訴訟手続の利用を排除している）と推認することができるが，それでもなお訴訟手続を排除する旨の明示の合意（共同の中止申立て）がない限り，法は ADR 合意の訴訟手続への影響を否定しているものと評価することができる。

(3) 訴権制限合意の根拠——黙示の合意の認定の要件

以上のように，ADR 合意を訴権制限合意と解するには，原則として当事者のその旨の明示の意思表示を要すると解されるが，もちろん一般の意思表示の理論に従い，当事者間の黙示の合意が全く認められないというわけではない。しかし，前述のように，それが裁判を受ける権利という憲法上の権利を制約するものであることに鑑みれば，黙示の合意の認定には特別の慎重さが必要である。すなわち，訴権制限合意を黙示的なものとして認定するに際しては，当該合意内容が訴権を制限する趣旨であるとの認定が可能であるとともに，訴権を制限される当事者に対して提訴に代替するような十分な手続権が保障されている必要があると解される。そのような代替的手続保障なしに訴権を制限されることに当事者が同意するとは一般に考え難く，あえて当事者が代替的な手続保障を不要としたと理解できるような特段の事情のない限り，そのような場合に当事者の黙示の意思を推認することは相当でないからである。その意味で，黙示の訴権制限合意を認定するためには，ADR 合意（紛争解決条項）全体の合理性の判断が不可欠になるものと解される[6]。

そのような合理性を示す条項として，まず時効中断（完成猶予）との関係が考えられる。訴権制限合意は，一時的に裁判を受ける権利を制限する合意であるので，その間は提訴による請求としての時効中断（完成猶予）ができないことになる。その点を考えると，合理的な当事者であれば当然，そのような合意をする際には，それに代わる時効中断（完成猶予）の方法を念頭に置くはずである。そこで，まず訴訟に代えて利用が強制される ADR 手続が時効中断（完成猶予）効をもつかどうかが問題となる。民事調停や ADR 法上の認証 ADR 等であれば（手続終了後一定期間内の提訴により）時効中断（完成猶予）効が認められるので（民 147 条 1 項 3 号，ADR 法 25 条参照），訴権を制限してもこの点での当事者の権利は基本的に害されないことになる。しかし，仮に時効中断（完

---

6) これは，合理性がない合意が一般的に効果を有しないとする趣旨ではない。当事者が明示的に合意している場合には，それがいかに不合理な内容であったとしても，（公序良俗や強行法規に反しない限り，あるいは錯誤等による意思表示でない限り）効果が認められることは当然であるが，黙示の意思を認定する場合には，内容が不合理なものについては，特段の事情のない限り，人は合意しないはずという経験則に基づき，合意があったかどうかの判断に際して，合意内容の合理性が問題になるという趣旨である。

成猶予）効を有しない ADR 手続の利用を強制して訴権を排除するとすれば，その場合には，時効中断（完成猶予）をもたらすような合理的方法[7] が ADR 合意の中で規定されているのが通常であると解される。しかるに，そのような規定が ADR 合意中に存在しないような場合には，当事者が時効中断（完成猶予）措置をあえて不要と考えていたような特段の事情のない限り，当事者間では提訴を排除するまでの効果意思はなかったことが推認され，黙示の訴権制限合意と認定することは一般に相当ではないと解されよう。

次に，黙示の訴権制限合意を認定するためには，訴訟に代えて利用を強制される ADR 手続が訴訟手続を排除するのにふさわしい明確なものである必要があると解される。特に当該 ADR 手続が不当に遅滞するおそれがないように配慮されている必要があろう。そのような明確な手続の定めがなく，結果として一方当事者の引き延ばし等の行為によって ADR 手続が遅滞するおそれがあるとすれば，裁判を受ける権利が否定される期間が不当に長期化するおそれがあり，実質的に裁判を受ける権利を侵害すると判断されるところ，そのような合意を合理的な当事者が甘受するとは考え難いからである。民事調停や認証 ADR 等であれば，調停委員会における裁判官の関与や認証要件としての手続に関する定め（ADR 法 6 条 7 号等）などがあるので，仮に訴権が制限されたとしても当事者の手続権は基本的に害されないと評価できるが，そのような保障がないにもかかわらず，当事者の黙示の意思を認定するのは，裁判を受ける権利の観点から疑問である。したがって，上記のような意味で必ずしも十分ではない ADR について利用合意がされていたとしても，当事者がそのような手続権の侵害があってもやむをえないと考えていたような特段の事情のない限り，当事者間では提訴を排除するまでの効果意思はなかったことが推認され，黙示の訴権制限合意との認定は一般に相当ではないと解されよう。

(4) 小 括

以上から，ある ADR 合意を訴権制限合意であると認定するためには，①原

---

7) 例えば，時効期間が迫ったような場合には，ADR 手続が中途であってもなお例外的に提訴を認めるなどの措置が考えられよう。

則として訴権を制限する旨の明示の合意（そのように一義的に解釈できる内容の合意を含む）が必要であり，②明示の合意がない場合に条項の全体から黙示の訴権制限合意を認定しうる可能性があるとしても，その場合には ADR 合意全体の合理性について，上記の時効中断（完成猶予）との関係や ADR 手続の明確性などの観点から，訴権排除の効果意思の存在について慎重に判断する必要があるものと解される。

3 　ADR 合意（訴権制限合意）の効果について

　以上のような検討に基づき，仮にある ADR 合意が訴権制限合意を内容とすると認定されるとしても，その場合に当然に訴えが却下されることにはならないと考えられる。換言すれば，訴権制限合意の効果は直ちに訴えの却下に結びつくものではない。そこで，以下では，訴権制限合意が訴訟との関係でどのような効果を有するかについて検討する。

　このような検討に際して参考になると思われるのは，訴え取下げ合意の効果に関する判例法理である[8]。すなわち，判例は，この点について，「訴の取下に関する合意が成立した場合においては，右訴の原告は権利保護の利益を喪失したものとみうるから，右訴を却下すべきもの」と解している[9]。そこでは，有効な訴え取下げ合意が認められる場合には，あえて国が関与してまでその紛争を解決する必要はなく，訴えの利益が否定されるとみることができるとの理解を前提としており，当然に合意内容どおりの効果，すなわち訴え取下げの効果が生じるものとしているわけではない点に注意を要する。その意味で，判例はこのような合意についていわゆる私法契約説の立場をとり，あくまでも合意の内容を訴えの利益の判断の一要素と理解しているものと解される。また，不起訴の合意の効果についても，学説上はいわゆる訴訟契約説が有力であるが，判例の議論を前提とすれば，やはり私法契約説に基づき，訴えの利益の有無が判断の基準となることになると解される[10]。そして，訴権制限合意が，前述

　8）　以下では，訴え取下げ合意及び不起訴の合意に関する判例法理の当否については立ち入らず，そのような判例法理を前提として ADR 合意の効果を検討する。
　9）　最判昭和 44・10・17 民集 23 巻 10 号 1825 頁参照。

のように，不起訴の合意の亜型であるとすれば，判例によれば，仮に訴権制限合意が認定されたとしても，それにより直ちに訴え却下の結論が導かれるわけではなく，訴えの利益の消滅が認められる場合にのみ，訴え却下の結論になるべきものと解される。換言すれば，訴権制限合意の存在にもかかわらず，なお訴えの利益が認められる場合には，訴えを却下すべきではないと解されることになる。

　それでは，調整型 ADR の利用を前提とした訴権制限合意の場合に，その合意によって訴えの利益は一般的に失われるのであろうか。この場合には，ADR 手続が行われても，常に和解に至って紛争が解決されるとは限らず，ADR 和解が成立しない場合には結局提訴の必要がある点に注意を要する[11]。その意味では，訴権制限合意にもかかわらずなお訴えの利益がありうることになる。換言すれば，訴権制限合意は，訴え取下げ合意や仲裁合意，純粋の不起訴合意などとは異なり，永久に当事者の訴権を否定するものではなく，暫定的一時的な訴権否定という特徴を有する合意である。そうであるとすれば，訴権制限合意が認められたとしても，訴えの利益を一般的な形で否定して訴え却下の結論に至ることは原則として相当ではないと解される。個々の事件において，例えば ADR における話合いが成立する蓋然性が高いなど特段の事情がある場合に限り，例外的に訴えの利益がないと判断されるべきものであろう[12]。

　そして，以上のような理解は，民事調停法や ADR 法における既存の制度との整合性からも導くことができるように思われる。すなわち，調停前置義務は（当事者の合意に基づくものではないが，法律の規定によって）やはり一時的な訴権制限を定めるものであるが，その規律に反して提訴がされた場合には，原則として職権で調停に付されることになるところ（民調 24 条の 2 第 2 項），その場合も訴え自体は却下されず，裁判所は訴訟手続を中止することができるに止ま

---

10)　不起訴の合意の効力に関しては，例えば，伊藤眞『民事訴訟法〔第 5 版〕』（有斐閣，2016 年）333 頁，特に注 177 など参照。

11)　これに対し，裁定型 ADR における訴権制限合意，つまり仲裁合意においては，訴えの利益を問題とせず，当然に訴え却下の効果が生じるとされているが（仲裁 14 条 1 項），それは，仲裁合意の場合には，仲裁手続において確実に紛争が最終的に解決されることを前提とすることができるからである。

12)　訴えの利益の判断は，もともとこのような個別性のある判断である。

る[13]（民調20条の3第1項）。また，前述のADR法26条で，訴訟手続中に当
事者間でADR利用の合意がされた場合にも，裁判所はやはり訴えを却下する
のではなく，共同の申立てに基づく訴訟手続の中止ができるに止まる。つまり，
ADRの手続を訴訟手続に優先させるとしても，ADR不調の場合を慮って訴
えを却下せずに，将来の訴訟手続の続行の可能性を残す（訴訟手続を中止するに
止める）のが現行制度の考え方であるといえよう。このことは，調整型ADR
の前記のような特徴からは合理的な規律ということができ，事前の訴権制限合
意がある場合についても，その点は十分顧慮されるべきであろう。

　以上の検討からすれば，ADRの利用を前提とした一時的な訴権制限の合意
がある場合においても，訴えの利益がないとして直ちに訴えを却下してしまう
ことは，原則として過剰な規制であり，相当ではないと解される[14]。むしろ
民事調停規則5条やADR法26条の規定を類推して訴訟手続を中止するに止
めるか，そうでなくても事実上期日の指定をせずに裁判所がADR手続の推移
を見守るという取扱いが相当であろう[15]。仮に訴権制限合意に基づき訴えを
却下すべきものとすれば，それはいかなる場面でも常に画一的な取扱いが裁判
所に義務づけられることになるが，訴権制限合意がある場合であっても実際に
は様々な事案や事情がありうることから，裁判所に裁量権を与えて事件ごとに
柔軟な取扱いを認めるのが実際にも相当であると思われる[16]。

---

13)　この点は家事調停でも従来から同様とされており（旧家審規130条），そのような規
　律は合理的なものとして，近時の家事事件手続法においても維持されたところである
　（同法275条）。

14)　この点については，提訴による時効中断（完成猶予）効にも配慮が必要である。仮
　に訴えを却下してしまうと，原告は時効中断（完成猶予）効を享受できなくなってしま
　うからである。選択されたADR手続に時効中断（完成猶予）効が認められるとしても，
　訴え却下時には消滅時効が既に完成してしまっているおそれがあるし，その時点では時
　効完成がなくても，当該ADR手続に時効中断（完成猶予）効が認められていなければ，
　ADR手続中に時効が完成するおそれもある。訴訟の係属を維持すれば，このような帰
　結になるおそれはなくなる。

15)　この場合，仮に一方当事者から期日指定の申立てがあったとしても，少なくとも
　ADRの話合いに必要と認められる相当期間については，当該申立てを（期日申立権の
　濫用等と評価して）却下して期日を開かないことができるものと解すべきことになろう。

16)　前述の民事調停や認証ADRの規定の場合も「中止することができる」として，裁
　判所の裁量的な取扱いを許容している。また，やや類似した局面として外国裁判所に同
　一の訴訟が係属している場合（国際的訴訟競合）の取扱いがあるが，この場合にも，裁

218 第9章　ADR合意の効力

以上から，訴権制限合意が認められる場合であっても，訴えを却下する取扱いは，原則として相当とは言い難いものと解される。

4　本判決への当てはめ

(1)　本件事案の概要

本件は，XがYらに対して不法行為に基づく損害賠償請求訴訟を提起したものである。当事者間には，本件の訴訟物に関する紛争について締結された損害分担合意[17]（以下「JSA」という）の中に，以下のような条項が存在した（原文は英語であるが，訳は原判決の認定による）。

第9条　適用される法律及び紛争解決

本契約は，すべての点において日本法に準拠し，日本法に従い解釈されるものとする。本当事者が本契約による分担解決金の配分方法につき意見を異にする場合（「本件分担紛争」），当該本当事者は，かかる紛争に関して誠実な交渉を行うものとする。かかる交渉がかかる誠実な交渉の開始日から60日以内に当該紛争を完全に解決しない場合，一切の本当事者は，当該事件を中立的な日本の調停人に付託することができる。当該調停人は，本当事者らの合意により選出するものとする。調停人の選択について本当事者らが調停手続の開始時から30日以内に合意に達することができない場合，一切の本当事者は，書面による要求を社団法人日本商事仲裁協会（「JCAA」という。）に提出し，調停人の選出を要求することができる。（中略）調停人が選出された後，本当事者らは，日本の商慣行の原理に従い，非拘束的な調停を行うものとする。調停によって当該紛争が完全に解決されない場合，本当事者らは，日本の裁判所において残りの問題を解決するためのあらゆる法的手段を開始することに合意する。

判所の柔軟な取扱いの可能性が認められているところである（国際裁判管轄法制の立法に際して，この点の規制に関して明文規定を設ける提案もされたところであるが，裁判所の裁量を制約するものとして採用されなかった。この点については，佐藤達文＝小林康彦編著『一問一答平成23年民事訴訟法等改正』（商事法務，2012年）177頁参照）。

17)　平成18年1月27日付の「Judgement Sharing Agreement Civil DRAM Cases」と題されたものである。なお，本件事案の詳細については，阿部博友「民間調停による紛争解決条項の法的効力をめぐる争い」NBL 994号（2013年）92頁以下参照。

Xは，Yらを相手方として，平成21年7月24日，東京簡易裁判所に民事調停の申立てをしたが，同調停は，平成22年1月12日，調停不成立により終了した。そこで，Xは，Yらを被告として，平成22年1月25日，本訴を提起したものである（なお，本訴提起後，平成22年10月1日から，JSA第9条に定める民間調停手続が開始している）。

(2) 本件合意の性質

以下では，*3*までで述べてきた一般論を本件事案に当てはめて検討してみる。

まず，本件合意が訴権制限合意と認められるかどうか，という問題である。JSAには，訴権を否定する明示の合意が存在しないことは明らかである。そして，本件ADR合意がADR利用強制合意であるかどうか自体も疑わしく，仮にそれがADR利用強制合意であったとしても，更に訴えの提起を制限する合意とまで一義的に認められるとは解し難いと思われる。

その理由として，第1に，ADR手続に付することについて，JSA第9条第3文は「may」という語を用いており，当事者は調停に「付託することができる」とするに止まり，調停によらなければならないとしているわけではない。その意味で，この合意がADR利用強制合意と言えるかどうかが，そもそも疑問である。確かに，この文言は，交渉継続か調停付託かの選択権を当事者に付与するもので，調停手続の利用を強制しているという読み方も不可能ではないが，他方で，調停付託か訴訟提起かの選択権を当事者に付与したものという読み方も十分に可能であろう。また，JSA第2.6条[18]も当事者がそのような手続を用いる権利を有するとのみするものであり，そのような手続の利用が義務づけられると一義的に解されるものではない。この規定の意義としては，第2.6条の定めにより，一方当事者が第9条所定の調停に付託した場合には相手方がその手続を拒否できず，同条所定の流れで手続が進められる旨を規定したに止まるものとの解釈もやはり十分に可能である。第2に，JSA第9条末尾

---

18) 同条は，各当事者は「分担解決金の配分が適切かどうかについて交渉し，もし適切であればかかる分担解決金の公正かつ衡平な配分を決定することに合意する。かかる交渉によりかかる紛争が解決しない場合，各本当事者は，本契約第9条に規定の手続に従い手続を進める権利を有するものとする」と定める。

の規律は，調停による解決ができなかった場合についての日本の裁判所の国際裁判管轄を合意した条項と解する余地は十分にあり[19]，やはり調停によることを義務づけたものと断定することはできない。

以上のように，本件 ADR 合意は少なくとも明示の ADR 利用強制合意とは言い難いが，更に仮にそれが ADR 利用強制合意と読めるとしても，訴権制限合意としての明示の内容がそこに含まれていないことは明らかである。前述のように，裁判を受ける権利という憲法上の権利を制限する合意をするのであれば，当事者は原則としてその旨を明示すべきであり，本件でより明確な内容の合意を結ぶことは十分期待可能であったし[20]，また両当事者がそのような効果意思を有するのであれば，そうすべきであったと思われる。確かに契約当事者の属性によっては，ありえた当事者の意思を裁判所が忖度しながら一定程度創造的な契約解釈をすることは考えられるが，少なくとも本件のように，日本を代表するような大企業同士の合意について，あえて契約文言とは離れた解釈をして，裁判を受ける権利を制約する効果を導かなければならない必然性はないと思われる。したがって，本件条項には訴権を制限する旨の明示の合意はないので，原則としては訴権制限合意とは認められないものと解される[21]。

それでは，次に，例外的に訴権制限の黙示の合意を認定することができるか，という点が問題となる。その際には，前述のように，そのような黙示の意思の推認を可能とするだけの合理性が本件条項にあるか否かが問題となるが，この点は疑問であろう。まず，第 1 に，本件条項においては時効中断（完成猶予）に対する十分な配慮は見られない。本件条項で利用が予定されている ADR 手続には時効中断（完成猶予）の効果は認められていない[22]。また，時効中断

---

19) 英文の原文からすれば，当該条項は「当事者は，残されたいかなる争点についても，それを解決するいかなる法的手続も，日本の裁判所において開始されなければならない旨を合意する」との趣旨と理解される。

20) 例えば，「第 9 条の手続を経ずに訴えを提起することはできない」などという表現をとって，その趣旨を明確にすることは一挙手一投足の労であったといえよう。

21) これらの条項を原審判決のように読むことが不可能ではないとしても，明示的に訴権を制限しているとまでは言えない以上，黙示の合意とする理解が可能かどうかという後述の問題となろう。

22) 日本商事仲裁協会（JCAA）の調停手続は現在では認証手続として時効中断（完成猶予）効を有するが（日本商事仲裁協会は，ADR 法に基づく第 7 号〔認証日：2007 年

（完成猶予）のために必要がある場合には，当事者は適切な措置をとることができる旨の規定も存在しない。とりわけADR法で時効中断（完成猶予）効を認める前提として，当事者がADR手続を終了させるための要件及び手続に関する明確な定めが必要とされ，それが認証要件として規定されているが（ADR法6条12号），本件条項では手続がどのように終結されるかについて，明確な規定が存在しない。これでは，一方当事者が時効中断（完成猶予）を図る必要があり，提訴のためにADR手続を打ち切ろうとしても，それがJSA第9条の規定に沿わないと事後的に判断されれば，依然として訴権制限合意は有効とされ，当該訴えは不適法と解されるおそれが残る。その結果，当事者は提訴することができず，時効を中断（完成猶予）できる保障がないことになってしまう。その結果として，相手方が意図的に時効の完成を目論めば，それが可能になってしまうおそれが現実にあることになり，実質的に裁判を受ける権利を侵害するおそれが大きい。したがって，時効中断（完成猶予）ができなくてもやむをえないと当事者が考えていたことを示すような特段の事情があればともかく，本件事案においてはそのような事情を示す事実も存在しないと見られ，当事者の合理的な意思解釈としては，訴権制限の趣旨を含む黙示の合意を認定することは相当ではないと解される。

　第2に，本件条項においてはADR手続に関する規律も不明確なものに止まっている。そこでは，日本商事仲裁協会の商事調停規則[23]を用いるものではなく，調停人の選定を日本商事仲裁協会に委ねるとしても，調停手続自体はアドホックなルールによるものとされている。したがって，一方当事者がどのような行為をすれば何日以内に他方当事者がどのような行為をして，目途としてどの程度の期間で手続が終結に向かうのか，全く明らかではない結果になっている。これに対し，多くのADR機関のルールでは，標準的な手続進行や処理期間等が設けられており，特に認証ADR機関ではそのような定めが不可欠と

　12月27日）の認証紛争解決事業者となっている），本件合意当時にはそのような効力はなかったし，そもそも本件合意は，アドホックのADR手続の利用を定める（日本商事仲裁協会には調停人の選定を求める）にすぎないので，時効中断（完成猶予）効は当然に認められない。

　23）　同規則については，http://www.jcaa.or.jp/adjust/docs/domest-chotei.pdf 参照。

なっている[24]（ADR 法 6 条 7 号など参照）。しかるに，本件条項では，ADR において最も重要な点である手続の進め方等については，全面的に調停人の裁量に委ねられる内容となっている。そのような点についての明示的な合意なしに訴権の制限を受け入れることは一般に合理的とは言い難く，そうであるとすれば当事者間の黙示の合意を認めることは困難である。

また，JSA 第 9 条によれば，当事者が事件を調停に付託する前提条件として，当事者の誠実交渉義務の定めが置かれている[25]。しかし，交渉の「誠実性」というものは極めて主観的かつ曖昧な概念である。それにもかかわらず，本件条項においては誠実性の判断の基準や判断権者についての定めが欠如しているので，当事者はその点について確実な判断ができないことになっている。その結果，当事者間で現実に交渉がされていても，未だ誠実な交渉はされていないと一方当事者が主張すれば，そもそも ADR 手続への付託自体が認められず，延々と相対交渉が継続してしまうおそれが否定できない。そうすると，一方当事者の行為や思惑によって ADR 手続の開始が遅滞するおそれが多分にあり，当事者の裁判を受ける権利が侵害されるおそれが否定できない。そして，本件事案では，当事者がそのような侵害もやむをえないと考えていたような特段の事情は認められないように思われ，当事者の合理的な意思解釈としては，訴権制限の趣旨を含む黙示の合意を認定することは相当ではないと解される。

以上の検討から，本件では，当事者の合理的な意思解釈として，訴権を制限するまでの効果意思はなかったことが推認され，黙示の合意としても，本件合意が訴権制限合意を含むとの認定は相当でないと解される。

(3) 本件合意の効果

最後に，仮に本件合意が訴権制限合意であると認定されるとしても，前述の

---

24) 例えば，日本商事仲裁協会の商事調停規則（前注参照）19 条 1 項では，「調停手続は，調停人選定後，3 カ月以内に終了しなければならない。ただし，調停人は，当事者間に別段の合意があるとき又は協会が必要と認めたときは，その期間を延長することができる」と規定されている。

25) 「当事者は，かかる紛争に関して誠実な交渉を行うものとする。かかる交渉がかかる誠実な交渉の開始日から 60 日以内に当該紛争を完全に解決しない場合，一切の本当事者は，当該事件を中立的な日本の調停人に付託することができる」とされている。

ように，原則として訴え却下の結論に至ることは相当ではない。本件では，
ADR における話合いの成立の蓋然性が高いなどの特段の事情は事案から窺う
ことはできず[26]，訴えの利益が失われているとまでは言えないように見受け
られる。したがって，裁判所は，訴えの利益を否定して直ちに訴えを却下する
のではなく，ADR における話合いがされていることを念頭に置いて，訴訟手
続の進行に一定の配慮を加えれば足り，またそれに止めるべきであると解され
る[27]。そして，ADR 手続における話合いが合理的な理由なしに遅延している
と裁判所が認めるような場合には，訴訟手続を進行させることも可能であると
解される。しかるに，そのような個別の事情に応じた裁判所の柔軟な対応の可
能性を否定して，本件合意に基づき直ちに訴えを却下する取扱いは相当ではな
いと考えられる[28]。

　以上の検討から，本件合意は，訴権制限合意を含むと解することはできない
と考えられるし，仮に訴権制限合意であるとしても，それに基づき直ちに訴え
を却下することは許されないと解される。

(4)　本判決の概要と評価

　本件事案において，第 1 審判決（東京地判平成 22・12・8 判時 2116 号 68 頁）は，
「JSA 9 条が，訴訟手続をとる前提として，①誠実な交渉，②契約当事者の合
意で調停人を選出した場合には，その調停人を介しての調停手続，③上記合意
ができない場合には，JCAA により選出された調停人を介しての調停手続を要
求し，上記②又は③の調停手続で紛争が解決しない場合にはじめて，裁判所に
おけるあらゆる法的手段を開始することとしているの（中略）であり，本件に
おいて，X 及び Y らの間で，少なくとも上記②及び③のいずれの手続もとら
れたとは認められないから（中略），X による本訴提起は，JSA 2.6 条，9 条で
合意された手続を履践していない以上，不適法といわざるを得ない」として訴

---

26)　話合いの成立の可能性が抽象的にあるという程度では，訴え却下という重大な結論
　を導くことはできないと解される。

27)　解釈論としては，前述のように，民事調停規則 5 条や ADR 法 26 条を類推して，訴
　訟手続を中止することもできると解される。

28)　訴えを却下してしまうと，前述のような本件合意の曖昧さから ADR 手続が遅滞し，
　その間に本件債権について消滅時効が完成してしまうような事態も想定されよう。

えを却下した。

これに対し，控訴審判決（前掲東京高判平成 23・6・22）は，原判決を取り消し，事件を原審に差し戻した。その理由は主に以下の 3 点である。

第 1 は，本件合意が仲裁合意などと異なり，紛争の最終解決に導く保障を有しない点である。本判決はまず，「訴訟に関する合意に本案判決をするための要件（訴訟要件）の欠缺という訴訟上の効力を認めるには，当該効力が日本国憲法 32 条に規定する国民の裁判を受ける権利の喪失を来すものであることも考慮しなければならない」との基本認識を前提に，「訴訟に代替する紛争解決手段が確保されている仲裁契約との相違点を考慮すると，所定の交渉及び調停の過程を経ていないときに本案判決をするための要件（訴訟要件）が欠けるという効力を認めるのは，JSA（中略）の規定に過大な効力を与えるものであって，相当でないというべきである。JSA の当該規定が私法上どのような効力を有するか（例えば，損害賠償義務の発生原因となるかどうか。）については，本件の争点ではないので，当裁判所は判断すべき職責を有しないが，当該規定の訴訟上の効力については，努力規定，訓示規定にとどまり，紳士条項的な意味しか持たないものとみるほかはない」とする。

第 2 は，ADR 法 26 条との整合性である。同法は，認証 ADR における紛争解決の合意がありその手続が進行しているとしても，それだけで訴えを却下するものではなく，当事者の共同の申立てがあって初めて受訴裁判所の裁量により 4 ヵ月内の中止を命じうるに止まることを考慮すると，「現在のわが国の法制度は，当事者間に JSA のような民間の機関による調停を行う旨の合意がある場合であっても，当該合意に強い訴訟上の効力を認めることに消極的であり，当該民間調停の手続を経ずに提起された訴訟も適法である（本案判決をするための要件に欠けるものではない。）という考え方に立つものとみられる」とする。

第 3 は，原告に対する予想外の不利益のおそれである。すなわち，本件訴えを却下してしまうと，原告は時効中断（完成猶予）の効果を享受できず，債権の時効消滅という結果が生じるし[29]，再度訴えを提起すると提訴手数料の二

29）　本件では，平成 21 年 2 月又は 3 月頃に最も早い時効完成を迎えるところ，原告は，平成 21 年 1 月 29 日に催告（民 150 条），同年 7 月 24 日に民事調停申立て（平成 22 年 1 月 12 日に調停不成立），同年 1 月 25 日に本訴の提起（民調 19 条，民 147 条 1 項 3 号）

重負担の結果を生じるところ[30]，そのような結果は原告に酷であるとする。

そして，以上を総合して，本判決は「これらの事情にもかかわらず本件訴えを不適法却下するとすれば，民事訴訟法理論はだれのためにあるかという観点からの非難を免れない」とする。そして，「JSA の誠実交渉及び民間調停実施の合意に反して提起された訴えが不適法却下されるという Y らの主張は，実定法上の明文の規定もなく，判例，学説上例のない新たな類型の訴訟要件の創造に当たるので，Y らの主張を採用する場合において時効中断の措置がとれなかったり，訴提起手数料を二重にとられたりするという結果が発生することは，X にとって予測が困難であったことを考慮すると，なおさら，適切でない。なお，仮に前記 JSA の規定に何らかの訴訟上の効力を認めるとしても，ADR 法26 条の認証紛争解決手続により紛争解決を図る合意がある場合の規定を類推適用して，当事者共同の申立てがある場合に 4 箇月の限度で訴訟手続を中止する権能を受訴裁判所に認めるにとどめるべきものである」と判示する。

以上のような本判決の判断は，上記のような著者の考えからも，基本的に相当なものと考えられる。特に，仲裁合意との相違，ADR 法との整合性，時効中断（完成猶予）効の否定による原告の不利益のおそれという理由は，十分に首肯できるものである[31]。ただ，本判決は，そのような理由から，一般論として本件合意の訴訟上の効果を否定しているように見える点には，疑問を有する[32]。著者は，前述のように，当事者の意思が明確に訴権を制限する趣旨のものであれば，その意思を尊重してよいものと解する。確かにここでは裁判を受ける権利が問題であるとしても（本判決のそのような認識は高く評価されるべきものである），なお当事者は自己の明確な意思で裁判を受ける権利を放棄することはできるはずである[33]。また，ADR 法 26 条も，ADR 合意は（本章の用語

によって時効中断（完成猶予）の措置をとろうとしたが，本件訴えが却下されると，時効中断（完成猶予）効は生じない結果になるとされる。

30)　本訴提起の手数料は 1789 万円になるとされる。

31)　提訴手数料の問題も本判決の指摘のとおりと考えられる。

32)　中野・前掲注 2) 169 頁は，「調停前置条項が『紳士条項的な意味しか持たない』との判旨の一般論が一人歩きするのは危険ではないかと思う」とされるが，全く同感である。

33)　本判決は，不起訴合意について「実体法上の権利が既に自然債務と化していることが，その実質的な理由の 1 つである」とされている。その趣旨は明確ではないが，代替する紛争解決の方法を認めなくても，当事者の意思で裁判を受ける権利を放棄する効果

によれば）あくまで ADR 利用合意に止まり，提訴制限合意ではないので，改めて両当事者の共同申立てを求めているとすれば，明確に提訴制限の趣旨が表れている条項との整合性には問題がないといえよう。以上のように，著者は，この問題について裁判を受ける権利の問題として慎重な配慮を加えた本判決の姿勢は高く評価でき，その結論は支持できると考えるが，なお当事者の提訴制限の意思が明確にされている場合には，裁判所がその趣旨を尊重すべき場合はあり[34]，本判決もそのような場合を否定するものではないと考える。

5 おわりに

以上のように，ADR 合意について，それが訴権制限の効果をもつのは，裁判を受ける権利の尊重の観点から，原則としてその旨が明示されている場合に限られ，黙示の意思表示を認めることには慎重でなければならない。また，その効果についても，直ちに訴え却下の効果を認めるのではなく，訴訟手続の中止を含めた柔軟な措置が裁判所の裁量において認められるべきものと解される。いずれにしても，このような問題については，従来，学説の検討は十分とは言い難い一方，将来的には ADR の普及に伴って必ず増加していく問題と考えられる。その意味で，今後，諸外国の動向[35] なども含めて，研究が進められていく必要があると解される。甚だ不十分なものであることを自覚しているが，本章がそのような議論の契機となれば望外の幸せである。

（初出：栂善夫先生 = 遠藤賢治先生古稀祝賀

『民事手続における法と実践』（成文堂，2014 年）41 頁以下）

が現行法上認められていることもまた事実である。

34)　その場合に，訴えを却下するか，訴訟手続を中止するかは 1 つの問題である。著者は，本判決も示唆するように，ADR 法 26 条との整合性にも配慮し，訴訟手続の中止を含めた柔軟な処理を認めるべきものと解することは，前述のとおりである。同旨として，中野・前掲注 2) 171 頁参照（「代替的紛争解決の促進という見地から，調停手続の帰趨を見極めるため，（中略）訴訟手続を中止する裁量権をもつというべきではなかろうか」とされる）。

35)　外国法の動向に関して，英国，米国，フランス，ドイツ及びスイスの各国法の有益な概観については，中野・前掲注 2) 169 頁以下参照。また，英米の判例・実務の状況については，阿部・前掲注 17) 95 頁以下参照。

［補論］ 本章は，栂善夫先生及び遠藤賢治先生の古稀祝賀論文集に寄稿された原稿を元にしたものであるが，更にその元は具体的な事件（*4*で取り上げた東京高裁判決の事件）において提出された著者の意見書である。具体的な訴訟事件においてADRに関する法解釈が問題になることは稀であるが，本件はそのような一事例であった（なお，同判決はそのまま確定したため，残念ながら，最高裁判所の判断は示されなかった）。

上記東京高裁判決は，基本的に著者と同方向の結論を採用したが，その理論構成には微妙な差異があるように思われる。この点は，*4*(4)で指摘したとおりであるが，同判決に対する著者の最大の懸念は，この判断が過度に一般化されて理解されると，ADRの利用に対して萎縮的効果を伴うのではないか，という点にあった。本章における著者の意図は，ADRを訴訟に先行させること自体について否定的なのではなく，その場合にはADRの手続等について当事者間で明確に合意する必要があると解することで，むしろ当事者間でのそのような事前の合意を促進することにあった。しかるに，上記判決は，（読み方によっては）ADRの先行自体が裁判を受ける権利の観点から問題であるように言っているとも取られかねず（本意はそうではないと思うが），そのような理解は相当でないと解される。

上記判決については，本章で引用した評釈以外にもいくつかの論評がある。まず，伊藤眞ほか「座談会・民事訴訟手続における裁判実務の動向と検討（第3回）」判タ1375号（2012年）21頁以下がこの問題を扱っている。そこでは，報告者の松下淳一教授を始め，出席者は一致してこの判決の結論を支持しているが，特に垣内秀介教授が，一定の場合にはこのような合意が不起訴合意としての効力を持つこと自体は否定されないとしながら，本件判決は「比較的一般的に調停前置合意が不起訴合意の効力を持つことはないというような判示をしているような感じもしますが，そこは事案によるということですかね」（同25頁）という評価をしており，著者と基本的認識及び問題意識を共有しているように見受けられる（同24頁以下の垣内教授と著者のやりとりも参照）。また，それを受けて，山田文教授がやはり上記判決の評価として，「本件民間型ADRが未認証であり時効中断効が得られなかったなど特殊な事情があり，本判決の射程は限定されるべきであるが，一般論として，和解仲介合意に訴訟契約としての効力を認めるならば，和解仲介の不調を条件とする不起訴合意と考えることも可能と思われる」とするのも（山田文「ADR法改正の課題」法時85巻4号（2013年）13頁注13参照），基本的に同旨の方向と見られる。

Ⅳ　ADR 法各論（その 1）
——金融 ADR

第 10 章
金融分野の ADR の在り方
—— 金融 ADR 前史

1　は じ め に

　金融サービスに関する新たな枠組みを検討する金融審議会の議論の中で，いわゆる日本版金融サービス法の必要性が論じられている。そして，その中では，金融サービスの実体的ルールの策定とともに，その実効性を確保するための制度整備の必要性が指摘されているが，司法による紛争解決については様々な問題点があり，民事訴訟制度を補完する裁判外紛争処理制度の機能強化を図る必要性があるとされる。外国においても，日本の金融サービス法の構想に大きな影響を与えたとされるイギリス法では，従来銀行オンブズマンなど業態別のオンブズマン制度があり，最近の法改正ではそれらを統合する形で金融サービスオンブズマンが導入された模様である[補注1]。このような動向も踏まえ，この問題は金融審議会第1部会において従来から検討が進められていたが，1999年12月の「中間整理（第2次）」において最終報告のとりまとめに向けて更に検討を深めることとされたことを受け，2000年4月以降，ホールセール・リーテイルに関するワーキンググループにおいて検討が進められ，同年6月に「金融分野における裁判外紛争処理制度の整備について」と題する報告がされ，最終的に同月27日に「21世紀を支える金融の新しい枠組みについて」という

　［補注1］　イギリスの金融オンブズマン制度の変遷及び現状につき，田中圭子「海外の金融 ADR 制度」山本和彦＝井上聡編著『金融 ADR の法理と実務』（金融財政事情研究会，2012年）21頁以下など参照。

金融審議会答申に盛り込まれるに至っている。

　以下では，まず金融分野における ADR の意義について一般的に検討し（2），金融分野における ADR（以下「金融 ADR」ともいう）の現状を確認した（3）後，金融審議会の前記答申に沿って金融 ADR の整備の方向を考え（4），その中でも最も注目すべき提案である金融トラブル連絡調整協議会について紹介し（5），最後に統一的包括的 ADR 機関の構想等今後の展望にふれる（6）。

2　金融分野における ADR の意義

(1)　ADR の一般的な特徴とメリット

　まず，金融分野に限らない一般的な ADR のメリット・デメリットについて確認しておくと，一応以下のような指摘が可能と思われる[1]。まず，ADR のメリットとしては，①簡易・迅速性，②廉価性，③秘密保護性，④専門性，⑤宥和性，⑥規範乗越え性，⑦規範普及性などが指摘できよう。⑥は裁判とは異なり実定法規範に拘束されない ADR では，必ずしも社会に実在する規範に適合していない法規範を乗り越え，より紛争実態に合った解決を図ることが可能になることであり，逆に⑦は既に確定した法規範が存在する場合に，その適用のみが問題となるときは，わざわざ裁判所に提訴せず ADR による解決を図ることが当事者にとっても社会資源の観点からも相当と見られることをいう。

　これに対して，ADR のデメリットの側面としては，①慎重性の低下，②費用の増大，③信頼性・中立性の疑問，④機関の乱立・分散，⑤手続の非強制性，⑥事実認定の困難，⑦手続の不透明・結果の予測困難性などが指摘できよう。これらのうちのいくつかは，前記メリットとトレイドオフの関係にあり，その意味では不可避のものもあるが，回避可能な欠点もある。これらのデメリットは多かれ少なかれ金融 ADR にも問題となりうるものであり，その利用を促進するためにはそれらの矯正を図る必要があろう（この点につき，*4* 参照）。

---

　1)　この点につき詳しくは，山本和彦「裁判外紛争処理制度（ADR）」ひろば 53 巻 9 号（2000 年）17 頁以下参照。

232　第 10 章　金融分野の ADR の在り方

(2)　金融分野におけるトラブルの特徴

　以上のようなメリットとデメリットをもつ ADR であるが，金融分野におけるその活用の余地を検討するに際しては，同分野における紛争・トラブルの特質を前提とする必要がある。もちろん金融商品や金融サービスの多様化に応じてそれをめぐる紛争も多様化していると見られるが，一般的に言えば以下のような特徴が指摘できよう。

　まず第 1 に，係争金額については，少額なものから高額なものまでバラエティに富んだもののある点が指摘できよう。消費者紛争においては一般に少額紛争が多いと言えるが，金融関係においては，変額保険事件などに代表されるように，消費者が自己の全資産に相当する投資をしているようなケースもあり，高額紛争も決して少なくない[2]。第 2 に，紛争の専門性もその特徴として指摘できる。金融商品には銀行預金など比較的単純なものもあるが，近時は金融自由化により複雑で多様な金融商品が提供され，それをめぐる紛争が発生している。その解決に際しても，金融商品に関する専門知識が重要な要素となりうる。第 3 に，事実認定が困難であるケースが多い点もこの分野のトラブルの 1 つの特徴であろう。金融関係トラブルには，説明義務の履行をめぐるものが多く，必然的に契約時のやり取りの事実認定が結論を左右することになるからである。最後に，以上のような点を除けば，金融紛争も消費者紛争の一般的特色を備えている。特に紛争当事者間の力関係には経済力や情報力などに定型的な格差があり，そのような格差にもかかわらず，公正公平な紛争解決を図ることが金融紛争解決の重要な課題となる。

(3)　金融分野における ADR の役割

　以上のような金融関係紛争の特色と前記の一般的な ADR の利点等を勘案すれば，金融 ADR に期待される役割として，以下のような点が指摘できよう。まず，第 1 に，相談・苦情処理段階の重要性である。金融紛争の専門性から，顧客はその商品等の特性を十分に理解できず，本来的には紛争とならないよう

---

　2)　被害者の総資産に占める係争金額の比率という観点からは，企業等の紛争に比しても極めて高い場合があろう。

な事項について不満を感じ，主観的に紛争化している場合が少なくないと見られる。このような事案では，適切な専門的・規範的情報を分かりやすく顧客に説明することにより，紛争の顕在化を避けることができよう。

第2に，紛争処理段階に至ったときは，当事者間の攻撃防御力の格差是正が重要な課題となる。このような観点からは，ADR に裁判と異なる独自の意義が認められよう。訴訟では厳格な手続法の下で裁判所の後見的介入には限界があるのに対し，ADR ではより広い範囲の後見活動が期待できるからである。また，顧客の側の感情的反発が紛争解決のネックとなっている場合には，顧客の話を十分に聴取し，説得をするという作業が ADR 機関には期待できる。

第3に，当事者に紛争解決の合意がない場合にも，なお ADR 機関において強制的に紛争を解決することも考えられる。金融関係紛争では，信頼できる業界団体等が存在せず，またいわゆるアウトサイダー的業者が存在する場合には，同意による解決には限界がある。このような場合には，民間型 ADR は不可能であり，行政型（準司法型）ADR が指向されることとなり，行政機関がその専門的知見を活用して第1次的に行政処分を行い，それに対して司法機関が緩やかな形で再審査を行うこととなろう。この場合，紛争処理過程で得た情報が行政機関の事前規制行政にも活用できる利点も期待される。

3 金融分野における ADR の現状

(1) 銀行・信託銀行の ADR

まず，銀行及び信託銀行の ADR の現状である。苦情処理に関しては，銀行については各地の銀行協会に銀行よろず相談所があり，信託銀行については信託協会（東京）内に信託相談所が設置されている[補注2]。そこで相談に応じているのは，各銀行協会や信託協会のプロパー職員とされる。銀行よろず相談所は会員銀行に苦情の迅速な解決を求め，会員銀行はその求めに対応し，対応結果を報告する内規上の義務を負う。

　　［補注2］　これらの機関は，現在では，金融 ADR 制度の発足に伴い，発展的に転換されて存続している。

紛争処理に関しては，1999 年 10 月以降，弁護士会の仲裁センターと提携関係が構築されている点が注目される。現段階では，東京三会のみが提携相手方となっているが，将来的には全国展開が想定されているようである。内規により，顧客が仲裁センターの利用を求めるときは，銀行等は，訴訟や調停が終了・係属中の場合，事柄の性質上仲裁センターの利用が適当でない場合，不当な目的による苦情申出の場合等を除き，その求めに応じる義務がある。その後の手続は弁護士会仲裁センターの定める手続により進められることになる[3]。なお，手続費用については，銀行協会の負担によるようである。

(2) 証券会社の ADR

次に，証券会社の ADR については，金融 ADR の中で唯一法令上の根拠規定が存在する。すなわち，日本証券業協会の事務として，協会員の行う業務に関する苦情の処理（証取 79 条の 16[補注3]）及び協会員の行う有価証券の売買等についての争いを解決するためのあっせん（同 79 条の 16 の 2）[4] が定められている。苦情処理については，全国 11 ヵ所の証券苦情相談室で証券業協会のプロパー職員が担当し，協会員に対する説明・資料提出の要請が可能であり，協会員は正当な理由なくその要請を拒んではならないとされる（同 79 条の 16 第 2 項・3 項）。なお，苦情申出・解決結果の協会員に対する周知義務が課されており（同条 4 項），内容分類ごとの苦情件数等につき毎月機関誌で公表されているという。

また，紛争処理については，協会は法律専門家等の学識経験者をあっせん委員として選任し，あっせんに付するが，事件の性質上あっせんを行うのに適当でない場合及び当事者が不当な目的でみだりにあっせんを申し立てた場合には，あっせんを行わない（同 79 条の 16 の 2 第 2 項）。協会員はあっせん手続への参

---

3) 同仲裁センターの現状につき，高谷進「弁護士会の仲裁機関について」自正 50 巻 4 号（1999 年）136 頁以下参照。

［補注3］ 以下はいずれも金融商品取引法制定前の条文である。現在は，これらの制度は廃止されており，金融 ADR 制度（本書第 11 章・第 12 章参照）に統合された形になっている。

4) 平成 10 年の証券取引法改正による。なお，それ以前の状況につき，吉岡一憲「社団法人日本証券業協会」判タ 728 号（1990 年）240 頁以下参照。

加義務を負う。あっせん委員は，当事者・参考人から意見を聴取し，報告書・帳簿書類等物件の提出を求めることができ，協会員は正当な理由なく右求めを拒んではならない（同条3項・4項）。そして，あっせん委員は，適当と認めるときは，事件の解決に必要なあっせん案を作成し，受諾を勧告できる（同条3項）。協会員は内規上あっせん案の片面的受諾義務を負っている。協会は，あっせん費用の全部・一部を当事者から徴収できるが（同条5項），実際にはあっせん申立金（2,000～5万円）のみを負担させているようである。

(3) 保険会社の ADR

　保険会社については，生命保険に関しては生命保険協会が運営する生命保険相談所が，損害保険に関しては日本損害保険協会が運営するそんがいほけん相談室及び損害保険調停委員会が中心となる[補注4]。まず，生命保険会社に対する苦情処理については，前記生命保険相談所及び各都道府県の連絡所が担当し，協会等のプロパー職員及び業界の出向者（専任8名）が対応しているようである。また，損害保険会社に対する苦情処理については，前記そんがいほけん相談室が担当し，協会のプロパー職員が対応しているとされる。処理結果については，機関誌等で件数等の公表がされている。

　また，紛争処理については，生命保険に関しては，裁定委員会による裁定の制度がある。これは，苦情申立てから1ヵ月を経過しても問題が解決しない場合に，契約関係者等から紛議裁定の申出があったときに開始され，研究者・弁護士・医師等の学識経験者及び生保協会役員計5名からなる裁定委員会が裁定を行うものである。裁定はまず委員会が調停案を提示するが，事業者はそれに同意しない場合にも尊重義務を負う片面的仲裁型をとる。損害保険の紛争処理については，苦情申立人から調停を希望する旨の申出があった場合に，学識経験者4名・損保関係団体役員1名からなる損害保険調停委員会による調停が行われる。この場合，事業者には答弁書の提出義務が課されるが，純粋の調停であり，事業者も解決案に拘束されない。なお，これらの手続については，利用

　　[補注4]　これらの機関は，金融 ADR 制度の発足に伴い，金融 ADR に転換されて存続している。

236　第 10 章　金融分野の ADR の在り方

者の費用負担はなく，無料とされる。

(4)　その他の金融関係業者の ADR

　その他の金融関係業者の ADR については，業態ごとに様々であるが，多く
のものは苦情処理の機関を設けている。業界団体が運営するもの（信用金庫の
しんきん相談所，商品投資販売業者の苦情処理委員会，商品投資顧問業者の苦情処理委
員会等），自主規制機関が運営するもの（証券投資顧問業者の苦情相談室，金融先物
取引業者の苦情相談室等）などがあり，担当者は協会のプロパー職員や業界から
の出向者などによっている。また，貸金業者については，苦情処理委員会が調
停をも担当する。苦情処理委員会は協会員からなるもので，事業者の手続参加
義務・情報提供義務が認められているようである。

4　金融分野における ADR 整備の方向

(1)　ADR 機関の中立・公平性の確保

　金融分野における ADR が現在十分に機能を発揮していないとされる理由の
1 つとして，担当機関の中立性・公平性に疑問があり，顧客が信頼を置けない
点があると見られる。この点の改善のためには，以下のような 3 通りの方策が
考えられるように思われる。

　第 1 に，現在のシステムを抜本的に改革し，中立の第三者機関を創設ないし
活用する方法がある。この場合，新たな中立的 ADR 機関，例えば金融オンブ
ズマンのようなものを創設するのが最も抜本的な方法であるが，その際には費
用負担の問題等検討すべき課題が多い（この点は，(5)参照）。他方，既存機関を
活用する方法として，既に銀行業界が試みているように，弁護士会の仲裁セン
ター等の中立的 ADR 機関と提携して紛争処理を委ねることが考えられる。こ
の方法は既存の一般 ADR 機関を利用するため，専門性には問題があるが，中
立性の確保とともに，中核的な ADR 機関の育成という面でも日本の ADR 全
体にとって利点がある[補注5]。

　　[補注 5]　この点，金融 ADR 制度では，主要な業態については ADR 機関の整備，それ

第2に，現在のシステムを維持しながら，その中立性の確保に努力するという方向が考えられる。例えば，ADR 機関自体は業界に付属するとしても，実際の紛争処理担当者に学識経験者や弁護士等の中立的な人材を選任すること，中立的な運営監視機関を設けて必要に応じて運営に関する勧告・提言を行うこと，利用者による評価システムを導入すること，紛争処理申立人を後見的にサポートする体制を整備することなどが考えられる。このような方策によって顧客の信頼を得る努力は重要なものと思われるが，顧客の不信が機関の属性それ自体にあるとすれば，このような措置でどの程度の改善が図りうるか，なお疑問の余地もあろう。

第3に，ややドラスティックに聞こえるが，中立性は放棄してそれを前提になお利用促進の方途を探るという考え方もありえよう。すなわち，顧客は機関の中立性には期待せず，そこを最終的な紛争解決機関とは考えないが，ただ明らかに業者側に問題がある事案について一種の前捌きとして ADR 機関を利用し，そこで満足のいく解決が得られなかった事件については裁判所を用いるという解決スキームを想定するものである。例えば，業界型 ADR 機関について，顧客側の拘束力を否定しながら，事業者側の応諾義務及び結果受諾義務を明確化すれば，仮にその中立性に疑問があるとしても，迅速・廉価な解決を求めて裁判に至る前段階の手続として顧客が当該 ADR を利用することも期待できよう。医師会の ADR はそのような利用の仕方もされているとされ，業界型 ADR の1つの利用方法と考えられよう。

(2)　ADR 機関の紛争処理機能の向上

ADR 機関の紛争処理機能を考えるについては，ADR が非定型的な規範・手続によるものであることから，必然的にその人的要素が課題となる。苦情処理・紛争処理の側面を通して，いかに優秀な人材を確保できるかという問題である。ただ，担当者に要求される能力は，苦情処理の場面と紛争処理の場面とで，微妙に異なる可能性がある。両者に共通する要素として，担当者の専門能

以外の業態（信用金庫，信用組合等）については弁護士会 ADR との連携という折衷的な解決策がとられている。これについては，本書第11章2，特に注9）参照。

力がある。金融関係紛争の専門性から，紛争の内容を理解し，顧客に正しい情報を伝達するには，担当者が正しい専門知識を有することが不可欠である。苦情処理においては，それに加えて，顧客の言い分を根気強く聴取する能力が必要となろう。十分に聴いてもらえたということ自体で解決していく紛争も相当数あると思われるからである。他方，紛争処理においては，仲介者（mediator）としての能力が必要となろう。以上のような多様な能力を備えた優秀な人材をADR担当者として確保するためには，必然的に一定の費用を要する。そこで，人材確保の要請は同時にADR機関の運営費用の確保の問題となる点に注意を要する（この点については，(5)参照）。

(3) ADR制度の実効性の確保

ADRの利用を促進するために重要な点として，制度の実効性の確保がある。顧客がADR機関における解決を選択したとしても，その結果が実効性に欠ければ，結局は最初から裁判という最も実効的な手段を選択するであろうからである。実効性確保の方策として，第1に，入口段階の問題として，事業者に手続に応じる義務を課すことが考えられる[5]。民事調停がこのような手続応諾義務を認めていることに鑑みれば，法制上そのような義務化も不可能ではなかろう。ただ，民間型ADRによる限り，事業者側に一方的な手続応諾義務を課すことは難しく，業界団体内部の取決めにより個別に応諾義務を発生させる枠組みによるべきことになろう[補注6]。この場合，団体等に属さない事業者あるいはそもそもそのような業界団体のない事業者については義務は認められないが，このような事業者については民事調停の活用や行政による対応によるほかないであろうか。

第2に，ADR機関の解決案に対する事業者の拘束を認めるか否かという問題がある[6]。いわゆる片面的仲裁制の採否の問題である。この点は，業界型ADRによる場合になお顧客の利用を促進するためには，極めて有効な方法で

---

5)　顧客側に約款等で利用を強制することには問題もあろう。

［補注6］　金融ADRにおいて，このような手続応諾義務が導入された。これについては，本書第11章2及び第12章3(2)(b)参照。

6)　この点は，仲裁型ADRの場合は問題とならない。

あろう（(1)参照）。もちろん法律でこのような義務を課すのは，事業者の裁判を受ける権利を侵害し，憲法違反の疑いもあるが，業界団体等の内部的な取決めで定める限りは，問題はない[7]。事業者からみても，自らの手で制度を構築している以上，その結果に拘束されるのがある意味では当然とも言えよう。ただ，直ちにそのような強い拘束力を認めることに抵抗があるとすれば，決定を受諾しない事業者に理由の説明義務を課し，あるいは受諾しない場合に債務不存在確認等訴訟の提起義務を事業者に課すなどして，緩やかな形で事実上拘束することを図るという選択肢もありえよう[補注7]。

　第3に，ADR機関でされた合意に執行力を認めるか否かという問題がある[8]。民間型ADRでは，裁判上の和解と同等の効力が認められる民事調停とは異なり，最終的な調停結果に執行力は認められない。これは，特に長期的な債務の履行等を定める合意である場合には，顧客側の不安材料となろう。民間型ADRの結果に執行力を認めるべきかは他のADR等でも同様に問題となりうる事柄で司法制度改革との関連で議論すべき問題であるが[補注8]，実務的には公正証書・即決和解等をADR機関が活用するような方途も考えられようか[9]。

　最後に，ADR機関の権限の問題として，事実認定機能の強化がある。前述のように，金融関係トラブルでは，説明義務の履行等事実認定が中心的な争点であるケースが多い。ところが，ADR機関は一般に十分な事実認定権限を付与されておらず，的確・迅速な解決案の提示は困難であるとの指摘がある。そこで，ADR機関に一定の強制的な証拠調べ権限を付与すべきかが検討対象になる。ただ，そのような強制権限がADR機関の本質に適合するかについては，疑問なしとしない。この点は問題となるADR機関の性質に応じて考えるべき

7）　なお，アウトサイダー的業者との関係では，前述と同様の問題がある。

［補注7］　金融ADRにおいて，このような和解案尊重義務が導入された。これについては，本書第11章*2*及び第12章*3*(2)(b)参照。

8）　この点も，執行判決（現在の執行決定）により執行力が認められる仲裁型では問題とならない。

［補注8］　この問題については，本書第8章参照。

9）　但し，実際には長期の履行が問題となるようなケースは金融紛争では少ないであろう。

であろう。①民間型・調停型 ADR では，強制的な事実認定は諦め，事業者等の協力が得られない場合には解決をしないことでやむをえず[10][補注9]，②民間型・仲裁型 ADR では，裁判所の協力（公示催告仲裁796条[補注10]）の迅速・適切な行使に期待するに止まらざるをえないように思われるが，③行政型 ADRの設立を考える場合には，行政による強制権限の行使は十分に考えられよう。

(4)　ADR 手続の透明性の確保

　前述のように，現行の ADR 制度の問題として，ADR 機関による情報提供が必ずしも十分でなく，その運用状況や手続等が利用者からみて不透明な印象を受ける点が指摘される。そこで，ADR 機関の利用を促進するには，その透明性を確保する必要があると見られる。考えられる方策として第1に，一般的な手続情報の開示がある。紛争処理手続に関する規則の策定・公表や紛争処理担当者の名簿の公表等が考えられる。第2に，個別手続の透明化として，手続担当者が自らの ADR 運営方針や手続を事前に顧客等に開示することも考えられる[11]。第3に，解決結果の透明化として，苦情・紛争処理の結果をデータベース化し公表していくことが考えられる。ADR の規範の不透明性に鑑みるとき，利用者の予測可能性を担保するためにも，このような措置は不可欠といえ，利用者のプライバシーの問題とも関係するところであるが，その点に留意し工夫しながら可及的な開示が望まれよう。

(5)　ADR に関するコスト負担

　最後に，ADR 機関の費用を誰に負担させるかが制度設計においては重要な論点となる。コストとして，制度全体の運営費用と個別手続の費用とを分けることができるが，まず前者について，選択肢としては，国等公的セクターの負担，事業者（業界）の負担，利用者の負担が考えられる。公的セクターの負担

---

　10)　業界型では内部の取決めで協力義務を定めることは考えられる。
　［補注9］　金融 ADR において，業者側の手続協力義務が導入された。これについては，本書第11章 *2* 及び第12章 *3*(2)(b)参照。
　［補注10］　現行仲裁法35条参照。
　11)　その延長線上には，顧客等による担当者や手続方法の選択を認める手続の柔軟化がある。

も，ADR 設置による司法負担の軽減があるとすれば考えられないわけではないが，なぜ金融分野にだけそのような負担をするのか，十分な説明が必要となろう（この点は *6* も参照）。他方，全面的に利用者である顧客の負担とすることは，制度利用のコストを禁止的なものとするおそれが大きい。現実的な選択肢は業界負担であろうが，その費用は（市場の動向によるが，少なくともその一部は）最終的にサービス価格に転嫁して消費者の負担に帰することに注意を要する。その点を明確化するためには，むしろ取引の際に，ADR 費用相当額を明示するような運用も考えられないではない[12]。次に，個別手続の費用を無料とすることはモラルハザードのおそれがあるので望ましくなく，制度を利用しない顧客との関係でも，一定額の利用者負担を求めるべきであろう[13]。最終的負担は，仲裁型 ADR については裁判に準じた敗訴者負担の採用も考えられるが，調停型 ADR では勝訴敗訴の概念は馴染み難いであろうか[14]。

5 金融トラブル連絡調整協議会

　前記金融審議会答申は，金融当局，消費者行政機関，消費者団体，各種自主規制機関・業界団体，弁護士会等の参加する金融トラブル連絡調整協議会の設置を求めている。同協議会の目的は，①個別紛争処理における機関間連携の強化，②苦情・紛争処理手続の透明化，③苦情・紛争処理事案のフォローアップ体制の充実，④苦情・紛争処理実績に関する積極的公表，⑤広報活動を含む消費者アクセスの改善といった事項の着実な実施を担保するとともに，金融分野全体の苦情・紛争処理について業態の枠を超えた情報・意見交換等を行い，金融分野における裁判外紛争処理制度の改善に繋げることにある。以上のような趣旨を踏まえ，上記のような者に学識経験者を加えて構成員とし，金融庁がその庶務を担当して[15]，2000 年 9 月に金融トラブル連絡調整協議会が発足した

---

12) これは，サービス価格に紛争発生時の費用を予め保険料として含ませることになる。

13) 鑑定や証拠調べに要する費用も別途徴収すべきであろう。

14) 但し，例外的に，顧客の主張がすべて認められたような事案では，全面的に業者負担とし，顧客の負担していた額を払い戻すような運用も検討に値しよう。

15) 前記答申は「新設の協議会の運営も含め，行政の積極的なリーダーシップが期待される」としていた。

242 第10章 金融分野のADRの在り方

（座長・岩原紳作教授：当時）。当面は，個別ADR機関ごとに上記のような事項の実施状況につき情報・意見の交換を行いながら，その改善を図っていく予定とされている[補注11]。

このような協議会の設置は，金融ADRの今後の発展にとって極めて重要な意義があろう。第1に，これにより，各ADR機関の透明性が図られることは間違いない。機関の運営・手続の透明化が金融ADRの課題であるとすれば（4(4)参照），このような協議会の設置により，消費者行政機関や消費者団体等による監視が保障されることは大きな前進であろう。第2に，各ADR機関の間で情報の交換による制度のハーモナイゼーションが期待できる。各機関の試みが協議会の場で紹介され，それに対して積極的な評価がされれば，優れた工夫が他の機関でも活用されることが期待できる。その結果として，相互の運用・手続に連続性が高まれば，将来的には統一的機関を構成していく手掛かりにもなると思われる。最後に，このような協議会の設置は金融分野に止まらず，ADR全体について1つのモデルケースとなりうる可能性を秘めている。日本のADRの問題点として，ADR機関相互の連携が十分でなく，それが無用なコストを発生させADRに対する一般の信頼を得られなくしているとの点が指摘され，その解決策としてADRセンター等の構想が論じられているが[16]，金融トラブル連絡調整協議会はこのような構想の1つの試金石ともなりうるように考えられる。

6 お わ り に
—— 統一的包括的ADR機関の構想について

前記の金融審議会の答申においては，当面は運用面での改善等現時点で取りうる効果的な方策を実施すべきものとして，4で挙げたような事項の改善のほか，金融トラブル連絡調整協議会の設置が提言されていたが，それら諸施策の「実施状況や具体的効果の検証，司法制度等を含む紛争処理制度全般に関する

[補注11] 金融トラブル連絡調整協議会のその後の活動，特にモデル・ルールの策定等につき，本書第6章*2*参照。

16) 山本・前掲注1) 23頁参照。

幅広い議論等を踏まえた，裁判外紛争処理制度のあるべき姿に関する更なる検討の進展を望むもの」とされ，そこでは「将来的な統一的・包括的制度も視野に入れ」るものとされている。このような統一的包括的機関の利点としては，①中立性・公平性の確保の容易性，②機関の統一による利用者の利便，③各業態の紛争処理サービスの平準化，④「業の谷間」の回避等の点が挙げられる。これに対し，そのような機関の設置の問題点としては，①既存の ADR 機関との関係の整理，②機関の設立・運営費用の負担，③事業者の参加強制の困難，④専門性の確保の困難等が指摘されていた。その結果，「金融分野に統一的・包括的な裁判外紛争処理制度を設立するメリットは（特に，紛争処理段階で）少なくなく，中長期的には１つの理想形として評価すべき，との議論がなされた」が，「他分野での裁判外紛争処理制度の整備や司法制度改革の場での議論の進展等も参考としつつ，その解決策について考えていく必要がある」と整理されている。

　著者も，以上のような金融審議会の現状認識は妥当なものであり，当面は金融トラブル連絡調整協議会等の場で運営の改善に努力するのが穏当な姿勢であると考える。ただ，将来的には，統一的包括的な ADR 機関の設置が望ましいと考える点も上記答申と同様である。その場合の機関の在り方としては，(1)金融オンブズマン的に全金融サービスを包括する金融専門機関とし，場合によっては行政機関として強制処分等の機能をも付与する，(2)より包括的な一般的 ADR 機関（例えば，弁護士会仲裁センター等）を強化し，金融関係の紛争処理もその機関に委ねるなど様々な方途が考えられるところである。現在司法制度改革審議会では司法制度の機能との関係で ADR の位置付けが検討されているところであり，その議論等をも踏まえながら，近い将来に再び十分な時間をとって検討が進められることが期待されよう。

（初出：江頭憲治郎＝岩原紳作編『あたらしい金融システムと法』

（ジュリスト増刊，2000 年）46 頁以下）

　［補論］　本章は，金融審議会において金融分野における ADR の在り方が議論され，新たな枠組みとして「金融トラブル連絡調整協議会」（金トラ協）が創設された直後の 2000 年 11 月に公表されたものである（ADR 制度一般との関係で

言えば，ADR 法制定に繋がった司法制度改革審議会の議論の最中ということになる）。歴史的に見れば，その後金融 ADR が制度化・施行される約 10 年前であり，まさに金融 ADR の前史ということになる。個人的に言えば，この金融分野の ADR が著者の ADR との最初の関わりであり，本章のもととなった論稿が著者の ADR に関する最初のものとなる（本書収録の論稿の中で最も古いものである）。

　本章では，金融分野における ADR の意義とその現状について確認した後，金融分野における ADR の整備の方向性について論じている。そこで述べた方向性，すなわち中立・公平性，紛争処理機能の向上，実効性，透明性，低廉性といった点については，その後の金トラ協におけるモデル・ルール，更には金融 ADR の制度作りの中で概ね実現していった。その意味で，本章は歴史的な使命を遂げたものと言えるが，著者自身の金融 ADR，とりわけ業界型 ADR に関する基本的認識を示すものとしてなお意味があると考え，本書に収録したものである。

　最後に述べた統一的・包括的 ADR の構想は，イギリスの金融オンブズマンなどに触発され，日本でも議論が盛んになったものである（オーストラリア等でも，業態ごとのオンブズマンが金融オンブズマンに統合されていったという）。この時点，更にその後の金融 ADR 制度創設時にも，一般論としてはそのような包括的制度は望ましいとされながら，時期尚早として見送られた事項である。「見果てぬ夢」という感もあるが，皮肉な見方をすれば，このような議論の存在自体が，各業態の ADR 機関が（自己の存続をかけて）業務改善に取り組む 1 つの原動力になってきたようにも思われる。しかるに，近時，金融の監督規制の在り方が（いわゆる業務のアンバンドリングやフィンテックなどの影響で）業態ごとから業務ごとのものに移行していく中で，苦情・紛争解決の面についても，再び統一的・包括的 ADR の構想が現実化していく可能性は十分あり，引き続き注目されるべき論点であろう。

第 *11* 章

金融 ADR の意義とその可能性

　本章は，新たに制度化された金融 ADR について，その意義と可能性について論じるものである[1]。金融 ADR については，ADR 一般の利点の発揮と金融分野独自のメリットが考えられ，金融分野の紛争解決，ひいては金融市場の健全な発展にとって極めて重要なツールとなりうる。今回の仕組みは，ADR 法と同旨の指定要件を定めることで ADR の中立性・公平性に対する信頼を確保するとともに，一方，当事者である金融機関に対する行為規制を課すことで ADR の実効性を確保しようとした画期的な試みである。

　金融 ADR が現実に成功を収めるためには，金融 ADR 自体に加えて，当事者となる金融機関，利用者，それを支える消費生活センター・法テラス・弁護士，行政庁，裁判所，研究者等の理解と協力が不可欠であろう。ただ，金融分野は ADR が最も機能する可能性を潜在的に有する分野であり，日本における ADR の拡充・活性化の 1 つの「起爆剤」となりうる可能性を持つものとしてその発展が注目される。

1　ADR の意義と拡充・活性化の必要性

　ADR（裁判外紛争解決手続）は，中立的な手続実施者が関与するという点で紛争当事者間の相対交渉・示談とは異なり，国家権力である裁判所が関与しな

---

　1)　著者は現在，金融トラブル連絡調整協議会の座長を務めるものであるが，本章は著者の研究者としての個人的な意見を示すに止まる。

いという点で裁判とは異なる。そのメリットとして，まず相対交渉・示談との比較では，その手続の中立公平性・透明性を挙げることができよう。相対交渉においては，当事者間の力の格差が交渉過程にも反映して，力が弱い当事者からみて不公平・不透明な解決になりやすいし，交渉がデッドロックに乗り上げると，その打開が困難になる。他方，ADR は中立公平な第三者が関与するので，当事者間の力の格差を是正し公平な解決を図るとともに，当事者間の交渉の行き詰まりを打開できる可能性がある。

　他方，裁判との比較においては，迅速性，簡易性，廉価性，柔軟性，秘密性，専門性など多くの利点がありうる[2]。裁判は権力作用であるので，その行使には必然的に一定の慎重さが求められ，時間がかかる複雑な手続になり，コストもかかるし，硬直的になりやすく，審理の公開も求められる。また，法律の専門家である裁判官に事案の専門性を期待することには限界がある。このような裁判制度が抱える原理的な限界を ADR は乗り越える余地がある。もちろんある特定の ADR が上記のすべての利点を併有することは極めて困難である。しかし少なくとも，その中で各 ADR の「売り」の部分を作り出し，その部分についてニーズを有する利用者にサービスを提供することができれば，メリットは大きい。

　以上のような ADR のメリットに鑑み，今般の司法制度改革においては，ADR の拡充・活性化を司法政策として図っていくことが提言された。すなわち，2001 年の司法制度改革審議会の報告書によれば，「ADR が，国民にとって裁判と並ぶ魅力的な選択肢となるよう，その拡充，活性化を図っていくべきである」とされた。その具体化の作業は，政府の司法制度改革推進本部に設けられた ADR 検討会において論じられ，その結果として，2004 年 12 月 1 日，裁判外紛争解決手続の利用の促進に関する法律（以下「ADR 法」という）が制定され，2007 年 4 月 1 日から施行されている。この法律は，ADR の基本理念や国の責務等を定める総則部分と，認証紛争解決手続（認証 ADR）について定める部分とに分かれる。この法律を受けて発足した認証制度は，2009 年 11 月

---

　2)　その詳細については，山本和彦 = 山田文『ADR 仲裁法〔第 2 版〕』（日本評論社，2015 年）12 頁以下など参照。

末現在，既に 48 事業者が認証を取得するなど順調な展開を遂げている[補注1]。他方で行政型 ADR についても，消費者紛争に関する国民生活センターの ADR 機能の付与など発展の傾向にある。

　以上のような ADR 一般の発展とともに，各個別領域における ADR の独自の利点を活かした発展も重要な課題となっている。ADR による解決に馴染む個別分野としては，消費者問題，医療問題，国際取引問題等とともに，金融問題の紛争もあると考えられる。本章の対象とする金融 ADR は，まさにそのような個別分野における ADR の展開として大変注目されるものである[3]。

2　金融 ADR の概要

　金融 ADR の制度創設の経緯は以下のとおりである。議論は，2000 年の金融審議会のホールセール・リーテイルに関するワーキンググループ及びそれを受けた金融審議会答申「21 世紀を支える金融の新しい枠組みについて」に遡る。そこでは，金融商品販売法など実体的ルールの策定を受けて，手続的にも裁判所以外にその受け皿となる紛争解決手続の創設の必要性が議論された。そこで，既存の各業界の ADR 機関を維持することを前提に，その連絡調整や底上げを図っていくために金融トラブル連絡調整協議会（座長：岩原紳作教授：当時。以下「金トラ協」という）を立ち上げることとされた[4]。そして，金トラ協では，2002 年，各 ADR 機関の自発的な取組みのベンチマークとなるものとして，「金融分野の業界団体・自主規制機関における苦情・紛争解決支援のモデル」（以下「モデル」という）を策定し[5]，そのフォローアップ等の活動を行

　［補注1］　2018 年 8 月末現在，152 事業者に増加している。
　3)　そのほかに，近時注目を集めているものとして，事業再生の分野における ADR の活用があり，この分野においては，民間型，行政型，司法型の ADR が並立し，役割分担を図っていく傾向にある（本書第 13 章参照。さらに詳細は，山本和彦「事業再生手続における ADR」事業再生実務家協会・事業再生 ADR 委員会編『事業再生 ADR の実践』（商事法務，2009 年）2 頁以下，山本和彦『倒産処理法入門〔第 5 版〕』（有斐閣，2018 年）31 頁以下なども参照）。
　4)　この間の経緯については，山本和彦「裁判外紛争処理制度（ADR）」江頭憲治郎＝岩原紳作編『あたらしい金融システムと法』（ジュリスト増刊，2000 年）51 頁以下参照。
　5)　同モデルについては，本書第 6 章 *2*(2)参照。

ってきた。また，法制的な面では，金融商品取引法の中で，認定投資者保護団体のスキームが設けられるなどした。

　以上のような活動は金融分野の ADR の発展について一定の効果を持ったといえるが[6]，なおその中立性・公正性・実効性等の観点から万全のものとは言い難い旨の指摘もされていた。そこで，従来の施策を踏まえた新たな展開を求めて，2008 年 6 月，金トラ協において「金融分野における裁判外の苦情・紛争解決支援制度（金融 ADR）の整備にかかる今後の課題について（座長メモ）」が取りまとめられた。また，同年 6 月の金融商品取引法等の一部改正法の成立に際して，国会において，金融分野における ADR 機能の更なる拡充に向けた検討を進め，広く活用される中立的な制度の確立を求める内容の附帯決議がされた。このような状況の中，同年 12 月，金融審議会金融分科会第一部会・第二部会合同会合において「金融分野における裁判外紛争解決制度（金融 ADR）のあり方について」が取りまとめられ，それを受けて，2009 年 6 月，金融商品取引法等の改正法において指定紛争解決機関制度が創設されたものである[7]。

　その制度の概要は以下のとおりである[8]。すなわち，この金融 ADR は，金融商品取引法・銀行法・保険業法等の金融関連法において共通の枠組みが整備されたものであるが，その主な内容としては，①指定紛争解決機関（以下「指定機関」という）の設置，②指定機関の監督，③金融機関の行為規制，④時効中断（完成猶予）等の特則からなる。③がこの制度の重要な特性であるが，具体的には，金融機関の指定機関との手続実施基本契約の締結義務が基本とされる[9]。そして，そのような手続実施基本契約上の義務として，金融機関による，

---

　6)　金トラ協の活動は，前述の司法制度改革審議会における ADR に関する審議などにおいても参考にされ，機関間連携の 1 つの成功例として位置づけられたものである。また，モデルは，後述の ISO10003 の国際規格策定に際しても，1 つの試みとして紹介がされた。

　7)　以上のような経緯につき，中沢則夫「金融 ADR 制度——立案者の告白」NBL 913 号（2009 年）42 頁以下など参照。

　8)　制度の詳細については，中沢則夫＝中島康夫「金融分野における裁判外紛争解決制度（金融 ADR 制度）の概説」金法 1873 号（2009 年）23 頁以下，中沢・前掲注 7）42 頁以下，中沢則夫＝出原正弘「金融分野における裁判外紛争解決制度（金融 ADR 制度）に関する政令・内閣府令等の概要」金法 1887 号（2010 年）102 頁以下など参照。

(1)苦情処理・紛争解決手続の応諾，(2)事情説明・資料提出，(3)手続実施者の解決案（＝特別調停案）の尊重の各義務を定めるものとされる。そして，金融機関の義務違反に対する制裁としては，事業者名の公表が定められる。

　以上のような制度は，実質的にみれば，ADR法上の規制や効果に加えて，金融機関という一方当事者に対して行為規制を課す内容であり，非常に注目すべきものである。著者はかつて，金融分野におけるADR整備の方向性として，中立・公平性の確保，紛争解決機能の向上，実効性の確保，透明性の確保，コスト負担の問題を指摘した[10]。そのような観点から，この新しい制度をみれば，まず，前述の①・②（指定機関の設置・監督）によって行政庁が関与する形で中立性の確保が図られているといえる[11]。次に，③・④（金融機関の行為規制・時効中断〔完成猶予〕）によってADRの実効性の確保が図られている[12]。更に，紛争解決機能の向上については，優秀な人材の確保の重要性を指摘したところであるが[13]，今回の指定機関の指定の基準によって手続実施者の専門性が相当程度確保されよう。また，手続の透明性の確保[14]についても，同様に指定基準に基づき，手続情報の開示等ADR法並みの規律がされることで，相当の対応が期待できる。以上のように，今回の指定紛争解決機関制度の創設の結果，著者が従来考えてきた金融ADRの改善の方向性が相当程度に実現したものとして，高く評価できるものと考える[15]。

---

9)　なお，当該分野に指定機関がない場合には，金融機関自身による苦情処理・紛争解決の取組みの実施が求められる。

10)　山本・前掲注4) 49頁以下参照。

11)　山本・前掲注4) 49頁において最も重要な課題として指摘したところであるが，そこに挙げた第2の方向性（現行のADR機関を活かしながらその中立性を高めていく工夫）を徹底した方策が示されたものと解される。

12)　山本・前掲注4) 50頁において，やはり最も重要な課題として，事業者の手続応諾義務，解決案の拘束力，執行力，事実認定機能の強化などを挙げたところである。今回の制度によって，執行力の部分を除き（この点については，後掲注33) も参照），相当程度の対応がされたことになろう。

13)　山本・前掲注4) 49頁参照。

14)　山本・前掲注4) 51頁参照。

15)　なお，今回の制度化もあくまで各業界のADRの改善が目標であり，統一的・包括的ADR機関の設置には至っていない。この点は，前出の金融審議会答申でも「将来的な金融ADRのあり方として，金融商品・サービス全体を対象とする横断的・包括的な金融ADRの構築が望ましいとの認識が共有された」とされ，その構築に向け，「今後，

3 金融 ADR の意義

　次に，金融 ADR の意義について概観する。金融 ADR の利点は，ADR 一般の利点と金融分野固有の利点とに整理が可能であろう。まず，前者として，迅速性，簡易性，廉価性，柔軟性，秘密性，専門性などがあるが（*1* 参照），これらはいずれも金融 ADR について妥当する余地があろう。後者としては，B to C の紛争であり，かつ，金融という専門性の大きい分野であるため，当事者間の格差の是正が特に重要性を持つ紛争類型であると考えられる。また，個別の紛争の解決に止まらず，金融秩序全体に対するフィードバックの効果を有する可能性も指摘できよう[16]。

　そして，今回制度化された金融 ADR においても，以上のような意義を達成する形で仕組みが構築されているものと考えられる。すなわち，前者の ADR 一般の利点を図るため，ADR 法と基本的に同質の規制がされ，ADR 法並みの効果が付与されている。そこでは，ADR 一般の利点を発揮させる基礎として，特に ADR に対する利用者の信頼の確保が図られているといえる。他方，金融分野固有の利点を図るため，ADR 法の枠を超えた規律として，当事者である金融機関の行為規制が設けられている。これはまさに業界型 ADR の特性といえる。通常の ADR では当事者間の武器対等が基礎になり，一方当事者に行為規制をかけることは（当事者間に事実上力の格差があるとしても）困難であるが，定型的な格差を前提とでき，業界の発意に基づく[17] 業界型 ADR では，

　　各業態における金融 ADR の個別の取組みと金融トラブル連絡調整協議会を核とする金融分野全体での取組みが，関係者により着実に進められることを期待」するとされている。著者もかつて同様の認識を示しており（山本・前掲注 4) 52 頁参照），その認識は現在も変わっていない。そして，そのような統一的包括的 ADR は，今回の制度がどの程度機能するかによって，その実現の時期は変わってこよう。理想的には，今回制度化された金融 ADR が十分に機能し，将来的に ADR 相互の連携を強化しながら緩やかに統一化の途を歩んでいくことが望ましいと考えるが，それが十分に機能しない場合には，かなり近い時期に再びこのような議論が生じる可能性も否定できないように思われる。

16)　この点は金トラ協でも常に意識されてきたところと思われる。モデルでも，その基本的理念として，①公正中立，②透明性，③簡易・迅速・廉価性，④実効性の確保という ADR に普遍的な理念のほかに，⑤として「金融市場の健全な発展」を挙げている。

このような規制も可能ということであろう。

　以上に述べたような金融 ADR の特性は，様々な波及的意義を持ちうるように思われる。まず，ADR 一般に対する金融 ADR 設立の意義には大きなものがある。金融分野は ADR が最も機能しうる可能性を秘めた分野の 1 つである。諸外国の ADR の発展をみても，（特殊な状況にあるアメリカを除いては）善かれ悪しかれ規制業界における機能がその 1 つの中心となっていることは間違いないように思われる。その意味で，金融など一定分野で ADR が活性化し，それが引っ張る形で他の分野に波及していくことが ADR 全体の発展にとって望ましい 1 つの方向であろう。そして，その場合の整備方法としては，特殊分野の ADR については，ADR 法の規制＋上乗せ規制という形で整備を図ることが相当であり，金融 ADR も前述のとおり，実質的にはそのような規律の態様となっていると言えよう[18]。

　次に，金融 ADR が金融秩序に対して有する意義が指摘できよう。著者は，金融秩序固有の問題については十分な知見を有していないが[19]，一般的に言って，特殊分野の ADR においては，各分野における行為規範を変容させていくことに大きな意味があると思われる[20]。金融資本市場がその本質として

---

17) いわゆる「異議申述条項」（中沢・前掲注 7) 45 頁参照）は，そのような自発性を支える制度的基盤と言えよう。

18) ただ，規律の方法として，ADR 法の認証＋特別法の認定という形式に対して，ここでは ADR 法の規律をも組み込んだ特別法のみの一元的認証（指定）方法になっている。前者のような例として，ADR 法上の認証と産業活力再生特別措置法（現在の産業競争力強化法）上の認定を組み合わせた事業再生 ADR があり（これについては，前掲注 3) 参照），個人的にはそのような規律が望ましいと考えている。いずれにせよ ADR 法を踏まえた ADR の統一的な規律が妥当であり，金融 ADR 制度においては，それは，ADR の指定に際しての法務大臣との協議のプロセスによって実質的に担保する方向であるが，そうであればむしろ ADR 法の認証要件と金融 ADR 独自の要件とを分離したほうが，規律としては透明であったかもしれない。いずれにせよ，このような規律方法を採った以上，今後の ADR 法の改正内容についても逐次金融 ADR に反映させていく必要があろう。

19) この点については特に，上村達男「金融 ADR 法の理論上の意義について」NBL 913 号（2009 年）40 頁以下参照。

20) 一例を挙げれば，スポーツ仲裁機構の活動は，近時のオリンピックの選手選考の在り方等をみれば，スポーツ分野における法の支配の確立に大きな寄与を果たしていることは明らかであると思われる。スポーツ関係 ADR の意義については，本書第 17 章も参照。

「ルールメークの時々刻々たる機動性の確保とエンフォースメントの同時進行的性格」を有するとすれば[21]，そのような本質に由来する ADR による紛争解決も，単に裁判に代わる便宜的・代替的なものではなく，裁判に対する ADR の本質的優位性が指摘できよう。そして，「金融業者の資本市場の機能確保責任という積極的責務への自覚が不可欠」であり[22]，金融 ADR 制度は事業者に対する行為規制によって，そのような自覚を促すものとも言えよう。その意味で，この制度はまさに自主規制としての意義を有しており，仮にこの制度が十分機能しなかった場合には，より強度な他律的規制が業界に及ぶこともありうるとの認識のもとで，業界にとっての ADR の利点を十分認識すべきものであろう[23]。

　最後に，このような金融 ADR は，日本の企業文化に対しても一定の意義を有すると考えられる。従来の日本企業の問題点として，外部から見るとき，一方では顧客の側の無理な要求にやや安易に妥協する傾向があり，他方では紛争が激化した場合にはやや硬直的に裁判による解決に放り投げる傾向があったのではないかと思われる。金融 ADR による解決は，安易な「足して 2 で割る」式の解決を求めるものではないことに注意を要する。企業としては，顧客と正面から向き合い，中立公平な第三者の前でしっかりと議論をし，譲歩すべきところは譲歩しながら，顧客の理由のない主張に対しては安易な妥協は避け，裁判で法的な基準を求めるべき場合には裁判に行くことを決して排除するものではない。顧客に対してフレンドリーでありながらも，毅然とした態度が求められているのであり，そのような場として金融 ADR が機能することが期待され，そのような機能が実現すれば日本の企業文化に対しても一定の影響が生じえよう（この点は，*4*(1)も参照）。

---

21)　上村・前掲注 19) 40 頁参照。
22)　上村・前掲注 19) 41 頁参照。
23)　著者がかつてオーストラリアの金融オンブズマンにヒアリングしたところでは，同国でも，オンブズマンと金融業界の間には常に緊張関係があるということであった。業界としては，自ら資金を負担しながら，なぜオンブズマンが裁判所よりも業界に不利な判断をするのかという不満である。しかし，オンブズマンがワークしない場合には，行政当局からより強い規制がかかることをも考慮し，業界としては，不満を持ちながらもオンブズマンの比較的自由な活動を承認しているという話が印象に残っている。

4 金融 ADR の機能条件
――各関係者への期待

　以下では，金融 ADR が上記のような意義をよりよく実現し，機能していくための前提条件として各ステークホルダーに対する著者の期待を示したい。

(1) 金融機関への期待

　まず，一方当事者である金融機関に対する期待である。金融 ADR の大きな特色として，前述のとおり，金融機関に対する行為規制を加えた点があるが，著者のみるところ，そこには以下のような基本的考え方があるように思われる。すなわち，ADR による紛争解決方法の顧客に対する提供は，企業の社会的責任であると同時に，顧客サービスの質の確保の問題であるという視点である。これは，ISO に示された近時の国際的潮流に即した考え方であると思われる[24]。

　すなわち，商品サービスの品質の確保は，顧客からその品質に関する苦情があった場合にその解決方法にも及ぶものであると認識される。ISO の国際規格[25][補注2] はそのような認識を前提とする。すなわち，ISO10001 は行為規範（code of conduct）の設定により苦情・紛争解決を合理化し，ISO10002 は内部苦情解決によりできるだけ各企業の内部で苦情を適切に解決するスキームを模索し，ADR に関する ISO10003 は，内部解決ができなかった場合にも直ちに裁判に訴えさせるのではなく，外部の中立機関による公平な解決手続を顧客に用意すべきであるとするものである。日本の金融機関としても，このような考え方が国際的スタンダードになっていることに十分留意して，金融 ADR に対応すべきものであろう。

　また，金融機関としては，前述のように，金融秩序の維持に対する責任という観点からもこの制度に対応すべきであろう。上村教授の指摘されるとお

　24）　以下の叙述については，本書第7章 *5* も参照。
　25）　これについては，現在 JIS 化の手続がとられている。
　［補注2］　2010 年 JIS 化が実現された。

り[26]，ルールメークやコンプライアンス，CSR の面で，ADR の果たす役割は非常に大きく，またそれは効率的なものと考えられる。その意味では，ADR を支える費用や人材の負担について，金融業界全体に十分な配慮が求められるところであろう。いずれにせよ，ADR の存在及びそこでの紛争解決の実効化は，個々の事件の利害を離れて，業界や個々の金融機関の利益に帰することを，トップマネージメントを中心に十分に理解する必要があるように思われる[27]。

(2) ADR 機関への期待

次に，ADR 機関への期待である。ADR 機関においては，まず何よりも ADR の固有の存在意義，つまり業界団体とは独立した ADR 機関としての存在意義を認識すべきものと考えられる。ADR としての存在意義はやはり何よりも事件数の処理の増加である。もちろんその業界に紛争が少なければそれに越したことはない。しかし，潜在的紛争がありながら，それが ADR まで到達していないとすれば，それは大きな問題である。その意味で，ADR 機関としては積極的に事件を開拓し，実績を積み上げていく以外にはないと思われる。

事件数の少なさは日本の ADR の普遍的問題である。実績の少なさは ADR 機関に対する信頼の欠如につながり，信頼の欠如は更なる事件数の減少につながるという悪循環である。これに対してどのように歯止めをかけるかが ADR の活性化の最大のカギと言える。金融庁による指定は各 ADR 機関に対する顧客の信頼確保の 1 つの契機となることは確かである。しかし，ADR 法の運用をみても明らかなとおり，そのような国の関与（いわゆる「お墨付き」効果）が直ちに事件数の増加につながるほど甘いものでないことは間違いない。

そこで，重要な点は，各 ADR において，裁判所における解決に比して，顧客にどのようなメリットがあるかを具体的なものとして考えていく必要があるように思われる。ADR としていわゆる「売り」の部分を作り，それを積極的に PR し，営業活動をしていく必要である。1 つのポイントはやはり解決内容

---

26) 上村・前掲注 19) 41 頁参照。

27) 中沢・前掲注 7) 47 頁も，「経営トップが自社の紛争解決体制の詳細や問題傾向，できれば個別の問題についてしっかりコミットしていく姿勢が必要である」とされる。

であると思われる。厳格な事実認定が求められ，証明責任のもとで判断される裁判に比して，ADR の有する柔軟性の利点に十分に配慮した運用が期待されるところである[28]。

　また，他の ADR 機関との連携も期待される。ADR 機関相互の連携協力を求める ADR 法の総則部分（ADR 法 3 条 2 項）は金融 ADR にも適用になるものであり，法務省による認証 ADR も含めて，相互に協力していく必要があると考えられる。とりわけ広報，人材養成，調査研究等においては，個々の機関の個別的活動には限界があることに鑑みれば，ADR 機関全体で協力していくことが望まれる[29][補注3]。

(3)　行政への期待

　行政との関係では，金融 ADR のシステムが行政による規制と「車の両輪」として機能することが期待される。すなわち，ADR による解決において顧客保護が実効的に進展していけば，行政による利用者保護のための規制を一定程度緩和していく可能性が考えられる一方，金融 ADR が十分に機能しなければ規制を強化せざるをえないものと考えられる。そのような「両睨み」によって，金融 ADR や金融機関の側に ADR による解決へのインセンティブが付与されていくのが望ましいのではないか[30]。そのためには，ADR の機能について，行政におけるフォローアップの体制を整備していく必要があろう。前出の金融

---

28)　前述のように，金融業界も，費用負担等の場面において，金融 ADR の機能を十分認識すべきものであろう。個別の事件で業界に不利な判断が仮に重なるとしても，その存在や機能が全体として業界全体に果たしている役割を十分理解する必要がある。前出注 23）も参照。

29)　いわゆる「ADR 支援センター」の構想もある（これについては，本書第 3 章 **6**(4)，山田＝山田・前掲注 2）106 頁以下など参照）。現在，日本 ADR 協会（仮称）の設立の動きがあるようであるが，各金融 ADR 機関もこのような動きに対して積極的に関与協力していく姿勢が期待されよう。

[補注 3]　その後，2010 年，日本 ADR 協会（JADRA）が設立された（山本＝山田・前掲注 2）106 頁参照）。そして，金融業界からも，全国銀行協会，FINMAC（日本証券業協会），日本損害保険協会，生命保険協会が団体会員として参加し，その活動に協力している。

30)　これについては，前出注 23）掲記のオーストラリアの金融オンブズマンの例などが 1 つの参考になろう。

256　第 11 章　金融 ADR の意義とその可能性

審議会答申に示されたように[31]，金トラ協の活用も 1 つの方途であろう。とりわけ ADR の実効性のカギとなる金融機関の行為規制の遵守については，行政庁による十分なチェックが必要になるものと考えられよう。

(4)　利用者への期待

　ここまで繰り返し述べてきたように，ADR にとっては利用されることが何よりも重要である。そして，紛争解決のルートは顧客が決定するものであるとすれば，利用の有無については顧客の選択が決定的重要性を持つ。その意味で，利用者が適切な紛争解決方法の選択ができることが極めて重要である。そのためには，顧客に対して紛争解決ルートに対する十分な情報提供が必要であり，それは契約締結時，紛争発生時等様々な段階でこまめにかつ実効的な方法で行われる必要がある[32]。

　しかし，消費者である顧客による自発的な ADR の選択に対して多くを期待することは実際上困難であろう。その意味では，消費生活センターや法テラスといったインテイク機関，顧客からみた第一次的なアクセス機関の役割は大きい。そこで，このような機関において，金融 ADR に関する PR や相互の連携活動によって日常的に，現場の相談員等に対してその存在や意義，メリットを認識させる必要があろう。また，紛争解決方法の選択に際しては，とりわけ弁護士の重要性が指摘できよう。弁護士が顧客に ADR の利用を助言しなければ，いかに整備された ADR であっても十分な機能は果たせないと思われる。その意味で，弁護士に対する意識改革や情報提供の試みは重要である。そして，弁護士の助言という観点からみれば，特に紛争解決の実効性が図られるかが重要な課題となろう[33]。

---

31)　そこでは，「各業態における金融 ADR に関する取組みを促すとともに各金融 ADR 機関相互の協力・連携等の取組みや制度の周知を進め，金融 ADR 全体の改善・発展につなげていくため，その役割を再確認したうえで，今後も，金融トラブル連絡調整協議会は金融 ADR 改善の推進役として重要な役割を果たしていく必要がある」と整理されている。

32)　この点は，モデルでも特に重視され，様々な形で規定がされていたところである。

33)　このような観点からは執行力の付与は重要性を持つ。ただ，この点は ADR 法一般の課題である。この問題に関する私見として，本書第 8 章参照。

(5) 裁判所への期待

次に，裁判所との連携の可能性も期待されるところである。金融関係紛争は裁判所においても解決困難な事件の一類型であることは明らかである。その意味では，訴訟が提起されたとしても，なお ADR の利用の可能性が模索されるべきである。一般的にいえば，21 世紀の民事司法の姿としては，必然的な裁判所の負担の増大に鑑み，ADR で解決しうる事件は可及的に ADR で解決する方途を模索することは，本来の司法制度の機能にとっても重要な意義を持つ[34]。司法制度改革においては，いわゆる「付 ADR」の制度は採用されなかったが，訴訟手続の中止の規定（ADR 法 26 条）を設けることで，間接的にそのような方向性が示唆されているものと言える。現在，認証制度の普及により徐々にそのような規定の活用の基盤が醸成されつつある。そして，金融 ADR はまさにそのような活用が期待される主な分野の 1 つであり，ここにおいても訴訟手続の中止の規定が設けられたことに鑑み，裁判所の積極的な対応が期待されるところである。

(6) 研究者への期待

最後に，研究者に対しても金融 ADR の発展のために期待したい。この分野は，ADR 法学と金融法学の連携したアプローチの必要性が高い両者の融合領域であるが，そのような連携作業には相当の困難も予想される。けだし，両者はともにまだ若い学問分野であり，研究者の層の蓄積が十分でないし，前者は民訴法学者，後者は商法学者が中心的に活動し，必ずしも相互に十分な連携が図られていない面もある。しかし，徐々にそのような連携の可能性は高まっているように思われる。すなわち，法科大学院の設置や ADR 法の制定等法制度の整備によって，実践課題に沿った両学問分野の教育研究が進展しつつあるし[35]，学会の活動も盛んになりつつある。金融法学会は既に古くから活動し

---

34) この点の基本認識については，山本和彦「民事訴訟法 10 年——その成果と課題」同『民事訴訟法の現代的課題』（有斐閣，2016 年）第 1 章 3，本書序章 5 参照。

35) 例えば，金融法教育についての提言が金融法学会においてされたし（道垣内弘人ほか「法科大学院における金融取引法の講義内容試案」金融法研究 20 号（2004 年）3 頁以下参照），ADR 法に関する授業科目を設ける法科大学院も増加しているようである。

258　第 11 章　金融 ADR の意義とその可能性

ているが，更に近時仲裁 ADR 法学会の創立があり[36][補注4]，そのような場で若い研究者を中心に積極的な研究が展開され，金融 ADR の発展に寄与していくことを期待したい。

(7)　今後の課題

　以上のように，少なくとも制度上の十分な受け皿は今回の法整備によって整えられたと考えられ，様々な関係者の今後の努力によって金融 ADR が所期の目的を果たすことを期待したい。ただ，今後の発展を見据えればなおいくつかの残された課題があり，将来的に解決していく必要があるように思われる。

　まず，ADR 機関の中立性の強化がある。例えば，ADR 機関の運営について利用者の代表などが加わった独立の委員会による監視を求めることなどが考えられるのではなかろうか[補注5]。また，ADR の実効性の更なる強化としては，事業者が金融 ADR の調停案を拒否して，訴訟が必要になる場合に，その提訴又は応訴のための顧客の訴訟代理人として金融 ADR が契約する弁護士を選任できる体制を整え，その場合は金融 ADR が弁護士費用を負担するような施策は考えられないであろうか[37]。これにより，ADR 機関が責任を持って調停案を提示し，そのフォローアップも図ることが可能になろう。最後に，金融 ADR では，紛争解決の局面に加えて，苦情解決支援の段階が重要である[38]。今回の制度は，このような局面についても一定の配慮をしていることは評価できるが，なお課題もある。苦情解決手続については顧客と金融機関との相対交渉によることを認めるとしても，ADR 機関のより積極的な関与を検討すべき

---

36)　平成 22 年の仲裁 ADR 法学会の大会においては，まさに金融 ADR がシンポジウムのテーマとして取り上げられた。

[補注4]　前注の成果につき，三木浩一ほか「金融 ADR の設計と課題」仲裁と ADR 6 号（2011 年）117 頁以下参照。

[補注5]　この点は，実際，多くの金融 ADR 機関によって実施されている。例えば，全国銀行協会においては，あっせん委員会運営懇談会が設けられ（著者が座長を務めている），年間数回の会合がもたれ，ADR の運用や規則等について意見交換や指摘，提言等がされている。

37)　このような ADR 交渉不調後の訴訟援助のスキームとしては，東京都消費者被害救済委員会の制度があり，参考になるのではないか。山本＝山田・前掲注 2) 134 頁以下参照。

38)　この点について，山本・前掲注 4) 47 頁参照。

ではなかろうか。相対交渉に安易に丸投げするのではなく，ADR 機関として
は少なくとも交渉期間を設定し，一定期間ごとに ADR 機関の側から顧客に連
絡をとり，交渉についての要望がないか等を確認し，顧客の要望を事業者に伝
達して，積極的に事業者を説得するなどの対応が必要ではないかと思われる。

5　おわりに
──金融 ADR を起爆剤に

　ADR 法制定以来，様々な新たな分野に ADR 機関が設置され[39]，その水準
を底上げしていく基盤となっていることは間違いない。しかし，その利用は未
だ十分な数には達していないように思われる。他方で，民事訴訟の増大は必至
の情勢である[40]。そこでは，司法資源の「選択と集中」の発想が必要となる。
つまり，ADR による解決が可能である事件はなるべく ADR で解決される道
筋を付けていくべきものと考えられる。ただ，その場合に受け皿となるものは
どのような ADR でもよいというわけではなく，国民の裁判を受ける権利が実
質的に十分尊重されるようなものである必要がある。その意味で，当面は裁判
所が連携を図る ADR の選択については慎重な判断が必要となってこよう。そ
のような受け皿として，金融 ADR は最も有力な候補の 1 つであるように思わ
れる。
　ADR の拡充・活性化のためには，ADR 法の認証による ADR 全体の底上
げとともに，一定の分野の ADR において飛躍的な発展があり，それを手掛か
りとして更に他の ADR を伸ばしていくという戦略的な発想が必要な時期に来
ているのではなかろうか[41]。新たな金融 ADR を 1 つの起爆剤として日本の

---

39)　例えば，スポーツ紛争に関する日本スポーツ仲裁機構，特定商取引紛争に関する日
　本消費生活アドバイザー・コンサルタント・相談員協会（NACS），下請取引紛争に関
　する東京都中小企業振興公社，ソフトウェア紛争に関するソフトウェア情報センター
　（SOFTIC），事業再生紛争に関する事業再生実務家協会，マンション紛争に関する福岡
　マンション管理組合連合会，夫婦関係等紛争に関する家庭問題情報センター，留学紛争
　に関する留学協会等がある。
40)　過払金事件の増加がその原因であることは確かであるが，最近はそれ以外の事件に
　も増勢が及びつつあるようである。その背後に弁護士数の急激な増加があるとすれば，
　そのような傾向は今後も長期にわたって続いていくことが予想されよう。

260 第 11 章 金融 ADR の意義とその可能性

ADR 全体において新たな目標が生まれ，それが ADR 全体の発展の基礎となることを期待したい。

（初出：金融法務事情 1887 号（2010 年）28 頁以下〔山本和彦＝井上聡編著『金融 ADR の法理と実務』（金融財政事情研究会，2012 年）2 頁以下所収〕）

[補論]　本章は，金融 ADR が制度化され，その運用が開始される（2010 年 10 月）直前である 2010 年 1 月に公表されたものである。その意味で，制度は固まったがその運用は未知数の段階で，金融 ADR 制度の意義を確認するとともに，その運用のカギを握る各ステークホルダーに対する著者の期待を述べたものである。

　著者自身は，前章で述べた金融トラブル連絡調整協議会（金トラ協）の委員（座長代理：当時）として，金融 ADR の創設に際した議論に関与した。そこでは，金融分野における ADR 整備の発端となった金融審議会答申及び金トラ協の発足（これについては，本書第 10 章 5 参照），金トラ協におけるモデル・ルールの策定（これについては，本書第 6 章 2 ⑵参照）を経て，なお十分に ADR が機能していない旨の批判が続くなか，それに対応する形で，金融機関の行為規制としてのいわゆる「三種の神器」（手続応諾義務，手続協力義務，調停案尊重義務）を内実とする制度が導入されることになったものである。このような行為規制の必要は，著者自身も繰り返し論述しており（例えば，本書第 10 章 4 参照），金トラ協などの会議等でも発言していたが，率直に言って，それが実際に制度として結実するとまでは思っていなかった。英国など外国のモデル（金融オンブズマン）や金融機関の不祥事等の外部的要因があったものの，このような制度が実現したことは，日本の ADR にとって重要な転機になりうるものとの認識があった（本章 5 の「起爆剤」という表現には，著者のそのような当時の思いが溢れている）。

　ただ，その時点では，金融 ADR が十分機能するかについては，著者自身確信を持ちえていなかった。その意味で，本章 4 の各ステークホルダーへの期待は，この制度がうまく機能するために，様々な立場の関係者の努力を促す趣旨のものであった。ただ，結果としては，金融 ADR は，著者の想像を上回る順調な船出を果たすことになった。リーマンショックによる為替デリバティブ案件の増大といった偶然的要素はあったものの，金融庁や金トラ協のモニター，

---

41)　既に，事業再生 ADR は一定の「起爆剤」としての作用を果たしつつあるように見受けられる。

そして何よりも各 ADR 機関及び金融機関の真面目な取組みの成果と言ってよい。その意味で，本章における著者の期待は概ね満足されたといえるが，その後の状況の詳細については，次章を参照されたい。

第*12*章

金融 ADR の機能の評価と今後への期待

　金融 ADR 制度の運用が開始した 2010 年 10 月から間もなく 2 年を経過しようとしている。著者のような制度の外部にある者にも，徐々にその運用の状況が明らかになりつつある。制度の全般的評価としては，事件数の画期的な増加を始め，大きな成果を上げてきていることは疑いないと思われる一方，様々な課題も生じているとされる。著者自身は，一研究者として，実務の在り方について論評する立場にはない[1]。しかし，ADR 制度，とりわけ金融 ADR 制度の設計に多少なりとも関与した研究者・理論家の立場として，このような状況の中で，金融 ADR あるいは ADR 自体の出発点に立ち返って，その本来の役割を再確認し，金融 ADR の機能に対する評価を行い，今後の課題を検討する責任があるのではないかと思われる。本章は，そのような認識に基づき，はなはだ拙いものであるが，金融 ADR の機能の評価と今後への期待について論じるものである。

　以下では，まず金融 ADR の現状を確認し，その評価を示す（*1*参照）。次いで，金融 ADR の機能について，その前提として ADR 一般，特に業界型 ADR の意義と機能について一般的な観点を確認した（*2*参照）後に，金融 ADR の本来の意義と機能について，金融 ADR 制度の創設時の議論も踏まえて，再確認しておきたい（*3*参照）。最後に，金融 ADR に対する今後の期待について，制度への期待，利用者への期待，金融機関への期待，ADR 機関への

　1）　そのような評価を行う前提となる十分な情報を有していないし，また実際の事件を担当したこともないので，現実の中で生じうる苦悩を共有することも困難である。

期待に分けて論じることとする（*4*参照）[2]。

1 金融 ADR の現状と評価

(1) 金融 ADR の設置の現状

まず，金融 ADR の設置の状況について確認しておきたい。金融 ADR は，原則として業態ごとに設置されることが前提とされている。ただ，すべての業態に ADR の設置が義務づけられているわけではなく，ADR が置かれない業態の存在も前提とされているし[3]，逆に 1 つの業態に複数の ADR 機関が存在することもありうる。

現段階では 8 機関が金融 ADR（指定紛争解決機関）として活動している[補注1]。すなわち，銀行業に関する全国銀行協会（以下「全銀協」という），信託業に関する信託協会，生命保険業に関する生命保険協会（以下「生保協」という），損害保険業に関する日本損害保険協会（以下「損保協」という），外資系損害保険業に関する保険オンブズマン，少額短期保険業に関する日本少額短期保険協会，金融商品取引業に関する証券・金融商品あっせん相談センター（以下「FINMAC」という），貸金業に関する日本貸金業協会である[4]。紛争が相当数見込まれる主要な業態については，一応 ADR が出揃ったという評価が可能であろう。

(2) 金融 ADR の利用の現状

次に，金融 ADR の利用の状況である（以下の統計は 2011 年度〔2011 年 4 月 1

---

  2) なお，本章の叙述については，制度創設時に金融 ADR の意義とその可能性について論じた本書第 11 章と重複する部分も多い。

  3) この点について，中沢則夫「金融 ADR 誕生秘話」山本和彦＝井上聡編著『金融 ADR の法理と実務』（金融財政事情研究会，2012 年）54 頁参照。なお，ADR が置かれない業態については，個々の金融機関において所要の代替措置を講じることが義務づけられる。実際には弁護士会 ADR との関与協定が締結されているようである。

〔補注1〕 2018 年 4 月段階でも，同じ 8 機関が指定を受けている状況にある。

  4) このうち，FINMAC を除く他の機関は，法律の施行と同時に 2010 年 10 月から業務を開始しているが，FINMAC については 2011 年 4 月から業務を開始している。以上のうち，全銀協，FINMAC，生保協，損保協のそれぞれの活動状況については，山本＝井上編著・前掲注 3) 178 頁以下の諸論稿を参照。

264　第 12 章　金融 ADR の機能の評価と今後への期待

日〜2012 年 3 月 31 日〕を基本とする[5][補注2]）。

　金融 ADR の手続は，大きく苦情処理と紛争解決とに分けられるが，まず，苦情処理の受付件数は 7,093 件である。2010 年度は 5,373 件であるので，前年度比 32％増ということになる[6][補注3]。他方，紛争解決手続の受付件数は 1,981 件である。2010 年度は 837 件であるので，前年度比 137％増ということになる[補注4]。苦情処理・紛争解決ともに，金融 ADR の発足に伴い大幅に増加しているが，特に紛争解決手続の件数増が顕著である。

　紛争解決手続の受付に係る機関別の統計では，全銀協が 1,086 件，損保協が 360 件，生保協が 260 件，FINMAC が 246 件であり，この 4 機関で事件数の大半を占める[補注5]。特に全銀協の件数の多さが顕著であるが，これはいわゆる為替デリバティブの案件の増加を反映したものとされる。ただ，そのような特殊案件の影響を除いても，各機関いずれも事件数の増加は明らかである。

(3)　金融 ADR による解決の現状

　次いで，金融 ADR による解決の状況である。まず，事件の既済件数については，苦情処理手続が 6,813 件，紛争解決手続が 1,506 件となっている。紛争解決手続の機関ごとの内訳は，全銀協が 765 件，損保協が 299 件，生保協が 230 件，FINMAC が 192 件となっており，やはり全銀協の事件の多さが目を

---

5)　この統計については，金融トラブル連絡調整協議会第 43 回会合（平成 24 年 6 月 7 日）において公表されている（同協議会の当該資料については，金融庁のホームページ〔https://www.fsa.go.jp/singi/singi_trouble/siryou/20120607/04.pdf〕参照）。

[補注2]　以下では，2017 年度までの統計を必要に応じて補充する。

6)　なお，2010 年度は（FINMAC を除き）半年分のみが金融 ADR としての実績であり，FINMAC については金融 ADR ではない年度との比較となる（以下も同じ）。

[補注3]　その後，2012 年度 6,474 件，2013 年度 5,666 件，2014 年度 5,733 件，2015 年度 8,501 件，2016 年度 8,283 件，2017 年度 7,234 件と推移している。2015 年度以降急増しているが，これは，一部 ADR 機関で苦情の定義を改め，拡大したことによる点が大きい。

[補注4]　その後，2012 年度 1,625 件，2013 年度 1,021 件，2014 年度 1,059 件，2015 年度 1,148 件，2016 年度 1,267 件，2017 年度 1,091 件と推移している。2013 年度までは減少したが，その後はほぼ横ばい基調である。

[補注5]　2016 年度は，損保協 503 件，生保協 355 件，全銀協 193 件，FINMAC 143 件で，やはりこの 4 機関で事件数の大半を占める。全銀協が激減しているが，これは為替デリバティブ案件の減少を反映したものである。

惹く。

　次に，事件の処理期間については，苦情処理手続は1ヵ月未満が44%，1ヵ月以上3ヵ月未満が30%，3ヵ月以上6ヵ月未満が18%，6ヵ月以上が8%となっており，3ヵ月未満に解決している件数が74%を占めている[補注6]。他方，紛争解決手続は1ヵ月未満が3%，1ヵ月以上3ヵ月未満が28%，3ヵ月以上6ヵ月未満が52%，6ヵ月以上が17%となっており，6ヵ月未満に解決している件数が83%を占めている[補注7]。相当に迅速な解決が図られているといえよう。

　最後に，解決結果であるが，苦情処理手続については，解決が4,067件（60%），紛争解決手続への移行が1,713件（25%），不調が498件（7%）等となっている[補注8]。他方，紛争解決手続については，和解が588件（39%），特別調停が85件（6%），見込みなし（＝打切り）が754件（50%），一方の離脱が60件（4%）等となっている。すなわち，紛争解決手続については，成立率は45%ということになる[補注9]。機関別の和解成立率についてみると，全銀協が59%，FINMACが49%，損保協が27%，生保協が18%となっており，全銀協やFINMACが相対的に高く，損保協や生保協が相対的に低い状況にある[補注10]。

(4)　金融ADRの現状に対する評価

　以上のような金融ADRの現状についてどのように評価するかであるが，詳細な評価については，基礎資料が十分ではないし，発足直後で時期尚早の感も

　［補注6］　2017年度で，1ヵ月未満34%，1ヵ月以上3ヵ月未満34%，3ヵ月以上6ヵ月未満18%，6ヵ月以上14%となっており，3ヵ月未満で解決している件数が約70%を占めており，ほとんど傾向に変わりがない。
　［補注7］　2017年度で，1ヵ月未満2%，1ヵ月以上3ヵ月未満24%，3ヵ月以上6ヵ月未満46%，6ヵ月以上28%となっており，6ヵ月未満で解決している件数が70%強を占めており，ほとんど傾向に変わりがない。
　［補注8］　2017年度で，解決78%，移行11%，不調7%となっており，解決率は圧倒的に高い。
　［補注9］　2017年度で，和解33%，特別調停9%，見込みなし53%，一方の離脱4%で，成立率42%となっており，ほとんど傾向に変化はない。
　［補注10］　2017年度で，全銀協51%，FINMAC57%，損保協43%，生保協31%となっており，全体の傾向に大きな変動はない。

ある。以下では，以上のような統計に基づき，暫定的かつ印象的なものに止まるが，現段階での個人的評価を述べたい。

　まず，申立件数の増加は，金融 ADR 創設の 1 つの大きな目標であり，それが達成されつつあることを示すものと評価できよう。日本全体の ADR の中での金融 ADR の比重を見ると，2010 年度の認証 ADR 全体の申立件数は 1,123 件，金融 ADR は 837 件であり，ほぼ匹敵する数値になっていたところ，2011 年度でみると，金融 ADR の 1,981 件に比して，認証 ADR は 1,347 件となっており，金融 ADR だけで他の民間型 ADR の件数に迫り，それと同レベルに至っている [7][補注11]。これだけで，ADR として大きな成功と言える。けだし，日本の ADR の最大の問題点は事件数が少ないことにあるからである。事件数が少ないことから処理実績の蓄積がないため，利用者の信頼が得られず，その結果として利用も少なくなるという「悪循環」が日本の ADR の主要な問題点であった。この問題の打開のために，裁判外紛争解決手続の利用の促進に関する法律（以下「ADR 法」という）が立法され，その他様々な努力がされているところであるが，少なくとも金融 ADR はそのような打開の途を大きく開いたといえよう。

　但し，このような実績の評価については，なお留保が必要である。とりわけ，全銀協の数値については，前述のように，一時的現象であり，かつ，かなり特殊な案件である為替デリバティブ事案の比率が高い点が指摘できよう（この傾向は，FINMAC などについてもある程度妥当すると考えられる）。そして，このようなケースに関しては，相手方が個人でなく法人の場合も多く [8]，その意味でも

---

　7)　日本の民間型 ADR としては，認証 ADR のほかに，弁護士会 ADR が重要な役割を占めているが，弁護士会 ADR は全体で毎年 1,000 件前後（2011 年では 1,370 件）であるので，認証外の ADR を含めても，金融トラブルに関するものは全体で 2,000 件をそれほど大きくは超えないレベルではないかと推測される（弁護士会 ADR と認証 ADR との間には若干の重複がある）。その中で，金融 ADR の 1,981 件という数字が占める比重の大きさは実感いただけよう。

　[補注11]　2016 年度でいうと，金融 ADR が，前述のように 1,267 件であるのに対し，認証 ADR は 1,071 件，弁護士会 ADR は 1,097 件となっており，為替デリバティブ案件の収束に伴う金融 ADR の減少はあるものの，全体の傾向に大きな変わりはない。

　8)　申立件数における法人比率は，全銀協が 71%，FINMAC が 44% であるのに対し，損保協が 16%，生保協が 6% となっており，やはり為替デリバティブの顕著な影響が見て取れる。

本来の金融 ADR の想定とは異なっている。この点は件数増の1つの要因であると同時に，その運用に問題をもたらしている要因でもある。ただ，繰り返しになるが，為替デリバティブという特殊要因を捨象しても，事件数の増加には顕著なものがあり，金融 ADR の成功を否定するものでないことは言うまでもなかろう。

次に，事件処理の側面では，全体として，申立件数の急増に追い付いていなかった面があることは否定し難い。事件の急増に対する処理態勢整備の遅れであるが，統計的にみれば，2011年度の第4四半期には処理が追い付いていく状況にある[9]。そのようななか，処理期間は全体として迅速性を堅持している。金融 ADR のモデル[10] においては，苦情処理手続の標準処理期間として2～3ヵ月程度[11]，紛争解決手続の標準処理期間として3～4ヵ月[12] が設定されているところ，相当の割合で達成しているといってよいであろう。このような処理期間は事件数の増加に応じてやや長期化の傾向にはあるが，前述のように，為替デリバティブの事件の落ち着きと処理態勢の整備によって改善の方向にあり，基本的には十分評価できる状況にあるといえよう[13][補注12]。

最後に，紛争解決結果の評価であるが，不応諾による終了がゼロである点は，民間型 ADR としては画期的なものである。どの ADR 機関も応諾率の向上に悩みを抱えている点[14][補注13] に鑑みれば，金融 ADR では，法律として応諾義務を規定した大きな成果が上がっている。また，和解成立率は全体で45%

---

9)　2011年度第4四半期には，新受546件に対して既済513件となっており，同年度第3四半期における新受601件に対する既済379件と比較すると，処理状況は大幅に改善している。

10)　2002年4月に，金融トラブル連絡調整協議会において策定された「金融分野の業界団体・自主規制機関における苦情・紛争解決支援のモデル」（以下「解決支援モデル」という）である。本書第6章 *2*(2)参照。

11)　解決支援モデル 3-8 参照。

12)　解決支援モデル 4-16 参照。

13)　なお，認証紛争解決手続全体の統計（2011年度。以下も同じ）では，6ヵ月未満の処理が86% となっており，金融 ADR とほぼ同程度の処理期間となっている。

［補注12］　2017年度，金融 ADR は6ヵ月未満で72% であるのに対し，2016年度，認証 ADR は同じく74% であり，やはりほぼ同水準といえる。

14)　認証 ADR の統計では，不応諾による終了は全体の23% に上っている。

［補注13］　認証 ADR の2016年度の不応諾率は30% である。この数字は概ね20% から30% の間で推移している。

であるが，紛争内容の困難性に鑑みれば，統計的には十分に評価できる数字であると考えられる[15][補注14]。ただ，機関別の差が大きいことをどのように評価するかは1つの問題である。ここでもやはり為替デリバティブによる底上げの可能性があろう[16]。そのような特殊要因を除いた場合に，金融ADRの紛争解決機能をどのように評価するかという問題はなお残るように思われる[17][補注15]。

2 ADRの意義と機能

(1) ADR一般の意義と機能

以下では，金融ADRの本来的な機能の検討の前提として，ADR一般についてその意義と機能について再確認しておきたい。ADR（裁判外紛争解決手続）とは，法律上，「訴訟手続によらずに民事上の紛争の解決をしようとする紛争の当事者のため，公正な第三者が関与して，その解決を図る手続」として定義されている（ADR法1条括弧書参照）。すなわち，ADRは紛争解決手続であるが，その中でも，①公正な第三者の関与を前提とすること（当事者間の相対交渉との差異），②訴訟手続によらないこと（訴訟との差異）に特徴がある手続ということができる。そこで，以下では，この2つの特徴とそのメリット及び重要な要素を確認しておきたい。なお，この点の検討については，ADR法がADRの基本理念として，「裁判外紛争解決手続は，法による紛争の解決のた

---

15) 認証ADRの場合には，全体の和解率は39％であるが，不応諾を除いた和解率は51％となっている。なお，司法型ADRである裁判所の調停の場合には，平成23年度の統計で，民事調停における調停成立率が（実質的な成立と考えられる調停に代わる決定を加えて）69％，家事調停における調停成立率が52％となっている。

［補注14］ 認証ADRの2016年度の和解率は36％であるが，不応諾を除いた和解率は51％となっている。なお，2016年度の民事調停では55％（調停に代わる決定を含む），家事調停では58％（合意に相当する審判及び調停に代わる審判を含む）となっている。

16) このような事件類型は，①申立人が法人であること，②申立人に代理人が付くことが多いこと，③割合的解決に馴染みやすい事案が多いことなどから，和解成立率が相対的に高く出るのではないかと思われる。

17) 特に損保協や生保協の10％～20％台の成立率は，ADR全体の和解率（前掲注15）参照）に鑑みても，やはり相対的に低いものであることは否定し難いように思われる。

［補注15］ 現状でも保険関係ADRの和解成立率は相対的に低いが，その差は縮まっている（［補注10］参照）。

めの手続として，紛争の当事者の自主的な紛争解決の努力を尊重しつつ，公正かつ適正に実施され，かつ，専門的な知見を反映して紛争の実情に即した迅速な解決を図るものでなければならない」としていること（同法3条1項）が重要であり[18]，この基本理念は金融ADRにも当然適用されるものである[19]。

まず，①の相対交渉との差異の点であるが，公正な第三者が関与する手続のメリットとしては，以下の点が指摘できよう。第1に，相対交渉では当事者の譲歩に限界がある場合にも，中立公正な第三者から「第三者的見方」を提示されることにより，当事者は冷静に自己の立場を反省することが可能となり，適切な譲歩に向かう可能性が生じる点である。第三者の関与によって，相対交渉のデッドロックを打開できるメリットである。第2に，相対交渉では当事者の（様々な意味での）力関係が交渉結果に直接反映するおそれがあるところ，中立公正な第三者の関与によって力関係のアンバランスの是正の可能性が生じる点である。ここでいう「力関係」とは，経済力，政治力，社会的な力などをすべて含む概念である[20]。相対交渉ではこのような力関係がそのまま交渉結果に反映される可能性が高いため，結果として，力関係において有利な当事者にとって不当に有利な解決が実現するおそれが強い。それに対し，ADRでは中立公正な第三者のもとで，客観的にみて公正な解決が図られる可能性がより強まる可能性があるといえよう。以上のように，ADRにとっては，中立公正性の維持が最重要の課題であるが，相対交渉によって力の格差を是正し，公正な解決に向かう契機となることの重要性をも確認する必要があろう[21]。そこで，公正な解決とは何かという問題がADRにとって重要な課題となる（この点については後述する。*3*(2)(a)参照）。

---

18) 同条項の意義については，山本和彦＝山田文『ADR仲裁法〔第2版〕』（日本評論社，2015年）103頁以下参照。

19) ADR法の第2章（認証紛争解決手続の業務）の対象は，政令による適用除外があるが（ADR法2条1号但書参照），第1章（総則）の対象は（司法型・行政型を含む）すべてのADRに及ぶ。同法の適用関係については，山本＝山田・前掲注18）101頁以下参照。

20) 例えば，交渉による紛争解決に応じない側が社会的な非難を受けるおそれがあり，その結果として譲歩を迫られることなども，ここでの力関係に含まれる。

21) 換言すれば，合意による解決であるからといって，「足して2で割る」解決がよいわけではないということである。

次に，②の訴訟との差異の点であるが，ADR は国家権力の行使による強制的な紛争解決ではなく，当事者の合意に基づく解決である点がその中核であり，そのメリットとしては，以下のような点が指摘できよう。第1に，簡易・迅速性である。合意による解決であるので，強制的解決が前提とするような手続保障と同じレベルの手続保障を当事者に付与する必要はなく，結果として簡易・迅速な解決が可能となる。第2に，秘密保持性である。強制的解決の前提として求められる透明性（＝公開性）と同じ水準が合意による解決である ADR に求められるわけではなく，当事者間で秘密裡に紛争を解決することも可能となる。第3に，柔軟性である。手続のレベルでも解決内容のレベルでも，強制的解決である訴訟のように，法に従う必然性はなく，ADR では事件の内容に応じた公正さを追求することができる。第3の点に関して付加すれば，ADR における解決内容は，法に従う必要性はないが，どのような内容であっても当事者が合意さえしていれば，それでよいと言えるかというと，やはりそうではないと思われる。ADR 法が「法による紛争の解決」を強調し（3条など参照），ADR の究極の目的が「国民の権利利益の適切な実現」にある（1条）とすれば，そこではやはり公正な解決が前提とされているものと解される。

　それでは，以上のように，ADR のメリットの前提条件ともなる，ADR で求められる公正な解決とはどのようなものであろうか。この点は，ADR 法理論にとって極めて重要な課題ではあるが，これを一般論として論じるのは不可能であるように思われる。結局，公正な解決とは，個別事件の解決の中で，当事者や手続実施者がそれぞれの責任で発見していくしかないものであろう。ただ，ここで1点指摘しておきたいのは，法が大枠として公正さを体現していることは紛れもない事実であるが，他方で，法の適用には一定の限界があることも否定できない（そして，そこにこそまさに ADR のレゾンデートルが存する）という点である。例えば，訴訟においては，法の適用の前提として，事実を確定する必要があり，そこでは証明責任による all or nothing の解決となり，当事者に立証の負担が課される。これは，国家権力の行使である訴訟においては不可避の前提であるが，合意による解決である ADR ではそれを回避できる。換言すれば，具体的な事件の中で ADR 独自の「公正さ」が発見され，法から一定の乖離が生じることもやはり当然の前提とされているものである。例えば，あ

る事実の証明がないとしても，当事者の主張に一定のもっともらしさがあり，相手方の落ち度なども認定できるのであれば，法においては権利が認められない場合であっても，一定の支払を相手方に求めることが具体的な事件では公正に適うこともあろう。ADR の意義は，このようなメリットを発揮する中で，具体的事案における公正さを見出し，それを実現することにあると言ってよい。

(2) 業界型（B to C 型）ADR の意義と機能

以上のような一般的な ADR の意義は，いわゆる業界型 ADR にも基本的には妥当すると考えられる。ただ，業界型 ADR には，いくつかの特性（注意点）が存在することも事実である。以下では，業界型 ADR の一種である金融 ADR を論じる前提として，業界型 ADR 一般の意義と機能の特性について概観する。

業界型 ADR の特徴としては，以下の点が指摘できよう。すなわち，①一般に業界が資金を提供し，運営に関与しているため，顧客の側からの信頼が得られにくいこと，②当事者が消費者と事業者であるため，当事者間の経済力，専門知識その他，力の格差が定型的にあること，③業界が運営しているため，個々の紛争解決だけではなく，業界全体の信頼性の向上や実務慣行の改善など外部効果が期待されることなどである。

以上のような特徴に応じて，業界型 ADR の運営には，以下のような工夫が求められるように思われる。第 1 に，顧客の信頼を確保してその利用を活性化するために，ADR の中立公正さを目に見える形にする必要性が大きいことである。顧客の信頼が十分に確保されなければ，いかに他のメリットが大きくても，その活用は望むべくもない。第 2 に，力の格差を是正して公正な解決に至るための手当てが必要とされることである。前述のように，ADR の機能の前提として解決の公正さが重要であるとすれば，業界型 ADR では，当事者間の力の格差がそのまま解決に反映しないような措置が特に強く求められよう[22]。第 3 に，業界全体の慣行改善等に資するためには，個々の紛争解決に止まらず，

---

[22]　このような「公正」の実質的な理解については，山本＝山田・前掲注 18）103 頁参照。

それが業界全体に向けて再発の防止等に資する基盤を形成することが求められよう。このように、業界型 ADR が所期の目的を達成するため、その運営には他の ADR にはない独自の工夫が求められるところであるが、後述のように、金融 ADR にはそのような工夫が表れているように思われる（3(2)参照）。

3 金融 ADR の本来的機能
—— 金融 ADR 創設への道程を振り返って

(1) 金融 ADR 創設の経緯・理由

金融 ADR の創設の経緯や理由については、既に様々なところで詳細に論じられているので[23]、以下では、金融 ADR の本来的な機能を論じる前提として必要な範囲で、著者の見方を示しておきたい。

金融 ADR の淵源は、2000 年の金融商品等の販売に関する法律の制定に遡ることができる。同法の制定によって実体法の整備による顧客の救済が図られたわけであるが、他方で手続的に顧客救済を容易にする方途も必要であることが意識されていた。そして、そのような方策として ADR の活用が注目を集めたものである。その際には、まったく新たな包括的 ADR の仕組みを設けることも視野に入っていたが、最終的には、当面は既存の業界型 ADR の充実を図る方針が採用された。そこで、金融トラブル連絡調整協議会（以下「金トラ協」という）が設置され[24]、金融分野の ADR の充実をモニターするものとされた。

しかるに、金トラ協の議論においては、ADR の活用が十分に進んでいかないという意識が常に底流としてあったように思われる。すなわち、紛争解決の申立件数の少なさであり、苦情処理から紛争解決に適切に事件が移行していないのではないかという問題意識である。特に金融をめぐる様々な問題（例えば、貸金業界における過払金問題、保険業界における保険金の不払問題等）が表に出るたびに、そのような紛争の解決のために ADR が十分に活用されてこなかったの

---

23) 例えば、大森泰人ほか『詳説金融 ADR 制度〔第 2 版〕』（商事法務、2011 年）22 頁以下など参照。

24) 同協議会については、山本和彦「裁判外紛争処理制度（ADR）」江頭憲治郎＝岩原紳作編『あたらしい金融システムと法』（ジュリスト増刊、2000 年）52 頁参照。

ではないか（そして，ADR が業界の慣行改善等に十分に寄与してこなかったのではないか）という印象が強まった。そのようななか，金トラ協における対応としては，2002 年に，前述のように「解決支援モデル」が制定され，ADR の手続整備が図られた[25]。そして，その後も金トラ協においては，解決支援モデルの実施状況のフォローアップやモデルの改訂等の作業が積み重ねられた。

　しかし，以上のような金トラ協を中心とした精力的な取組みにもかかわらず，自主的な取組みには限界があるというコンセンサスが徐々に形成されていく。最終的には，金融審議会において，「その実施主体の中立性・公正性及び実効性の観点から必ずしも万全ではなく，紛争解決に関する利用者の信頼感・納得感が十分に得られていない」との一般的認識が示され[26]，そのような認識が金融 ADR 制度の創設につながっていったものである。以上のような経緯から明らかなように，金融 ADR の本来的な機能としては，中立性・公正性及び実効性が重要なものと認識されていたと言うことができる。以下では，これらの点を中心として，金融 ADR の本来的機能に関する私見を提示したい。

(2)　金融 ADR の本来的機能

(a)　中立性・公正性

　まず，中立性・公正性という機能である。この点は，金融 ADR に限らず，ADR 全体の普遍的かつ本質的な要素である。前述のように（2 (2)参照），特に業界型 ADR では重要なポイントとなる。ただ，ここで問題とすべきは，いうところの「中立性」の意義である。すなわち，確保されるべきは，形式的な中立性か実質的な中立性かという問題である。この点について，著者は，当事者間に力の格差がある場合に，それを ADR 機関が補完することによって初めて公正な解決が可能になるとすれば，それは中立性に反しないと考えるべきであり，その意味では実質的な中立性が目指されるべきものと考えている。金融

---

25)　同モデルは，金融分野の ADR 全体の底上げのためのベンチマークという位置付けがされた。それによって，取組みが十分に進んでいない業態の ADR についても，モデルに即した適切な対応が期待されたものである。

26)　金融審議会金融分科会第 1 部会・第 2 部会合同会合「金融分野における裁判外紛争解決制度（金融 ADR）のあり方について」（平成 20 年 12 月 17 日）（山本＝井上編著・前掲注 3）360 頁以下所収）参照。

ADR においても，そのような実質的な意味での中立性の実現が期待されよう。

また，前述のように，金融 ADR を始めとした業界型 ADR においては，中立性それ自体と並んで，特に中立性の外観の重要性が指摘されるべきである。客観的にみて中立であったとしても，顧客は常に業界型 ADR は業界寄りではないかとの疑念を持つものであり，それはやむをえないものと認識して，ADR の側でそれを少しでも払拭していく努力が必要であろう。その点で，手続実施者の中立性・独立性の確保は当然として，重要な事項としては，特に透明性の確保があろう。ADR に関する（その秘密性を害しない範囲での）可及的な情報開示やその運営等に対する第三者の視点の導入などが望まれよう。

　(b)　実 効 性

従来の民間型 ADR の最大の問題として認識されていたのが，この実効性の問題である。そして，金融 ADR が制度化されたのは，まさにこの点に応えようとしたものであり，現にこの点は金融 ADR 制度によって大幅に改善されたと言ってよい。いわゆる 3 点セット，すなわち，手続自体への応諾義務，手続への協力義務（資料提出等の義務），特別調停案の受諾義務によって，金融 ADR は一種の片面的仲裁に接近し，これにより顧客にとって利用に値する手続となったことは明らかであろう。

逆に，このような実効性確保の措置が ADR 機関の責任を増大させたことも間違いない。これによって，ADR 機関は一種の擬似的な権力行使を委ねられたと言っても過言ではなかろう[27]。したがって，ADR 機関のそのような権限行使には正統化の要素が必要となろう。著者のみたところ，そのような正統化根拠としては，ここでも透明性，すなわち外部からの批判可能性が重要であり，更に加えて解決結果の公正さが求められよう。

なお，やはり実効性のカギを握る点として，ADR の解決結果（特別調停案）に不満な場合は金融機関が提訴できることが前提とはなるが，金融機関による濫用的な提訴がされないことが必要であろう。顧客は自ら訴訟追行が困難なも

---

　27)　もちろん，このような事業者側の義務は，手続実施基本契約に基づいて発生しているので，厳密な意味で権力が行使されているものではない。しかし，そのような契約の締結が金融業の遂行の前提とされる以上，そこには強制的契機を孕んでいることは明らかであろう。

のである（だからこそ ADR を必要とする）ことを前提とすれば，提訴は顧客を困難な立場に追い込むことは間違いない。したがって，金融機関の側の提訴判断にも公正性が求められ，自己の利害だけではなく，企業の社会的責任を踏まえた業界全体の利益，更には社会的相当性の判断が必要となってこよう。

(c)　公正な解決

本章で繰り返し述べてきたように，金融 ADR を含む ADR 全体の正統性を担保するのは，その解決結果の公正さにあると考えられる。前述のように，そこでは，法による解決に準拠しながら，具体的な事件の中で公正性の所在を見出していく作業が必要となる。それは極めて困難な作業ではあるが，ADR の発展のためには不可欠なものと考えられる。

この点で，特に，証明ないし証拠の在り方に対する自覚的対応が求められよう[28]。ADR と訴訟との相違に十分配慮し，訴訟であれば証明ができていないと判断されるような事案であっても，個々の顧客の状況や取引の具体的状況などから，証拠が十分ではないこと（収集・保存されていないこと）に一定の理由があり，顧客の陳述内容に一定の蓋然性が認められる場合には，積極的に解決を図っていく姿勢が必要であろう。過度に専門家的な観点から，安易に顧客の申立てを切り捨てるようなことがあれば，ADR への信頼が失われるおそれがある。他方で，理由のない「言い掛かり」的な申立てを安易に認めることの弊害にも十分な注意が必要であろう。このような微妙なバランスは，個々のADR ないし業態ごとにも相違があると考えられるが[29]，その中での平衡感覚に基づく公正な解決が期待されよう。

(d)　互譲の必要

ADR は和解の仲介であり，和解とは互譲による紛争解決である（民 695 条）。

---

28)　行政型 ADR ではあるが，著者が現在関与している原子力損害賠償の ADR における損害の認定などでも同様の問題が生じている。その意味で，これは ADR 一般の問題であるとともに，当事者間に証拠収集をめぐる力の格差がある場合には特に問題となりやすい点である。

29)　例えば，証券などでは（株式の値上がりの見通し等について）「言った」「言わない」の争いになることが多く，むしろ事業者側に証拠の保存を求め，証拠の保存がない場合には不利益な扱いをすることも考えられる一方，保険などでは事実（盗難・失火等）の存否が問題になるケースで，安易な譲歩は難しいことも十分理解できよう（前述の和解率の差異，このあたりの紛争実態の差異に由来している可能性もあろう）。

その意味で，互譲はまさに ADR という概念の根幹をなすものであるが，当事者相互において，自己の主張に固執することなくお互いに譲歩することの重要性は，いかに強調しても強調しすぎることはない[30]。当事者の姿勢としての「互譲」の重要性である。

しかし，他方で，ADR の解決結果という側面からみる場合，一方当事者（顧客）の言い分がそのまま認められるべき場合ももちろんありうる[31]。このような場合に，ADR 機関としては，それが公正な解決になるのであれば，顧客の申立てどおりの調停案を提示することに躊躇すべきではないと考えられる[32]。けだし，顧客が過剰な申立てをしていれば（結果的に互譲となって）ADR で解決できるのに，適切な申立てをしている場合には（互譲とならないため，顧客が更に譲らなければ）ADR では解決できず，訴訟の利用が強制されるという結果は明らかに不合理だからである。その意味では，和解成立の要件としての「互譲」は重視されるべきではなかろう[33][補注 16]。

4 金融 ADR の今後への期待

最後に，今後の金融 ADR の発展のために，各ステークホルダーに対する著者の期待を述べることとする[34]。

---

30) ADR 法 3 条 1 項が ADR の基本理念として，第一義的に，「紛争の当事者の自主的な紛争解決の努力を尊重し」とするのは，このような趣旨と考えられる。

31) 金融機関側の言い分がそのまま認められるべき場合は当然に不調打切りとなろう。

32) 民事調停との関係であるが，「調停対象との関係では一方当事者のみが譲歩をしている場合にも，争いをそこで終結させ，それ以上の請求をしないという他方当事者の約束もここでの譲歩に当たる」と解するものとして，山本＝山田・前掲注 18) 187 頁参照。

33) この点は学界でも共通の理解になっていると思われる。現在進行中の民法（債権関係）改正の議論においても，和解については，「和解の要件のうち当事者の互譲については，……その存否が緩やかに判断されており，また，当事者の互譲がない場合であっても，争いをやめることを合意したのであれば，当該合意は確定効が認められる無名契約となることから，要件とする意義が乏しいとの指摘がある」ことを前提に，和解の要件として当事者の互譲を不要とすべきかどうかについて，更に検討するものとされている（法制審議会民法（債権関係）部会「民法（債権関係）の改正に関する中間的な論点整理」第 55 の 1 参照）。

[補注 16] 民法 695 条は，結局改正されず，互譲の要件を残したが，前注のような理解は共有されていたように思われる。

(1) 金融機関（＝相手方）への期待

　まず，ADR において通常相手方となる金融機関に対する期待である。金融ADR においては，前述のように，金融機関に対して一定の義務付けがされているが，その前提にある基本的な発想は，ADR という紛争解決方法の提供が企業の社会的責任であり，同時に顧客サービスの質の確保の問題であるという認識である。このような考え方は，ISO に顕れる近時の国際的潮流に即したものであるということができる[35]。すなわち，商品サービスの質の確保は，顧客からその質に対する苦情があった場合の解決方法にも及ぶものと認識される。このような基本認識のもと，ISO の規格は，まず ISO10001 において事業者の行為規範（code of conduct）の設定により苦情解決を合理化し，ISO10002 は内部苦情解決の規格設定によって各事業者の内部で苦情を適切に解決できるスキームを用意し，ADR に直接関係する ISO10003 では，内部で苦情が解決できなかった場合も直ちに訴訟によるのではなく，外部の中立機関による公平な解決手続を顧客に用意することが事業者の責任であるとするものである。金融 ADR に臨む金融機関も，このような国際的潮流を十分認識すべきであろう。

　また，金融機関としては，前述のように，金融秩序の維持という観点からもこの制度に対応すべきであろう[36]。金融市場におけるルールメーキングやコンプライアンスの面で，ADR の果たす役割は大きく，また効率的なものであると考えられる。その意味で，金融秩序の維持に対する責任という観点から，ADR を支える費用や人材の負担について，金融業界全体で十分な配慮が求められよう。そして，このような ADR の意義について，特にトップマネジメントを中心とした十分な理解が望まれる[37]。

---

34)　制度創設当初において，本書第 11 章 *4* で同様の叙述をした。その内容の多くは制度施行後も基本的に変わっていないが，制度創設後の状況も踏まえて，確認の趣旨も込めて再論する。

35)　この点の詳細については，本書第 7 章 *5* 参照。なお，以下のような ISO の各規格は，2010 年 9 月に JIS 化されている。

36)　金融 ADR のこのような役割については，上村達男「金融 ADR 法の理論上の意義について」NBL 913 号（2009 年）40 頁以下参照。

37)　中沢則夫「金融 ADR 制度」NBL 913 号（2009 年）47 頁は「経営トップが自社の紛争解決体制の詳細や問題傾向，できれば個別の問題についてしっかりコミットしていく姿勢が必要である」とされる。前述の ISO10003 も，ADR に対するトップマネジメン

278 第12章 金融ADRの機能の評価と今後への期待

そして，そのような観点から，金融機関として，ADRにおける公正な解決に対する責任を負っていることを自覚すべきであろう。そこにおける「公正さ」の観念の中には，当事者間の力の格差に対する配慮も含まれるものと考えられる。もちろん顧客の言い掛かりに安易に応じることは厳に避けるべきであるが，顧客側の言い分にそれなりにもっともな点があり，金融機関の側にも何らかの落ち度があるような場合には，積極的な解決策を模索することが，顧客サービスとしても金融業界への信頼の確保としても必要であろう。安易にADRにおける解決を拒否して顧客に提訴を強制することは相当でない。

(2)　顧客（＝利用者）への期待

ADRの利用は基本的に顧客の選択による。したがって，利用者による適切な紛争解決方法の選択が重要性を持つ。そのためには，顧客に対して，契約締結時，紛争発生時等様々な段階できめ細かく紛争解決方法に関する情報が多様なルートで提供される必要がある。また，顧客がADR利用の意思を持つためには，ADR機関の中立性・公正性・実効性を確保することはもちろん，その外観を維持し，その実態の理解を求めていく必要がある。ADRの透明化の重要性である。

ただ，顧客について，自発的なADRの選択に対して多くを期待することは実際上困難である。そこで，消費生活センターや日本司法支援センター（以下「法テラス」という）など紛争解決のインテイク機関の役割が重要となる。紛争発生時の顧客の第一次的アクセス機関による手続選択の助言の重要性である。そして，これらの機関が適切な事件振分けを行うため，消費生活センター・法テラス等に対する金融ADRの活動内容の周知や協議が重要である。更には，法律相談をして顧客からの依頼を受ける弁護士の認識も重要な要素となる。その意味で，弁護士に対して，金融ADRの正確な情報を伝達していくことも意味が大きい。

実際にADRを利用する顧客に対しては，自らも譲歩して紛争解決を図っていくという姿勢（自己の客観視）の重要性を指摘したい。往々にして，紛争状

トのコミットメントを特に重視する。

態に陥った者は，自らは常に100％正しく，相手方は100％誤っており，第三者は必ずそれをわかってくれるはずであるという意識になりがちである。そして，それが理解されないのは第三者が偏っているためであると考えるわけである。著者はこのような紛争観を「遠山の金さん」的紛争観と呼ぶことがあるが，日本人には顕著に存在する傾向である。その結果として，当事者の裁判所任せの姿勢，敗訴当事者による攻撃的非難，ADRの活用の障害といった日本の司法を規定する様々な現象の要因となっている。この点は法教育を含む長期的な課題であり，一朝一夕に改善しうるものとは思われないが，金融ADRの健全な発展には，粘り強く顧客に理解を求めることが不可欠な要請となろう。

(3) ADR 機関への期待

　ADR機関においては，業界から独立したADRの固有の存在意義の認識が重要である。ADR機関は，まさに利用されて初めて価値を有するものである。その意味で，事件数の増加，事件の掘り起こしによる実績の積上げは大きな課題である。幸い金融ADRは，前述のように（制度発足が為替デリバティブの問題と重なったという偶然はあるが），事件数の観点から見れば，極めて好調な出足を見せた。ただ，今後も潜在的な紛争がADRまで到達するような積極的努力が必要であろう。

　その意味では，裁判における解決に比して，顧客においてADRにどのようなメリットがあるのかを積極的に打ち出すことが望ましい。ADRの「売り」の部分を積極的にPRし，営業活動につなげるという発想である。この点では，特に繰り返し述べてきた公正な解決，すなわち裁判における証明責任による解決とは異なる，個々の事件の実情に応じた適切な解決を積み重ね，その広報を図っていくことが重要であろう[38]。その意味で，ADR機関としても，解決の見込みなしとして安易に紛争解決を諦めることなく，他方では，不当なADRの申立て[39]については，断固として応じない姿勢を貫くことが求められよ

---

[38]　もちろん解決の簡易・迅速性や廉価性なども重要な「売り」となる。ただ，紛争状態に陥った顧客の多くが紛争解決方法を選択する際に最も重視する点は，やはり解決内容であると考えられ，この点において裁判との差別化が図られることに大きな意味がある。

280　第 12 章　金融 ADR の機能の評価と今後への期待

う [40]。

　また，他の ADR 機関との連携も期待される。ADR 機関相互の連携協力を求める ADR 法の規定（同法 3 条 2 項）は，金融 ADR にも適用されるものであり，裁判所の調停や法務省の認証 ADR を含めて，広く連携が求められる。特に，広報，人材養成，調査研究等の分野では，個々の機関の個別的活動には限界があり，ADR 機関全体の協力が期待されよう [41][補注 17]。

(4)　金融 ADR 制度への期待

　最後に，金融 ADR 制度全体への期待である。制度発足時に，著者は金融 ADR が日本の ADR の拡充・活性化の起爆剤になることを期待した [42]。処理件数の増加をみれば，そのような期待は実現の方向にあるものと思われる。マスコミ的には，現在，JAL 等の再建に関与した事業再生 ADR や，福島第一原子力発電所事故に関わる原子力損害賠償 ADR などへの注目が大きい。しかし，実際に日常的な紛争解決の分野としては，金融トラブルは重要であり，そこで ADR が大きな位置を占めていることの意味は大きい [43]。

　また，金融 ADR 制度は，前述のように，業界型（B to C）ADR のモデルと

---

39)　このような申立てに対する対処は金融 ADR に固有の問題ではなく，すべての ADR が抱える問題である。例えば，医療 ADR においても，和解がまとまらない大きな理由として，「患者側の暴走や批判的，頑なな態度」が挙げられていることにつき，村松悠史「医療 ADR の試みと医療訴訟の実務的課題（上）」判時 2128 号（2011 年）9 頁参照。

40)　その意味で，重要な点として，打切りの判断の適正性・透明性という問題があろう。この点については，例えば，消費者の代表など第三者を入れた機関で打切り判断のレビューをするような仕組みも考えられようか。

41)　そのような意味では，2010 年 9 月に設立された日本 ADR 協会の活動に金融 ADR も積極的に参加していくことが期待される（同協会については，河井聡「日本 ADR 協会に期待される役割と活動について」仲裁と ADR 6 号（2011 年）92 頁以下参照）。金融 ADR は，前述のように，その事件数等においても，日本の民間型 ADR 機関のリーダー的な地位にあることの自覚が求められよう。

[補注 17]　2018 年現在，全銀協，FINMAC，生保協，損保協が日本 ADR 協会の団体会員として活動している。なお，同協会の最近の活動状況については，山田文「民間 ADR の利用促進のために ── 日本 ADR 協会の取組みから」NBL 1092 号（2017 年）44 頁以下参照。

42)　本書第 11 章 5 参照。

43)　ほかには，そのような分野として，医療紛争や建築紛争などもあるが，これらの分野では，ADR における解決は未だ発展途上の段階にある。

なりうる要素をもつように思われる。特に，その実効性を確保するために，相手方である金融機関に一定の義務を課す構想は，他の業界型 ADR の在り方にも大きな影響を与えうるものであろう。もちろん各業界にはそれぞれ固有の事情があると考えられるところ，各業界の実情に応じた形での発展は当然であるが，金融 ADR 制度が業界型 ADR におけるルール化の 1 つのモデルとして機能しうることは間違いない。

更に，司法（裁判所）との関係でも，金融 ADR への期待は大きいように思われる。現在，日本の司法は（過払金事件の処理など）事件の急増に苦しめられている。このような傾向は，法曹人口の急増に応じて恒常的なものになっていく可能性が大きい。その中で，司法が社会的に重要な事件の解決や適切な判例法の形成など本来の機能を果たしていくためには，日常的な紛争の相当部分が裁判所外で ADR によって解決されることが望ましい。それによって，裁判所は，有限の司法資源を有効に活用することができよう。その意味でも，金融 ADR が力を付け，紛争解決の受け皿となることが期待される[44]。

以上，金融 ADR の意義とそれに対する期待について述べてきたが，本章が成功裡に発足した金融 ADR の今後の更なる発展にいくらかでも寄与することができれば，望外の幸いである。

（初出：金融法務事情 1955 号（2012 年）45 頁以下）

［補論］　本章は，2010 年 10 月に金融 ADR が開始し，2 年弱を経過した時点で，それまでの金融 ADR の実績を総括し，将来への期待を論じたものである。前章が制度制定後発足前のものであったが，本章は制度発足一定期間後の実情を踏まえた論稿ということになる。

　　本章では，金融 ADR 制度が概ね成功裡に発足したことを前提に，それが将来にわたって更に発展していくために関係者への期待を述べている。このような成功については，本文でも述べたように，それまでの金融トラブル連絡調整協議会（金トラ協）を中心とした関係者の努力が重要であったが，それに加え，為替デリバティブ案件という ADR に適した紛争の激増という偶然的要素も大きく寄与していた。その意味で，制度の客観的評価にはやや時期尚早の面も否

44）　将来的には，裁判所との連携の中で，事件を裁判所から金融 ADR に移行するようなシステムも検討の対象になりえよう。

定できなかった。

　ただ，その後 5 年余を経た現段階での再評価をするとすれば，著者の評価は本文のものとそれほど大きく変わってはいない。著者は，2009 年以来金トラ協の座長として制度全体を観察し，特に，2012 年には金融 ADR の 3 年後見直しの検討会（金融 ADR 制度のフォローアップに関する有識者会議）の座長を務めた（また 2014 年以来，全国銀行協会のあっせん委員会運営懇談会座長として，個別の ADR 機関の運用も見る機会を得た）。同検討会の報告書（「『金融 ADR 制度のフォローアップに関する有識者会議』における議論の取りまとめ」（2013 年 3 月））では，「〔金融 ADR 制度〕の活用実績が堅調であり，利用者保護に一定の役割を果たしている点は，積極的に評価すべきである」と総括しており，制度の具体的見直しに踏み込まなかったが，それは，そのような評価が一般に共有されていることを示しているのではないかと思われる。このような相対的成功は，本文で述べた金融機関の行為規制に基づく片面的拘束力のあるシステムに依拠する部分が大きいのではないかと思われる。他分野の業界型（B to C）ADR においても，このようなモデルが引き続き検討されていくべきであろう（そのような認識に基づく著者の論稿として，山本和彦「片面拘束型 ADR の意義と課題」仲裁と ADR 13 号（2018 年）1 頁以下参照）。

　ただ，金融 ADR にもなお問題がないわけではない。1 つは和解成立率の問題である。現在の 40％ 強という水準は，裁判所の調停や認証 ADR（応諾を前提とした成立率）が 5 割を超えていることに鑑みると，なお課題はある。もちろん，これには金融機関の苦情レベルでの対応や顧客側の無理筋の申立てなど様々な原因がある。ただ，金融 ADR の側にもなお一段の丁寧な対応の余地が残っているようにも思われる。顧客側の「言い掛かり」と ADR 側の「切り捨て」が交錯し，悪循環になることがあるとすれば，ADR の在り方として不幸なことである。もう 1 つは，将来に向けた大きな課題として，高齢者対応の問題がある。超高齢社会を迎えた日本で，特に高齢者に金融資産が偏在しているなか，様々な面で取引能力に問題のある高齢者の金融紛争は必然的に増加していく。そして，これらは解決困難な紛争類型になる。物理的なアクセスの問題もあるし，解決のプロセスや内容に関する認識能力の問題もある。これらは，金融 ADR に限らず，すべての ADR，更には裁判所を含むすべての紛争解決機関が真剣に対峙していかなければならない問題である。高齢者に関する社会学・心理学等の知見も参考にしながら，今後様々な工夫が求められるところであろう。

V　ADR 法各論（その 2）
―― 事業再生 ADR

第*13*章

裁判外事業再生手続の意義と課題

1 なぜ「裁判外」なのか？
―― 裁判外事業再生手続の意義

(1) 裁判外事業再生手続の定義

　本章は，裁判外事業再生手続の意義と課題について論じることを目的とする。ここでいう「裁判外事業再生手続」とは，中立公正な第三者の関与によって，裁判外で，事業再生を目的とした再建計画や債務調整の合意を図っていく手続として理解する。したがって，事業再生を目的とした手続であっても，裁判所によって強制的なかたちで行われる法的整理（民事再生，会社更生等）は本章の射程から除外される（これに対し，裁判所で行われるものであっても，強制的な権力行使を前提としない調停手続＝特定調停は本章の射程に含まれることになる）。また，私的整理は，裁判外での事業再生の手続となる場合はあるが，債権者と債務者との相対交渉で行われ，第三者の関与がないとすれば，それも本章の射程からは除外される（後述のように，私的整理ガイドラインに基づく手続や産業再生機構，また整理回収機構の企業再生スキームなどは，専門家アドバイザーが関与したり，債権者自体が公的な第三者性を帯びた機関であったりして，純粋な私的整理とは異なり，「擬似 ADR」ともいうべき性質を有するものであり，一応本章の射程には含むことにする）[補注1]。

　　［補注 1］　このようなスキームとして，その後も，企業再生支援機構（2009〜2013 年），

以上のように裁判外事業再生手続を定義づけるとすれば，それは，裁判外紛争解決手続（以下「ADR」という）の一種であることは間違いないように思われる。ADR の法制上の定義は，「訴訟手続によらずに民事上の紛争の解決をしようとする紛争の当事者のため，公正な第三者が関与して，その解決を図る手続をいう」ものとされている（裁判外紛争解決手続の利用の促進に関する法律〔以下「ADR 法」という〕1 条参照）。ここでの「訴訟」とは広義に解されるべきもので，公権力を行使して民事紛争を解決する司法上の手続と広く理解すべきものとすれば，そこには法的整理の手続も含まれよう（なお，民事再生等には民事訴訟法が包括準用されている〔民再 18 条，会更 13 条〕）。したがって，公正な第三者が関与してその解決を図るのであれば，それはまさに ADR であるということになる（後述のように，事業再生 ADR の機関が ADR 法上の認証を取得していることは，そのような認識を前提にする）。そこで，以下ではまず ADR 一般をめぐる近時の動向を確認した後，裁判外事業再生手続の意義について検討してみたい。

(2)　ADR 一般に関する近時の動向

ADR 一般に関する近時の議論の出発点とされるべきは，2001 年の司法制度改革審議会意見書であろう。同意見書では，「国民の期待に応える司法制度」の中で「民事司法制度の改革」の 1 項目として，「裁判外の紛争解決手段（ADR）の拡充・活性化」が論じられている。具体的には，「ADR が，国民にとって裁判と並ぶ魅力的な選択肢となるよう，その拡充，活性化を図るべきである」という大目標が立てられ，そのために「多様な ADR について，それぞれの特長を活かしつつ，その育成・充実を図っていくため，関係機関等の連携を強化し，共通的な制度基盤を整備すべきである」とされる。そして，そのための具体的な方策として，「ADR に関する関係機関等の連携強化」及び「ADR に関する共通的な制度基盤の整備」が掲げられており，後者の中に，仲裁法の改正などと並んで，「ADR の利用促進，裁判手続との連携強化のた

地域経済活性化支援機構（REVIC：2013 年〜）などが作られている。これらについては，山本和彦『倒産処理法入門〔第 5 版〕』（有斐閣，2018 年）27 頁参照。

286　第13章　裁判外事業再生手続の意義と課題

めの基本的な枠組みを規定する法律（いわゆる「ADR 基本法」など）の制定」
をも視野に入れるとされたものである（これが以下で述べる ADR 法の制定につな
がっていく）。

　このような ADR の拡充・活性化政策の趣旨としては，まさに司法制度改革
審議会意見書が指摘するように，利用者に対して，裁判と並ぶ紛争解決の魅力
的な選択肢を提供し，最終的な手続の選択は利用者に委ねるという発想がある
ものと思われる。そして，そのような多様な選択の機会の提供により利用者の
利便性を向上し，また ADR 相互間の競争により ADR サービスの質の向上を
図っていくという考え方があるように思われる。以上のような基本的考え方に
基づき，2004 年に ADR 法が制定され，2007 年 4 月から施行されている。こ
の法律は，大きく ADR の理念や国の責務等を定める総則規定の部分と，民間
紛争解決業務の認証制度に関する規定の部分に分かれる[1]。本章との関係で問
題となる後者の認証関係規定は，認証の要件，認証の手続，認証の法的効果
（時効中断〔完成猶予〕効，弁護士法 72 条の適用除外等）などを定めるものである。
このような認証制度は，特に，現在 ADR に対する利用が低調である理由とし
て，その信頼性に対する疑問が指摘されることに鑑み，国が認証することによ
る信頼性の確保（いわゆるお墨付き効果）を図ることを 1 つの目的とするもので
ある。2009 年 1 月末現在，26 の事業者が既に認証を取得して，紛争解決業務
を遂行している[補注2]。

(3)　事業再生手続における ADR の利点

　それでは，事業再生手続における ADR の利点はどのようなところにあるの
であろうか。いうまでもなく，事業再生の仕組みとしては，一方に私的整理が
あり，他方には法的整理がある（これは，一般の紛争解決の仕組みとして，一方に
和解〔相対交渉〕があり，他方に訴訟手続があるのとパラレルである）。そこで，裁判
外事業再生手続の利点としては，一方では私的整理に対する利点が問題となり，
他方では法的整理に対する利点が問題となろう。

---

　1)　同法の詳細については，山本和彦 = 山田文『ADR 仲裁法〔第 2 版〕』（日本評論社，
　　2015 年）96 頁以下，250 頁以下参照。
　[補注2]　2018 年 8 月末現在，152 の認証事業者が活動中である。

まず，私的整理と比較した事業再生 ADR の利点である。これは，ADR において，私的整理（相対交渉）とは異なり，中立公正な第三者が手続に関与する点にあると考えられる。私的整理の問題点として，かねてからその手続の不公正さ，不透明さが指摘されてきたところである。つまり，事業再生においては，通常の紛争解決の場合とは異なり，多くの債権者が交渉の当事者となるが，債務者と各債権者との交渉は必ずしも透明なものではなく，一部債権者との間で裏約束等がされ，優先的な取扱いがされるおそれも否定できない。少なくとも，一般の私的整理ではそのような疑心暗鬼が債権者間に生じやすいものである。また，債権者間の力関係に応じて，いわゆる「メイン寄せ」や「ゴネ得」といった不透明な事態も生じやすい。それに対し，中立公正性が担保された第三者がその交渉過程に関与することによって，手続の透明性が確保され，公平かつ公正な事件処理が可能となると考えられる。それによって，債務者・債権者間の話合いが整序され，合意の調達が容易になるとともに，解決結果も公正なものとなると考えられる。そのような点で，裁判外事業再生手続は私的整理にはない利点を有する。

次に，法的整理と比較した事業再生 ADR の利点である。これは，ADR 一般の利点が事業再生の場合にも現れる利点と，事業再生 ADR に特有の利点とがあるように思われる。まず，前者の ADR 一般の利点であるが，それには，簡易・迅速性，柔軟性，秘密保持性などがある[2]。法的手続は，最終的に多数決に基づく裁判所の認可により再建計画に反対する債権者をも拘束する性質のものであり，その意味でまさに国家権力の行使であるので，必然的に慎重な手続が必要となる。それに対して，ADR は，最終的に全当事者の合意によるものであるので，そのような合意を得られる限りで手続を簡易・迅速にし，また柔軟な処理を採用することも可能となる。また，ADR では，公告等が求められる法的手続に比べて，手続を秘密裡に遂行することも可能となる。このように，裁判所においては提供の困難なサービスを提供することによって利用者に新たな選択肢を提供することは，まさに ADR の利点であり，この点は事業再生 ADR においてもやはり妥当するところであろう。

---

2) ADR の利点一般については，山本 = 山田・前掲注 1) 12 頁以下など参照。

ただ，事業再生 ADR においては，このような ADR 一般の利点が妥当するとともに，事業再生の分野における特有の利点も存在するように思われる。それは，一般に「事業価値の毀損」の回避といわれるものである。すなわち，法的整理に入ることによって必然的に生じる事業価値の毀損を，裁判外の手続によって回避することができるという趣旨の利点である。著者自身は，このような法的手続による事業価値の必然的な毀損が現実のものとして生じるものかについては疑問も有している。それは，多くの関係者が毀損の発生を信じることによって毀損が生じるという，一種の神話的（自己実現的予言的）な側面を持つものではないかとも考えられる[3]。しかし，確実にいえることは，法的手続は取引債権者を含む全債権者を必ず手続の対象としなければならないのに対して，ADR においては相手方債権者を選択することができ，金融債権者のみを対象とした倒産処理の選択が可能となるという点である。換言すれば，取引債権者におよそ不安を与えることなく，金融債権のみを整理して事業再生を図ることができる，そのような選択肢が付与されるという点は，確かに事業再生 ADR の大きな利点であるということができるように思われる。

それでは，法的手続（民事再生又は会社更生）においては，このようなメリットを提供することはできないのであろうか。かつて，倒産法の抜本改正の審議がされている際にこのような構想が検討されたことがある。具体的には，会社更生法の改正の中で，金融債権者のみを相手方とする更生手続，いわゆる「特定更生手続」の構想が提案されたものである。これは上記と同旨の問題意識に基づいたものであったが，最終的には実現に至らなかった。それは，金融債権者以外の債権者の債権を全額弁済しながら，金融債権者の債権を金融債権者であるという理由だけで権利変更するとすれば，そのような制度は憲法の財産権保障等に反するおそれがあるとされたことによる。つまり，更生計画に反対する金融債権者の利益を考慮すれば，法的手続（多数決）の中で，他の類型の債権者と差別化して取り扱うことは憲法上困難であるとの指摘がされたわけである。その意味で，この点は法的整理にとっては根源的な問題であり[補注3]，当

---

3) この点については，山本和彦「『無限後退』からの脱出を目指して——倒産法制の新たな展望」NBL 800 号（2005 年）91 頁参照。

[補注 3] 近時，この点について再び議論がされているが，これについては本書第 14 章

事者全員の合意に基づく ADR でこの点を回避することができるとすれば，このような側面は事業再生 ADR 特有の大きなメリットとなりうるものであろう。

　なお，事業再生（ないし倒産処理）を裁判外において進める手続は，決して日本のみにおける特異な現象ではない。このような裁判外の事業再生の仕組みは，外国，特に欧州諸国などにもその例が見られるものである。例えば，フランスでは，商事裁判官（選挙で商人の中から選任される裁判官）の経験者などを活用する調停（conciliation）という事業再生の ADR の制度がある[4]。そして，最近のフランス倒産法の改正では，日本の民事再生や米国の 11 章手続に相当する法的再建手続（救済手続 sauvegarde）を創設したが[補注4]，なおこの調停手続にも固有の利点が認められるものとして存置されている。しかも，調停に基づく取引債権・融資債権について事後の倒産手続における優先性を認めたり，調停手続中の弁済について事後の倒産手続における否認の余地を否定したりするなど，むしろその内容を強化したものとなっている。以上のように，日本における裁判外事業再生手続の活用は，国際的に見ても一定の普遍性を持つものであることがわかる。

2　裁判外事業再生手続の現状と評価

　以下では，研究者の視点からそれぞれの裁判外事業再生手続の現状を確認し，その相互の関係，裁判手続との関係を検討する前提として，若干のコメントを付する。

(1)　私的整理（相対交渉）のルール化

　まず，私的整理については，前述のように，債務者・債権者間の集合的な相対交渉であり，中立公正な第三者が関与する ADR とは一線を画すべきものである。しかし，周知のように，いわゆる私的整理ガイドラインに基づき行われ

　　参照。
　4)　これについては，山本和彦「フランス倒産法の近況」日仏法学 20 号（1997 年）29 頁以下参照。
　［補注4］　更に，最近のフランスの迅速金融再生手続については，本書第 14 章 *2* 参照。

290　第13章　裁判外事業再生手続の意義と課題

る私的整理は，純粋な私的整理とは相当に趣を異にするものである[5]。すなわち，そこでは，いわゆる専門家アドバイザーが必須のものとして手続に組み込まれることによって，手続全体の一種の「擬似 ADR」化（*1*(1)参照）が強まっているように思われる。その意味で，私的整理ガイドラインに基づく私的整理は，純粋な私的整理と事業再生 ADR との中間的なものと位置づけることができよう（また，かつての産業再生機構という仕組みも，公的な側面を有する機構が債務整理において第三者的な面と債権者〔プレイヤー〕的な面を併有するものであり，その結果として手続全体も ADR 的側面と私的整理的側面を併有する一種の鵺的なものであり，やはり中間的な位置付けがされるべきものであったように思われる）[補注5]。

(2)　司法型 ADR：特定調停

次に，司法型 ADR として，特定調停の手続がある。これは，1999 年の議員立法（特定債務等の調整の促進のための特定調停に関する法律〔以下「特定調停法」という〕）によって創設されたものであるが，もともと消費者に対する債務弁済協定調停（クレサラ調停）を受け継ぎ，実効化する面とともに，企業関係の債務調整について，不動産関連権利等調整委員会の構想を引き継ぐ面があった[6]。その意味で，当初から事業再生 ADR としての機能をも期待されていたものであるが，従来必ずしも活用されてきたとはいい難い面がある。しかし，これは，ADR の観点から見れば，司法型 ADR ならではの利点を有する制度であるように思われる。すなわち，司法型 ADR の一般的な利点として，裁判所が関与することにより手続に一定の「強制力」を持たせることが可能となる点があろう。特定調停における調停に代わる決定（特定調停法 20 条による民事調停法 17 条の準用）などが代表的なものである。これは，もちろん債権者等の異議申立てにより失効するもの（民調 18 条）ではあるが，積極的合意を消極的合意に転換することで合意達成を容易にする機能を有することは間違いない。また，事実

---

5)　私的整理一般については，山本和彦『倒産処理法入門〔第 5 版〕』（有斐閣，2018 年）18 頁以下参照。

[補注 5]　その後の企業再生支援機構や現在の REVIC も同様の性質を有するものと評価されよう。

6)　山本・前掲注 5）32 頁参照。

上の問題として，裁判所の信頼性による手続の信頼性の確保という機能も（特に日本のように，国に対する信頼性が一般に高いところでは）重要な意味を持ちうる。加えて，東京地裁等のように，法的倒産手続を担当する裁判体が特定調停をも担当する運用の場合には，特にこのような信頼確保機能には大きなものがあり，実際上は法的手続に連続するものとしてイメージされる可能性もあることになろう。

(3)　行政型 ADR：中小企業再生支援協議会

次に，行政型 ADR として，中小企業再生支援協議会の手続がある。これは，商工会議所等の認定支援機関に置かれる中小企業再生支援協議会が行う ADR であるが，行政（経済産業省）の強い支援を受けて，産業活力再生特別措置法（以下「産活法」という）の中に位置づけられたものであり（同法 42 条）[補注6]，実質的には行政型の事業再生 ADR として位置づけることが可能であるものと考えられる。行政型 ADR をどのように位置づけるかは，ADR 法全体の中でも興味深い問題であるが[7]，本来紛争の解決は，国の権限分配においては司法権に託された任務であることを考えれば，行政が ADR というかたちであれ，紛争解決に関与するについては，何らかの正当化根拠が必要であろう[8]。そのような根拠としては，当該紛争解決と当該行政機関が遂行している政策目的との関連性が認められ，そのような紛争解決が行政目的に直接資することであったり，紛争解決過程で取得される情報が行政活動に有用であったりすることが挙げられよう。そのような観点から，中小企業再生支援協議会の手続を見ると，これは中小企業の事業再生に特化するという意味で，そのような政策目的との連携が認められることになろう。また，その過程で得られる中小企業の事業やその破綻等に関する情報は，中小企業政策を推進する上でも有益な情報になると考えられるし，中小企業行政における専門的知見の蓄積は，事業再生の合意調達の面でも有用なものであろう。また，行政が紛争解決に関与するには，民

　　［補注6］　現在は産業競争力強化法（産競法）の中に位置づけられている（同法 128 条）。
　　7）　この点については，山本＝山田・前掲注1）119 頁以下参照。
　　8）　このような視点については，山本和彦「日本における ADR の現状と問題」JCA ジャーナル 49 巻 9 号（2002 年）14 頁以下参照。

間との役割分担も考慮しなければならない。基本的には，行政の紛争解決活動は民業の補完という位置付けになることが必要であろう。そのような点でも，中小企業に特化するという中小企業再生支援協議会の枠組みは，大企業や中堅企業とは異なり，民間では事業採算性を確保することが比較的困難な債務者に対象を限定するという趣旨を含み，行政型 ADR を正当化する根拠となりえよう。

⑷　民間型 ADR：特定認証 ADR（事業再生 ADR）

最後に，民間型 ADR として，特定認証 ADR（事業再生 ADR）の手続がある。これは，産活法によって創設された手続であり（同法 48 条以下）[補注7]，ADR 法上の認証紛争解決事業者の仕組みを利用しながら，それに経済産業大臣の認定を上乗せした独自の ADR 手続である9)。民間型 ADR の拡充・活性化は，前述のように，司法制度改革において特に重視されたところであり，それが積極的に活用されることは，この事業再生の分野においても望ましいことであると考えられる。一方では，法務大臣と経済産業大臣による認証と認定に基づき，一定の法的効果を付与することが可能になり，それによって他の ADR や法的倒産手続との間で一定の範囲においてイコール・フッティングが可能とされている。他方では，これら認証・認定は事業運営の最低限のラインを定めるにとどまり，どのような付加価値を付けて事業再生サービスを提供するかは広く民間事業者による創意工夫に委ねられているのであって，そのような工夫への期待が前提とされている。これによって，民間事業者は，前述のような ADR の利点（1⑶参照）を活かすべく，簡易・迅速性を特に重視した業務運営を試みたり，専門家の手続実施者への起用など専門性を特に重視した業務運営を試みたり，様々なかたちで創意工夫を行いながら，他の事業再生サービスと競争して，利用者に対して，そのニーズに応じた多様な選択肢を提供できるようになれば，それは事業再生 ADR 全体の質の向上にとって大変望ましいことであろう。

　[補注7]　現在は産競法の中で規定されている（同法 49 条以下）。
　9)　著者の観点から見たその創設の過程や意義，制度の詳細については，山本和彦「事業再生 ADR について」同『倒産法制の現代的課題』（有斐閣，2014 年）第 16 章参照。

(5) 小　　括

以上で見てきたように，現在の日本の裁判外事業再生手続を総合してみると，他の ADR の分野と比較しても，その手続の多様性は特筆に値しよう。ある特定の ADR の分野で，これほど多様な形態が揃っているところは珍しいように思われる。その意味で，抜本的な法改正によって一般に利用しやすくなったとされる法的倒産手続を含めて，個々の事業再生事案の特性に応じた手続の使い分けの可能性が現実に用意されつつあるように見受けられる。まさに司法制度改革審議会が理念型として提示した，利用者に対する「魅力的な選択肢」の提供の制度的可能性が現実化しつつあるように思われる。もちろん，制度は用意しただけでは十分なものとはいえない。今後は，各事業再生 ADR がそれぞれの利点を競い合い，また補完し合う構造ができ，現実に利用されていくことが期待されるが，その前提要件を具体的に検討していく必要があろう。

3　裁判外事業再生手続相互の関係と裁判手続（法的倒産手続）との関係

以上で各裁判外事業再生手続を見てきたが，次に，そのような裁判外事業再生手続相互の関係と，裁判手続（法的倒産手続）との関係について検討したい。ADR 法が示すように，ADR 機関については相互に連携協力し合うことが重要であり（同法3条2項），また裁判手続との連携協力も大きな課題と考えられるからである。

(1)　ADR 手続相互の関係

前述のように，ADR 法は，ADR 主体間の連携協力努力義務を定めている。そのような連携協力としては，個々の事案に関するものと，より一般的なものとがあるように思われる。

まず，個々の事案に関する連携協力であるが，これについては ADR 相互間の円滑な移行のスキームづくりが考えられよう。これには，私的整理から各 ADR への移行及び ADR 相互間の移行が考えられる。いずれにしても，この場合は（次の法的手続への移行の場合とは異なり），金融債権者のみを手続の対象

294 第13章 裁判外事業再生手続の意義と課題

とする点は堅持することができ，そのことの利点は確保できることになろう。その際に重要な点は，相互の役割分担を明確にし，できるだけ早い時点で移行の措置をとっていくことであろう。例えば，行政型 ADR である中小企業再生支援協議会が中小企業に特化したものであるとすれば，中小企業に関する事案の受け皿となり，そこでの処理が望ましい事案については早い段階で移行されるのが望ましい。他方，移行前の機関で一定の手続が行われている場合には，移行後の ADR ではその成果をできるだけ活かして迅速に手続を進めることが考えられよう。産活法で定められた民間型の特定認証 ADR から司法型の特定調停への移行の場合の単独調停の原則化（同法 49 条）[補注8] は，民間型 ADRで行われた成果を司法型 ADR でも活かして，簡易・迅速な処理を目指す規律ということができよう。

　次に，後者の一般的なかたちでの連携協力も考えていく必要があろう。それぞれの ADR には，独自の役割はあるものの，いずれも最終的な目的は事業の再生であり，その点では共通している。また，その手続も，若干の相違はあるものの，基本的なスキームは共通しているといってよい[補注9]。したがって，相互の手続から学ぶことは多いように思われる。その意味で，事例研究会の開催など手続実施者の研修において相互に協力し合うような試みもあってよいように考えられる。また，広告宣伝などその他の面でも，連携できる場面は大きいのではなかろうか。

(2)　法的倒産手続の意義──特に早期申立ての在り方との関係

　次に，裁判外事業再生手続と法的倒産手続との関係について考えてみたい。その検討の前提としてはまず，事業再生 ADR と法的手続との役割分担，換言すれば法的手続の意義を考えておく必要があると思われる。もちろん事業再生ADR をまず申し立て，それが失敗した場合に法的手続に移行する，というのは 1 つの姿であるが，ADR を経ないで法的手続を早期に申し立てることについてどのように考えるのかも 1 つの問題である。そのような早期申立てが望ま

　　　[補注8]　現在は産競法 50 条がその点を規定する。
　　　[補注9]　各手続の概要については，山本・前掲注5）36 頁以下参照。

しいのかどうか，望ましいとしてそれが実現すればそもそも ADR は不要となるのか，といった点である。

まず，法的倒産手続の早期申立ての是非である。著者は，法的倒産手続について，その手続開始事由が発生した場合には，できる限り早い段階で法的手続を開始することが基本的には望ましいものと考えている。このような場合の倒産手続は当然再建型手続ということになるが，再建型手続の早期開始は，前回の倒産法抜本改正作業全体の１つの目標であったものと認識しており，それは相当なものであると考える。そして，現行法では，この点については相当程度対処がされたように思われる。特に，民事再生法において手続開始原因を緩やかにしたこと（同法 21 条）に加え，何よりも DIP 型の手続を設けることが，事業経営の維持に期待を持つ経営者の申立てに対するハードルを大幅に下げたのではないかと思われる。その意味で，早期申立てを阻害する制度面の問題点については既に相当程度クリアしたのではないかと考える次第である。もしまだ不十分な点があるとすれば，更に運用・解釈，それも難しければ再度の法改正の中で対応していくことを考えてよいであろう[補注 10]。

ただ，ここで考える必要があるのは，法的手続の早期申立てのためには，倒産法制の中で原理的にはどうしても不可能なことが求められ，それが実現しなければ法的手続の早期利用が難しいということであれば，やはり次善の方策を考えていかざるをえないという点である。つまり，前述のように，取引債権者を手続から全面的に除外するかたちにしないと（民事再生法 85 条 5 項等の少額債権の弁済のような措置では不十分で），早期申立てが困難であるのだとすれば，そのような手続を仕組むことは法的手続としては原理的に不可能に近い事柄と考えられ[補注 11]（1(3)参照），早期申立てを前提にした制度構成は困難となり，法的手続の前段階での事業再生スキーム，つまり ADR を検討せざるをえないということになる。上記のような認識は，前述のとおり，未だ実証されたものとは考えていないが，その反対事実も実証されたものとはいい難く，現状では

［補注 10］　その後の経営者保証ガイドラインの制定も，早期申立て促進の１つのツールとなりうる。これについては，山本・前掲注 5）39 頁を参照。

［補注 11］　但し，工夫が全く不可能というわけではない。この点については，本書第 14章 3 参照。

296　第 13 章　裁判外事業再生手続の意義と課題

ADR の仕組みを検討する必要性自体は残り，ADR と法的手続との役割分担及び連携協力を考えざるをえないところである。

　また，法的手続の早期利用という面とは少し別なところで，ADR に固有の利点というものが十分ありうるところである。つまり，ADR を法的手続の補完作用と位置づけるのではなく，その独自の意義を追求していくという方向性である。例えば，ADR の手続の迅速性や柔軟性，秘密保護といった点について，法的手続においてはその固有の限界があるところがあり，それをクリアしていく方法として ADR を活用するという政策は十分にありうる（この点は，1 ⑶も参照）。通常の紛争解決でも，そのような意味での ADR の活用は訴訟の機能の拡充・活性化とはまた別の問題として存在しているところであり，事業再生の場面でもなお追求していく価値はあるように思われる。

　以上のように，法的手続の早期申立てというスキームは，追求していくべき 1 つの課題ではあるが，それが原理的に実現できるものであるか，なお確証はなく，また仮にそれが実現するとしても，ADR に固有の利点がなお残るとすれば，ADR と法的手続との役割分担や相互の連携協力という視点もなお必要であるということになろう。

⑶　ADR から法的手続への移行について

　以上で検討したように，裁判外事業再生手続から法的手続への移行は重要な問題であると考えられるが，そのような点について近時注目すべき提案が練達の倒産弁護士から示されている [10]。この提案は，著者の観点からは，基本的に相当なものであると思われる。そこでは，基本的には，私的整理（ADR を含む）における成果の活用により簡易再生を利用するなど法的手続の迅速化を図りながら，手続間の凹凸をできるだけなくして円滑な法的手続への移行を図っていく方向が示されており，望ましいものと考えられる。ここでは，重要と思われる点に絞って若干のコメントをしておきたい。

　第 1 に，商取引債権者及び DIP ファイナンスの問題である。この点につい

――――――――――

10)　多比羅誠＝須藤英章＝瀬戸英雄「私的整理ガイドライン等から会社更生への移行」NBL 886 号（2008 年）7 頁以下参照。

ては，著者は，上記提案に対する東京地裁商事部の難波部長（当時）のコメント[11]と基本的に同様の印象を持つ。つまり，まずこれは少額債権の弁済の問題であるという点である。上記提案では，和解による共益債権化の可能性も示唆されているが[12]，そのような構成はやはり難しいのではなかろうか。仮に和解がされるとしても，それは「管財人……の行為によって生じた請求権」（会更127条5号）とはいい難いように思われるからである。その意味で，少額債権の弁済による処理が本来の方途であり，そこでの「少額性」が更生会社の総債務額との関係で相対的に決まるという点も問題はない。問題は，「事業の継続への支障」の要件であり，そこでは，その弁済，すなわちそれによる取引の継続が将来の事業再生に有用か，という事後的な視点がカギになるという点である。換言すれば，その判断は商取引やファイナンス取引の時点での有用性判断ではないはずである。すなわち，そのような弁済を認めないと手続開始前の取引や融資が困難になるという側面は捨象せざるをえないように思われる。そのような観点からすれば，商取引債権はその財やサービスの非代替性によって要件の認定が可能な場合も多いであろうが，DIPファイナンスについては，代替性がないという事態は一般には考え難いように思われ，弁済は難しいのではなかろうか（手続開始後に他の融資先が，共益債権化を前提にしても見出せないという事態はあまり想像しにくいのではなかろうか）。そのように考えれば，上記提案や難波コメントでも指摘されているように，DIPファイナンスには担保提供による対応が現実的ではあるが，いわゆる包括担保化が進行すると，その可能性にも疑問符がつく（DIPファイナンスを要する時点では，将来債権等もすべて担保の対象となっている可能性がある）。そのような事態を想定すると，産活法（現行の産業競争力強化法）で示されたような立法的対応，つまりADRの段階でのファイナンス等に制度的な優先性を付与していく枠組み（同法53条）[補注12]が将来的には必要になるのではなかろうか。そして，そのように取引時の有用性を考えるとすれば，（法的安定性を高めるためには）取引の時点でその点を判断でき

---

11) 難波孝一「『私的整理ガイドライン等から会社更生への移行』に対する検討」NBL 886号（2008年）12頁以下参照。

12) 多比羅＝須藤＝瀬戸・前掲注10) 8頁参照。

［補注12］ 産競法57条が同旨を規定する。

る機関が存在することが前提とならざるをえず、そのためには、ADR 機関の判断を介在させる仕組み（同法 52 条参照）[補注13] にならざるをえないのではないかと思われるところである。

第 2 に、ファイナンス・リースの取扱いの問題である。著者は、リース債権は法的手続では担保権として扱われるべきものと考えており[13]、私的整理その他の ADR でも同様の処遇が本来されるべきものと考える。この点で、上記提案で指摘されている、民事再生では共益債権としてリース料を払う（支払ってよい）とする扱いには大きな疑問がある。これは、リース契約の法的性質決定の問題であり、それが手続ごとに異なったり（更生手続では更生担保権としての扱いが確定的なものであろう）、ましてや事案ごとに異なったりするような運用は到底正当化できない。もちろんリース債権者に対する弁済が別除権協定に基づくものということであれば、それは問題ないが、そのような協定（換言すれば受戻し）を前提にせずに単純に弁済してしまうという扱いはやはり違法ではないかと思われる。その意味では、私的整理や ADR でも、リース契約は信用供与として扱うのが筋であり、他の販売信用（商社信用等）とパラレルな扱いになるのではないか。したがって、商社の債権等を手続の外に出すのであれば、リースについても同様の扱いが認められよう。他方、多額の債権については ADR 手続に取り込むということであれば、多額のリース債権についても ADR 手続に取り込んで扱うのが相当な場合があると解する。

4 裁判外事業再生手続の課題

最後に、以上のような認識を前提に、裁判外事業再生手続の今後の課題についても、簡単に検討したい。そこでは、ADR 全体について問題となる点（(1)～(3)参照）と、民間型 ADR に固有の課題（(4)・(5)参照）とがある。

　[補注13]　産競法 56 条が同旨を規定する。なお、平成 30 年産競法改正によって、商取引債権についても同旨の仕組みが導入され（同法 59 条～65 条）、本文の主張は基本的に採用されている。

13)　著者の見解については、山本和彦「倒産手続におけるリース契約の処遇」同・前掲注 9) 第 5 章参照。最判平成 20・12・16 民集 62 巻 10 号 2561 頁も、リース物件が「担保としての意義を有する」とされる。その意義については今後の慎重な検討を要しよう。

(1) 合意性の限界

まず，事業再生 ADR においては，債権者全員の合意を調達しなければならないという課題がある。これは，他の ADR を含めて，ADR 一般の根源的な課題である。合意による解決という点は，ADR の正統性の本質でありながら，現実には最も実現の困難な点となるからである。とりわけ事業再生 ADR の場合には，合意を調達しなければならない相手方が債権者全員ということで極めて多数に及び，そのうちの1人でも反対する場合には全体の解決案が破綻するおそれがあるために，この点の限界は特に大きな課題となることになる。

この点については，いくつかの解決策が示されている。1つの案は，事前の合意を調達するように工夫するという方法である。例えば，シンジケートローンの契約フォーマット等において，債務者が経営破綻した場合には，債権者の多数決による解決を容認する旨をあらかじめ明示しておくといった工夫である[14]。そもそも法的倒産手続というものは，いわゆる囚人のディレンマに陥るおそれを回避するため，想定される債権者による事前の合意を制度化したものという側面があり[15]，それを現実社会に再投影しようとするものと位置づけうる。しかし，そのような合意は「無知のヴェール」の存在を前提にしており[16]，実際の社会でお互いの力関係を債権者が現に認識している状況の下で，現実に成立するかは疑わしい面があることは否定できない。

また，調達する合意の対象として，積極的な合意ではなく，消極的合意で足りるものとする工夫も考えられる。つまり，再建案に積極的に賛同しなくても，それに積極的に異議を述べない限り，賛同したものとみなしてしまうという方策である。これは，一種の権力行使と位置づけられるものであり，司法型 ADR においてのみ可能になりうるものと考えられる（あるいは行政型 ADR でも理論的には可能かもしれない）。そして，現実に，司法型 ADR である特定調停においては，調停に代わる決定の制度がある点は前述のとおりである（2(1)参照）。これは，合意を消極的なもので足りることとして，合意の成立を容易化すると

---

14)　これは，経済産業省の企業活力再生研究会において提示されたものである。これについては，山本・前掲注9) 368 頁注14 参照。

15)　この点は，山本・前掲注5) 1 頁以下参照。

16)　山本・前掲注5) 2 頁。

いう点で大きな意義を有する。ただ，ここでの問題は，このような決定は債権者の理由のない異議のみによって容易に覆滅させられるという点である。そこで，これをより実効的にするためには，異議の制限の可能性が検討されることになる。例えば，異議に合理的な理由がないような場合には，その異議は異議権の濫用として無効とするなどの考え方である。これは，倒産法改正時にも債務弁済協定調停との関係で検討の対象とされたが[17]，そのような規律は，強制調停を憲法違反とした判例[18]の趣旨に実質的に反するおそれが大きいと解される。したがって，現実的な方策としては，異議に理由を付させる程度のことはありうるかもしれないが，その理由の当否を裁判所が実質的に審査するような制度の構成は難しいものと考えられる。

　以上のように，合意性の限界を直接克服する方策は困難であり，最も現実的かつ実効的な方策は，法的手続との有機的連携を図っていくことではないかと思われる。すなわち，ADR における合意に反対する債権者がいる場合には，速やかに法的手続に移行して，迅速に多数決で処理をするという方策である。前述の移行に関する提案（3(3)参照）のようなスキームが仮に実現し，ADR から法的手続への移行が容易になれば，債権者の「ゴネ得」は事実上難しくなり，ADR の段階で妥協が成立する可能性がより高まることになろう。ただ，その際には，受け皿となる法的倒産手続が現実に利用可能なものでなければならず，そこでの「事業価値の毀損」は生じない（少なくとも最小限のものにとどまる）必要があろう。司法制度改革審議会が，ADR の拡充・活性化の前提としても裁判制度の充実が不可欠であるとした理由はまさにここにあり，私的整理やADR における実効的な解決（合意調達）の前提として，法的倒産手続の利用しやすさが必要となることを忘れてはならない[補注14]。

　17）「倒産法制に関する改正検討事項」第5部第1の2(5)において，「債務弁済協定調停事件（仮称）において，裁判所がした調停に代わる決定（民事調停法第17条）に対して，当事者又は利害関係人からの濫用的な異議の申立てがされた場合について，何らかの対策を講ずるものとするとの考え方」が提示されている（法務省民事局参事官室「倒産法制に関する改正検討事項」『倒産法制に関する改正検討課題（別冊 NBL 46号）』（商事法務研究会，1998年）58頁）。
　18）最大決昭和35・7・6民集14巻9号1657頁参照。
　[補注14]　このような構想は，本書第14章において更に発展させられ，その後，同章補論に記した研究会で現実の立法案として提示されるに至っている。

(2) 人材養成の課題

　ADR の成否は「人」，すなわち手続実施者が握っているといっても過言ではない。ADR は，法律によってその内容や手続が定められている裁判手続とは異なり，非定形的な手続であり，紛争解決規範も柔軟なものである。したがって，そこでの紛争解決の質を支えるのは手続実施者の質であるといえる。その意味で，ADR における人材の養成，教育や研修の重要性は広く認められているところであり，この点が現在の日本の ADR における大きな課題の 1 つとなっている。

　ただ，事業再生 ADR については，この点で一般の ADR とは相当に相違があるように見受けられる。それは，裁判外事業再生の調停技法の特殊性というべきものに関係する。すなわち，そこでは通常の ADR のように，二当事者間の和解交渉を仲介するわけではなく，多数当事者（債権者・債務者）の間で合意を得られるような，客観的に妥当な再建案を策定する（確認する）ことがその活動の中心になると思われるからである。もちろんそのような再建案の受入れを債権者等に説得することもその任務の 1 つであると考えられるが，その際の説得は，多くは再建案の相当性によっており，交渉技術等に固有の意義は少ないのではないかと考えられるところである。その意味で，事業再生 ADR の手続実施者に求められる能力は，一義的には適切な経営再建案の策定ないし確認の能力であり，その点では法的手続の管財人や監督委員等の場合と差異は少ないのではなかろうか。すなわち，再建計画の合理性の審査等の能力は，法的手続の機関である管財人や監督委員等にも求められる能力の一部であり，またそれに基づく説得活動も，再生債務者の代理人等が行う決議に際する債権者の説得の作業などと類似したものと考えられる。

　以上のように，人材養成の問題は，事業再生 ADR においては他の ADR に比べて相対的に小さく，法的手続において既に養成されている人材を適切に活用していけばおおむね足りるのではないかと思料される[19]。

　19）　事業再生 ADR における手続実施者の能力の考え方も同様ではないかと思われる。
　　　この点については，山本・前掲注 9）378 頁以下参照。

(3) 宣伝広報の課題

次に，やはり ADR 一般の拡充・活性化の際の大きな課題となる点として，宣伝広報の問題が挙げられる。裁判所の手続は，特にそのような活動をしなくても一般に広く知られているが，ADR についてはそうではない。紛争解決に直面した当事者が容易にその紛争に適合した ADR を発見することは困難であるといわれる。しかし，事業再生 ADR の場合には，その利用の主体は一般に，一般国民ではなく，プロである弁護士等になると考えられる。なぜなら，個人の場合はともかく，事業者についていえば，その事業の再生を図ろうとする経営者等は当然法律専門家に対して相談し，専門家がどのような再生手法を採用するかを判断していくのが通常と考えられるからである。したがって，この分野で重要なことは，一般的な宣伝広報というよりは，その ADR の信頼性やメリットをいかに専門家（弁護士）に対して説得しアピールできるか，という点にあると考えられる。つまり，そのメリットを，一次的に利用の可否を判断する弁護士に対して説得でき，それを弁護士が顧客である利用者，つまり企業経営者に対して説得できるか，という問題であると考えられよう。

このように考えれば，一般の ADR で採用されている国のお墨付き，つまり認証制度による信頼確保機能というものは，この場面でも確かに最低限の信頼確保にはなるが，それが決定的なものになり，それで現実に手続の利用が増えるとは思われない。ここで必要とされるべきは，むしろより実質的なメリットであり，実質的な信頼確保の措置である。この点は各事業再生 ADR に対する課題となろうが，1つ考えられるのは，当該 ADR における具体的な処理事例の公表による信頼の獲得という点である。すなわち，その ADR で現実に重要な事業再生案件を迅速かつ適正に解決できたことをアピールするというものである。信頼の源泉は何よりも実績の積み重ねであるとすれば，このような信頼獲得方法はまさに正道であり，有効なものと考えられよう。ただ，ここには，事業再生 ADR 特有の困難な点もある。すなわち，ADR の秘密保持義務との抵触のおそれである。秘密保持の機能は，法的整理に対する事業再生 ADR のメリットの1つである。この点は一般の ADR でも同様であるが，一般の ADR では当事者名などの事件が特定される要素を除外して，事案の概要を公開することで多くの場合対処できている。しかるに，事業再生 ADR について

は, その中身をある程度具体的に示せば（特に大規模な事件ほど）容易に個別案件が特定されるおそれがあり, そのような対応が難しい可能性はあろう。ただ, この点は, ADR の信頼獲得のための大きな要素であると考えられるところから, 実務的に何らかの工夫はできないか, 更なる検討が求められよう。

(4)　費用の限界

　次に, 民間型 ADR の問題として, 費用の点がある。これは民間型 ADR 全体の問題であり, 現在存在するどの民間型 ADR 機関も独立採算による運営は極めて難しい状況にあるようである。いわゆる業界型 ADR については, 業界からの財政援助によって運営されているのが一般的であるが, どの業界も近時は競争が激しくなり, 業界団体の経済的余裕は失われ, 援助は減少傾向にあって, ADR 機関の運営も厳しさを増しているとされる。また, 専門職型 ADR では専門職の会費等で運営がされているところ, 同様に経済的には厳しい状況にあるという。

　これに対し, 裁判外の事業再生手続の場合には, 費用の問題についてはある程度打開できる見込みがあるように思われる。現在日本に存在する民間型 ADR の多くはいわゆる B to C 型の ADR であり, 実際には, 利用者である顧客（消費者）から費用を徴収することは困難な状況にある。それに対して, 事業再生 ADR は採算可能性のある分野であると考えられる。もちろん事業再生を求める事業者は経済的に窮境に陥っている企業等ということになるが, いずれにしても経済性の世界の問題であるので, 民間型の事業再生 ADR が私的整理や法的整理, 更に他の ADR と比較してメリットがあれば, そのサービスを高く「売る」ことは可能であろう。つまり, その ADR のメリットが十分に発揮でき, そのようなメリットを利用者に納得してもらうことができれば, 経済的にも十分自立しうるのではなかろうか。これはやや甘い観測かもしれないが, 少なくとも他の民間型 ADR と比較すれば, この経済性の面では, 事業再生 ADR には進展性があるように思われるところである。

(5)　債権者の意識（お上頼り）の課題

　やはり民間型 ADR 全体の問題として, 利用者の意識, とりわけお上頼りの

意識の問題がある。日本では一般に国の運営する司法（裁判所）に対する信頼が厚いように思われる。例えば，発展途上国のように裁判所の汚職の問題が大きく，それを避けるためには ADR を利用せざるをえない状況や，アメリカのように裁判の予測可能性が低く，またその利用のコストが極めて高いため，ADR を利用せざるをえないような状況は，幸いなことに日本には存しない。その意味で，利用者の側で ADR を不可避的に利用する必然性はない。また，日本には，ADR として，司法型・行政型のものが発達しているという特色もある。したがって，裁判ではなく ADR を利用するとしても，あえて民間型のものを利用する必要性は少なく，一般的により信頼できる国（司法・行政）の運営する ADR を利用すれば足りるということになる。そのような認識が一般的であるとすれば，民間型 ADR の出番はないということになろう。

　しかし，上記のような事情は，事業再生 ADR の場合には必ずしも妥当しない。まず，事業再生 ADR に固有の利点があることは，前述のとおりである（1(3)参照）。つまり，金融債権者のみを相手方とする手続を構築しうる点は，裁判手続（法的整理手続）では代替できない決定的な利点となりうる。したがって，法的手続に対する信頼性にもかかわらず，なお事業再生 ADR を利用する契機は十分存在しうる。また，この分野では，従来司法型・行政型 ADR にはそれほどの実績は認められない（特定調停は消費者倒産の分野では大きな実績を有するが，事業再生の面では未だそれほどのものではない）。その意味では，民間型の事業再生 ADR が，国が主体となるそれらの ADR に伍して活躍する余地はなお開かれているように思われる。とりわけ，この分野は経済性が強く支配する特性を有するため，国がやっても非効率なものであれば，むしろ民間の提供する効率的なサービスを採用する余地は（他の分野にも比して）大きいように思われる。したがって，ここでもやはり重要な点は，国の制度に代わる ADR の質を確保できるのか，そしてそれを利用者に納得してもらえるのか，という問題に尽きるように思われる。逆にそのような点をクリアできれば，「お上意識」を打破してブレークスルーを見出せる可能性は大きいのではないかと解される。

5 おわりに

　以上に見てきたように，事業再生 ADR は，ADR 一般の観点からすれば，成功する可能性が十分にある ADR の分野の 1 つであるように思われる。様々な問題点はあるものの，個々の ADR の質を高め，そのメリットを明確にして，利用者にそれをアピールしていくことができれば，その利用可能性は高まっていくように思われる。今後は，そのような ADR の質の確保，それを利用することのメリットの説明・説得が極めて重要な事柄となろう。それはいわば当たり前のことではあるが，その当たり前の作業を地道に行っていく必要性を確認することが本章の課題であったといえる。

　ADR を拡充・活性化するためにはそれが実際に利用され，実績を積み上げていくことが何よりも重要である。逆に，それがどれほど優れた手続であったとしても，現実に利用されなければ，それに対する信頼は醸成されず，かえって利用者は不安を持ち，更に利用が減るという悪循環を生じる。そのような悪循環は，まさにこれまでの日本の多くの ADR が辿ってきた途である。問題は，その悪循環をどこで断ち切り，利用の増加による実績の増大，それによる信頼確保に基づく更なる利用の増加という，よい循環の方向に転換するかという点である。そのためには，事業再生のための手続を実際に選択する倒産弁護士の役割が極めて重大であり，倒産弁護士が事業再生 ADR のメリットを実際に認識し，使ってみようと考えるものでなければならない。本章がそのような認識形成のための契機となることができれば幸甚である。

（初出：「裁判外事業再生」実務研究会編『裁判外事業再生の実務』
（商事法務，2009 年）1 頁以下）

　［補論］　本章は，2008 年 10 月に開催された東京三弁護士会倒産法部共催シンポジウム「裁判外事業再生手続」における著者の基調講演「裁判外事業再生手続の意義と課題」を原稿化し，同シンポジウムを基礎とした，「裁判外事業再生」実務研究会編『裁判外事業再生の実務』（商事法務，2009 年）の巻頭論文として掲載されたものである。本章は，事業再生関係の ADR について論じるもの

で，その意味で，本章でも参照されている『倒産法制の現代的課題』（有斐閣，2014 年）所収の論稿（同書第 16 章・第 17 章）とも密接に関連するが，本章はその中でも特に ADR の一般論との関連性を意識してまとめられたものであり，本書に収録することとした。

　本章は，事業再生分野における司法型・行政型・民間型 ADR のそれぞれの特徴を論じ，相互の関係や法的整理との関係を検討した後，事業再生 ADR の今後の課題を述べたものである。ADR のそのような整理は，その後の著者の倒産法に関する教科書である『倒産処理法入門〔第 5 版〕』（有斐閣，2018 年）でも確認・展開されているし（同書第 5 版で初めて行政型 ADR〔中小企業再生支援協議会〕を独立の項目とした。同書第 3 章 3(2)参照），仲裁 ADR 法学会におけるシンポジウムにおいても，そのような位置付けがされている（中島弘雅ほか「事業再生のツールとしての倒産 ADR──挑戦する ADR」仲裁と ADR 11 号（2016 年）93 頁以下参照。著者もコメンテーターとして登壇している）。その意味で，著者の提唱した倒産 ADR という概念は，相当程度定着したものと評価できよう。

　本章原論稿執筆後の事業再生分野の ADR の展開について，まず法制面では，補注でも引用したように，頻繁な法改正がされているが，特に平成 30 年の産業競争力強化法改正によって事業再生 ADR における商取引債権の保護が充実した。これは，ADR と法的整理の連続の関係で重要な意味を持つ（これについては，本書第 14 章補論も参照）。また，ADR の実務では，民間型の事業再生 ADR の浮沈がこの間大きかった。本章の執筆直後は，リーマンショックの影響もあって，JAL やアイフルなど大規模な事業再生事案について事業再生 ADR が活用され，社会的にも大きな注目を浴び，その事業規模も拡大した。しかるに，その後のアベノミクスによる経済好転のなか，倒産事件全体が急減した結果，事業再生 ADR の事件数も大きく減少している（この間の原因分析や今後の展望等については，山本和彦ほか「座談会・事業再生と倒産手続利用の拡充に向けて」法時 89 巻 12 号（2017 年）37 頁以下参照）。景気の動向に左右されるのは，倒産手続の宿命ではあるが，この分野の ADR の今後の展開にはなお注視を要する。

第*14*章

私的整理と多数決

1 本章の問題意識

　法的倒産手続においては，債権者等の多数決による権利変更が可能である。
それに対し，私的整理においては，債権者の全員一致が必要であり，この点は
一種の「公理」として理解されてきた[1]。他方，実務的なニーズとして，①金
融債権者のみを対象とし，②中立公平な第三者が関与するという特徴を有する，
事業再生 ADR 等いわゆる制度化された私的整理の発展の中で，少数の対象債
権者の反対に対する対応策が課題となってきた。

　現在の状況においては，一部債権者の反対によって私的整理が頓挫した場合
には，倒産手続における多数決による決着を前提に，倒産手続との連続性を確
保ないし円滑化することが課題とされている。既に ADR 手続中のプレ DIP
ファイナンスの優先等の余地が認められ，また倒産手続の側でもいわゆる
DIP 型会社更生の運用等により，多数決が必要となる場合には，法的倒産手
続に移行して対応するという考え方がとられている。しかし，実務界において
は，なおこのような運用による対応には限界があるとの意見も多い[2]。

---

　1)　私的整理が，債権者と債務者との個別和解の集積である以上，全員一致は当然のこと
　　と解されてきた。また，反対する債権者の権利を強制的に変更することは国家権力の行
　　使であり，国家機関が関与せずにそのようなことを行うことは憲法上も容認されないと
　　解される。この点は，第三者が関与する ADR においても基本的に変わりはない。
　2)　社債との関係では，現行法の下でも，社債権者集会及び裁判所の認可によって多数決
　　で権利変更が可能となる枠組みが形成された（詳細は，*3*(1)参照）。その意味で，実務

308　第14章　私的整理と多数決

　本章の問題意識は，上記のような実務家の懸念に対応する方途として，私的整理の枠内で[3]多数決による権利変更をすることの理論的可能性にある[4]。すなわち，金融債権者を中心とした一部債権者のみを対象としながら（換言すれば商取引債権者には全額弁済をしながら），多数決によって権利変更ができるような手続の理論的な可能性はあるのか，その場合の理論的課題はどこにあるのかという問題を検討することが本章の目的である。

　以下では，まず同様の手続を有するフランス法について，その内容を簡単に紹介する[5]（*2*参照）。次いで，日本法の下で考えられる制度設計を検討したい（*3*参照）。具体的には，社債権者集会型及び特定更生手続型のありうる制度の構成を考えてみる。ただ，これらの制度には様々な課題があり，その克服が可能であるかどうかが問題となる。そこで最後に，それぞれの制度設計の下での克服すべき課題について検討する（*4*参照）。

2　フランス迅速金融再生手続

(1)　手続の概要

　フランスでは，2010年10月22日法律第1249号（銀行及び金融の規制に関する法律）によって，商法典第6編第2部第8章（L. 628-1条～L. 628-7条）が新設され，「迅速金融再生手続（sauvegarde financière accélérée)」が導入された。これは，先行する調停手続が一部金融債権者の反対によって不調に終わった場合に，商取引債権者に対しては弁済を継続したまま，金融債権者（及び社債権者）のみを対象として，多数決により金融債権者等の権利を変更できる特別の再生手続である。このような手続は，リーマンショック後の不況の中，米国連邦倒

　　　上の課題の1つは解決されたが，なお社債以外の債権者の関係で問題は残っている。
　3)　どの範囲までを「私的整理の枠内」と理解できるか自体が問題であるが，この点については以下で詳細に論じる。
　4)　真にそのようなニーズがあるかどうかは本章の検討の対象外である。
　5)　フランス法の詳細については，山本和彦「フランス倒産法制の近時の展開——迅速金融再生手続（sauvegarde financière accélérée）を中心に」河野正憲先生古稀『民事手続法の比較法的・歴史的研究』（慈学社出版，2014年）501頁以下を参照（フランス法の条文についても同稿を参照）。本章では，その性質上，フランス法の参照文献については全面的に割愛している。

産法 11 章手続の影響の下でプレパッケージ型の運用（フランス式プレパッケージ型〔prepack à la française〕）が実務において発展したが，商取引債権者も手続の対象となり，法律上必要な期間が求められるため一定の時間を要するなど現行法による限界があったところ，より使いやすい手続を求めて新設されたものである[6]。

　この手続は，法制上従来の再生手続の 1 つのバリエーションとして仕組まれており[7]，その迅速かつ簡易な特別手続と位置づけられている。その特徴は，まさに「迅速金融再生手続」という名称が表している[8]。すなわち，①すべての債権者を対象にせず，金融債権者のみを対象とするものであること（「金融」再生），②手続の迅速性が確保されていること（「迅速」再生），③調停との相違として債権者全員の同意ではなく多数決によること（「再生」手続）である。これにより，商取引債権者に弁済を継続しつつ，金融債権者の一部が反対しても多数決でそれを抑え込み，事業価値の毀損を最小限にして迅速に事業再生を可能にするものとされる[9]。

(2)　手続創設の経緯

(a)　2005 年法による再生手続の創設と課題

　以下では，以上のような迅速金融再生手続が創設された経緯について簡単に紹介したいが，その前に 2005 年の通常の再生手続（sauvegarde）の創設・整備

---

6)　当初は話合いを目指しながら，その後に反対債権者の手を縛って倒産手続に訴えるという prepackaged plan の手続構造に対して疑義を呈する見解もあったが，支配的見解や裁判所は基本的にはそのような運用を肯定的にとらえたとされる。特に政治経済界には，再建案に反対する悪名高いヘッジファンド（ハゲタカファンド〔fonds vautours〕）に代表される金融機関等に対して，企業の再建・利益を無視して短期的利潤を得るためにエゴイスティックな行動をとるとの強い不信感があり，それらを黙らせることは道徳的に正しい旨の確信があり，それがこの制度の創設に繋がったと評されていることは興味深い。

7)　但し，その法的性質に関して，それが倒産手続の一種であるのか，調停手続の延長線上の制度であるのかについては，なお理論上争いがある。

8)　フランスではその頭文字をとって SFA と略称されることも多い。

9)　「事業価値（valeur de l'entreprise）」の保全という点がこの改正の中で繰り返し言及されている点は注目される。従来のフランスにおける倒産手続の目的は，企業の継続と雇用の維持にあるとされていたが，ここには明らかに倒産手続の追求する価値の転換（アメリカ化）がみられる。

310　第14章　私的整理と多数決

についてまず紹介する。同手続の紹介自体は本章の目的ではないが，この手続について従来日本で十分な紹介がないことに鑑み，迅速金融再生手続を理解するために必要最小限の範囲内で同手続についても紹介する趣旨である。

　2005年改正前のフランス法では，再建型の倒産手続としては，企業更生手続のみが存在したが[10]，同手続は，支払停止を前提に，必ず管財人が管理処分権を掌握し，また債権者の意向は基本的に顧慮されず，裁判所の判断で管財人の提出する再建計画の認可を定めるものである。これに対し，2005年改正は，財政的困難が大きい場合の重いツール（司法更生手続）と，一時的な困難のある場合の軽いツール（仮管理手続〔mandat ad hoc〕や調停手続）との間の中間的なツールとして，いわゆるDIP型で一定の場合に債権者の多数決を認める再生手続という新たな手続的選択肢を付加したものである。

　再生手続は，支払停止に陥る前の段階で裁判所の手続を開始するものである。その要件は「乗り越え難い困難」の存在で足りる[11]。司法更生手続との大きな違いは，業務遂行権が管財人ではなく従来の経営者に維持される点である（L. 622-1条）。再生計画の提出も，2008年改正以降（管財人の援助の下で）債務者の権限とされている（L. 626-2条）。その結果，管財人の権限は，業務の監督や契約の履行・解除の判断等に限定され，手続の監督に重点が置かれる。手続の進行は，基本的に司法更生手続と同様であり，調査期間中の弁済禁止や執行禁止等が定められる（L. 622-13条）。債権届出は義務的で（L. 622-24条）[12]，債権調査は，司法受託者による認否及び倒産裁判官の決定により行われる（L. 624-1条）。再生計画案（plan de sauvegarde）については，司法受託者による債権者の意見聴取の後（L. 626-5条），裁判所による認可判決がされる（L. 626-9条）。計画案に反対した債権者については共通の期限の付与のみが可能であり

---

10)　同手続の概要については（テレビ会社であるサンク社に対する手続適用の具体例を中心に），山本和彦『フランスの司法』（有斐閣，1995年）88頁以下など参照。

11)　2008年改正により更に要件が緩和され，短期的・中期的に支払停止に至る蓋然性の存在も不要とされている。なお，事後に支払停止であることが明らかになったときは，司法更生手続に転換される。

12)　期間内に届出がない場合は，かつては債権の消滅という制裁が科されたが，これは欧州人権条約上の問題があるとされ，計画上の弁済受領権の失権という効果に改められている（債権者に帰責事由がない場合には倒産裁判官が失権の回復の措置をとることができる）。

（L. 626-18条），債務免除はできない。計画が認可されると，計画監督人が選任され（L. 626-25条），計画条項の不履行の場合には計画の取消し等の措置がとられる（L. 626-27条）。

　以上が原則的な手続の仕組みであるが，2005年法のもう1つの大きな改革として，アメリカ法の影響の下で，債権者委員会（comité des créanciers）の制度が創設された点がある。すなわち，一定の規模以上で会計につき認証がある債務者について[13]，管財人によって金融債権者委員会と取引債権者委員会という2つの委員会が設置され，委員会の中で集団的な多数決による再生計画の採択を可能とした。従来，債権者の多数決による再建計画の採択という制度を知らなかったフランス法[14]にとって画期的な手続といえる。金融債権者委員会は，すべての金融機関及び類似の機関から構成され[15]，取引債権者委員会は，物又はサービスの主たる供給債権者[16]から構成される。再生計画案はまず各債権者委員会に提出され[17]，提出後20～30日以内に議決される[18]（L. 626-30-2条3項）。計画案の条項として，債務の減免・猶予のほかに初めてDES（デット・エクイティ・スワップ）の可能性が明定された。計画案は投票債権者の債権額の3分の2以上の賛成で可決される（同条4項）[19]。その後，裁判所による認可判決がされるが，その際には委員会構成債権者以外の債権者を含むすべての債権者の利益が十分に保護されていることが要件とされる（L. 626-31条1項）。社債権者がいる場合には，社債権者総会が開催され（L. 626-32条），

---

13)　そのような要件を満たさない債務者についても，具体的事件における倒産裁判官の許可によってこの手続を利用することが可能とされる。

14)　ただし，1985年改正前には，多数決による和議（concordat）の制度があったが，再生手続は旧法の和議とは全く構造を異にする新たな手続と理解されている。

15)　具体的には，貨幣金融法典L. 511-1条所定の金融機関，同L. 518-1条所定の機関，債務者が金融取引をしていたすべての機関であり（R. 626-55条），2008年改正によってすべての投資業務関係機関に対象が拡大されている。

16)　具体的には，債務者の全取引高の3%以上を占める場合は主たる債権者とみなされるが，他の債権者については管財人の判断に委ねられる（R. 626-56条3項）。

17)　計画案の提出権者は，当初は通常の再生手続と同様，債務者に限られていたが，2008年改正によって債権者にも提出権が認められた（L. 626-30-2条1項）。

18)　この期間は倒産裁判官の裁判により伸縮できるが，最短でも15日が必要とされる。

19)　2008年改正前は頭数の過半数と総債権額の3分の2が必要であったが，頭数要件は債権分割等の策動を招くとして廃止され，また棄権の債権者を反対とみなすことも相当でないとされ，投票した債権者のみを母数とすることとされた。

委員会によって可決された計画案について投票債権額の3分の2の多数により可決される必要がある[20]。他の債権者の扱いは通常の再生手続と同じで（L. 626-33条），反対債権者には裁判所による共通期限の付与のみが可能である。6ヵ月以内に計画案の可決がない場合には，通常の再生手続に戻る（L. 626-34条）。

(b)　「フランス式プレパック」手続の運用

以上が再生手続の概要であるが，この新たな手続を活用して，迅速かつ簡易な手続運用の試みがされた。アメリカのいわゆるプレパッケージ型手続に影響を受けたもので，「フランス式プレパック」手続などと呼ばれる。例えば，Thomson の倒産事件では，事前に調停手続による話合いがされた後，2009年11月30日に再生手続の開始判決がされ，金融債権者委員会・社債権者総会で圧倒的多数により計画案が可決され，2010年2月17日認可判決に至り，2ヵ月半で終結している。同じく，Autodis の倒産事件では[21]，事前に仮管理手続による調整がされた後，2009年2月18日再生手続開始判決がされ，債権者委員会で大多数の賛成を得て，同年4月6日認可判決がされたもので，やはり1ヵ月半で終結している。

以上のような「プレパック型」の運用の特徴は以下の点にあるとされる。第1に，調停又は仮管理手続による交渉手続の前置である。秘密の交渉手続，適切な第三者の仲介，経営権の維持，調停案の裁判所による認可といった手続の流れに事業再生の成功の秘訣があるとされる[22]。ただ，そこでの最大の問題は，反対する債権者を強制する権限がないことにある。そこで，第2に，再生手続の開始によって少数派に対するいわゆるクラムダウン（écrasement）を可能とする。再生手続の債権者委員会による多数決の利用である。

もっとも，以上のような運用が成功する前提として，いくつかの留意点が指摘される。第1に，手続期間の短縮である。これは取引債権者の信頼維持のた

---

20)　2008年改正によって社債権者にも適用が拡大されたもので，「第三の債権者委員会」とも呼ばれる。

21)　これは LBO（レバレッジド・バイアウト）の際に生じた負債の調整のための事件であったとされる。

22)　話合いが失敗した場合も，調停人等が管財人に選任されるため，事案を熟知した迅速な手続追行が期待できるという。

め不可欠とされる。具体的な運用としては[23)]，開始判決当日に管財人が債権者委員会の組成・計画案の通知を行い，15日後に同委員会を開催・決議し，更にその後15日以内に社債権者総会の議決を得て[24)]，他の債権者の意見聴取等の期日を通常7～15日後に設定して認可に至れば，現行法でも開始から30～50日で計画認可は可能とされる。第2に，投票の安定による結果の予見可能性の確保である。そのためには，債権者間の投票契約，特に劣後債権者が優先債権者の投票結果に従った投票をする旨の合意が有効とされる必要があるが，これは現行法上[25)]，原則として[26)]適法と考えられ，それに違反した投票があった場合も，管財人が債務者の申請により賛成票とカウントできるとされる。以上のように考えれば，現行法でも十分にプレパック型の運用は可能とされる。

(c) 2010年法による迅速金融再生手続の創設

以上のように，立法と運用によって迅速な事業再生を図る方向性が示されていたが，なおいくつかの課題があった。すなわち，再生手続はすべての債権者を対象とせざるをえず，取引債権者等に対しても弁済禁止等の効果が及び，債権届出が必要であることや，手続期間について司法更生手続に倣った規律がされているため，なお一定の時間を要することなどが運用の限界としてあった。そして，それらは事業の継続可能性に疑義を生じさせ，事業価値の毀損をもたらすおそれがあることが指摘された。そこで，リーマンショック後の経済情勢の悪化を背景に，2010年2月のThomson事件などを受けて，経済財政大臣と司法大臣の協議が行われ，再生手続の活用策が検討された。その結果，再生手続の利用促進のため，同年7月27日に新たな手続の原案が提示されて諮問に付された。議論の過程で大幅な変更を経たが[27)]，9月24日に上院に係属中

---

23) この点で，現在のフランス法では，委員会の組成・招集の権限は管財人に集中されているため，アメリカのように事前の議決結果をそのまま手続でも維持することはできない点が根本的な問題としてあると評される。

24) 法律上，金融債権者委員会の可決前に社債権者総会の開催通知をできるかが問題としてあり，法律の文言からは許されないようにみえるが，両者で議決される計画案が同一であれば実質的な不都合はないとして可能とする解釈論も存在する。

25) 旧和議手続については，ナポレオン商法典は投票に関して他の債権者に利益を与える契約をすべて無効としていたため，このような契約の効力は認められなかったという。

26) 有効性の限界として，債権者平等に反する合意の場合や投票の買収など不正（fraude）による場合などがある。

の法案を修正する形で規定が設けられた。改正法は 10 月 1 日に上院を通過し，下院に再送付されて 10 月 11 日に 1 回だけ審議され，成立した。フランスでも異例の迅速な採択であったとされる。

この 2010 年 10 月 22 日法律第 1249 号（銀行及び金融の規制に関する法律）57条の規定によって創設されたのが迅速金融再生手続である。この法律自体の中核は，金融危機に対応する様々な措置を規定するものであり，また本手続の創設以外にも，実務上活用されている DES の適用範囲を拡大しながら，その手続を慎重にするなど通常の再生手続についても重要な改正をしている。その後，2011 年 3 月 3 日デクレが手続の細則を定めたが，重要な点として，手続期間の短縮を追加した点（R. 628-5 条・R. 628-8 条）や債権届出の簡易化（R. 628-6条・R. 628-7 条）を図った点等がある。迅速金融再生手続は，2011 年 3 月 1 日以降開始した調停手続から移行する事件に適用されている[28]。

(3) 迅速金融再生手続の内容

(a) 手続開始の要件

迅速金融再生手続開始の要件は，(i)調停手続の前置，(ii)債権者委員会の義務的設置が求められること＝債務者の規模の要件（L. 626-29 条 1 項），(iii)債権者の同意が得られる見込み等を満たす計画案の提示，(iv)支払停止に至っていないが，自力で経営上の困難を打開できないこと（L. 620-1 条 1 項の準用）である（L. 628-1 条 2 項）。

（i） 調停手続の前置　　調停との連続性が要求される。これは，本手続の目的が調停手続における少数債権者の反対によるブロック[29]の防止という点に

---

27)　当初は手続の名称も sauvegarde financière express と呼称されていた。フランス語では「速い（express）」から「加速された（accélérée）」に変更されている。

28)　2012 年に法改正がされ，自らは適用要件を満たさない親会社についても手続の対象とすることを目的に，純資産総額を基準に適用対象が拡大された。その経緯を含め詳細については，山本・前掲注 5）参照。また，この法律の最初の適用例が 2013 年 2 月に現れ，申立てから計画認可まで丁度 1 ヵ月で対応がされ，成功裡に手続が終結している。その事案の詳細については，やはり山本・前掲注 5）参照。

29)　このようなおそれは近時，より顕著なものになり，Thomson 事件などで露呈したという。その理由として，上場社債の権利者は明らかでないこと，CDS（クレジット・デフォルト・スワップ）の購入債権者については債権者だけの判断で譲歩できない

あることによるものである。この連続性の結果，この手続は実際には調停で解決する圧力手段としての機能が期待される。なお，再生手続の債務者適格は，商工業活動を行うすべての者，農業者，自由専門職を含む独立した専門職事業者，私法上の法人に広く認められているが，調停の利用はより限定され，例えば自由専門職（弁護士等）は利用できないとされる結果，迅速金融再生手続も利用できないことになる。

　(ⅱ)　債権者委員会の義務的設置が求められる債務者　　本手続を利用できるのは，L. 626-29 条 1 項所定の債務者，すなわち債権者委員会の義務的設置が認められる債務者に限られる。具体的には，従業員 150 人又は売上高 2000 万ユーロ（約 28 億円）以上の債務者である。通常再生手続では，この要件は手続の進め方の相違をもたらすにすぎないが，本手続では利用の可否を決する要件となる。このような要件が設けられた理由は，本手続は金融債権者委員会の議決を前提とすること，国家経済や地域圏経済に影響する大企業に適用を限定すること，金融債権者の合意調達が困難であるような複雑な資金調達＝金融構造をもつ債務者に適用を限定することが挙げられる。なお，この点については，2012 年法による修正が加えられ，新たに貸借対照表（純資産）の総額（total de bilan）の要件を追加している（前掲注 28）参照）。

　(ⅲ)　債権者多数の同意の見込み及び企業の持続性を担保する計画案の提示　　この手続は，対象となる計画案について調停のプロセス中で大多数の債権者の同意が得られていることが前提となり，更に（対象債権者を自由に選択できる）調停手続で大多数の対象債権者が相手方とされていることも前提となる。ただ，調停手続における法定多数の同意までは要求せず，要件を抽象化して限定したものである。これにより，厳密に可決要件を満たす必要まではなく，より柔軟に，調停段階では圧倒的多数でなくてもその後の「積極的な投票力学」に賭けることを許す趣旨である[30]。また，当該計画案は企業の持続性を担保するも

　　こと，債権者の立場の違いにより同一順位の債権者でも異なる利害があること（セカンダリーマーケットで債権を買った債権者は購入価格を基準に交渉するし，ほかにも債権を多数有する債権者はその交渉が前例となって他の事案に悪影響を及ぼすことを懸念するなど）等の事情により，交渉は難航しがちであるという。

30)　前述の Thomson 事件では実際，手続開始前には必ずしも法定多数の債権者の同意が得られていなかったとされるが，結局，一定の債権者の棄権により，計画案は可決に

のでなければならない。その点で，申立時の添付書類として，資金繰り計画が重要性をもつとされる。なお，開始要件を満たす計画案について手続の中で変更することは禁じられていないが，その場合には調停時に賛成した債権者が反対に回るリスクがあり，債務者はそのような行動について慎重な判断が必要とされる。

(iv)　支払停止に至っていないが，自力で経営上の困難を打開できないこと

　これは，再生手続一般の開始原因である[31]。既に支払停止に至っている場合には本格的な倒産処理手続である司法更生手続を利用すべきであるし，また自力で経営上の困難を打開できるのであれば裁判所の手続による必要はないと解されるからである。ただ，「自力で打開できないこと」という要件は，本手続の場合，先行する調停手続において少数債権者が反対している事実によって基本的には明白であり，立証に困難はないとされる。他方，支払停止前という要件については，調停の場合には支払停止後も可能とされていることとの関係で[32]，支払停止に至っている場合もあるが，そのような場合は，対象債権者の最終的同意はなくても，一時的猶予（moratoire）の付与を得ることによって，支払停止の状態を脱している必要があるとされる。

(b)　手続の進行

　迅速金融再生手続の管轄は，当該事件の調停手続を開始している裁判所に認められる。これによって調停手続との連続性を確保し，既存の情報を活用し，迅速性を達成する趣旨である。なお，国際管轄の関係では，調停の管轄が本店所在地に認められているため（R. 600-1 条），EU の他の加盟国の企業が意図的にフランスに本店を移し，調停目的ではなく，その後の本手続による解決を図るという forum shopping のおそれも指摘されている。

　迅速金融再生手続の申立てがあると，裁判所は，まず調停委員から調停手続の状況及び計画案の可決の見込みについて報告を受ける（L. 628-2 条）とともに

　　　至ったとされる。

31)　したがって，本手続の開始要件を満たす債務者は通常の再生手続の開始要件も満たすことになるところ，この手続が新設されても，従来の通常再生手続のプレパック的運用も否定されるものではないとされる。

32)　調停手続は，支払停止後 45 日以内であれば申立てが可能とされる（L. 611-4 条）。

に，調停委員から意見聴取もする（R. 628-3条2項）。その意味で，調停委員の専門的意見には，裁判所の手続開始の判断を決定づける重要性が認められている。そして，調停委員が原則としてそのまま管財人に選任される（他の者を選任するには特別の理由が必要とされる。L. 628-3条）。これによって，手続間の情報流用を可能にし，手続を迅速化している。

　この手続の最大の特徴の1つは，金融債権者及び（もしその者がいれば）社債権者だけを対象とする点にある（L. 628-1条3項）。換言すれば，その他の債権者，すなわち商取引債権者，租税等公的債権者，労働債権者などに手続は影響しない[33]。したがって，それらの債権者に対しては，執行禁止も弁済禁止も妥当しないし，訴訟手続・執行手続も中止しない。また債権届出も不要である。「金融債権」の定義は，金融機関（前掲注15）参照）が有する債権すべてであり，狭義の金融債権のほか，デリバティブ関係の債権，貸金庫やファイナンシャル・アドバイス等金融サービスの提供に係る債権も含まれる[34]。他方，「社債権」の定義もすべての社債権を含むもので，担保付社債や転換社債も含まれる。なお，社債権を有する金融機関は，その限りで社債権者総会のメンバーとなる[35]。

　債権届出は原則として必要であるが，調停手続に参加していた債権者は届出を免除される（L. 628-5条）。実務上はそのような債権者が大多数になると想定されるので，実際には債務者が調停に参加した債権者のリストを作成し，会計監査役等の認証を受け，書記官にそれを提出し，各債権者には司法受託者から通知される手続がとられ，債権届出が擬制される[36]。

---

33)　当初の政府案では商取引債権者のみを排除していたが，最終的に排除の範囲はより拡大された。立案過程では，公的債権者を対象に含めるべき旨の意見もあったが，この手続は，通常の業務は遂行可能であることが前提であり，公的債権をそのまま支払わせることでも十分目的は達成できるとされた。

34)　リース債権も含まれる可能性が指摘されている。

35)　また，株主との関係について当初の法律では規定がなかったが，DESとの関係では，株主総会の招集も必要であり，それに時間を要する点がThomson事件などでは問題となったため，株主総会の期間についても短縮化が図られている（R. 628-9条〜R. 628-11条）。

36)　その意味で，これは日本の個人再生に類似した仕組みとなっている。日本の通常再生における自認債権は議決権行使等ができないが，この手続では届出がなくても議決権行使等は可能とされる点で異なる。

318　第14章　私的整理と多数決

　以上のように，通常の再生手続と比べると，相当に異なる手続となることが前提とされており，明示的な除外規定がなくても，実際には通常再生の多くの規定はその存在意義を失うとされる。けだし，通常再生の大部分は計画案作成の準備手続になっているが，この手続では開始当初から既に計画案が存在しており，前提が全く異なるため，実質的には空振りになってしまう規定が多いからである[37]。

(c)　計画案の議決・認可・効果

　計画案の議決に際しては，金融債権者委員会及び社債権者総会[38]のみが招集され（L. 628-4 条），取引債権者委員会は招集されないが，これは，前述のように，取引債権者は計画による影響を受けないためである。債権者委員会の招集期間は，通常手続では原則 20～30 日を最短 15 日まで短縮できるが（前掲注18）参照），この手続では更に 8 日まで短縮でき（L. 628-4 条後段），社債権者総会も同様に 10 日までの短縮が可能である（R. 628-8 条）。そして，実際には，1ヵ月という期間内にこの手続を終了するためには，この期間短縮は必然的なものとなるという。

　計画案の議決では，債権額の 3 分の 2 の債権者の賛成が必要である。これは通常の再生手続の可決要件と同じである（L. 626-30-2 条 4 項）。これによって，少数派の反対を多数決でオーバーライドできるという本手続の特徴が形成される[39]。認可要件も通常の再生手続と同じで，特に少数債権者の正当な利益の保護が要求される（L. 626-31 条 1 項）。

　計画案が所定の期間内，すなわち原則として 1ヵ月（1 回のみの延長により最

---

37)　この点が期間の短縮化を正当化する実質的根拠になるが，他方では裁判所の監督の弱体化を招き，倒産手続の「民営化（privatisation）」ないし契約化をもたらすとの批判もある。

38)　社債権者総会は，条件を異にする複数種類の社債の発行があっても，1 つだけである。日本の私的整理に係る法改正では，会社法上の社債権者集会の枠組みが維持され，複数集会での議決が必要となったが，1 つの集会に統合すべき提案も有力にあったところで（事業再生研究機構編『事業再生と社債』（商事法務，2012 年）210 頁〔井出ゆり〕・217 頁〔松下淳一〕参照），この点でもフランスの制度には興味深いものがある。

39)　少数派は，通常は計画の影響を最も大きく受ける下位の債権者であり，その意向を無視することは債権者平等に反するとの批判もあったが，憲法院はこの点を問題にせず，憲法違反を認めなかった。

大2ヵ月）内に認可されないときは[40]，裁判所は手続を当然に終了させる（L.
628-6条）。なお，政府原案では期間経過後は当然に通常再生に移行するとされ
ていたが，それでは取引債権者の債権届出など手続の連続性に困難な問題が生
じるため，断念された。結果として，債務者としては失敗が許されず，「ダメ
元」でこの手続を行うことはできなくなり，真剣に手続に向かうことになった
とされる。確定した計画の効果は，対象債権者にのみ影響する。

(d)　日本法の観点からみた若干の評価

　以上のようなフランス法の制度は，その問題意識が日本と基本的にほぼ重な
るもので，日本法についても示唆を与えるものであろう。とりわけ，仮に同様
の制度を作るとして，日本であればどうなるかという点を考える際には，既に
実際に制度を創設し，それを運用しているフランスの経験から学びうる点は大
きいと思われる。すなわち，調停手続等裁判外の手続[41]から裁判所の再生手
続[42]に連続させ，調停委員（あるいはADRの手続実施者）を監督委員等に選任
し，金融債権者・社債権者のみを手続の対象とし，迅速に債権者集会等を招集
し，法定多数決による可決・裁判所の認可によって，手続開始から1ヵ月程度
で計画認可に至るといった手続の構想である。

　しかし，そのような具体的な手続構成とは別に，そもそもそのような制度を
創設可能かという，より大きな問題がある。周知のように，会社更生法改正時
において，金融債権者のみを手続の対象とするものとして，後述のように特定
更生手続の構想が存在したが，それは最終的に採用されなかった。その際に問
題点として，債権者の区別（色分け）をどのようにするのか，反対金融債権者
の財産権の保障をどのように図るのか，といった点が指摘された。フランスで
も債権者平等の議論はあるが，そこは必ずしも詰められているようにみえな
い[43]。また，債権者の色分けの可能性については，既に2005年法の段階で金
融債権者委員会・商取引債権者委員会の制度が，2008年改正で社債権者総会

---

　40)　通常再生では6ヵ月の原則的期間について，2回の延長を可能とするが，大幅に短
　　　縮したものである。これについては，短すぎるとの批判もあったが，取引相手方等の信
　　　頼を確保し，事業価値を維持するため妥当とされた。
　41)　日本であれば，事業再生ADR等制度化された私的整理の手続も候補となろう。
　42)　日本であれば，簡易再生やDIP型会社更生が候補となろう。
　43)　フランスでは，民法1244-1条以下の規定によって，裁判所の権限による債務の期限

の制度が設けられており，金融債権者，取引債権者，社債権者に3分割して再生手続を進める仕組みが存在していた。それが迅速金融再生手続の基盤となっており，その意味で日本とは制度的前提を異にする面がある。

　以上のように，フランス法及びそこでの議論は，日本の将来のありうる制度作りに一定の示唆を与える可能性があるが，そもそも日本でそのような制度が可能かという出発点の問題の解決に寄与する度合いはそれほど大きくないように見受けられる。そこで以下では，日本法に同様の制度を導入する際の考えられる制度設計とその際にクリアすべき問題点について簡単に検討する。

3　考えられる制度設計

　以上のようなフランス法の検討を受けて，以下では，日本法の中で同様の制度が考えられないかを検討してみる。考えられる法律構成としては，①社債権者集会型と，②特定更生手続型とがあるように思われるので，この2つのものを検討してみたい。

　すなわち，①は，会社法の社債権者集会の場合と同様に，倒産手続とは別個に，特定の債権者集団の多数決と裁判所によるその認可を組み合わせて，債権者の権利変更を図ることができないかを考えるものである。他方，②は，フランスの手続などと同様に，私的整理手続の不調後に倒産手続に移行するが，その際の対象債権者の範囲を私的整理と同様に金融債権者等に限定し，倒産手続の中で多数決による権利変更を図ることができないかを考えるものである。他にも考えうる制度設計はあるかもしれないが[44]，原型として以上のような2つのものをまずは考えてみようとする趣旨である。

　　付与を認める長い伝統がある。その意味で，平時においても一般的・裁量的な要件の下で，裁判による弁済期の一方的猶予の可能性があり，それが活用されていることで，日本とは法的なメンタリティが相当に異なる感もある。

44)　例えば，韓国の制度は，反対する債権者の債権を賛成する債権者が一定の価格で買い取る権利を付与するもののようであるが，そのような制度も十分考えられよう。その場合には，裁判所が決定で適切な価格を算定することになろう。ただ，このような制度がニーズに合致したものかには疑問もあるので（賛成債権者側に債権買取りの負担が生じることになる），以下では検討の対象とはしない。

(1) 社債権者集会型

社債権については，社債権者集会において多数決によるその権利変更の仕組みがある。すなわち，社債管理会社は，社債権者集会の決議によって[45]，和解をすることができる（会社706条1項1号）。これは，あらゆる態様の和解が含まれ，事業の再生に向けた社債権者の権利の実体的変更も含まれると理解されている[46]。したがって，私的整理手続において，他の債権者の同意が得られた場合，社債権者の中に当該計画に反対する者がいたとしても，社債権者集会の法定多数決による決議＋裁判所の認可（会社734条1項）によって権利変更が可能になる。このような権利変更に係る裁判所の認可の要件については，決議が著しく不公正であるか，決議が社債権者の一般の利益に反するかなどが問題となるが（会社733条），これらは相当に一般的な要件であり，予測可能性に乏しい。そこで，近時の株式会社地域経済活性化支援機構法や産業競争力強化法は，そのような権利変更の仕組みを前提に，地域経済活性化支援機構（REVIC）の関与がある場合や事業再生ADRにおける権利変更の場合については，それらによる所定の要件の確認（株式会社地域経済活性化支援機構法34条の2，産業競争力強化法54条参照）を前提に，認可要件の明確化を図っており，裁判所は，その認可に際して，社債の減額が事業者の事業の再生に欠くことができないものであることが確認されていることを考慮したうえで要件該当性を判断しなければならないものとする（株式会社地域経済活性化支援機構法34条の3，産業競争力強化法55条参照）。

また，これに類似する制度として，保険業法における保険契約者の権利変更の手続がある。すなわち，保険契約について保険会社の経営困難のために保険金額の削減等の契約条件の変更を行う場合，株主総会の決議（保険業240条の5）及び内閣総理大臣の承認（保険業240条の11）[47]に加えて，契約条件の変更に

---

45) 具体的には，議決権者の議決権総額の5分の1以上で，かつ，出席した議決権者の議決権総額の3分の2以上の同意が必要とされる（会社724条2項1号）。

46) この点を明確にするものとして，江頭憲治郎「社債権者集会による社債の償還金額の減免等」NBL985号（2012年）1頁参照。

47) 内閣総理大臣の承認の要件は，保険業継続のために必要な措置が講じられていること，契約条件の変更が保険業継続のために必要なものであること，保険契約者の保護の見地から適当なものであることである（保険業240条の11第2項）。

ついて異議を述べた変更対象契約者が全契約者の 10 分の 1 以下か，又は，保険契約に係る債権額が債権総額の 10 分の 1 以下に止まることが必要とされる（保険業 240 条の 12）。換言すれば，人数又は金額において 10 分の 1 以下の契約者の異議は契約変更において問題とされず，そのような者の反対にもかかわらず契約内容の変更が可能とされている。その意味で，やや特殊な場面ではあるが，やはり多数決による権利変更が妥当しているといえよう。

　以上のような現行制度を前提にして，ここでの問題は，他の債権者集団（金融債権者等）についても，そのような仕組みを拡大する構想は考えられないかということである。すなわち，特定の債権者集団における多数決（債権額で 3 分の 2 あるいはそれ以上）と一定の要件（具体的には清算価値保障など）の下での裁判所の認可の手続とを組み合わせて，当該債権者集団に属する債権者の権利変更を可能とする制度の可能性である。このような制度は，その意味で，私的整理から倒産手続への移行を前提とせずに債権者の多数決による解決を実現する手法ということになる。

(2)　特定更生手続型

　次に考えられるのは，会社更生法改正時の議論を参考とした制度の仕組みである。すなわち，一定の債権者集団（金融債権者等）のみを対象とした法的倒産手続を創設し，その中で多数決による解決を図る構想である。会社更生法改正の立案時に，弁護士会等の提案を契機として，商取引債権に対しては弁済を続けて事業価値の劣化を避けながら，金融債権者等のみを手続の対象とする特別の更生手続（特定更生手続）の創設が議論された。これはまさに，多数決によって特定の債権者集団のみの権利変更を可能とする仕組みであった。しかし，このような手続は，商取引債権と金融債権の区別の基準の困難さや一部債権者に対して差別的取扱いをすることに対する憲法上の疑義などがあり，早い段階で断念された。そして，結局，商取引債権なども手続の対象としながら，事業の継続に必要な少額債権について弁済禁止の例外として弁済を許容する制度（会更 47 条 5 項，民再 85 条 5 項）の創設に結実したものである[48]。

---

48)　この規定が JAL の更生手続など大規模な倒産事件において活用されていることは周

以上のように，倒産手続の中で対象債権者を限定する試みは，既に現実の立法過程の中で一度否定されているものであり，この段階で議論の俎上に上らせる必要はないとの批判もあろう。しかし，会社更生法の改正当時とは事情が変わってきている面も否定できない。特に，当時は裁判外の制度化された私的整理の手続は未だ発展途上であったのに対し，その後事業再生 ADR を始めとしてこのような手続が急速に整備されてきた。そして，制度化された私的整理の失敗後に法的整理の手続に円滑に移行する必要性は増大している[49]。その意味で，このような制度化された私的整理と連続するものとして特別の倒産手続の構想を検討する余地はなおありうるように思われる。加えて，国際的にも，本章で紹介したように，フランス法など外国法でも同様の手続が現実に創設されていることは，その再検討の必要性を示唆するものであろう。

以上のように，ここでの課題は，事業再生 ADR 等の制度化された私的整理手続と連続したものとして，特定の債権者集団のみを対象とする新たな法的倒産手続を構想する可能性である。そのような前置手続を経たことを条件に，その手続の対象債権者との関係でのみ倒産手続（再生手続又は更生手続）を実施し，その中で多数決による権利変更を行うという制度の可能性が問題となる。そのような手続がもし実現すれば，私的整理の対象債権者のみを対象とし（又はそれに＋αで一定の債権者を加えて），倒産手続を実施し，私的整理の反対債権者を多数決によって抑え込んで権利変更を実現することが可能となろう。このような制度は，その意味で，私的整理から法的倒産手続に移行して多数決による権利変更を可能にするが，法的倒産手続の対象を特定の債権者に限定する手法ということになる。

　知のとおりである。この規定の JAL の手続における適用の問題点等を論じたものとして，山本和彦「JAL 更生手続に関する若干の法律問題」事業再生と債権管理 128 号（2010 年）4 頁以下参照。

49)　そのために実務上様々な工夫がされているが，なお限界があることは否定できない。そのような円滑な移行の意義や方途について論じた著者の論稿として，山本和彦「事業再生 ADR と法的倒産手続との連続性の確保について」同『倒産法制の現代的課題』（有斐閣，2014 年）390 頁以下参照。

324　第14章　私的整理と多数決

4 克服すべき課題

　以上のように，日本でも，既存の制度や従来議論された制度案などを参考に
しながら，前記のようなニーズを可及的に実現できるような制度が考えられな
いではない。しかし，このような制度設計にはなお克服すべき課題も多く，現
実の制度化に際してはそのような問題点の検討・解決が不可欠になる。そこで，
以下では，そのような課題を著者の思いつく範囲で挙げてみたい。

⑴　社債権者集会型

　前述の社債権者集会型については，まず，一定の債権者の間で多数決によっ
て権利の変更が可能になる根拠が大きな問題となろう。既にみたように，社債
権者や保険契約者については，その集団性＝グループとしての一体性が根拠と
されているとみられる。当該権利者が「ひとまとまり」のものとして法的に扱
うことが可能であるため，初めてその中で多数決により意思決定することを許
容することができると考えられる。これに対して，同一の債務者に対する債権
者であるという理由だけで債権者一般について同様の（多数決による意思決定を
許容できるような）集団性を見出すことは困難であると考えられ[50]，一定の債
権者集団を取り出して，多数決を考えることになろう。その場合の問題は，社
債権者や保険契約者に匹敵するような，同様の集団性・一体性をそのような債
権者集団において観念できるか，という点にある。仮に金融債権者のみの多数
決を問題とする場合，金融債権者にそのような集団性を観念できるかが課題と
なろう。なぜ金融債権者が1つの集団ととらえられうるのかという問題である。

---

　[50]　法的倒産手続（特に再建型手続）では，債権者一般による多数決を許容しているが，
　　それは，倒産という窮極的事態の下，債権者が（破産債権の現在化・金銭化等に顕れて
　　いるように）画一化するとともに，最終的な選択肢である破産との関係で有利性が保障
　　されれば，相対的に多数の債権者の意思を尊重すべきである要請が強いことに基づき，
　　集団性が認められたものと思われる。例えば，山本克己「否認権（下）」ジュリ1274号
　　（2004年）127頁は，否認権との関係で，「債務者に対して信用を供与した者たちは貸倒
　　れのリスクを共同して（比例弁済に甘んじるという形で）引き受けた一種の共同体を形
　　成する」と評価している。

信用供与をしているとしても取引債権者など他の債権者とは異なるのか，金融債権者内部でも様々な主体があるとすればそこに一体性が認められるのか等が問題となろう[51]。

　また，債権者集団の多数決に加え，権利変更を認めるためには裁判所による認可が当然必要になると考えられるが，その際の認可の要件も問題である。特に，権利変更の限界として，清算価値の保障は不可欠の要請になると考えられる。けだし，反対債権者は，強制執行，更には破産手続を申し立てる権利を本来有しており，それを多数決によって剥奪する以上は，その多数決に基づく権利変更が少なくとも破産等によって得られる配当額以上のものである必要があると解されるからである[52]。そこで，このような手続を採用する場合，裁判所の認可決定に際してどのようにそれを担保するのか，換言すれば，どこまで債務者の財産調査や他の債権者の存在・債権額等を審査するのか等が問題となろう。この点は，社債権者などとの関係でも同様に存在する問題ではあるが，個々の債権者の財産権に関わる問題として検討しておく必要は大きいであろう。

　更に，克服すべき課題として最大の問題と思われるものは，前述のように，特定の債権者集団にその適用を限定するとして，そのような対象債権者の限定の方法である。論理的には，（私的整理の場合と同様に）債務者の選択によって限定する方法と法律によって限定する方法とがあり，後者には更に，前置される私的整理手続と連続させて私的整理の対象債権者につき多数決手続の対象とする方法と金融債権者など実体的に限定する方法とがありえよう。ただこの場合は，前述のように，多数決を制度的に許容できる根拠が何らかの意味での債権者の集団性にあるとすれば，債務者の選択や私的整理に合わせる方法は根拠がなく，そのような集団性を認めうる債権者集団を実体的に限定するほかないと思われる。

　その場合，仮に「金融債権者」を集団として析出するとすれば，金融債権者

　51）　ただ，それを厳密にいえば，社債権者などにも果たして一体性は認められるのか，現実の社債権者をみればその一体性は「神話」にすぎないのではないか，という疑問も生じる。その意味で，そのような一体性は，現実のものである必要があるのか，理論的・制度的なもので足りるのかという視点からの検討も必要になろうか。

　52）　倒産手続における清算価値保障原則の意義及び射程等に関する私見については，山本和彦「清算価値保障原則について」同・前掲注49）57頁以下参照。

をどのように特定するかが問題となる。大きくは,「債権者」という主体の性質から特定するか,その債権者が有する「債権」という客体の性質から特定するかが考えられよう。主体から特定する方法は,フランス法なども採用するものであるが,預金取扱金融機関を中核として,それと同視できるような債権者を加えていく手法が考えられるが,ファイナンスリースを扱うリース会社はどうか,商社信用を供与する商社はどうかなど,問題は多い。また,債権の性質で区分する場合,債権の法的性質で特定するか,債権の経済的性質で特定するかも問題となろう。前者の場合,消費貸借(あるいは準消費貸借)債権のみを問題とすれば,その実質が金融であっても,法的性質が異なるだけで異なる取扱いがされることになるという問題が生じようし,後者の場合,信用供与の性質を有するものはすべて含むとすれば,商取引債権もこれに含まれることになりかねず,制度を創設する意義に疑問が生じるという問題も生じよう。以上のように,債権者集団の限定・特定については,克服すべきハードルは極めて高く,新たな視点の提示が求められることになろう。

(2) 特定更生手続型

以上に対して,この場合の権利変更を倒産手続によるものと構成するとすれば,対象債権者の集団性を問題にする必要はない。前述のように,法的倒産の局面では,倒産債務者の債権者であるというだけで,当然に多数決による処理が認められているからである。しかし,ここで問題となるのは,債権者間の平等である。特定の債権者のみを倒産手続の対象とするということは,結局,倒産手続の拘束を受ける債権者とその拘束を受けない債権者の存在を認めることになるからである。現在の法的倒産手続は,いうまでもなく,原則としてすべての債権者を手続の拘束下に置くことがその正統性の根拠とされるところ,なぜそのような差別的な取扱いが許容されるかが問題となろう。換言すれば,一定の債権者を倒産手続から免れさせる正当化の根拠が課題となる[53]。

もちろん,現行法でも,常にすべての債権者が倒産手続に服する構造になっ

---

53)　比喩的に言えば,(1)の場合は特定の債権者集団を析出する「足し算の論理」であるのに対し,(2)の場合は特定の債権者を倒産手続から除外する「引き算の論理」が求められることになる。

ているわけではない。倒産手続全体を通じて財団債権・共益債権者は（手続開
始前に債権発生の原因があったとしても）手続の拘束を受けないし，破産手続でも
特定担保を有する債権者は別除権として手続外で担保権を行使できる。特に，
再生手続においては，一般優先債権など手続の拘束を受けない債権者の範囲が
広く認められている。また，前述のように，商取引債権などについては，それ
が少額債権の弁済の対象となる場合には，実質的には手続の拘束を免れる場合
が認められている。そして，このような手続の拘束を受けない可能性が認めら
れている債権について，そもそも倒産手続の対象とはしないことも論理的には
否定されないように思われる。

　ただ，一般優先債権等の制度は，その債権のもつ実体法上の性質に基づき，
手続の外に置かれるものであり，他の例に適用する場合にはそのような実体法
的性質の有無が問題になろう。また，少額債権の弁済の制度などは，あくまで
も債権ごとの個別的判断（相対的少額性や代替可能性等の判断）に基づくものであ
る。これに対し，商取引債権全体をアプリオリに除外して倒産手続を行うこと
は可能かという問題は，なおハードルが高いものがあろう。論理的には，商取
引債権全体を除外して手続を行うほうがそれを加えて手続を行うよりも事業価
値の増大が見込まれ，手続の対象債権者の弁済も多くなることが立証できれば，
このようなアプリオリな手続除外も可能と考えられよう。そうだとしても，そ
のような立証が現実に可能かはなお，大きな課題であろう。

　また，このような方向の制度化によって，一定の債権者を手続から除外する
としても，やはり手続から除外する債権者の限定は困難な問題となる。ここで
は，当該債権者を手続から除外することが手続の対象債権者の弁済をも増大さ
せる点にそのような扱いを認める実質的根拠があるとすれば，やはり債務者に
よってその範囲を限定する制度はありえないということになろう（同様に，前
置手続との連続性を認めることで，間接的に債務者の判断に委ねることも認められな
い）。結局，法律で一義的に除外される債権者の範囲を定めるか，あるいは法
律では一般的な要件[54]のみを定めておき，個別の事件でその適用を裁判所の

---

54)　例えば，前述のように，一定の類型の債権を弁済することが事業価値の毀損を防止
　し，他の債権者の弁済を増大させる結果となる場合といった実質を要件化することにな
　ろうか。

328　第14章　私的整理と多数決

判断に委ねるか，ということにならざるをえないように思われる[55]。このうち，前者においては，特定の方法が問題となり，基本的には(1)における検討と同様の問題が生じることになろう。ただ，ここでは積極的に集団性を認めうる一体性のある債権者集団という観点ではなく，除外する根拠のある債権者集団という観点になるとすれば，「商取引債権者」といったカテゴリーを抽出できるかは1つの問題であるが，やはり線引きには様々な問題が生じよう。また，後者によれば，事前の法律による特定は必要がなくなるが，他方で，私的整理の対象債権者とズレが生じる場合の予測可能性の問題が生じるし，また裁判所が短期間に要件充足性を判断できるかといった問題もあろう。いずれにしても，克服すべき課題は多く，また困難なものになるといえよう。

5　おわりに

以上のように，日本においても（フランスと同様），仮に多数決によって私的整理を完結させる手続に対する実務的ニーズがあるとしても，それを達成する制度設計には多様なものが考えられ，それぞれに越えなければならない高いハードルがあることが確認できる。しかしながら，真にそのようなニーズがあるのであれば，そして諸外国においてはこのような制度が何らかの形で実現しているのであれば，日本においても真摯な検討が必要と思われる。著者の個人的感慨を述べさせていただくとすれば，著者はかつて，会社更生法立案時に，ある雑誌の特集において特定更生手続の構想について論稿を求められたが，そのような手続は理論的にあまりに困難なもので，真剣に論じるに値しないとして，その要請を断ったことがある。しかし，今にして思えば，その当否はともかくとして，理論的にみればそのような構想のどこに問題があり，どこを解決すれば実現が可能となるか（あるいはどのように工夫をしてもおよそ実現不可能なものであるか），研究者として真摯に検討する作業を惜しむべきではなかったと反省している。本章は，十数年ぶりにそのような反省を踏まえた検討の趣旨をも有

---

55)　あるいはその両者を併用することも考えられるかもしれない。すなわち，原則的には法律でその範囲を定めながら，補充的に裁判所が判断するという手法である。

する。

　日本における「事業再生文化」を健全に発展させていくためには，（その難点を現実に克服できるかどうかはともかくとして）この問題を真摯にとらえ，叡智を結集し，どこまでが可能でどこからが不可能になるかを十分に検討していく必要があると考えられる。本章がそのような将来の研究に向けて何らかの刺激になれば幸甚である。

（初出：NBL 1022 号（2014 年）14 頁以下）

［補論］　本章は，私的整理に多数決を導入する場合のありうる制度設計及び課題について，フランス法の試みを参照しながら，論じたものである。その内容は，倒産法に関する点が多いが（特に事業再生 ADR と倒産手続との連続性の確保を論じた，山本和彦『倒産法制の現代的課題』（有斐閣，2014 年）第 17 章と内容的に密接な関連を有する），その構想が実質的には，事業再生 ADR の在り方を規律する部分が大きいと考えられることから，本書に収録したものである。
　　本章で参照したフランス法については，その後も短期間での法改正が行われている。すなわち，2014 年 3 月 12 日オルドナンス第 326 号において，「迅速金融再生手続」を一般化した手続として「迅速再生手続（sauvegarde accélérée）」を導入する改正がされている（商法典 L. 628-1 条～L. 628-8 条参照）。その結果，「迅速金融再生手続」は，「迅速再生手続」の特別手続という位置付けで残存することになった（商法典 L. 628-9 条～L. 628-10 条参照）（この改正については，P. M. Le Corre, Premiers regards sur l'ordonnance du 12 mars 2014 réformant le droit des entreprises en difficulté, D. 2014, p. 733 f. など参照）。その意味で，現在は，金融債権者のみを相手方とする迅速な手続に加えて，調停手続から連続する迅速化された一般的な事業再生手続がフランスには存在することになっている。このような制度改正の背景には，「迅速金融再生手続」が，その対象の限定のゆえに余り活用されなかったことが大きな理由とされる（2014 年初頭までの申立件数は僅か 6 件に止まったという）。その意味で，果たして金融機関に対象を限定した手続がうまく機能するのか，なお慎重な検討を要することを示したものともいえようか。
　　本章の問題提起なども受けて，その後，私的研究会として，「事業再生に関する紛争解決手続の更なる円滑化に関する検討会」が商事法務研究会内に設けられた。この研究会（通称：高木検討会）は，倒産法の研究者・実務家のほか，金融機関や M&A 関係者が委員となり，更に法務省，経済産業省，金融庁等

330 第14章 私的整理と多数決

がオブザーバー参加したもので，著者が座長を務めた。その研究会では，私的整理において何らかの形で多数決を導入する（換言すれば，私的整理で反対する債権者がいたとしても，それを多数決で制御できる）方策が検討された。その結果として，要すれば以下のような提案がされた（研究会の提言の詳細については，山本和彦「多数決による事業再生ADR」NBL 1059号（2015年）31頁以下参照）。すなわち，第1段階としては，金融庁・経済産業省が事業再生ADR中の商取引債権を事後の倒産手続において優遇する仕組みを構築する（この点は，前掲『倒産法制の現代的課題』第17章も参照）とともに，運用において簡易再生の実効化を図る。次いで，第2段階として，法務省が，再生手続の特別手続として，事業再生ADRと連続した迅速再生手続を創設する。最後に，第3段階の将来の課題として，裁判所による私的整理の簡易認可の手続を検討する，というものであった。本章との関係で言えば，第1段階が現行法の基本的スキームの下での改革，第2段階が「特定更生手続型」の改革，第3段階が「社債権者集会型」の改革ということになろう。

　その後，このような構想の下，第1段階の法改正として，平成30年の産業競争力強化法改正が行われた。それによれば，同法59条において，新たに「債権に関する特定認証紛争解決事業者の確認」という制度が導入され，事業再生ADRが，ADR手続中の商取引債権等について，事業の継続のための不可欠性の確認をすることができるものとした。そして，事業再生ADRにより確認された商取引債権等については，その後の再生手続・更生手続において，弁済禁止の保全処分からの除外（同法60条・63条），少額弁済の対象化（同法61条・64条），計画弁済における優遇（同法62条・65条）について，そのような確認の存在を考慮したうえで裁判所が判断するものとしている。これによって，ADR手続中の商取引債権の優先を事実上確保し（特に，プレDIPファイナンスの扱いとは異なり，倒産手続中の弁済をも可能にしている点が新機軸である），事業再生ADRの円滑化を図ったものである。今後は，このような制度整備を受けて，裁判所の側で再生手続・更生手続（主にDIP型更生手続）の迅速化をどのような形で図っていくかが実務上の課題になるとともに，第2段階の迅速再生手続の導入のステップが立法論としての課題となろう。今後の議論の展開が注目される。

VI　ADR 法各論（その 3）
──その他の ADR

第15章

医療 ADR の可能性

1 はじめに

　ADR の拡充・活性化は，とりわけ専門分野の紛争において最も重要なものとして位置づけられてきた。そして，最も典型的な専門分野の紛争として，医療事故をめぐる紛争がある。その意味で，医療 ADR は，すべての ADR において最も重要な分野の１つとして位置づけることが可能である点に異論は少ないであろう。他方，医療訴訟は時間もかかり，真相解明が甚だ困難な訴訟類型の１つとなっている。医療訴訟の第一審の平均審理期間は，現在約 24 ヵ月（2年）であり，最近迅速化しているとはいえ[1]，通常訴訟の約 9 ヵ月に比べてなお遥かに長期間を要している。また，当事者も様々な形で証拠の収集を行う必要があり[2]，多大な費用が必要になるし，裁判所も専門的な観点からの困難な審理を強いられる[3]。このように，医療訴訟において真相解明を求めることは，当事者や裁判所にとって大きな負担となってきたように思われる。また，そも

---

1)　医事関係訴訟の第一審の審理期間は，1993 年が 42.3 ヵ月であったところ，2003 年28.0 ヵ月，2013 年 23.9 ヵ月と大幅に短縮してきている。ただ，最近は下げ止まりの傾向にあり，2014 年 23.3 ヵ月，2015 年 23.7 ヵ月，2016 年 24.2 ヵ月となっている（最高裁判所事務総局「裁判の迅速化に係る検証に関する報告書」（平成 29 年 7 月）28 頁図 1参照）。

2)　特に原告側（患者側）は医療の素人であり，協力医の確保や証拠収集等訴訟追行の負担には大きなものがあると思われる。

3)　平成 15 年の民事訴訟法改正によって専門委員の制度が導入されたが，なお裁判所の負担には大きなものがあると思われる。

そも民事訴訟の目的は損害の賠償に限られており，原因究明はあくまでもその手段にすぎず，一定の限界があるし[4]，再発防止はそもそもその目的になりえない。医療紛争の解決に求められるものとして，真相解明や再発防止があるとすれば，訴訟は制度上十分に対応できないおそれがある。

　以上のように考えてくれば，医療 ADR の潜在的な可能性はかなり大きい。しかし，現状，医療 ADR は必ずしも十分なものとは言い難いことも事実である。そこで，本章では，医療 ADR の現状と課題，更にその将来の展望について考えてみたい[5]。以下では，まず，日本における医療 ADR の現状と課題について概観する（*2*参照）。注目すべき取組みも行われてきているが，未だ十分な水準には達していないものと評価される。その後，日本の医療 ADR の課題の解決に向けたヒントを得るため，諸外国の状況について概観する（*3*参照）。ここでは，これまで外国の医療 ADR について紹介された文献を元にしながら，各国（アメリカ，フランス，ドイツ，北欧）の制度から，著者の観点に基づきその特徴を拾い出す。最後に，そのような検討に基づき，医療 ADR の今後の可能性と展望について，そのメリットを確認した後，制度設計及びありうる手続について，やや具体的な展望を考えてみたい（*4*参照）。

2　日本における医療 ADR の現状と課題

(1)　日本における医療 ADR

　現在，日本の医療 ADR としては，大きく 3 種類のものがある。まず第 1 に，弁護士会の医療 ADR である。これは，現在，全国に 10 ヵ所設けられている。1998 年の愛知県弁護士会における設置を嚆矢として，2007 年 4 月の ADR 法

---

4)　例えば，医療側が過失の存在を自白し，事故と患者の死亡との因果関係のみを争うような場合には，弁論主義という民事訴訟の原理から，実際の事故原因は十分に究明されない結果になる可能性が常にある。

5)　著者は医療 ADR の実務には疎いが，厚生労働省に設置された医療裁判外紛争解決（ADR）機関連絡調整会議（後出注 16）参照）の座長を務めており，その議論の中で医療 ADR の在り方を考えた経験がある。更に，ADR と密接な関連性をもちうる医療事故調査制度（*4*(2)(d)参照）の創設にも関与したところ，そのような観点からも医療 ADR の在り方を考えてきた。

334 第 15 章 医療 ADR の可能性

施行を 1 つの契機に，2007 年 9 月に設けられた東京三会医療 ADR のほか，札幌，仙台，大阪[6]，京都，岡山，広島，愛媛，福岡に相次いで設立されている。具体的な ADR 手続の態様は各地域で様々である。例えば，東京では弁護士 3 名だけで実施するが（医療側弁護士及び患者側弁護士に ADR に精通した弁護士が加わる），愛知では弁護士 1 名のみだが専門委員として医師の関与がありうるとされ[7]，大阪では弁護士 2 名に加えて医師 1 名が関与しているとされる[8]。

第 2 に，茨城県医療問題中立処理委員会がある。これは，2006 年 3 月，茨城県医師会が運営主体となって設立されたものである[9]。弁護士，医師会役員，有識者・市民代表（学識経験者）の 3 主体であっせん・調停会議を構成し[10]，当事者間の話合いを重視して ADR が実施されている。当事者が出席しやすいように，夜間調停の実施等の試みもされているという。ADR の実績として，2012 年までの 6 年間で 74 件（年間平均約 12 件）の申立てがあったとされる[11]。

最後に，千葉の医療紛争相談センターがある。これは，2009 年 4 月に業務を開始したもので，ADR 法上の認証 ADR である。その主体は，NPO 法人医事紛争研究会であり，医師・弁護士・大学教授等が中心となっている。運営費用は当事者の手数料のほか，寄付で賄われているとされる[12]。正式の申立て前に医師・看護師等による事前相談がされ，多くのケースは事前相談のみで終了しているようである。ADR の態様は，医師・弁護士の 2 名構成の手続実施者が原則とされている[13]。

以上のように，3 種類の ADR 機関が存在しているが，従来は相互の間に連

---

6) 大阪の医療 ADR は，弁護士会のほか，司法書士会・土地家屋調査士会等が参加する民間総合調停センターの一部門として位置づけられている。

7) ただ，実際には医師の関与は稀であり，年間に 1～3 件と少ない割合に止まるとされる。

8) 弁護士会医療 ADR については，児玉安司「医療 ADR」仲裁 ADR 法学会＝明治大学法科大学院編『ADR の実際と展望』（商事法務，2014 年）68 頁以下など参照。

9) その運営費用である年間 400 万円も，医師会が全部負担しているとされる。

10) なお，医師委員はアドバイザー的な役割を果たすものとされる。

11) 茨城県医療問題中立処理委員会については，最高裁判所事務総局「裁判の迅速化に係る検証に関する報告書（平成 25 年 7 月）」社会的要因編 95 頁参照。

12) 機関の発足当初は，地方公共団体からの援助もあったようである。

13) 千葉の医療紛争相談センターについては，最高裁判所事務総局・前掲注 11) 94 頁以下参照。

絡等はあまりされていなかった[14]。しかるに，設立母体や成り立ちが違うとしても，同一の分野を ADR の対象とする機関の間に連絡や情報交換がされないことは望ましくないので，2010 年 3 月，厚生労働省の下に「医療裁判外紛争解決（ADR）機関連絡調整会議」（座長・著者）が設けられるに至った[15]。同会議は，すべての医療 ADR 機関のほか，医療事故被害者，医師会，弁護士会，学識経験者等が参加したものであり，医療 ADR の現状や課題に関する情報・意見交換等を行うものであった[16]。

(2) 医療 ADR の現状

医療 ADR の現状を統計的にみると，以下のようなことになる[17]。

まず，東京三会医療 ADR は，2007～2014 年の 8 年間で合計 345 件の申立てがあった（毎年 30～60 件程度，平均 43 件）。そして，終了件数 320 件のうち，和解成立は 135 件で，和解率は 42% になる。他方，相手方の不応諾は 112 件で，応諾率は 65% となる。したがって，応諾事件 208 件中の和解率は 65% となる。

次に，愛知県弁護士会医療 ADR は，2007～2014 年の 8 年間で合計 259 件の申立てがあった（毎年 24～46 件，平均 32 件）。そして，終了件数 259 件中，和解成立は 111 件で，和解率は 43% になる。他方，相手方の不応諾は 41 件で，応諾率は 84% に上る。したがって，応諾事件 218 件中の和解率は 51% となる。

更に，大阪の民間総合調停センター内の医療 ADR は，2009～2014 年の 6

---

14) 弁護士会の医療 ADR の間では勿論，定期的に情報交換等が行われているようである。

15) これは，2008 年，医療事故調査制度の創設を検討した「診療行為に関連した死亡に係る死因究明等の在り方に関する検討会」の提言に基づくものであった。

16) その活動については，厚生労働省の HP（https://www.mhlw.go.jp/stf/shingi/other-isei_127350.html）参照。なお，同会議は，2013 年 3 月の第 8 回会議を最後に中断状態になっている。これについては，植木哲「医療 ADR の現在とこれから」ひろば 67 巻 11 号（2014 年）37 頁参照。

17) 以下では，比較的件数が多く活動が活発な東京・大阪・名古屋の弁護士会医療 ADR 及び千葉の医療紛争相談センターを中心に取り上げる。弁護士会医療 ADR の統計については，山本和彦ほか「座談会・ADR 法 10 年 ——その成果と課題」NBL 1092 号（2017 年）21 頁資料 17，千葉の医療紛争相談センターの統計については，最高裁判所事務総局・前掲注 11）94 頁以下など参照。

336　第 15 章　医療 ADR の可能性

年間で合計 88 件の申立てがあった（最近は毎年 20 件程度）。そして，終了件数
82 件中，和解成立は 26 件で，和解率は 32% になる。他方，相手方の不応諾
は 43 件で，応諾率は 47% に止まる。したがって，応諾事件 39 件の和解率は
67% となる。

　最後に，千葉の医療紛争相談センターは，2009 年の事前相談が 158 件に上り，
調停受理件数は 26 件である。最近では 2012 年 30 件，2013 年 22 件，2014 年
19 件の受理件数となっている。2012 年は終了件数 30 件中和解 9 件，2013 年
は終了件数 19 件中和解 7 件，2014 年は終了件数 22 件中和解 8 件で，この 3
年間では終了件数 71 件中和解 24 件（和解率 34%）となっている。他方，応諾
件数は 33 件（応諾率 46%）となっており，応諾事件との比較では 73% の和解
率となっている。

　以上のように，応諾率には，5 割弱（大阪・千葉）から 8 割強（愛知）までバ
ラつきが大きいが，応諾率が高い愛知はその中での和解率は相対的に低く（43
%），応諾率が低い大阪（67%）や千葉（73%）の和解率は高いので，結局，申
立事件との関係での和解率はそれほど大きな違いがないこと（32〜43% の間）
は興味深い。

　医療 ADR の総件数について正確なデータはないものの，2014 年でみると，
全国で少なくとも 190 件を超えると見られる。同時期の医療訴訟は 864 件であ
るので，訴訟事件の概ね 2 割の比率を医療 ADR が占めることになる[18]。これ
は，日本の ADR 全体の中で，相当のプレゼンスを持ったものと評価すること
ができよう。一定程度の事件数がある ADR の分野で，訴訟との比率でこれほ
どの割合を占めているものは少なく，他には金融 ADR があるくらいであろう。

　以上が概括的な現状分析であるが，より詳細な分析として，東京三弁護士会
（東京三会）医療 ADR の検証報告書がある[19]。これは，2009 年 5 月から 2014
年 12 月までに東京三会医療 ADR に申し立てられた 273 件を対象とした分析

　18）　この傾向は近時それほど大きく変わっていないようである。医療訴訟新受件数と
　　　ADR 申立件数はそれぞれ，2009 年 732 件と 164 件，2010 年 790 件と 170 件，2011 年
　　　769 件と 163 件であり，医療 ADR は医療訴訟の概ね 2 割強の水準になっている。これ
　　　については，最高裁判所事務総局・前掲注 11）95 頁図 6 参照。
　19）　東京弁護士会＝第一東京弁護士会＝第二東京弁護士会「東京三弁護士会医療 ADR
　　　第二次検証報告書」（2016 年 3 月）（以下「東京三会報告書」という）参照。

である。以下，その中で重要と思われる点を若干紹介しておく。

　まず，弁護士代理率については，双方代理人がある事件が47%である一方，双方とも本人である事件は21%に止まり，一般のADRと比較すれば（弁護士会ADRであるという点があるかもしれないが）代理率は高い。特に，代理人がいると応諾率や和解率が高まる傾向にあるとされる点は重要である[20]。他方，医療訴訟事件の弁護士代理率（2016年）は，双方代理人が82.9%に上り，双方本人は僅か1.5%であり[21]，ADRと比較しても圧倒的に代理率が高い点は注目されよう。

　平均審理期間は161日であり，和解成立事件では204日となっている。全体に長期化傾向が見られるという。他方，平均期日回数は，和解成立事件で3.8回となっている。長期化しているとはいえ，訴訟事件と比較すると明らかに迅速である。例えば，医療訴訟事件の平均審理期間（2016年）は24.2ヵ月，すなわち約740日であり，一審だけでADRの3.5倍以上がかかる計算になる。その意味で，ADRの迅速性のメリットは大きい。

　次に，和解金額の分布は，100万円未満42件，100〜500万円49件（500万円までで76%），500〜1000万円14件（1000万円までで88%），1000万円超15件となっている。少額事件が多数を占める傾向があるが，近時は1000万円を超える事件（訴訟における中心的な訴額帯）でも利用されるようになっていることは注目される。ちなみに，医療訴訟（2016年）の訴額は，500万円まで21%，500〜1000万円12%（1000万円までで33%），1000万〜5000万円40%，5000万円超27%となっており，ADRに比較して顕著に高額である[22]。

(3) 医療ADRの課題
　以上のように，医療ADRは，現状でも紛争解決において一定のプレゼンスを有しており，特に少額紛争においては重要な役割を果たしている可能性があ

　20）　この点は特に相手方に代理人がある場合に顕著とされる。
　21）　最高裁判所事務総局・前掲注1）30頁表5参照。
　22）　最高裁判所事務総局・前掲注1）資料編「資料2-1-2」参照。ただ，訴訟の場合の訴額は原告が請求した金額であり，ADRの場合は和解金額であるため，単純な比較はできないことに注意を要する。

る。ただ，前述のような医療 ADR に期待されるものと比較すれば，なお課題も多くある。

医療 ADR の課題について，かつて村松悠史判事が一定の分析をされており [23]，それに即して若干の敷衍をしておきたい。村松判事によれば，医療 ADR の課題は大きく，①基盤確立のための課題と，②機能拡充のための課題とに分けられる。そして，①は更に，医療 ADR の理解促進の問題（患者側では申立件数の増加（一般広報，患者側弁護士の効用理解の問題），医療側では応諾率の向上（医療側・代理人弁護士の効用理解，初期段階の紛争の取込みの問題），運営基盤の拡充の問題（人材確保〔手続に関与する医師・弁護士の確保〕，財源確保〔手数料収入以外の安定した財源確保〕）等があるとされる。また，②は更に，医師の関与の問題（医学的観点からの真相解明の重要性），医療側の参加確保の問題（証拠制限契約，ADR に相応しい事案の見極め，医療側にとって魅力的な解決策の創造，すなわち対話促進・再発防止策の提示等），賠償責任保険の支払確保の問題等があるとされる。

村松判事の指摘は現在でも基本的に妥当すると思われるが，若干の敷衍をすれば，まず申立件数の増加については，広報の必要性は確かにあり，特に弁護士の理解が重要になると思われるものの，更に実効性の確保が実際には重要な意味をもつと考えられる。現在日本で成功している ADR の多く（金融 ADR や原子力損害賠償 ADR 等）は，申立てがされればほとんどの場合に紛争解決が図られる仕組みとなっており，同様の実効性をいかに確保していくかは医療ADR にとっても大きな課題であろう。

次に，応諾率の増加も大きな問題であり，この点について機関ごとの偏差が大きいことは先に指摘したとおりである。応諾率の高い愛知がそうであるとされているように，相手方となる医療界の理解を高めること，そのために医療側弁護士に ADR の利便性・信頼性の理解を得る重要性は否定できない。また，この点では，東京で行われている工夫も興味深い。それは，手続のステップを分け，ステップ 1 では対話促進とそれによる相互理解に限定して手続を進めた

---

23) 村松悠史「医療 ADR の試みと医療訴訟の実務的課題（上）」判時 2128 号（2011 年）7 頁以下参照。

後，当事者の合意の下で，ステップ 2 に進んで初めて合意形成のための調整に入るという運用である。このような手続をとることによって，医療側が手続に応諾すれば必ず調整手続まで巻き込まれてしまうことを懸念し，そのために出発点としての応諾自体を躊躇することを防止しようとしたものである。各機関の応諾率向上に向けた更なる工夫が期待されよう。

更に，費用負担，すなわち ADR 運営の財源確保も頭の痛い問題である。医療 ADR においては，おそらく患者側に費用の負担を求めることは現実的ではないであろう[24]。そうすると，やはり ADR 機関の設置主体による負担とならざるをえないと考えられる。実際，弁護士会の ADR は弁護士会が，茨城の ADR は医師会がそれぞれコストを負担しており，千葉の NPO の ADR の場合は，当初は地方公共団体が一定の援助をしていたが，その後は財政難に苦慮しているようである。この点をどのように解決していくかは，医療 ADR の将来の展開にとって現実的には最も重要な問題の 1 つとなる（それと関連して，ADR と賠償保険との関係をどのように捉えるかも 1 つの課題である）。

更に大きな問題として，そもそもどのような形態の医療 ADR が望ましいかという点も考える必要がある。現在の日本の医療 ADR は基本的にいずれも，当事者間の話合いによる和解を前提とする調整型であるが，必ずしも 1 つの形態に絞る必要はないであろう。調整型のほか，裁断型もありうるところで，更にこれには拘束型＝仲裁と非拘束型とがありうる。いかなる形態の ADR を採用するかによって，後述の課題への対応も変わってくる可能性があろう。

また，専門家の関与の当否も 1 つの課題である。東京三会では繰り返し議論されているようであるが，否定的な結論を崩していない[25] 一方，大阪・茨城・千葉は調停委員としての関与，愛知は専門委員としての関与を認めている。

---

24)　賠償金が取れた場合に，その中から一定程度の負担を求めることはありうるし，現に行われていると思われる。ただ，それは結局，患者側を勝たせる和解が ADR 機関自体にとって経済的に有利なものになる可能性があり，ADR の在り方としてそのような費用負担の在り方が望ましいかについては，相当な議論を要するところであろう（日本の ADR 機関には，このような費用負担を定める例が一般に少なくないが，著者自身は，それは ADR 運営に前述のようなバイアスをもたらしうるものであり，一般論として必ずしも望ましいものではないという考え方をもっている）。

25)　最近の議論については，東京三会報告書・前掲注 19) 63 頁以下参照。

340 第 15 章 医療 ADR の可能性

これもどうあるべきかが問題であるものの，やはり一律の解決策である必要は
なく，専門的な知見の ADR における意義という点から決まってくるものであ
ろう。

　以上のような制度設計の前提として，そもそもどのような事件を ADR の対
象とするかという点も考えておく必要があろう。すなわち，事故原因や因果関
係，医療者の過失等が激しく争われ，厳密な事実認定が必要となってくる事件
をも対象として念頭に置くか（以下では「重大事故解決モデル」と呼ぶ），それと
も事故原因・因果関係や過失等は比較的容易に認定でき，又は当事者間で争い
がなく，損害額その他被害回復が争点の中心になる事件を対象として考えるか
（以下では「軽微事故解決モデル」と呼ぶ）によって，求められる ADR の態様は
大きく異なってくると思われる。現状は，前述の東京三会 ADR の和解額の分
析などを見ると，後者のモデルが事実上中心となっているのではないかと想像
されるが，これも単一である必然性はない。そして，この点は，ADR の形態
や専門家関与の問題にも関連してくる点であり，本章における分析の重要な鍵
点となる。

3　諸外国の医療 ADR

　以上のような日本の医療 ADR の在り方に関する課題に対して，一定の答え
を見つける手掛かりとするため，以下では，これまでに公刊されている文献に
基づき[26]，諸外国の医療 ADR の在り方について簡単に紹介しておきたい。そ
れは，各国の医療 ADR 制度を横串に概観しながら，日本の制度の在り方に示
唆を得たいという趣旨である。

(1)　アメリカの医療 ADR[27]
アメリカにおいては，1970 年代に医療訴訟が急増し，その結果，医療過誤

---

[26]　著者自身が以下の比較法的分析に寄与している部分は基本的に存しないことを予め
　お断りしておきたい。

[27]　アメリカの医療 ADR については，村松悠史「医療 ADR の試みと医療訴訟の実務
　的課題（上）（下）」判時 2128 号・2129 号（2011 年），平野佑子「米国における医療訴

保険が危機的な状況に陥ったことがある。すなわち，保険料の高騰を招き，それが医療費自体の高騰をもたらしたのである。また，仮に訴訟になったとしても，実際にトライアルに至る割合は低い（2005 年で 7.8% 程度であったとされる）。その意味で，判決に至らずに解決することへの期待があるとすれば，医療 ADR の発展のニーズがあることになる[28]。

　そこで，医療関係の ADR として，まず注目される試みに，スクリーニング・パネルがある。これは，前述のように医療訴訟が急増した 1970 年代に導入されたもので，全米 32 州で採用された医療 ADR で最初に普及したスキームとされる。裁判所の負担軽減，訴訟の遅延解消，提訴後も信頼性の高い医学的知見の導入を目的としたものとされる。制度の運営主体は，裁判所又は行政機関であり，多くの州でパネル前置主義が採用された。具体的には，医師及び弁護士で構成されるスクリーニング・パネルが書面に基づいて判断を示すが，そこで示された判断に拘束力はなく，それに基づいて当事者間で相対交渉を促す制度とされる。すなわち非拘束裁断型であり，一種の中立的評価（neutral evaluation）[29] と評価できるものである。スクリーニング・パネルにおいて示された判断の信頼性は高かったとされ，トライアルになってもパネルの判断が尊重・維持される傾向があったが，他方で，そのため，当事者としては，訴訟手続と同様の重装備の手続保障をスクリーニング・パネルにも求めた結果，手続が訴訟化するようになり，大幅に遅延したとされる。すなわち，パネル手続だけで 2〜3 年を要しながら，結局多くの事件では最終的にトライアルに至るため，費用は高騰することになった。その結果，この制度は多くの州で結局廃止に至り，必ずしも成功しなかったとの評価が一般的であるという。

　次に，仲裁（arbitration）も一部で活用されている。特に注目される試みは，カリフォルニア州の医療法人であるカイザーの仲裁システムである。これは，カイザーの医療プランを利用する時点で，予め患者との間の契約で仲裁合意をして，患者は裁判所へ提訴する権利を放棄するものである。仲裁手続は，当初

　　　訟の現状と ADR の利用（下）」判タ 1337 号（2011 年）など参照。

28)　以上のような傾向は，アメリカでは多かれ少なかれ様々な他の紛争分野でも見受けられる傾向であろう。

29)　中立的評価については，山本和彦＝山田文『ADR 仲裁法〔第 2 版〕』（日本評論社，

342 第15章 医療ADRの可能性

はカイザー自身が運営していたが，その中立性に批判があった結果，現在では独立した弁護士に仲裁制度の管理運営を委ね，透明性・中立性を確保しているとされる。仲裁人は通常1人で，多くは元裁判官とされる[30]。2009年の申立件数は723件で，23%が本人申立て，77%では弁護士代理があり，既済事件792件のうち，和解47%，仲裁判断13%，取下げ26%とされる[31]。平均審理期間は，2007年336日，2009年357日とされ，訴訟よりも短期間となっている。仲裁人（訴訟も熟知する元裁判官）のアンケートによれば，40%は仲裁の方が裁判よりも優れているとし，50%は仲裁と裁判で同程度とし，経験豊富な元裁判官の90%は仲裁が裁判と同等か優れていると評価していることになり，高い評価を得ていると言ってよい。

最後に，調停（mediation）も，最近，活用の動きがあるようである。著名な民間ADR機関であるJAMSでは，年間約6,000件の申立件数のうち，約10%が医療関係のものであるとされ，それなりに機能しているようである[32]。

(2) フランスの医療ADR[33]

フランスの医療ADRの歴史においては，2002年3月4日法が重要な位置を占める。同法は，医師・病院に医療賠償責任保険への加入を義務づけ，一定の重大な損害が患者に発生した場合に無過失補償を取り入れた医療紛争処理制度を創設するものである[34]。これによって，ADRの仕組みも制度化された。

2015年）425頁以下参照。

30) 全部で275人の仲裁人候補者中，109人が元裁判官とされる。

31) なお，申立人に有利な判断が29%を占めるとされる。これは，訴訟でトライアルに至った事件の患者側勝訴率とされる23%を若干上回っている。

32) 医療機関内部における「調停」（いわゆる院内メディエーション）も増加傾向にあるとされるが，「病院内にADRのシステムを設ける試みが米国内で大きな広がりをみせているとまではいい難い」との評価もある（最高裁判所事務総局・前掲注11）104頁参照）。

33) フランスの医療ADRについては，工藤哲郎「フランスにおける医事責任法の改正について」判タ1176号（2005年），我妻学「フランスにおける医療紛争の新たな調停・補償制度」首都大法学会雑誌46巻2号（2006年），最高裁判所事務総局・前掲注11）99頁以下など参照。

34) なお，この改正は，公立病院と市立病院の紛争解決方法の統一（司法裁判所と行政裁判所における紛争解決方法の齟齬の防止，患者の平等な救済）もその目的としていたものという（我妻・前掲注33）53頁参照）。

この制度の前提となるのが，偶発的な医療リスクを救済する損失補償制度である。すなわち，医療行為に起因する最低損害基準（24％を超える永続的一部労働不能等）を超える損害について，医療機関の過失の有無にかかわらず，患者の損害を全部補償する制度が前提とされる[35]。そして，医療事故に係る紛争処理機関の一元化が図られ，CRCI（医療事故調停補償地域委員会：Commission Régionales de Conciliation et d'Indemnisation des accidents médicaux）が設置された。これは全国21か所に置かれた行政委員会であり，元裁判官が委員長を務め，患者代表6名，病院医師代表6名，その他有識者や保険会社，弁護士等8名の合計21名で構成される機関である。

医療事故が発生した場合，患者からCRCIに対する補償の申立てがされるが，申立ては無料である。CRCIは，申立てを受けて，事前鑑定及び書類審査を経て，正式の鑑定を実施する。その鑑定人は，CNMAD（医療事故全国委員会）の鑑定人候補者リストから選定される。その鑑定に基づき，CRCIは，医療者の過失の有無，損害の程度等について裁定を下す[36]。このCRCIの裁定は，法的には拘束力はなく，当事者に不服があれば訴訟による。ただ，補償を実施する国家機関であるONIAM（国立医療事故補償公社）は，CRCIの裁定に従って補償を行い，過失の有無等はONIAMと保険会社との間で争われることになる。

具体的な手続は，CRCIにおいて医療者の過失が認められたかどうかによって異なってくる。まず，医療者の過失が否定された場合は，ONIAMによる算定表に基づく補償額が患者に提示され，患者がそれを受諾すれば和解が成立する。この場合，医療機関の関与は原則として問題にならないが，例外的に，ONIAMが（CRCIの判断とは異なり）過失ありと考えるときは，裁判所に対する異議申立てが可能とされる。そして，この異議が認められれば，ONIAMは病院等に対して求償することが可能となる。

他方，CRCIにより過失が肯定された場合は，当該裁定が保険会社に送付さ

---

35) その意味では，これは日本の産科医療補償制度に類似したものといえる。

36) なお，最低損害基準を満たさない場合などには，例外的にCRCIによる調停の可能性も認められているが，実際の件数は少ないようである。2011年で，裁定申立て4,279件に対し，調停申立ては271件に止まる。

344 第15章 医療 ADR の可能性

れ，保険会社が裁定結果を受諾するときは，保険会社が補償額を提示し，患者の受諾によって和解が成立する。患者がその提示を受諾しないときは，通常どおり，訴訟による解決がされることになる。他方，保険会社が CRCI の裁定結果を拒絶するときは，保険会社に代わって ONIAM による患者補償がされ，その後に保険会社に対して代位提訴がされる。この ONIAM の代位訴訟で裁判所が医療側の過失を認め，ONIAM 勝訴と判断するときは，ONIAM の補償額に 15％の制裁金を上乗せして，保険会社に支払を命じることになる[37]。

以上のように，CRCI の裁定は，いかなる意味でも法的拘束力を有しないが，実際上は ONIAM がそれに従うことで，紛争解決の実効性を有することとなる。ここでも，一種の中立評価のシステムが採用されていることになるが，特に保険制度との連携によってその実効性が確保されていることに注目されるべきである。

CRCI に対する申立件数は，3,615 件（2009 年），4,117 件（2010 年），4,279 件（2011 年）となっており，4,000 件前後で全体として増加傾向にある。2011 年の統計で，鑑定が実施されたのは 3,829 件，裁定がされたのは 1,310 件，平均審理期間は 11.8 ヵ月とされる。全体的な制度の評価は大きな成功とされ，保険会社からも信頼が高いし，患者からも，無料で利用できることなどもあり，利便性が高いとされる。この制度が施行された後は，医事関係訴訟も減少の傾向にあり[38]，医療事故紛争の解決は明らかに CRCI のルートが中核になりつつある。

(3) ドイツの医療 ADR[39]

ドイツでも，1970 年代から医療訴訟の増加・長期化が顕著となり，損害賠

---

37) このような制裁金の可能性によって，保険会社が不当に CRCI の裁定を無視する事態を防止しようとするものである。

38) 大審裁判所における医事関係訴訟の新受件数は，2004 年 2,006 件，2006 年 1,884 件，2008 年 1,711 件，2010 年 1,569 件となっており，減少基調にある。

39) ドイツの医療 ADR については，岡崎克彦「ドイツにおける裁判外紛争解決及び法律相談制度の実情(1)(2)」判時 1724 号・1726 号（2000 年），我妻学「ドイツにおける医療紛争と裁判外紛争処理手続」都立大法学会雑誌 45 巻 1 号（2004 年），最高裁判所事務総局・前掲注 11) 102 頁以下など参照。

償額や保険料の高騰を招き，また刑事訴訟を利用した証拠収集に対する医療界
の反発などから医療 ADR への期待が高まったとされる。これを受けて，各医
師会において紛争解決機関の創設の試みがされた。

　ドイツでは，医師会の鑑定所（Gutachterstelle）[40] が中心的な ADR 機関とさ
れる[41]。鑑定所は，鑑定委員として各分野の専門医と元裁判官又は弁護士が
所属し，実際の事件では，元裁判官又は弁護士と医師の 2 名で担当することが
多いとされる。ADR の運営費用は，責任保険会社が拠出し，なお不足する部
分は医師会が負担するとされ，国や州からの補助金はなく，利用者の負担もな
いようである。

　ADR の手続は，一方当事者の申立てがあり，他方当事者がそれに同意すれ
ば開始される。まず，担当委員による書面審理がされ，鑑定人及び鑑定事項の
内容が決定される。その後，鑑定人によって，患者の診察に基づく鑑定が実施
される。そして，鑑定結果に対しては当事者からの意見聴取がされる。最終的
に，担当委員による医療行為の過失の有無に関する判定がされることになる。
平均的な処理期間は 1 年余とされる[42]。

　判定においては，過失の有無や因果関係の有無について判定結果が提示され
るが[43]，損害額の算定やそれに基づく調停は行われない。そして，鑑定所の
判定結果には拘束力がなく，判定を受けて，患者，医師及び保険会社の三者間
の話合いがされるものの，ADR 自体はこの話合いの仲介を行わない。その意
味で，やはり非拘束裁定型のシステムといえよう。

　申立件数は，バイエルン州の医師会鑑定所において，853 件（2006 年），917
件（2007 年），979 件（2008 年），986 件（2009 年），1,023 件（2010 年）というこ
とで，近時は年間 1,000 件前後を扱っている。全国では合計 1 万件余りとされ，
全国の裁判所の医事関係訴訟の件数は概ね 9,000 件程度とされるので，訴訟に
ほぼ匹敵する件数を ADR が処理している計算になる。申立ての結果は，2010

　40）　そのほか，調停所（Schlichtungsstelle）とか，鑑定委員会（Gutachterkommis-
　　　sion）などとも呼ばれるようである。
　41）　1975 年にバイエルン州医師会が設けたのが最初の例のようである。
　42）　2010 年のバイエルン州で約 16 ヵ月，1999 年のノルトライン = ヴェストファーレン
　　　州で約 13 ヵ月とされる。
　43）　医療側の有責率は，概ね 30～33％ とされる。

346 第15章 医療ADRの可能性

年のバイエルン州で，鑑定実施件数が約600件，過失を肯定した判定が約200件出されたという。

このドイツの医療ADRのシステムに対しては，信頼性は高いという。設立当初は，医師会による資金拠出等のため，その中立性に批判もあったが，現在ではそのような批判はあまりないとされる。その理由として，組織上医師会からの独立性が担保されたこと，手続の透明性が確保されたこと（患者側にも情報開示が徹底され，患者側の意見も手続に反映されること），鑑定の質が高いこと（後述のように訴訟でもその結果が尊重されること），担当委員の構成の中立性が確保されていること（医師以外に元裁判官・弁護士が関与していること），担当委員の合議によって質の高い判定がされること，医師によるかばい合いの意識が喪失したこと等が指摘されている。

その結果，実際上も，鑑定所の判定に基づきほとんどの事件は解決されているとされる。1998年のノルトライン＝ヴェストファーレン州の調査によれば，訴訟になった事件は全体の8.6％に止まり，また訴訟になっても判決で判定と異なる結果になった事件は1.2％にすぎないとされる。結局，99％近くは判定どおりに解決していることになる。また2010年のバイエルン州でも，約85％が鑑定所の判定結果に従って和解が成立し，訴訟においてもほとんどが同じ結果になっているとされ，ADRの実効性には高いものがあるようである。

(4) 北欧の医療ADR[44]

次に，北欧の医療ADRである。北欧の医療紛争処理の仕組みは，やはりADRが中心であるが，かなり独特のものがある。そこでは，義務的な加入の保険機関によるか（患者保険に基づくADR）（スウェーデン，フィンランド），行政機関によるか（国による補償手続）（ノルウェー）があるが，いずれにしても日本での検討に際して紹介に値しよう。

(a) スウェーデン

まず，スウェーデンは，患者保険制度とセットになったADRを有する。患

---

44) 北欧の医療ADRについては，石井芳明「スウェーデン，ノルウェー，フィンランドにおける裁判外紛争処理の実情（下）」判タ1359号（2012年）参照。

者保険は，医療機関の加入が義務づけられている損害保険制度である。この保険制度では，第1次的には保険会社がその当否を判断し，年間約1万2,000件の患者からの請求があり，約6,000件で補償がされているという。

患者による補償請求についての保険会社の判断に不服がある場合に，ADRの審理が行われる。すなわち，患者側は，保険協会内の苦情委員会に対する苦情の申立てが可能である。苦情委員会は，7名の委員から構成され，委員長は元裁判官で，患者代表3名，保険専門家1名，医師1名，健康保険に関する有識者1名が参加する。保険会社の調査資料に基づき委員会の審理がされ（週1回程度），委員会の判断は，法的拘束力はないものの，基本的に保険会社はそれを尊重するとされる。

苦情委員会には，年間1,100件程度の不服申立てがあり，110件程度は患者の申立てを認容しているとされる。他方，医事関係訴訟は年間10件程度に止まり，その判決が苦情委員会の決定と異なるのは僅かに1〜2件ということであり，実際上，99％以上はADRの判断に即して解決がされていることになる。その意味で，実効性は非常に高いと評価できよう。

(b) フィンランド

フィンランドの医療ADRは，基本的にスウェーデンと類似した仕組みとなっている。補償手続はやはり，すべての保険会社が加入する患者保険センターで行われる。保険会社の判断に対する不服申立ては，患者傷害委員会に対してされ，ADRの審理が行われる。年間1,200件程度の不服申立てがあり，委員会の平均審理期間は6ヵ月である。医療訴訟は年間20〜30件にすぎないとされ，やはりADRが実効的に紛争処理を図っているものとみられる。

(c) ノルウェー

最後に，ノルウェーの医療ADRであるが，ここでは，補償を担当する国の機関（行政機関）としてNPEが設置されている[45]。患者に対する補償金は，（保険ではなく）国費によって賄われる。この点にノルウェーの制度の大きな特色がある。そして，患者による直接の損害賠償請求訴訟は禁止されており，補償手続前置主義がとられる。NPEに対する申立件数は，年間約4,000件であり，

---

45) NPEは，1988年に任意機関として設立され，2003年に制度化されたという。

その約3分の1で患者の申立てを認容している。

NPEに対する不服申立てを処理する医療ADRが患者障害補償委員会である。同委員会は，保険省所管の機関であり，5名の委員から構成される。委員会の議長は裁判官であり，医師2名，法律家1名，患者代表1名が所属する。委員会の審理は書面審理であり，裁定的な判断がされる。和解は行われない。委員会に対する不服申立ては年間1,000～1,400件であり，申立ての認容率は13%程度，平均審理期間は10～12ヵ月とされる。裁定に対しては訴訟が可能であるが，訴訟は年間60～100件程度であり，裁定の1割弱に止まる。やはり委員会の裁定が実際には紛争解決機能を果たしていることが見て取れる。

(5) 比較法小括

以上で，各国の医療ADRの概要を見てきたが，著者の観点から，日本の制度構成に有用と見られる点を若干指摘しておく。

まず，各国に共通して，医療紛争の解決に際し，ADRが圧倒的なプレゼンスをもつことは注目されてよい。フランスで訴訟事件の2～3倍の件数があり，ドイツや北欧では訴訟になる事件の割合は全体の1割未満となっている。日本は，前述のように，現状，ADRの事件数は訴訟事件の2割程度であるとすると，まだまだADRの占めるべき役割は大きいのではないかと思われる。

次に，各国の制度は，基本的に保険と何らかの関係をもって成り立っていることも注目される。このような保険制度との関連性は，医療ADRが成功する必須条件ではないかと思われる。現在の日本の医療ADRは，いずれも基本的には保険とは無関係の建付けとなっているが[46]，日本の医療ADRのプレゼンスを増大していくためには，この点の検討が必要となってくるように思われる。

更に，ADRの手続モデルとしては，非拘束裁定型が全体としては多数を占める傾向にあるように思われる（アメリカ，フランス，スウェーデン等）。医療紛争においては，予め仲裁合意による拘束裁定型が困難である中において[47]，

---

[46] 但し，医師会が運営する茨城県医療問題中立処理委員会における解決結果は，日本医師会が契約者となる日本医師会医師賠償責任保険において尊重される運用となっているようである。

[47] 米国のカイザーの仲裁の仕組みは興味深いが，日本では，①強制保険が前提となる

事実上，当事者が従うことによって紛争解決が可能になる。その意味で，裁定型のADRの工夫の余地があるとすれば，非拘束型のものを考え，事実上両当事者（医療側・患者側双方）がそれに従うような仕組み作りを図っていくことは，日本でも注目されてよいように思われる[48]。もちろん，調停型も活用されており[49]，必ずしも紛争解決方法を一元化する必要はないであろう。

最後に，ADRの手続実施者については，多くの国が医師と法律家の組合せを採用している。特に裁定型のADRを仕組む際には，このような構成は必然的なものとなろう。また，法律家として元裁判官の活用が目立つところであり，これはADR一般の問題かもしれないが，特に医療のような複雑な紛争においては，裁判官としての経験は大きな意味を持つという経験則が普遍的に存在するのかもしれない。更に，患者側の代表を加えている国も多いことは興味深いが，手続の中での患者側の具体的役割は必ずしもはっきりしないようである。

4 医療ADRの可能性と展望

以上のような比較法的な知見をも踏まえて，以下では，医療ADRの将来における可能性と展望を探るため，まず医療ADRのメリットを再確認した（(1)参照）後，考えられる医療ADRの制度設計（(2)参照）及びありうる手続（(3)参照）について検討してみたい。

(1) 医療ADRのメリット
(a) 相対交渉との比較

紛争が起これば，その解決は紛争当事者による相対交渉が基本となることは言うまでもない。しかし，医療紛争は，紛争当事者の一方が患者又はその遺族

ためそもそも事前に患者と仲裁合意を結ぶ契機がないこと，②仮に仲裁合意を結べたとしても，仲裁法附則3条2項によって患者から合意が一方的に解除されるリスクが残ること等から，仲裁による解決はあまり現実的な選択肢ではないように思われる。

48) 但し，他方で，アメリカのように，事実上の拘束力が強まることで重装備の手続になるおそれがある点にも注意を要しよう。

49) 実際上は，仲裁手続等でも和解による解決が多数を占めるとすれば，調停の果たす役割は軽視できないであろう。

であり，他方が病院等の医療機関であり，その専門知識や経済力等に通常大きな格差がある。したがって，医療紛争において当事者間の相対交渉による紛争解決を図ることは，ときに専門知識や資力等において十分ではない患者遺族側にとって不利な解決になるおそれがある。そこで，ADR によって中立公正な第三者が介入して，そのような不公平・不透明な解決を回避できる可能性があることは大きなメリットと言える[50]。

(b) 裁判との比較

他方で，医療関係紛争が裁判所の訴訟で解決されることと比較しても，医療 ADR には大きなメリットがあると考えられる。ADR 一般の利点として，簡易・迅速性，廉価性，専門性，柔軟性，宥和性があるといわれるが，これらのメリットは，医療 ADR において極めてよく表れると言って過言ではない[51]。

まず，医療訴訟は，様々な類型の訴訟手続の中でも最も困難なものの一種であり，最近は裁判所の工夫などによって以前に比べれば迅速な解決が図られてきているが，それでも第一審の平均審理期間は 2 年を超える。控訴や上告がされると，更に長期を要することになる。すなわち，1998 年の地方裁判所における新受件数が 620 件，平均審理期間は 35.6 ヵ月であったのに対し，2008 年にはそれが 851 件，24.7 ヵ月となっており，10 年間で事件数は 4 割増加する一方，審理期間は約 1 年短縮されている。ただ，最近では，2016 年は，新受件数 834 件，平均審理期間 24.2 ヵ月となっており[52]，上記の動向が基本的に維持されているものの，最近 10 年近くは，新受事件・審理期間とも横ばいの傾向にある。その意味で，審理の迅速化は，ほぼ限界に達しているものとも思われる。そのような訴訟の状況に比べれば，ADR では簡易・迅速な解決が可能になる場合がある。例えば，千葉の医療紛争相談センターでは 3 ヵ月以内の

---

50) この点は，基本的に B to C の ADR において一般的に認められる利点であろうが，特に医療のような専門知識が偏在する分野においては重要である。

51) なお，いったん訴訟になっても，医療訴訟は和解になることが多い分野と言える。2016 年の統計によれば，通常事件の和解率 35.8% に対し，医療事件の和解率は 53.3% に上っている（最高裁判所事務総局・前掲注 1) 30 頁表 4 参照）。これは，裁判所において広義の ADR の提供がされているものとも評価することができ，裁判前に医療 ADR で解決することが望ましいことを例証する数字といえよう。

52) 最高裁判所事務総局・前掲注 1) 28 頁図 1 参照。

解決に努めるものとしているし，弁護士会の医療ADR（東京三会）でも，和解に至る平均審理期間は204日（約7ヵ月）とする報告がある。仮にこのような迅速な解決が実現すれば，それは早期の救済を求める患者遺族側のみならず，訴訟の継続によって心理的経済的な負担の大きい病院や医師など医療側にとっても大きなメリットになろう。また，訴訟では弁護士代理や証拠調べとしての鑑定が必要となり，相当の費用がかかるが，ADRによってそれが不要になれば，廉価な解決も期待できることになる。

　加えて，専門性においてもADRが優れている可能性がある。裁判は，法の専門家ではあっても医学には全くの素人である裁判官や弁護士が中心になって行うものである。もちろん医学的な専門知識が必要な場合には，専門委員や鑑定人として医師に説明や意見を求めることは可能である[53]。しかし，手続の主宰者に医学の専門的知見をもった者がいないことは，ときに医学的常識から見れば的外れの判断がされることを完全に防止することを困難にする。それに対し，ADRでは，例えば弁護士と医師がコンビを組んで調停人として手続を進めていけば，医学・法学双方の専門性を兼ね備えた解決案を策定することが可能になると考えられよう。医学の専門的知識を踏まえた紛争解決を図るためには，ADRのメリットには大きなものがあると考えられる[54]。

　更に，裁判は，事実を認定して法的な権利義務を確定していくものである。医療紛争の解決において患者側（原告）の期待しているものとして，もちろん権利の救済や損害の賠償があることは間違いない。しかし，患者側の求めるものは決してそれに止まらない。例えば，病院内のシステムの見直し等による事故の再発防止やミスを犯した医師・看護師自身の反省謝罪等も，患者・遺族側が強く求めるところである[55]。しかし，法の適用に基づき権利義務を確定す

---

53)　裁判における専門的知見の導入については，平成15年民事訴訟法改正によって，専門委員制度の導入や鑑定手続の改善等が図られている。これについては，小野瀬厚＝武智克典編著『一問一答平成15年改正民事訴訟法』（商事法務，2004年）48頁以下など参照。

54)　前述のように，比較法的にみれば，ADRの手続実施者に医師を起用する国が大半であることもこの間の事情の普遍性を示唆しているとみられる。

55)　医療紛争における患者側のニーズとしては一般に，原状回復（元の体に戻してほしい），真相究明，反省謝罪，再発防止，損害賠償など多様なものがあるとされる。

ることのみを任務とする裁判においては，そのような患者の期待を正面から受け止めることはできず，このような裁判による解決からは抜け落ちた部分について，患者のニーズに即した柔軟な紛争解決を図っていく可能性がADRにはあると考えられる。また，医療側のニーズも，迅速な解決や専門的な解決にあるものと考えられるところ，前述のように，現在の訴訟手続の状況には限界があることは否定できない。

最後に，話合いに基づき当事者対立的な形にならずに宥和的な解決をADRで図っていくことは，患者・遺族が不幸な事故を乗り越え，新たな人生を踏み出す契機にもなりうると思われる。

以上の検討からして，また諸外国の現状を見ても，医療ADRには，なお残された大きな可能性があり，それを伸ばしていくべきことに基本的なコンセンサスがあるところと思われる。問題はより具体的な点にあり，いかなる制度設計や手続によって医療ADRを拡充・活性化していくべきかを検討する必要がある。以下では，その点を考えてみる。

(2)　医療 ADR の制度設計
(a)　前提となる ADR のモデルの仮説

ここで，以下での検討の前提として，ありうる医療ADRについて，2つのモデルを立てて考えてみたい。後述のように，このモデルは相互に対立するわけではなく，両立することは可能なものであり，あるいはその混合的な形態もありうるが，ここでは，頭の整理のため2つのモデルを一応の前提としておきたいと考えるものである。

すなわち，軽微事故解決モデルと重大事故解決モデルである。軽微事故解決モデルは，医療ADRの対象として，軽微な医療事故を主として念頭に置くモデルであり，重大事故解決モデルは，（軽微事故も含みうるが）重大な医療事故についても対応可能なものとして制度設計を考えるモデルである。もちろん，事故が軽微であるか重大であるかは相対的な問題であり，どこかで明瞭な線引きをすることは困難であるが，典型的には，患者に死亡・重篤な後遺症などが残った事故は重大なものといえるし[56]，そうでなくても，事故のメカニズムについて困難な医学的知見を要するものも（紛争解決の観点からは），重大事故

といえる場合があろう。以下では，このようなモデルを1つの仮説として，医療 ADR の制度設計やありうる手続について検討していく。

(b)　医療訴訟との関係

医療訴訟との関係でいえば，まず軽微事故解決モデルの場合，訴訟と ADR の典型的な役割分担を図ることになろう[57]。すなわち，軽微な事故については ADR が扱い，重大な事故に限って訴訟による解決を図るというものである。訴訟制度という貴重なリソースは，困難な事実認定や法適用を要すると考えられる重大な医療事故に限定して投下し，それ以外のものは訴訟外の解決方法に委ねるとするものである。著者の基本的認識によれば，極めて望ましい役割分担といえる。

これに対し，重大事故解決モデルの場合には，訴訟との役割分担はより微妙なものとなる。後述のように，この場合の ADR の手続は非拘束裁定型になると思われるが，その場合，ADR が訴訟の一種の前捌き的な機能を果たす可能性があろう。すなわち，両当事者が ADR の判断を争わなければ，訴訟を省略することができ，ADR の判断に基づいて紛争が解決されるし，いずれかの当事者がその判断に従わない場合に限って，訴訟に至るということである。ただ，訴訟になった場合であっても，ADR の判断が定評を得ていれば，その判断が裁判所でも一定程度尊重される可能性はあろう。そして，そのような実務が積み重なっていけば，当事者も事実上 ADR の裁定を無視できなくなる可能性がある。このような好循環が形成されれば，当事者も ADR による解決を事実上尊重することになる可能性があろう。また，ADR が訴訟手続に実際上前置されることになれば，当事者がどうしても ADR の判断に納得できない場合のみが訴訟手続の対象となり，これも ADR と訴訟の望ましい役割分担を達成できよう[58]。

---

56)　例えば，フランスの医療 ADR のシステムも，このような観点に主として基づき，最低損害基準（24% を超える永続的一部労働不能等）を超える損害等について重大な医療事故として無過失補償制度の対象とし，CRCI による紛争解決システムを用意している。

57)　以下のような役割分担のモデルについては，序章 **5** 参照。

58)　現在，実際にこのような役割分担を実現していると考えられる ADR のモデルとして，筆界特定制度がある（これについては，本書第 18 章参照）。また，近時 SOFTIC

354　第 15 章　医療 ADR の可能性

(c)　保険との関係

次に，医療 ADR と保険との関係を考える。ここで問題となるのは，主として，医療損害賠償保険である。現在の日本では，このような保険について，医師は必ずしも強制加入にはなっていないものの，実際には医師会が運営するもの[59]や病院団体等が運営するもの[60]等があり，多くの病院や医師が加入している[61]。実際の医療事故の紛争解決においては，この損害賠償保険との関係が問題となる。この点は，交通事故 ADR の損害賠償保険との関係に類似するものがある。周知のように，交通事故紛争においては，保険会社側が関与した専門の ADR 機関が設置されており[62]，当該 ADR の解決結果に基づいて保険金が支払われる実務が確立している。そして，諸外国の例では，同様の形で損害賠償保険との連携が確保され，更に ADR の運営費用も保険の側で負担する例も多いようである。日本でも，既存の ADR 機関を活用しながら，交通事故を参考とした ADR の制度設計を模索していくことは十分にありうることであろう[63]。

なお，次の段階の課題として，より抜本的には，フランスの制度のように，無過失補償制度の導入を前提に，患者の損害や因果関係を前提にしてまずは患者側に補償をして，過失の有無等については別途，保険機関と医療機関との間で争うような制度設計もありえようか[64]。

　（ソフトウェア情報センター）におけるソフトウェア紛争解決センターが用意した中立評価制度も，民間型 ADR における非拘束裁定型の試みとして，注目に値しよう。

59)　日本医師会医師賠償責任保険があり，医師会の会員である開業医・勤務医・研修医が加入することができ，開業医は自動的に加入する仕組みになっている。

60)　病院団体や保険医協会などが扱っている病院賠償責任保険があり，病院・診療所や医療法人が加入している。

61)　医師賠償責任保険の状況については，最高裁判所事務総局・前掲注11）95 頁以下も参照。

62)　交通事故の ADR については，古笛恵子「交通事故における ADR の現状と課題」ジュリ 1403 号（2010 年）70 頁，最高裁判所事務総局・前掲注11）57 頁以下など参照。

63)　その場合，やはり交通事故の ADR がそうであるように，相手方（保険会社側）が ADR の判断を片面的に尊重するようなモデルも検討に値しよう。諸外国でも，フランス法などはこのようなシステムを採用している。

64)　無過失補償制度は，産科医療の分野では一部先行しているところ，一時，厚生労働省においてそれを医療全体に拡大する検討が行われることになったが，まずは医療事故調査制度の発足を先行させるということで，棚上げにされ，事故調査制度の運用状況を

(d) 医療事故調査制度との関係

最後に，近時実現した医療事故調査制度との関係についても整理しておきたい。医療に関係する死亡事故の一部については，2015年10月から医療事故調査制度が発足した[65]。この制度は，あくまでも医療事故の原因究明・再発防止を目的とした制度であり，責任追及は制度の目的外ではある[66]。ただ，実際上はそこで信頼できる原因の究明がされれば，それは結果として紛争解決の観点からも重要な意味を持つことも多いと考えられる。すなわち，通常は，事故調査の結果を受けて，医療機関が責任を自認すれば，裁判外で合意による紛争解決がされるであろうし，損害額等についての争点が残れば，その点に限ってADRによる解決が期待されよう。その意味で，このような原因究明が的確に実施されていれば，たとえ重大事故であっても，軽微事故解決モデルの枠内でADRによる解決が可能になるのではないかと期待できる。結果として，医療事故調査制度の対象が将来，現在の一部の死亡事故から事実上・法律上更に拡大していけば，かなりの医療事故について，軽微事故解決モデルによる対応が可能となり，重大事故解決モデルに代替できる可能性が生じよう。しかし，同制度の現状に鑑みれば[67]，それはかなり先の話になろうか。

(3) 医療ADRのありうる手続

(a) 制度モデルとの関係

医療ADRのありうる手続として，比較法的にみれば，前述のように（**3**(5)参照），非拘束裁定型と調停型が中心となっている[68]。

　　見て，将来的に検討することとされている（この点は，山本和彦「医療事故調査の新たな制度」ひろば67巻11号（2014年）16頁注12参照）。このように，将来の検討課題としては，この無過失補償制度の問題はなお残っているところ，そのような検討に際しては併せてADRの制度設計についても検討がされることが望ましい。

65）　同制度の詳細及びそれに対する著者の評価等については，山本・前掲注64）8頁以下，同「医療事故調査制度の概要と課題」日経メディカル編『医療事故調査制度対応マニュアル』（日経BP社，2015年）24頁以下など参照。

66）　以下の点も含めて，山本・前掲注64）11頁以下参照。

67）　現状は，むしろ医療側の理解が十分ではないことなどもあって，医療事故の届出は予想されたところをかなり下回った件数で推移しており，将来的には何らかの制度改革が議論される余地もあろう。

68）　他には，仲裁型（アメリカのカイザー）や拘束裁定（行政処分）型（ノルウェー）

356　第15章　医療 ADR の可能性

　医療 ADR の制度モデルとして，仮に重大事故解決モデルを採用するとすれ
ば，そこでは，事故原因や過失・因果関係の厳密な究明・判断が不可欠の前提
的機能となり，専門的知見を導入して判断していく必要があろう。そうだとす
れば，その手続は裁定型にならざるをえないと見られる。ただ，両当事者をそ
の裁定に拘束するためには，仲裁合意が不可欠となるが，事故前にそのような
合意を調達しておくことは極めて困難と見られる。また，少なくとも患者との
関係では，そのような合意は消費者契約法上無効の疑いが否定できないし[69]，
現行仲裁法上は一方的解除の対象ともなる（仲裁法附則 3 条 2 項参照）。したが
って，そのような前提で制度を設計することが難しいとすれば，自ずから非拘
束裁定型とならざるをえないものと見られる[70]。

　他方，軽微事故解決モデルについては，事故原因が争いになったとしても，
比較的簡易な判断が可能である事案を前提にすることになる。したがって，鑑
定に近い機能を ADR がもつことは必ずしも必要でなく，手続実施者に一定の
専門的知見があれば，対応は可能と考えられる。その意味で，東京三会医療
ADR のように，医療事故について経験が豊富な弁護士であれば，このモデル
への対応はなお十分可能と考えられる。そこでは，そのような専門的知見を前
提に，賠償額等について両当事者の譲歩を促すことが ADR の主たる機能にな
るものと見られる。したがって，現在の日本の医療 ADR のすべてがそうであ
るように，調停型による対応が考えられる。すなわち，軽微事故解決モデルは
現在の日本の医療 ADR の延長線上にあるものと言ってよい。

　　等も存在する。前述のように（(2)(c)参照），将来的に無過失補償制度等と連携していく
　　ことになれば，行政が関与する裁定（行政処分）型も十分にありえようか。

69)　そのような仲裁合意は任意規定と異なる（訴訟提起権を奪う）ものであることは明
　　らかで，その内容が信義則に反するとすれば，消費者契約法 10 条によって無効とされ
　　るリスクがある。信義則に反するかどうかは合意の内容や仲裁機関の内容によると見ら
　　れるが，少なくとも訴訟と同程度の保障を患者側に与える（例えば裁判所と同様，全国
　　に仲裁機関が存在するなど）必要があろうか。

70)　ただ，将来の発展型として，非拘束ではあってもその裁定が両当事者から尊重され
　　る実務が固まっていき，ADR 機関に対する医療界からの信頼が得られれば，医療機関
　　側による一方的な裁定案の事前受諾（原子力損害賠償 ADR 型）や医療機関側による一
　　方的な仲裁合意の事前応諾（スポーツ仲裁型）などによって法的な効力をもたせていく
　　可能性もあろう。このような一方的拘束力をもつ ADR の構想については，本書第 17
　　章 3 (2)(b)も参照。

(b) ADR 機関の運営

 次に，現実の ADR 機関の最大の問題と言ってよい運営費用の問題について
も考えてみる。ADR 機関の運営費用の負担について，現在は，弁護士会中心
（弁護士会医療 ADR），医師会中心（茨城医療 ADR），寄付金等（千葉医療 ADR）
などとなっている。医療 ADR は，一種の B to C 型の ADR であり，そのよう
な ADR において一般的にそうであるように[71]，患者側に負担を求めること
は現実問題として困難である。他方，欧米に見られるような寄付を中心とした
運用は，千葉の実例が示すように，寄付文化に欠ける日本ではやはり相当に困
難な途と言わざるをえない。

 そこで，現状が示すように，この ADR に主たる関心を有する医療界と法曹
界，すなわち医師会[72]と弁護士会が中心とならざるをえない。そして，本来
は医師会と弁護士会が協力して，両者が資金を拠出した中立的組織として医療
ADR が運営されることが望ましいように思われる。ただ，このような構成に
ついてはハードルが高いこともまた事実である。医師の中には，弁護士や法に
対する嫌悪感・敵対心を有する者が一定数存在するように思われる。その結果，
弁護士会だけが中心となると，現状が示すように，応諾率が十分に伸びない可
能性が高い[73]。他方，医師会中心の ADR の場合は，まさに業界型の ADR と
なるが，医療界に対する従来に評価に鑑み，やはりかばい合い等中立性への懸
念は否定し難いものがあろう[74]。したがって，医師会と弁護士会が共同で運
営する ADR が望ましいと考えられるが，両者の自発的な協力はなかなか難し

---

 71) 例えば，典型的な B to C 型である金融 ADR においては，基本的に顧客側の負担は
   無料ないしそれに近いものになっている。本書第 11 章・第 12 章参照。

 72) 厳密には，開業医を中心とした団体である医師会には限らず，病院関係の団体等も
   費用負担の主体として考えられるが，ここでは医療界を代表するものとして医師会を例
   示する趣旨である。

 73) 多くの弁護士会 ADR の状況をみると，応諾率は低い状況にある。愛知県の弁護士
   会医療 ADR は，一部弁護士から医療界への働きかけもあって高い応諾率を誇っており，
   そのような努力は重要であるが，全国すべての場所でそのような運営を期待することは
   困難であろう。これらと比較して，医師会の運営する茨城の医療 ADR における応諾率
   が極めて高いとされる点は注目されてよい。

 74) 前述のように（3(3)参照），ドイツではこのような評価が少なくなったことが医師会
   を中心とした鑑定所の成功の原因とされるが，日本では（その実情は別にして）未だ信
   頼感に乏しいのではなかろうか。

358　第 15 章　医療 ADR の可能性

いとすれば，行政が媒介役となって，既存の各機関を転換していく形で制度整備を進めるのが望ましいのではないかというのが著者の感想である。

　他方，運営費用の負担については，前述のように，賠償保険制度との連携が重要と思われる。ドイツの制度のように，賠償保険による負担を原則としながら，それで不足する場合には医師会が負担するというのが受益者負担の原則に適合しているように思われる。ADR がもし十分機能せず，その分が訴訟によって処理されることと比較すれば，保険の費用も軽減できるし，医療機関側の負担も軽くなると考えられるからである[75]。

(c)　手続実施者の構成

　最後に，手続実施者の構成について考えてみる。日本の医療 ADR では，法律家の関与は必須であるが，医師の関与については各 ADR で対応がバラバラである。他方，諸外国の制度を見れば，医師と法律家双方が関与することが一般的に見える。もちろん，医療専門家の関与の在り方は常に一様である必然性はなく，どのような事件を対象とするかによって変わってきうるし，また関与の態様についても，手続実施者（決定者）か，専門委員的立場（諮問委員）かなど多様なものでありうる。おそらく，重大事故解決モデルによる場合は，やはり医師の関与が必要になると思われる。そこでは，医学的な専門的知見が不可欠であるし，（非拘束型の場合）医療側に解決結果を受け入れてもらうためにも，医師の関与は不可欠と見られるからである。問題は，判断者の一員として加わるか，鑑定人ないし専門委員として加わるか（判断内容に責任を持つか，助言者的立場か）であるが，医療側の受容という観点を考えれば，前者となろうか[76]。他方，軽微事故解決モデルにおいては，必ずしも医師の関与は必須ではなく，法律家（一定の医学的知見を有することは前提となるが）のみによる手続も十分に考えられよう。

　また，諸外国では，フランスのシステムなどに見られるように，患者側の関

---

　75)　この点で，保険制度を ADR の運営に介在させる仕組みとして，住宅関係の ADR が参考になるのではないかと思われる。そこでは，紛争解決も見越して事前に保険料を決めておく（その代わり紛争になった場合には無料で ADR が利用できる）というものである。これについては，山本＝山田・前掲注 29) 414 頁など参照。

　76)　諸外国が医師を委員として加えている背景にはそのような事情もあるのではないかと推測される。

与を認める制度も多い。これは，医師を手続実施者に加えた場合，前述のような医療界の体質を前提に，一方の立場のみが反映されるおそれがあるため，公平性の確保が強く要請され，更には素人の視点を導入するという点で，理解できないではない。ただ，著者の意見としては，手続実施者として患者側を参加させる意味は必ずしも大きくないように思われる。むしろ，手続の公平性・透明性を担保するためには，①患者側で活動する弁護士を手続に組み入れること[77]，②当事者の手続保障＝透明性を確保すること[78]で，患者側の意見を十分手続に反映できるのではなかろうか。なお，重大事故解決モデルであれば，患者側に弁護士を付ける必要もあると見られるが，その場合の費用補助も重要な課題である[79]。

5 おわりに

　本章では，専門 ADR の典型である医療 ADR について，日本の現状を総括するとともに，諸外国との比較の中で，その将来の展望についても若干の検討を加えてみた。その中で，検討仮説として，医療 ADR のモデルとして，重大事故解決モデルと軽微事故解決モデルという区分を採用し，それぞれについてあるべき姿を考えてみた。そこで，最後にそれぞれのモデルについて若干のまとめをしておく[80]。

　まず，重大事故解決モデルは，諸外国において医療 ADR の中心として見受けられるものであるが，日本の医療 ADR の現状では必ずしも十分対応できていないものではないかと思われる。このモデルによれば，ADR のタイプとしては（非拘束）裁定型になり，手続実施者にも医師を含むことが望ましいと考

---

77)　東京三会型モデルが有用と思われる。日本では現状，医療専門弁護士が患者側・医療側にある程度分かれている点を前提とするものである。

78)　ドイツの制度は，このような地道な努力により患者側の信頼を克ちえたとされる点は参考に値しよう。

79)　この点は，法律扶助の ADR への適用の問題にも関係する。この問題に関する私見については，山本和彦『民事訴訟法の現代的課題』（有斐閣，2016 年）561 頁以下参照。

80)　繰り返しになるが，この両者のモデルは相互に排他的なものではなく，両立が可能であるし，また両立することが望ましいと考えられる。

360 第15章 医療 ADR の可能性

えられる[81]。そこでは，ADR が裁判の前捌きとしての機能をもち，ADR で
示された判定ではどうしても解決できないような紛争のみが裁判所による解決
の対象となろう[82]。

他方，軽微事故解決モデルは，日本の医療 ADR が従来対象としてきたモデ
ルと考えられ，その延長線上で今後の発展が期待できると思われる。このモデ
ルによれば，ADR のタイプとしては調停型となり，手続実施者についても必
ずしも医師の関与は必須とはならないと考えられる。そこでは，ADR は軽微
事故を対象にし，裁判はより重大な事故を対象とするという形で役割分担が図
られることになろう。

いずれのモデルによるにせよ，実際の運営については，医師会（医療界）と
弁護士会（法曹界）とが協力することが望ましい。それによって，（中立的な法
曹界の関与による）患者側の信頼と，（医療界の関与による）医療側の信頼が確保
され，その利用及び応諾を促進し，実効的な紛争解決が可能になると解される
からである[83]。そして，やはり実効性の観点から，損害賠償保険との連携
が積極的に図られる必要があろう[84]。

諸外国の医療 ADR を概観するにつけ，日本の医療 ADR にはまだまだ大き
な伸び代があるのではないかと思われる。医療関係の紛争については ADR に
よる解決の利点が様々な面で大きいとすれば，このような伸び代を現実のもの
にしていく必要は大きいと考えられる。そのためには，医療界と法曹界の間に
存在する（かもしれない）不信感を払拭し，協働態勢を整えていく必要がある。
本章がそのような手掛かりになれば望外の幸甚である。

（書き下ろし）

---

81) 但し，将来，医療事故調査のシステムが質量ともに充実・拡大していけば，ADR
としては，その調査結果を活用することで軽微事故解決モデルにより重大事故を解決す
ることも可能となろう。

82) そして，ADR の判断が実際上裁判所によって尊重される運用が積み重なれば，裁
判に至る件数は限定されていくことになろう。

83) ADR 運営の費用についても，（保険も含めて）医療界による負担が望ましい。

84) この点については，交通事故 ADR が1つのモデルとなりうる。

第 *16* 章

環境 ADR の現状と課題
──公害等調整委員会と原子力損害賠償
紛争解決センターを中心に

　本章は，日本における環境紛争に係る裁判外紛争解決手続（ADR）について
検討するものである。まず，環境紛争の解決手続一般について訴訟による解決
及び ADR の全体像について概観し（*1* 参照），引き続き，個別の ADR として，
公害紛争に関する公害等調整委員会（*2* 参照）及び（やや特殊な紛争に関するもの
であるが）原子力損害賠償紛争に関する原子力損害賠償紛争解決センター（*3* 参
照）について順次紹介・検討する。

1　環境紛争の解決手続

(1)　訴訟による解決と ADR の必要性

　環境紛争の解決手続としてまず考えられるのは，民事訴訟である。実際，日
本において公害紛争が生じ，それが増加していった時期においては，まずもっ
て民事訴訟による紛争解決が活用された。そこでは，不法行為による損害賠償
請求や人格権等による差止請求等の訴訟が提起された。ただ，不法行為の要件
や差止請求の法的根拠・要件など当初はかなり曖昧なものに止まっていたとこ
ろ，これらの諸点をめぐって様々な学説・判例が積み重ねられ，この点に関す
る実体法の議論も大きな進展をみた。その結果として，公害紛争の解決に関す
る法的ルールは一定の明確性をもつに至ったと評価できよう。

　以上のような判例や学説の集積の中で，裁判所は徐々に，和解による解決に
重点を置く傾向を示すようになっていった。その理由として，1 つは，法的ル
ールが一定の透明性をもつようになったため，裁判所及び当事者も判決の結果

をある程度予測することができるようになり，時間やコストをかけず和解によって紛争解決を図るインセンティブが増大した点があろう。それによって，手間をかけず迅速廉価に，判決と同等の解決結果を取得できるものである。もう1つの理由として，判決によっては得られないような解決結果を和解によって達成するという点もあったように思われる。判決による解決ルールが明確化するにつれ，当該具体的な紛争の解決として必ずしも落ち着きの良い結果が判決で得られるとは限らず，むしろ当事者の合意である和解によって，具体的な紛争解決方法としてより納得性のある結果を達成できる場合が生じたように思われる。いわゆる「判決乗り越え」型の解決を訴訟上の和解によって達成するという観点である。

　また，環境紛争の特徴に鑑み，裁判所における民事訴訟による紛争解決の限界という点も意識されるようになってきたように思われる。第1に，専門的知見の必要という問題である。環境紛争の解決には技術分野・医学分野・経済分野等様々な分野の専門的知見が必要であるが，裁判所自体にはそのような専門的知見は存在しない。民事訴訟においては，そのような専門的知見を裁判所が補うシステムとして，鑑定制度があるが（また近時の改正では専門委員という制度も設けられた），その利用には様々な問題点があることも否定できない。第2に，費用の問題がある。鑑定を行うにしても，当事者には多額の費用がかかり，紛争解決に躊躇を覚えることになる。第3に，時間の問題がある。環境紛争のような，複雑で専門的な紛争の解決には，裁判所は様々な面で慎重になり，時間がかかることになる。この点も，当事者に紛争解決を躊躇させる大きな要因となる。

　以上のように，裁判所の解決においても当事者の合意（和解）による解決が重視されるとすれば，そのような解決方法は必ずしも裁判所に固有のものではなく，裁判所以外の機関においても実施可能である。他方で，裁判所における紛争解決には様々な限界があるとすれば，裁判所以外の機関において裁判所にはない機能を発揮できる可能性があり，環境紛争をそのような機関において裁判外で解決していくことが考えられてよい。ここに，ADRによる環境紛争の解決の可能性と必要性が見出されることになる。

(2) 各種の ADR

以上のように，環境紛争は，ADR による解決の可能性と必要性が認められる紛争分野の1つであることは間違いないと考えられるが，それではどのような ADR が考えられるであろうか。ADR の分類として，一般にその主体の区分に応じて，司法型 ADR，行政型 ADR 及び民間型 ADR の区別がされるので，以下ではこれに応じて検討する。

まず，司法型 ADR，すなわち民事調停である。裁判所の民事調停において環境紛争を解決することは十分に考えられる。実際にも，民事調停法の中には，専門調停の区分として，公害等調停というものが位置づけられている（民調33条の3参照）。これは，「公害又は日照，通風等の生活上の利益の侵害により生ずる被害に係る紛争に関する調停事件」であり，1974年の法改正によって導入されたものである。手続的にも代表当事者の選任（民調規37条）など興味深い制度が設けられており，実際にも紛争解決に一定の機能を果たしている[1][補注1]。ただ，実際に調停事件を担当する調停委員について，その専門性が十分なものであるかについては疑問もあり，また事務局のサポート体制も通常の調停事件と同様のものであり，事案解明の能力も十分とは言い難い[2]。その意味で，司法型 ADR に限界があることは否定し難い。

次に，民間型 ADR であるが，近時，いわゆる ADR 法の制定などもあり，特定の分野では民間型 ADR が一定の機能を果たしている。例えば，金融分野や医療分野などである。しかし，環境分野については，民間型 ADR の発展は現段階で見られないと言ってよいであろう。もちろん多様な分野を取り扱う民間 ADR 機関（例えば弁護士会 ADR など）の中には，現実に環境紛争を扱っているところもあるかもしれないが，環境紛争を専門とする民間型 ADR は見受けられない。この分野については，専門性の確保や真実解明のコスト等を考えると，やはり民間による対応には大きな限界があるように思われる。

---

1) 例えば，2010年には公害等調停の新受件数85件，調停成立31件であり，2011年には同じく85件，27件であり，2012年には91件，22件となっている。

［補注1］ その後，2015年は，新受100件，成立33件，2016年は新受104件，成立35件となっており，やや増加傾向にある。

2) 様々な原因はあろうが，上記のように，公害等調停の調停成立率は，他の事件類型に比べて必ずしも高くないようである。

364　第16章　環境 ADR の現状と課題

　最後に，行政型 ADR である。以上のような司法型・民間型の限界に鑑み，環境紛争に関して最も機能する可能性のあるスキームは，この行政型 ADR ではないかと思われる。そして，実際にも，この分野では，公害等調整委員会及び都道府県公害審査会が重要な役割を果たしているように見受けられる。後述のように，このようなスキームは，行政のもつ様々な資源を動員することによって，専門性やコストの問題を可及的にクリアし，被害者の権利救済を可能にしているものと解される。更に，近時の新たな類型の環境損害として，原子力発電所の事故に伴う損害賠償紛争との関係でも，原子力損害賠償紛争解決センターという行政型 ADR が創設され，日本の ADR の歴史上稀なほどに活用されていることも興味深い。

　そこで，以下では，この２つの行政型 ADR に絞った形で，環境 ADR の現在と課題を検討することにする。

2　公害等調整委員会

⑴　沿　革

　公害等調整委員会の淵源は，1951 年の土地調整委員会の発足に遡る。ただ，この組織は，鉱害紛争の解決のみを目的とする ADR 機関であった。その後，1960 年代に入ると，4 大公害事件等を代表に公害問題が多発することになり，このような紛争類型について民事訴訟による解決の限界が明らかになってくる（*1*⑴参照）。

　以上のような状況を受けて，1970 年に公害紛争処理法が成立し，そこでは，全国組織としての中央公害審査委員会と，地方組織としての都道府県公害審査会が設置され，それらにおける手続が規定された[3]。そして，1972 年に至り，前述の土地調整委員会と中央公害審査委員会とが統合され，公害等調整委員会が発足したものである。したがって，このスキームの ADR は既に半世紀を超える歴史を閲していることになる（以下では，中央組織である公害等調整委員会に

---

　3)　そのほか，事件ごとに，複数の都道府県が共同で設置する都道府県連合公害審査会も設置できるものとされた。

ついてのみ論述の対象とする[4]）。

(2) 組織の概要

公害等調整委員会は，行政組織ではあるが，政府からの独立性を保障された行政委員会である。その意味では，準司法機関として位置づけられるものといえる。

同委員会は，委員長と6名の委員によって構成されている。現在の委員長は元裁判官である。その他の委員は，弁護士，法律学者，技術専門家など多様なバックグラウンドを有する者から構成される。加えて，同委員会には，30名以内の専門委員が任命されうる。専門委員は公害等の紛争解決に資する専門的知見を有する委員であり，医学者，化学者，環境学者，生態学者，騒音・振動等の専門家など多様な者が任命されている。これらの専門委員がまさに本委員会の専門性を支える基礎をなし，解決結果の専門性を担保している。

同委員会は，更に事務局を有している。事務局は，内閣府，環境省，厚生労働省等様々な省庁から出向している職員によって構成されている。また裁判所からも裁判官等が出向している。事務局は，委員及び専門委員をサポートするとともに，出身省庁と委員会との様々な形での連携を確保する人的資源としても有効に機能している。その意味で，事務局の構成も，その専門性を担保するとともに，行政機関との連携による紛争解決という本委員会の特色を支えるものといえる。

(3) 対象となる紛争

公害等調整委員会が対象とするのは，「公害に係る紛争」である（公害紛争1条）。そこでいう「公害」とは，環境基本法（2条3項）と同義のものであり，「環境の保全上の支障のうち，事業活動その他の人の活動に伴って生ずる相当範囲にわたる大気の汚染，水質の汚濁（中略），土壌の汚染，騒音，振動，地盤の沈下（中略）及び悪臭によって，人の健康又は生活環境（中略）に係る被

---

4) 谷口隆司「公害等調整委員会の30年——回顧と今後の展望」ジュリ1233号（2002年）38頁以下，河村浩「公害環境紛争処理の理論と実務」判タ1238号〜1243号（2007年）。

害が生ずること」をいう。いわゆる典型7公害を対象とするものということになる。

公害等調整委員会が対象とするのは，このような公害に「係る紛争」ということになる。それは，すなわち公害に係る被害に関係する民事上の紛争，すなわち私人間の法律関係に関する争いということになる。典型的には，公害の発生の差止めを求める紛争や公害に基づく損害の賠償を求める紛争などである。これに対し，私人と行政庁の間の行政上の紛争は本委員会の管轄外である。すなわち，行政処分などの公権力の行使の取消しやその差止め・義務付けを求めるような紛争である。ただ，国や都道府県等を相手方とすること自体が禁止されるわけではなく，これらを相手方として損害賠償や一定の行為を求めてあっせんや調停を求めること自体は可能であり，実際に後述の大阪空港騒音事件や豊島の産業廃棄物関係事件など行政を巻き込んだ形で実効的な紛争解決が図られる例も多い。

(4) 紛争解決の手続

公害等調整委員会においては，4種類の紛争解決方法が法定されている。すなわち，あっせん，調停，仲裁及び裁定である。このうち，裁定については，更に責任裁定及び原因裁定という2種類が定められている。以下では，それぞれの解決手続の概略を紹介する。

(a) あっせん

あっせんは，3人以内のあっせん委員によって行われ，あっせん委員は事件ごとに委員長によって指名される（公害紛争28条1項・2項）。あっせん委員は，当事者間をあっせんし，双方の主張の要点を確かめ，事件が公正に解決されるように努める（公害紛争29条）。その意味で，調停とは異なり，委員による解決案の提示を前提とせず，あくまでも当事者間の任意の話合いによる合意を促す緩やかな手続といえる。あっせんによる紛争解決の見込みがないときは，あっせん委員はあっせんを打ち切ることができるが（公害紛争30条1項），そのようなときも，当事者の意見を聴き，委員会の議決に基づいて，事件を調停に移行させることができる（公害紛争27条の3）5)。

(b) 調 停

　調停は，3人の調停委員から構成される調停委員会によって行われ，調停委員は事件ごとに委員長によって指名される（公害紛争31条1項・2項）。調停は，あっせんと同様，当事者間の和解を仲介する手続ではあるが，より強力な手続として構成されている。すなわち，調停委員会は，当事者の出頭を求め，その意見を聴くことができるし（公害紛争32条），当事者から事件に関係のある文書や物件の提出を求め，当事者の占有する工場等の場所に立ち入って検査することもできる（公害紛争33条）。

　また，調停委員会は，当事者間の任意の合意の成立が困難であると判断するときは，自ら一切の事情を考慮して調停案を作成し，30日以上の期間を定めて当事者にその受諾を勧告することができる（公害紛争34条1項）。そして，当事者が指定された期間内に受諾しない旨の申出をしなかったときは，当事者間に調停案と同一内容の合意が成立したものとみなされる（同条3項）。民事調停における調停に代わる決定などと同様に，受諾しない旨の積極的意思が表示されない限り，同意を擬制するもので，消極的同意による調停成立を認める取扱いが可能とされる。これによって，積極的に和解をする気はないが，委員会の提案にあえて反対まではしないという行動パターンをとる当事者との関係では，和解成立が容易になるものと考えられる。

　更に，委員会が調停案の受諾勧告をした場合には，（一般的な手続の非公開の規律〔公害紛争37条〕にもかかわらず）理由を付して当該調停案を公表することができる（公害紛争34条の2）。これによって，特定の当事者が合理的な調停案に従わなかったことが白日の下に晒され，そのような企業等に対して社会的な批判が加えられる可能性があり，レピュテーション・リスクを恐れる企業等が調停案を受諾する方向に作用すると考えられる。世論を媒介とした受諾への間接的な圧力に期待する制度と言えよう[6]。

　5）　その場合，あっせんは打ち切られたものとみなされる（公害紛争30条2項）。
　6）　後述のように，原子力損害賠償紛争解決センターにも同様の仕組みがあり（更には金融ADRなどにも公表の規律が存在する），C to BのADRにおける合意調達の1つの方途として注目されよう。

368　第 16 章　環境 ADR の現状と課題

(c) 仲　　裁

仲裁は，3 人の仲裁委員から構成される仲裁委員会によって行われ，仲裁委員は当事者が合意によって選定した委員につき，事件ごとに委員長によって指名される（合意がない場合には直接委員長の指名による。公害紛争 39 条 1 項・2 項）。仲裁委員のうち少なくとも 1 名は弁護士となる資格を有する者でなければならない（同条 3 項）。

この制度による仲裁は仲裁法による仲裁の一種である[7]。したがって，仲裁が行われるのは当事者間に仲裁合意が存在する場合に限られ（仲裁 2 条 1 項参照），仲裁判断は確定判決と同一の効力をもって当事者を拘束するが（仲裁 45 条），それに基づき強制執行をするには裁判所の執行決定を得る必要がある（仲裁 46 条）。

(d) 裁　　定

裁定は，3 人又は 5 人の裁定委員から構成される裁定委員会によって行われ，裁定委員は，事件ごとに委員長によって指名される（公害紛争 42 条の 2 第 1 項・2 項）。裁定委員のうち少なくとも 1 名は弁護士となる資格を有する者でなければならない（同条 3 項）。なお，裁定委員の除斥・忌避については訴訟手続における裁判官と同様の規定が置かれている（公害紛争 42 条の 3〜42 条の 6）。また，多数の当事者がある場合には，民事訴訟の選定当事者（民訴 30 条）の制度と同様に，代表当事者を選定することができるし（公害紛争 42 条の 7），更に裁定委員会が代表当事者の選定を命じ（公害紛争 42 条の 8），又は自ら代表当事者を選定することもできる（公害紛争 42 条の 9）。

（i）責任裁定　　責任裁定は，損害賠償に関する紛争について，損害賠償の責任に関する裁定を行うものである。具体的には，裁定委員会は損害賠償の有無及び額を判断する。責任裁定の手続は裁判所の手続に類似し，審問期日の開催や当事者の立会い（公害紛争 42 条の 14），審問の公開（公害紛争 42 条の 15），証拠調べ（公害紛争 42 条の 16），証拠保全（公害紛争 42 条の 17），事実の調査（公害紛争 42 条の 18）などが定められるなど，全体として，非訟事件手続と同様の

7）　公害紛争処理法 41 条は，この法律に特別の定めがある場合を除き，仲裁法の規定を全面的に準用する。

手続となっている（但し，手続の公開は訴訟手続に類似する）。

責任裁定がされた場合において，裁定の送達後 30 日以内に当事者が当該裁定に係る損害賠償に関する訴えを提起しないときは，その損害賠償に関し，責任裁定と同一の内容の合意が当事者間に成立したものとみなされる（公害紛争 42 条の 20）。ここでも，当事者の消極的同意の擬制という手法がとられ，裁定に不服のある当事者に起訴責任を課すことで紛争解決を容易にしている。なお，責任裁定の申請があったときは，係属中の訴訟手続の中止が可能とされるなど（公害紛争 42 条の 26），訴訟手続との調整も図られ，両者の連携ないし役割分担に期待がされている。

(ⅱ) 原因裁定　　裁定のもう 1 つの種別として，原因裁定がある。原因裁定は，被害の原因に関する裁定のみを行うものであり，具体的には，当事者の一方の行為により被害が生じたこと（因果関係）について争いがある場合に，その点に絞って判断するものである（公害紛争 42 条の 27）。これは，紛争における重要な争点を個別的に解決することによって，その後の当事者間の和解等を促進する機能に期待した制度といえる。そして，加害者が必ずしも明らかでないような場合であっても，相手方の特定を留保して原因裁定の申請をすることが可能とされ（公害紛争 42 条の 28），裁定委員会が因果関係を解明しながら紛争の相手方を特定していくという，訴訟などにはない独自の機能の発揮も期待されている。

また，当事者の申請がある場合だけではなく，民事訴訟（損害賠償訴訟や差止訴訟等）の受訴裁判所の嘱託によって原因裁定をすることも可能とされる（公害紛争 42 条の 32）。これによって，裁判所に欠如している専門性を，ADR である公害等調整委員会の様々な資源を用いて補充することを可能にするものといえる。司法制度改革などで議論された裁判所と ADR との連携の 1 つのモデルともいえる制度であり，近時，いくつかの具体的事件でこの手続が活用された例も報告されており，今後の展開が注目される。

(5)　紛争解決の実績

(a)　統　　計

公害等調整委員会には，2011 年度（2011 年 4 月～2012 年 3 月）に，67 件の申

請があったとされる。その内訳は，調停6件，責任裁定33件，原因裁定28件である。また，同年度の終結件数は22件であり，その内訳は，調停5件，責任裁定11件，原因裁定6件である[補注2]。近年，事件数は全体として増加しており，事件の内容は多様化の傾向にあるとされる。とりわけ，従来は調停事件が圧倒的に多かったのに対し，近時は上記統計からも明らかなように，責任裁定・原因裁定という裁定事件の増加が目を惹く。

同委員会の発足後，すなわち1970年11月から2012年3月までの40年余の実績をみると，申請件数は883件で，あっせん3件，調停713件，仲裁1件，責任裁定100件，原因裁定61件となり，終結件数は838件で，あっせん3件，調停712件，仲裁1件，責任裁定78件，原因裁定39件となっている。したがって，年間の平均では，概ね20件強の申請及び事件処理がされており，そのうちの80%を調停事件が占めるという状況にある。あっせんや仲裁は総じて無視しうる程度の件数しかないが，近時は，上記のように，裁定事件が急増する傾向にある（この点は，(6)(d)も参照）。

(b) 個別事件

公害等調整委員会にとって重要な個別事件としてはまず，1971年の水俣病損害賠償調停申請がある。これは，大量の集団申立てに対して，1973年から2012年まで合計1,463人について調停が成立している。言うまでもなく，水俣病公害事件は，日本の最初で最大の公害事件の1つであり，同委員会はその解決にあたって，訴訟において示された解決基準を適用するといった形で司法と協力しながら，大きな寄与を果たしたものと評価することができる。

次に，1973年の大阪国際空港騒音対策調停申請がある。これは，周辺住民約2万人からの申請に基づくものであり，騒音対策，空港使用，慰謝料請求等についてやはり調停の成立によって解決されている。この事件についても，周知のように，訴訟の提起がされているが，それと並行協力しながら，やはり日本の最初で最大の騒音紛争の1つについての解決に委員会が大きな寄与を果たしたものと評価できよう。

　　［補注2］　最近の数字として，2017年度は14件の申請で，内訳は，調停1件，責任裁定7件，原因裁定5件，義務履行勧告1件となっている。また，同年度の終結件数は12件，調停成立4件，棄却3件，取下げ2件，勧告1件（不明2件）となっている。

更に，1987年のスパイクタイヤの製造販売中止の調停申請も重要である。これは，スパイクタイヤの使用によって粉塵公害が発生して社会問題化したものであるが，本委員会の調停によって，1990年までにスパイクタイヤの製造を中止し，更に1991年には販売も中止する等を内容とする調停が成立した。そして，注目されるのは，1990年6月に，スパイクタイヤの粉塵発生を防止し，国民の健康の保護及び生活環境の保全を目的として「スパイクタイヤ粉じんの発生の防止に関する法律」が制定され，積雪・凍結のない状態の舗装道路においてスパイクタイヤの使用を禁止する旨のルールが形成された点である。本調停は，このような法律制定の契機を付与する機能をもったものであり，委員会の新たな機能を示したものと評価することができよう（(6)(b)参照）。

最後に，1993年の豊島の産業廃棄物撤去の調停申請を挙げることができる。これは，長期間にわたり地元の産業廃棄物処理業者によって豊島に不法に廃棄された大量の産業廃棄物による環境汚染が問題とされた事件であり，豊島の住民の申請により，最終的には2000年，申請者と香川県との間で，県の費用で産業廃棄物を除去する旨の調停が成立したものである。この事件では特に，産業廃棄物の汚染状況等について多額の鑑定費用を要したところ，そのような費用は公費によって負担され，申請人は費用負担を免れたとされる点が興味深い。鑑定費用は訴訟手続でも当事者に予納が求められることを考えれば，行政型ADRとしての本委員会の利点を発揮したものと言えよう。更に，本事件は，産業廃棄物の不法投棄に係る罰則の引上げなど廃棄物処理法の改正等立法的措置に繋がった点でも，委員会がその機能を適切に発揮した事件と評価できる。

(6) 紛争解決の特色

公害等調整委員会の手続は，多くの点でメリットを有するものである。以下では，ADR一般の利点に加えて，特に本委員会の手続のメリットを裁判における紛争解決と比較しながら，簡単に分析したい。

(a) 手続の柔軟性

この点は，ADR一般の利点と重なるものであるが，公害等調整委員会は，必ずしも法規範に基づかない解決案も提示することができる点がある。例えば，前述のスパイクタイヤの事件（(5)(b)参照）では，仮に訴訟事件として扱おうと

しても，寒冷地域の住民は，タイヤの製造販売業者に対して，スパイクタイヤの製造販売の禁止を求めて訴えを提起することはできないと考えられる。これら住民は通常，実体法上そのような請求権を有しないと解されるからである。しかるに，本委員会では，そのような申請を取り扱うことができ，当事者の合意の下に抜本的な紛争解決を図ることができたものである。これによって，法の適用では得られないような事案に即した抜本的な解決が可能となる。ADRによる法規範の乗り越えと言われる機能であるが，特に環境紛争においては，必ずしも実体法規範が十分整備されていない面もあることから，特に ADR の利点として重要性が大きいものと解される。

(b) 他の行政機関との連携

　公害等調整委員会は，それ自体行政機関の 1 つであるが，紛争解決にあたって他の行政機関と協力することが期待され，実際にも機能しているとみられる。例えば，同委員会は，紛争解決にあたって，他の行政機関から資料提出，意見開陳，技術的情報提供等の協力を求めることができるし（公害紛争 43 条），また紛争の発生を予防するため，他の行政機関に対して「その所掌事務の遂行を通じて得られた公害の防止に関する施策の改善についての意見」を述べることもできる（公害紛争 48 条）。裁判所の手続では，正規の証拠調べ（調査嘱託等）が必要となり，行政機関との綿密な協力は期待し難いことと比較すれば，紛争の解決や予防の点で本委員会の利点は大きい。そして，このような機能を果たすについては，他の行政機関から出向している事務局職員（(2)参照）が出向元行政機関とのパイプ役を果たすことが期待されており，その役割には重要なものがあると考えられる。

(c) 職権による資料収集

　公害等調整委員会は，事件を処理するについて必要な資料を職権で収集することができる。裁判所における訴訟手続では，言うまでもなく，証拠その他の資料は当事者が収集して裁判所に提出しなければ顧慮されないとの原則（弁論主義）が妥当し，当事者の責任に委ねられている。しかるに，環境紛争では個々の当事者は十分な資力や専門的知見を有しない一方，公害の原因や因果関係の解明には多大なコストや専門知識を要する場合が多い。例えば，前述の豊島の事件（(5)(b)参照）では，委員会は，専門委員（(2)参照）の専門的知見を活用

しながら，土地や地下水の汚染状況について大規模な調査を行ったが，その調査費用は全面的に国庫によって負担されたとされる[8]。このような費用負担の軽減や専門的知見の柔軟な活用は，当事者の救済のみならず，事案における真相の解明，更には公害問題の予防や抜本的解決にとって重要な意義を有するものと解される。

(d) 裁定手続の活用

前述のように（(5)(a)参照），近年，公害等調整委員会においては，調停事件に代わって裁定事件の増加が顕著な傾向となっている。その原因としては，最近の公害事件の状況として，紛争の内容が複雑となり，当事者の対立関係が先鋭となっているため，一般に調停＝合意による解決が困難になっている点が指摘される。しかるに，そのような事案であっても，合意を要しない裁定事件の利用は可能である。もちろん，裁定に対しては裁判所に不服申立てをすることは可能であるが（(4)(d)(e)参照），公害等調整委員会の専門性に対する裁判所の信頼は一般に高く，委員会の裁定が裁判所において覆されることは実際上稀とされる。その結果，責任裁定に対して当事者の提訴は抑止され，裁定結果に基づく紛争解決が図られることになるし，いきなり裁判所に提訴されたとしても，裁判所の嘱託による原因裁定（(4)(e)参照）が活用されるとすれば，ADR と裁判所との連携協力の典型例としても注目されるところである。

(e) 環境政策への波及

公害等調整委員会の本来の任務は，言うまでもなく個別紛争の解決である。しかし，そのような解決を集積することによって，結果として国の環境政策に影響することもある。そして，これは行政型 ADR である本委員会にとっては必ずしも付随的な機能には止まらず，むしろ本来の機能の１つとして位置づけられるべきものである。公益の実現を目的とする行政があえて（本来司法の分野に属する）個別紛争の解決に乗り出すのは，それが何らかの意味で公益の実現に資すると考えられるからであり，その意味で，解決結果の政策への波及は本来期待されているものと言えよう。実際にも，既にみたように（(5)(b)参照），スパイクタイヤの事件や豊島の事件においては，委員会への事件の係属やその

---

8)　当該事件で必要とされた調査費用は総額で２億円を超えたと言われている。

374　第16章　環境ADRの現状と課題

解決結果が法律の制定その他の新たな政策展開の契機となり，環境保全に重要な役割を果たした。今後も，本委員会がそのような重要な役割を実効的に果たしていくことが期待されよう。

3　原子力損害賠償紛争解決センター

(1)　沿　　革

　1961年に，原子力損害賠償法（原子力損害の賠償に関する法律）が制定され，その中で，原子力損害賠償紛争審査会の設置が定められた。しかし，このような審査会は実際には設置されずに長期間が経過した。これは，原子力損害を伴うような事故の発生が現実には想定されていなかったことによるものと思われる。

　しかるに，1999年，東海村のJCOにおいて臨界事故が発生した。この事故は，作業員2名が死亡したもので，IAEAの国際基準によればレベル4とされる事故であった。この事故によって，損害賠償の対象となった被害は約7,000件あり，被害総額は約154億円に上ったとされる。この事件を契機として，原子力損害賠償紛争審査会が初めて設置され，同審査会に対して2件の紛争解決の申立てがされたとされる。これらはいずれも納豆会社の風評被害に関わる賠償請求であり，和解の打切りで事件は終了した[9]。実際には，本件に関する賠償は主に当事者間で処理され，このシステムによる紛争解決は必ずしも十分には機能しなかったと評価できるのではないかと思われる。この事件の後，紛争解決システムの改革の議論も散発的には行われたようであるが，実際には微修正がされたに止まる。

　そのような中で発生したのが，2011年3月の東日本大震災を契機とした東京電力福島第1・第2原子力発電所の事故であった。本事故は，IAEAの国際基準によればレベル7という最悪レベルの事故であり，周知のように，その被害は極めて広汎かつ深刻なものであった。それを受けて，2011年9月には，政府は原子力損害賠償紛争審査会の下に，原子力損害賠償紛争解決センターを

---

9)　なお，本事件に関わる訴訟は，11件が提起されたとされる。

発足させた。これは，日本の歴史上最初の原子力事故に係る損害賠償をめぐる紛争の解決を目的とする専門の行政型 ADR 機関である[10]。

(2) 組織の概要

原子力損害賠償紛争解決センターは，文部科学省内の組織であり，原子力損害賠償紛争審査会の下に設けられた機関である。但し，同センターは紛争解決機関として，個別事案の解決については行政から一定の独立性が認められている。他方，あくまでも行政機関の一部として，審査会の示した解決基準（いわゆる中間指針及びその追補）には拘束されるものと解されている。

(a) 総括委員会

センターには，総括委員会が置かれる。これは3人の総括委員によって構成され，センターの運営全般を統括する組織である。委員は，元裁判官である委員長，弁護士及び大学の研究者から構成されている[11]。総括委員会の重要な任務としては，総括基準の策定がある。これは，審査会の基準によっては必ずしも明らかでない事項について，実務の積み重ねの中から一定の基準を抽出・ルール化し，それによって各仲介委員の判断を統一することを目的とするものである。原子力損害賠償という前例のない問題において，実務の中から柔軟にルール・メーキングを図りながら，判断の統一性を確保していくシステムということができよう。

(b) 仲介委員

センターにおける実際の和解仲介の任務を担当するのが，仲介委員である。仲介委員は，現在約 250 名であり[補注3]，その全員が弁護士である。仲介委員は，弁護士として一定の経験を有する中堅・ベテランが多く，東京において活動している者が大半である。事件の被害者の多くは福島に所在することを考慮すると，福島の弁護士を起用することも考えられるが，実際には福島の弁護士

---

10) 出井直樹「原子力損害賠償 ADR について——原子力損害賠償紛争解決センターの取組みと展望」仲裁と ADR 7 号（2012 年）46 頁以下，野山宏「原子力損害賠償紛争解決センターにおける和解の仲介の実務(1)」判時 2140 号（2012 年）3 頁以下。

11) 著者も研究者として委員の任を務めていた（原論文公表当時）。現在は，総括委員会顧問の任にある。

［補注3］　2017 年末現在，276 名となっている。

は被害者の代理の業務等を行っている者が多いところ，当事者の代理人又はその経験者は中立性の要請から原則として仲介委員にはなれないため，福島の弁護士を仲介委員とすることは難しい状況にある。仲介委員は，3名の合議体又は単独体で事件を取り扱うが，現在では，合議体事件は一部の重要事件に限られ，大半は単独体の事件として処理されている。

(c) 調査官

センターにおける事件処理において実際上極めて重要な役割を果たしているのが，調査官である。調査官は，現在約200名であり[補注4]，その全員が弁護士又は弁護士有資格者である。調査官は，17の係に分かれ，主に具体的事件について，申立書をチェックし，必要な書類の補充や文書の修正を求めるなど当事者に対する釈明や援助，更に手続の全体にわたる仲介委員の補助などの職務を担っている。調査官は，一部中堅の弁護士がいるが，その大半は経験数年の若手弁護士であり，中には弁護士経験1〜2年程度の者も含まれている。その役割は重要であり，近時人数が急増しているが，仕事はハードなものであり，勤務事務所の業務との両立などに困難な課題を抱えている。

(d) 事務局

センターの事務局は，多様なバックグラウンドを有する者から構成されている。その中では，裁判所・文部科学省等からの出向者（現在の和解仲介室長〔事務局長〕は民事裁判官からの出向である）に加えて，弁護士が重要な役割を占めている。センターの職務の司法との共通性に鑑み，裁判官の経験は（特に事件処理・遅延防止等について）重要であるし，センターが文部科学省の下部組織である点に鑑み，同省との連絡も重要な任務となる。そして何よりも，前述のように，この組織を構成する者の大半が弁護士であることに鑑みると，事務組織においても，弁護士会との連絡調整その他弁護士が果たす役割が（他の行政組織には見られないほど）大きなものとなっている。

［補注4］　2017年末現在，181名となっている。

(3) 紛争解決の手続

(a) 対象となる紛争

原子力損害賠償紛争解決センターの任務は，「原子力損害の賠償に関する紛争について和解の仲介を行うこと」である（原賠18条2項1号参照）。そして，ここでの「原子力損害」とは，「核燃料物質の原子核分裂の過程の作用又は核燃料物質等の放射線の作用若しくは毒性的作用（中略）により生じた損害」をいう（原賠2条2項）。このような損害については，原子力事業者が無過失責任を負う（原賠3条1項）ところ，そのような紛争について，被害者の迅速かつ廉価な手続による救済等を目的として特別の紛争解決機関を設けたものである。実際の紛争は，事故の影響の広汎さを反映して，極めて多様なものになっているが（(4)(c)参照），その多くでは，事故と損害との因果関係の存否や損害額が争点となっている。

(b) 紛争解決の方法——和解の仲介

センターにおいて想定されている紛争解決の方法は，和解仲介の手続のみである。その意味で，仲裁や裁定など多様な解決方法を擁する公害等調整委員会とは大きく異なる。その結果，センターにおいては，紛争解決のためには，必ず両当事者の積極的な合意が必要となる。ただ，ここで注意すべきことは，センターにおける相手方は常に東京電力のみであるところ，東京電力においては，政府による財政援助の前提として，いわゆる特別事業計画の中でセンターの和解案を尊重する旨の宣言をしている点である。そして，実際にも，現在まで東京電力がセンターの提示した正式な和解案を拒絶した例はほとんどない（ほぼ唯一の例外として，東京電力の社員が申し立てた事件について，拒絶した例があるに止まる）。その意味で，このシステムは，事実上の片面仲裁の機能を有する手続として機能していると評価することができる。

(c) 手続の流れ

（i）被害者の申立て

原子力損害賠償紛争解決センターの手続は被害者の申立てによって開始する。申立てについては，事前に東京電力との直接交渉を経ている必要はなく，実際にもそのような交渉を経ていない事件が多くある。また，損害額を申立ての段階で明示する必要はなく，本人申立ての事案を中心として妥当な額の支払を求

378 第 16 章 環境 ADR の現状と課題

める申立ても多い。申立書に不備がある場合でも，申立てを却下することはなく，調査官などによって申立ての補正や釈明の手続が入念に行われる。また申立てに際して弁護士代理は義務的ではない。実際にも，発足後 2013 年 11 月までの統計では，弁護士代理率は約 32％ となっており，弁護士が付いていない事件が 7 割近くに上っている 12)[補注 5]。被害者の申立ては，消滅時効の中断（完成猶予）との関係では，和解が成立せずに訴えを提起する場合，申立て時に提訴したものとみなされ，事実上時効中断（完成猶予）の効果を有する 13)[補注 6]。

　(ⅱ)　調査官による調査

　申立てがあると，事件は各調査官に配点される。担当調査官は，申立書をチェックし，その補正や証拠の補充を求める。このような業務は，前述のとおり（(2)(c)参照），とりわけ本人による申立ての場合には（あるいは事件に不慣れな弁護士が代理人となっている場合には），調査官にとって重い負担となる。

　(ⅲ)　仲介委員による審問期日

　その後に，事件は仲介委員に配点される。重要な事件については合議体によることもあるが，現在ではほとんどの事件は単独の仲介委員によって処理されている。仲介委員は，担当事件について申立書や証拠の検討を行い，当該事件における争点を検討した後，当事者や証人を審問するため審問期日を開催する。審問期日は東京で行われることが多い。前述のように（(2)(b)参照），多くの仲介委員は東京で勤務しているところ，審問期日を福島や被害者の避難地で開催することは，時間や費用の関係で事実上難しいからである。その結果，被害者が東京に出頭することが困難な場合には，テレビ会議によって東京と被害者の所

---

　12)　この比率は多少の上下はあるが，センター発足以来ほとんど変わっていない。

　[補注 5]　その後，弁護士代理率は若干増加しており，2016 年は 44％，2017 年は 41％ となっているが（発足後累計では 38％），やはり 6 割近くは本人申立てである。

　13)　但し，「東日本大震災における原子力発電所の事故により生じた原子力損害に係る早期かつ確実な賠償を実現するための措置及び当該原子力損害に係る賠償請求権の消滅時効等の特例に関する法律」（以下「特例法」という）3 条によって，原子力損害賠償については，不法行為の消滅時効等（民 724 条）の特例として，損害及び加害者を知った時から（3 年ではなく）10 年間は時効にかからず，また除斥期間も（不法行為時からではなく）損害発生時から 20 年とする特則が定められている。

　[補注 6]　その後，民法における時効の規律の改正（2017 年）に伴い，特例法も改正されたが，この部分は特に変更されていない。

在地とを結んで行うことも多いとされる。ただ，このような運用については，自己の意見を直接面接して仲介委員に訴えたいとする一部被害者から不満が出されることがある。

(iv)　和解案の提示

以上のような審理を経て，申立人の申立てが認められない場合には，和解の打切りの措置がとられる[14][補注7]。打切りの措置をとる場合には，必ず総括委員会の承認が必要とされる。申立人の請求の全部について和解案を提示することが難しい場合には，被害者の可及的迅速な救済のため，請求事項の一部についての一部和解案や最終的な解決を留保して暫定的に和解金の支払を求める仮払和解案を提示する場合もある[15][補注8]。

(v)　和解の成立

両当事者が和解案に合意したときは，仲介委員は和解案の内容を確認し，和解が正式に成立することになる。成立した和解は，民法上の和解としての効力を有するが，裁判上の和解ではなく，既判力や執行力は有しない。したがって，仮に和解合意上の債務不履行があったとしても，和解書に基づき直ちに強制執行をすることはできない。ただ，相手方である東京電力は和解合意上の義務について当然任意に履行することが期待されており，実際にも義務違反がされたことはないと思われる。

(4)　紛争解決の実績

(a)　事件及び解決結果の全体像

原子力損害賠償紛争解決センターの 2012 年（フル稼働した最初の 1 年）の実績をみてみると，申立件数は 4,542 件，申立人の総数は 1 万 2,055 人となってい

---

14)　2013 年 11 月現在，打切りによる終了は，全既済件数の 10.7% である。

[補注7]　和解打切りは，その後，減少しており，2016 年は 5.9%，2017 年は 9.1% となり，累計でも 7.8% となっている。

15)　2013 年は，全部和解成立 3,926 件に対し，一部和解成立 987 件，仮払和解成立 27 件となっている。

[補注8]　2016 年は，全部和解成立 2,755 件に対し，一部和解成立 175 件，2017 年は，全部和解成立 1,581 件に対し，一部和解成立 127 件となっている。なお，仮払和解は，2015 年以降 1 件も存在しない。

る[補注9]。そのうち，法人が 22.8%，個人が 77.2% を占める[補注10]。同年の終結件数は 1,856 件であり，和解成立 1,202 件（64.8%），打切り 272 件（14.7%），取下げ 381 件（20.5%），却下 1 件となっている[補注11]。このうち，和解仲介の打切りは，申立人の請求に理由がない場合，審理に必要な資料の提出がされない場合，申立人が和解案を受け入れない場合が多い。

　次に，センターの通算（2011 年 9 月〜2013 年 11 月：2 年 3 ヵ月）の実績をみてみると，申立件数は 8,720 件，申立人総数は 3 万 8,201 人である。法人が 22.5%，自然人が 77.5% を占める。終結件数は 6,197 件であり，和解成立 4,857 件（78.4%），和解打切り 665 件（10.7%），取下げ 674 件（10.9%），却下 1 件となっている。近時の傾向として，打切りや取下げの占める割合が減少し，和解成立による終結の割合が増加しており，センターの機能が発揮されてきている状況を示す。

　これを訴訟事件数と比較すれば，2012 年の地方裁判所の第一審民事通常事件の新受件数は，16 万 1,313 件となっており，同年にセンターが受理した申立件数（4,542 件）はその 2.8% に及んでいる。仮にこれらの事件がすべて裁判所に提訴されていたとすれば，事案の複雑さや困難さにも鑑み，裁判所がその処理に困難を来していたであろうことは明白であり，センターの果たしている役割には大きなものがあろう。

(b)　審理期間

　センターは，原子力発電所事故の被害者の迅速な救済を図るため，当初は 3 ヵ月での事件処理を目標としていた。しかし，2012 年春頃から，月間の新受件数が 400 件を超えるようになり，予想を上回る事件数の増加によって，このような目標は事実上実現困難なものとなっていった。その後も事件数は高止ま

　　［補注9］　その後は，2013 年が申立て 4,091 件，申立人数 2 万 5,914 人，2014 年が申立て
　　　5,217 件，申立人数 2 万 9,534 人，2015 年が申立て 4,239 件，申立人数 2 万 3,984 人，
　　　2016 年が申立て 2,794 件，申立人数 9,508 人，2017 年が申立て 1,811 件，申立人数 3,648
　　　人となっており，2016 年から急減している。
　　［補注10］　この傾向はそれほど大きく変わっていない。2017 年までの累計で，法人 22.4
　　　%，個人 77.6% となっている。
　　［補注11］　後述のように，その後は和解成立率が高くなった。2017 年までの累計で，既
　　　済 2 万 1,399 件のうち，和解成立 1 万 7,548 件（82.0%），和解打切り 1,671 件（7.8%），
　　　取下げ 2,179 件（10.2%）となっている。

りし，2012年の後半には審理期間の平均が8ヵ月を超える状況になった。

しかるに，2013年に入ると，仲介委員や調査官の増員などの人的な手当やその意識の改革などが効を奏し，徐々に審理期間は短縮の傾向に入った[16]。2013年秋頃からは，平均審理期間は概ね6ヵ月となっており，相当の改善をみた。もちろん，これでも迅速な救済という点で必ずしも十分な水準とは言えず，現在は4〜5ヵ月を目標に更なる努力がされている[補注12]。また，大きな課題としては，長期未済事件の処理という点があり，2013年11月末現在，係属期間1年を超える事件が282件ある（これは当該期間内に申し立てられた事件全体の約6%を占める）。このような長期未済事件の存在はセンターに対する一般の信頼を損なうおそれがあり，対策が必要とされている。

以上のような審理期間を訴訟手続と比較すると，センターの手続の迅速性は明らかである。例えば，2012年の地裁第一審民事訴訟の平均審理期間は7.8ヵ月であるが，そのうち対席判決で終局した事件（すなわち実質的な争いがある事件）の平均審理期間は11.6ヵ月となっている。更に，控訴・上告等の上訴がされる可能性も考えれば，センターが対象としているような複雑困難事件を概ね6ヵ月程度で解決することができているセンターの手続の迅速性は十分評価に値しよう。

(c) 損害賠償の種類

センターにおいては，前述のように（(3)(a)参照），原子力損害の賠償に関する紛争すべてを取り扱う。そして，実際に申し立てられている損害も多種多様なものである。典型的な賠償項目としては，避難費用（避難指示又は自主避難に基づく避難慰謝料，交通費・移転費用等），就労不能損害，財産価値喪失損害（放射能汚染による動産・不動産の損害等），法人の営業損害などがある。

このうち営業損害は，原子力事故の広汎性により極めて多様なものを含んでいる。製造業では当該地域が避難地域になったため営業できないという類型が

---

16) 2013年初めから概ね既済件数が新受件数を上回る傾向にある。未済事件数は，2012年末の3,201件をピークに減少を続け，2013年11月末現在，2,523件となり，これはピーク時の80%弱である。

[補注12] その後，最大の申立件数を記録した2014年には申立件数が既済件数を上回ったが，2015年以降は再び既済件数が上回り，着実に未済件数は減少している（2014年の2,788件から，2017年は1,816件に減少した）。

あるし，第1次産業では，当該産品が出荷停止等になったという類型もある（福島では子供の数が大きく減少しており，塾や保育所等の損害も大きい）。深刻なのはいわゆる風評被害である。農産品や魚介類等で，実際には放射能汚染がないにもかかわらず福島やそこに近い地域の産物であるために売上が減少する例や，福島やそこに近い地域のゴルフ場が実際には汚染がなくても客が激減するような例は多い。また，外国人観光客の減少によるホテルや通訳業者の損害などは，福島との距離に関わらず日本全国において発生している。更には，住民の減少による地方公共団体の損害（例えば水道事業の減収等）も散見される。

最近では，判断が難しい事案も増加している。例えば，被害者の自殺に基づく損害賠償を求める案件などである。このような場合，原子力事故と自殺との間の因果関係が問題となるが，仲介委員や調査官がそのような因果関係を判断するのは難しい。センターには裁判所のような鑑定制度が存在しないので，医学的に厳密な判断は困難であり，どうしてもそのような判断ができない場合には，和解仲介を打ち切って訴訟による解決に委ねざるをえない場合もある。ただ，ADRの役割としては，可及的に常識的な判断の下で関係者の納得を得られるような適切な解決を図っていくことが期待されよう。

(5) 紛争解決の課題

原子力損害賠償紛争解決センターは未だ若い組織であり，解決すべき課題はなお多い。まさに日夜走りながら新たな問題に対処し，徐々にその体制を整備しているという状況にある。以下では，これまでに問題となった点をいくつか挙げてみる。

(a) 審理の迅速化

センターの手続においてこれまでの（そして現在でも）最大の課題は，迅速な被害者救済を図ることである。前述のとおり（(4)(b)参照），発足当初は3ヵ月の解決を目標としたが，それは当初から達成不可能な状況にあった。ただ，8ヵ月を超えていた平均審理期間は，現在では6ヵ月程度まで改善してきている。

手続が当初遅延した原因はいくつかある。第1に，センターの人員，特に調査官の不足である。当初の事件数の見通し及びそれに伴う人的体制は明らかに過小で，そこに洪水のように事件が押し寄せたことは大きかった。しかし，こ

の点は 2013 年以降大きく改善してきており，それにより審理期間の短縮化が図られている[17]。

第 2 に，仲介委員の過度に慎重な審理の姿勢があった。真実に基づく判断を重視したため，当事者（特に被害者）に対して証拠資料等の補充を促し，結果として審理が前に進まない状況になった事件は多い。これは，従来の日本のADR，更には裁判も事件数が少なかったため極めて慎重かつ丁寧な審理が行われており，そのような一種の「司法文化」がセンターの手続にもそのまま持ち込まれたものと評価できる。しかし，本来の ADR は，当事者の合意を前提にして簡易・迅速に進めうる点に利点がある。この点でも，近時は，事務局を中心に審理方法の簡素化が進められ，意識改革も含めて大きな成果を挙げている。

(b) 集団申立案件の迅速的確な処理

本件原子力事故は，極めて広汎な地域に同様の損害を多数発生させた点に大きな特色がある。その結果，被害者はグループを結成し，集団的な申立てをする傾向になる。そのような場合，いくつかの弁護団が組織され，弁護団の主導の下で，多くの地域住民が参加し，数百人から，最大のものでは 1 万人を超える集団申立てがされることになった。センターとしては，このような集団申立案件を迅速かつ的確に解決することが大きな課題となっている。

そのような処理のために現在試みられている 1 つの方法として，いわゆる「チャンピオン方式」というものがある。これは，そのような集団申立ての中で，一定の基準に基づき「チャンピオン事件」（＝代表案件）を選び，他の申立人の同意の下で当該事件について先行的に処理するものである。そして，チャンピオン事件の解決後に，そこで示された基準に基づき，他の申立人と東京電力との間で相対交渉・和解を促し，更に争いのあるもののみをセンターで扱うという方式である。これによって，多くの申立人の事件を同時並行的に処理することによって生じる致命的な審理遅延を回避し，迅速かつ統一的な被害者救

---

17) 前出注 13) の特例法 2 条においても，更に，「国は，特定原子力損害の被害者が早期かつ確実に賠償を受けることができるよう（中略），紛争の迅速な解決のための原子力損害賠償紛争審査会及び裁判所の人的体制の充実（中略）その他の措置を講ずるものとする」とされている。

済が可能となることが期待されている。現段階では必ずしもこの処理方式がうまく機能しているとは言い難い面があるようであるが，なお様々な工夫をしていく必要があろう。

(c) 東京電力による適切な対応

センターの手続の大きな特徴として，申立人は多種多様かつ多数であるが，相手方は東京電力1社しかない点がある。その結果として，手続に対する東京電力の対応の方針によってセンターにおける手続の在り方が大きく左右されることになる。センター開設の当初においては，センターの手続に対する東京電力の姿勢は，協調的な紛争解決に向けた建設的なものとは言い難かった。被害者に対して証拠の補充を執拗に要求し，書面の不備に対して過剰な釈明を求めた。また，仲介委員の示す解決の方向性が審査会の指針と少しでもずれていると考えれば，一切譲歩を拒否するという態度がとられることも多かった。実際には審査会の指針も原則のみを掲げ，具体的事案による例外を許容していることが多いことを考えると，このような対応は合理的なものとは言い難いものであった。

しかし，そのような東京電力の態度も徐々に修正されてきている。それは，センター（及び文部科学省）の度重なる指導や世論の批判によるところが大きい。本来は，東京電力はこのような大きな事故を起こした加害者として，企業の社会的責任をかけて紛争を自主的かつ迅速に解決する責務を負っていると考えられる。その意味では，最終的には，センターの調停結果に示された基準に基づいて，（センターには頼らずに）すべての被害者との間で任意かつ自主的に紛争解決を図っていく社会的責任を負っていると解される。東京電力には，引き続きそのような社会的責任の自覚が強く望まれるところである[18][補注13]。

(d) 弁護士等代理人の理解と協力

センターの事件について，前述のように（(3)(c)(i)参照），申立人に弁護士代理

---

18) そのような観点からは，国が賠償資金を負担しながら東京電力を賠償の主体とする現在の救済スキームが適切なものであるのか，慎重な検討を要するように思われる。

[補注13] 原子力損害賠償におけるあるべき賠償スキームについて，発災事業者の賠償処理制度の在り方の観点から検討した著者の論稿として，山本和彦「原子力発電所事故を起こした電力会社の会社更生手続試論」齊藤誠＝野田博編『非常時対応の社会科学』（有斐閣，2016年）283頁以下参照。

が付いていない本人申立ての事案が相当の割合に上っている[19][補注14]。しかるに，申立人となっている本件事故の被害者は，現在の日本にあって最も法的な援助・助言を必要とする人々であることは疑いがない。その意味では，現在の代理状況には問題が多く，弁護士代理率を高める必要があろう。もちろん，そのためには前提条件の改善が不可欠である。既に震災特別措置法（東日本大震災の被災者に対する援助のための日本司法支援センターの業務の特例に関する法律）によって，センターの ADR 手続は法律扶助の対象とされており，資力に関わらず弁護士代理が受けられることになっている[補注15]。また，福島県その他の弁護士会も相当な努力をしているところである。しかし，なおこの程度の代理率に止まっているという事実は，法曹人口が日本で現在過剰であるとする議論の信憑性に大きな疑問を投げかけるものと言えよう。

　弁護士代理のある事件について，代理人である弁護士に準備の充実が求められることは当然である。この手続は，訴訟に比べて，迅速かつ抜本的な被害者救済を図ることを目的とするものであるので，書証や資料の準備の重要性は言うまでもない。他方で，この手続は ADR，すなわち和解を目的とするものであり，その成功には当事者の互譲が不可欠である。しかるに，申立人あるいは相手方（東京電力）の代理人の一部には，訴訟の場合と同様に（あるいはそれ以上に）攻撃的な態度を示し，あるいは一切の譲歩を拒否する姿勢をとって，その結果として手続が暗礁に乗り上げることも少なくないとされる。代理人が ADR の本質を理解し[20]，被害者の迅速かつ適切な救済という，両当事者に共通する目的に向かって建設的に行動することが特に期待される。

（初出：吉田克己＝マチルド・ブトネ編『環境と契約——日仏の
視線の交錯』（成文堂，2014 年）299 頁以下）

---

[19]　発足後 7 割近い事件が本人申立てになっている。

[補注14]　その後，弁護士代理事件の割合が増加したが，それでも依然として 6 割近くが本人申立てである。[補注5]を参照。

[補注15]　この点は，山本和彦『民事訴訟法の現代的課題』（有斐閣，2016 年）561 頁以下参照。

[20]　そのためには法科大学院等における ADR の教育も重要であろう。

386   第 16 章　環境 ADR の現状と課題

［補論］　本章は，2013 年 5 月，エクス・マルセイユ大学環境法講座，パリ第 13
大学取引法研究所及び早稲田大学比較法研究所の共催で開催された，日仏環境
法国際シンポジウム「環境と契約：日仏の比較研究」における著者の報告に加
筆修正を加えた論稿である。シンポジウムの趣旨に即して，日本における環境
ADR の状況について，公害等調整委員会と原子力損害賠償紛争解決センター
の制度・現状を紹介している。特に，後者は，当時，福島の事故の発生から未
だ日が浅く，この賠償スキームは国際的にも注目されていたものであり，当日
もフランス側出席者から多くの質問が出され，関心を集めていた。また，日本
法の観点からも，環境 ADR は行政型 ADR が最も適合的な紛争類型の 1 つと
考えられ，行政型 ADR が機能する前提条件や課題を示すものとしても興味深
い（機能している他の行政型として，建築紛争及び消費者紛争等があるが，これら
については，山本和彦＝山田文『ADR 仲裁法〔第 2 版〕』（日本評論社，2015 年）
119 頁以下参照）。

　さて，前者の公害等調整委員会は，本章原論稿執筆当時から，それほど大き
な状況の変化はないが，後者の原子力損害賠償紛争解決センターについては，
状況は大きく変わってきている。原論稿執筆時は，発足当初の事件急増期であ
ったが，2014 年に新受件数が 5,000 件を超え，かつ，集団申立案件も増加し，
最も活発な時期を迎えた。その後は，事件数は減少に転じ，2017 年は 1,811 件
で，全盛期の 3 割程度にまで減少している。おそらくこの傾向は今後も続くと
予想される。ただ，申立てを繰り返す申立人に対する対応や集団案件における
東京電力の和解拒否事案への対応など，センターにとってはなお困難な課題は
残るであろう。特に，後者の東電拒否案件については，まさにこの賠償スキー
ムの鼎の軽重が問われるものであり，センターとしては断固とした対応が必要
となるように思われる。

　また，福島事故を受けて，原子力損害賠償法の改正も現在（2018 年 8 月），
議論の最中にある。すなわち，2015 年 5 月，原子力委員会に原子力損害賠償
制度専門部会が設けられ，法改正の議論が続いている（著者は同委員会の専門
委員として議論に参加している）。そこでは，賠償資金を将来的にどのような形
で調達するかが最大の課題となっているが，ADR との関係では，概ね今回の
スキームの実績を評価し，それを（不幸にも再び事故があった場合にも）迅速か
つ適切に実施できるような法整備が求められている。すなわち，センターを制
度的に位置づけるとともに，特に，発災事業者がセンターの和解案を尊重する
ことを担保する仕組みの創設が 1 つの課題であり（現在の東京電力については
特別事業計画によって担保されているが，より一般的なスキームが求められよう），

原子力事業者が事業認可の際に一定の届出をするスキーム等が検討されている。更に，センターの任務として，和解の仲介のほかに（公害等調整委員会の制度等に倣って）仲裁等の可能性を認めるか，また仲裁を実際に活用するためにどのような仕組みが必要か，なども将来的な検討の対象とされている。現在の予定では，2019年中には原子力損害賠償法の改正が実現する見込みである。

第 *17* 章
スポーツ仲裁の意義と課題

1 はじめに

　本章では，スポーツ仲裁の意義と課題について論じる。スポーツ仲裁は，スポーツ分野を対象とする ADR であるが，他の ADR とは異なる部分の多いユニークな制度となっている。その意味で，理論的にみても，各論的な ADR の分野として取り上げるに値すると考えられるものである[1]。

　また，実際的にみても，昨今の日本のスポーツ界を取り巻く状況に鑑み，スポーツ仲裁の意義は大きい。2013 年 9 月，東京が 2020 年オリンピック・パラリンピックの開催都市に決まり，日本のスポーツ界に対する注目が高まる反面，その在り方に対する国内外の目が厳しくなってきている。スポーツ仲裁は，後述のように，代表選考の問題やスポーツ団体のガバナンスの問題など，「スポーツ競技又はその運営をめぐる紛争」（スポーツ仲裁規則 1 条）を取り扱うものであり，上記のような状況から，スポーツ仲裁の一般社会に対する責任も大きくなってきていると言えよう。

　そこで，本章では，スポーツ仲裁の意義・現状・特徴について概観するが，検討の中心的対象は理論的課題を含む問題に絞ることとする。具体的には，仲裁法の適用可能性（法律上の争訟との関係等）の問題，片面的応諾（自動応諾条

---

1)　なお，著者は現在，日本スポーツ仲裁機構の代表理事（機構長）を務めているが，本章における論述はすべて研究者である著者個人の見解であり，機構を代表するものでないことは言うまでもない。

項）の問題，第三者に与える影響その他関係人の手続保障の問題について，主に論じることにする。

2 スポーツ仲裁の意義・現状・特徴

⑴　スポーツ仲裁の意義
⒜　個別紛争の解決──裁判に代替する紛争解決
　スポーツ仲裁の第1次的な意義として，個別紛争の解決があることは言うまでもない。一般には，紛争解決機関として国の司法機関（裁判所）が存在する。ただ，司法が扱う紛争は原則として法律上の争訟（裁3条）に限定される。他方，スポーツ仲裁が主に対象とする代表選手選考（オリンピック，世界選手権における日本代表選手の選考等）や選手[2]に対する懲戒処分（試合への出場停止，資格停止処分等）などの紛争が法律上の争訟と言えるかについて疑義が否定できない（この点は後述 *3* ⑴参照）。

　しかるに，選手等の当事者の観点からみれば，このような紛争は，スポーツ選手として最も重要な争いであるし，競技団体からみても，その存在意義に関わる問題である。その意味で，透明な，法に基づく紛争解決の必要性が極めて高い分野といえる。特にスポーツ界は，紛争解決という観点からみると，従来は不透明な部分がやや大きい世界であったと言わざるをえない。選手と指導者の師弟関係やいわゆる「根性論」などによって，紛争が放置されたり，弱い立場の選手が泣き寝入りしたりすることも少なくなかったとみられる。

　以上のようなことを考えると，スポーツの場面で ADR のニーズには大きなものがあると解される。そして，ADR の方式として，調整型も考えられるが，純粋の調整型 ADR には実効性の点で疑問がある。紛争解決にあたって，当事者，特に競技団体側の同意が得られるとは限らず，その実効性が十分でなければ，選手側も申立てを決断することは難しいからである。そこで，紛争解決の実効性を高める工夫が必要となり，典型的には裁断型 ADR（仲裁）の必要性

　2）　ここでは，選手のほか，コーチ・監督・審判などにも同様の問題が生じうるが，それらも含む最も典型的な場面として選手を念頭に論じる。

が生じることになる。

(b) スポーツ界における「法の支配」の確立への寄与——事前のルール整備への
インセンティブ

　上記のように，スポーツ界は，伝統的に，法とはやや異質な体質をもつ。ス
ポーツ自体にはルールは不可欠であるが，その内部運営等については必ずしも
ルールを重んじる体質とは言い難い面があったことも否定できない。そこで，
ルールに基づく紛争解決を浸透させる必要があると考えられ，そのためには透
明な紛争解決を図る専門機関の必要性が大きいと言えよう。

　他方，紛争解決のルールについては，可及的に団体側の自主性を尊重する必
要もあると考えられる。後述のように，スポーツ界が一種の自律的な社会であ
ることは否定できず，またそこには一定の専門性が認められるからである。更
に，団体が制定したルールが合理的なものである限り，それに基づく判断は覆
されないとすることによって，各団体に対し，選手選考や懲戒，組織運営に関
するルールの事前整備を図ることにインセンティブを与え，ガバナンスを高め
る効果もあろう[3]。

　このような効果によって，スポーツ ADR の発展は，（個別紛争の解決に止ま
らず）スポーツ界全体に「法の支配」，すなわち事前のルール整備に基づく紛
争の予防・解決の「文化」を根付かせることを可能にすると考えられる[4]。こ
れが，個別紛争の解決と並ぶスポーツ仲裁のもう 1 つの重要な意義である。理
想的には，そのような「法の支配」が確立し，紛争が予防されて（現実にはあ
りえないが）機構の受理件数がゼロに近づくことが窮極の目標となる[5]。

---

　3)　道垣内正人「仲裁・ADR とガバナンス」日本仲裁人協会会報 8 号（2011 年）1 頁は，
　　スポーツ仲裁機構は，発足当初から，スポーツ界に対して，このような組織運営上のガ
　　バナンスの確立の必要を説いてきたとされる。また，近時においても，同機構は，文部
　　科学省などからの補助も得て，ガバナンスに関するガイドライン（フェアプレーガイド
　　ライン）作りの動きを支援してきた。
　4)　スポーツ界における法の支配の実現の重要性については，水戸重之「スポーツ紛争と
　　解決手段」自正 58 巻 2 号（2007 年）18 頁なども参照。
　5)　この点は国家の司法でも同様である。司法制度の目的について，やはり紛争解決とと
　　もに，ルールの確立（法秩序の維持）を重視する著者の理解につき，山本和彦『民事訴
　　訟法の現代的課題』（有斐閣，2016 年）12 頁以下参照。

(2) スポーツ仲裁の現状

(a) スポーツ仲裁の沿革[6]

スポーツ仲裁は，もともとスポーツ界からの提言に基づき発足したものである。すなわち，1998 年 1 月，「我が国におけるアンチ・ドーピング体制について」と題する報告書が日本オリンピック委員会（JOC）及び日本体育協会（日体協）を中心とする，アンチ・ドーピングに関する協議会から出された。そこでは，ドーピング検査結果に関する紛争を解決する第三者機関として，仲裁機関の設立が勧告されていた。これを受けて，1999 年 12 月，「スポーツ仲裁研究会」が JOC に設置されて仲裁機関の在り方が検討された[7]。その検討の一環として，2000 年 11 月にスポーツ団体に対するアンケート調査が行われたが，79％ の団体が仲裁機関の必要性を認め，スポーツ界の中でもその設置が受容されていった。

この点で，上記研究会開催中の出来事として，いわゆる千葉すず事件の影響が大きかったとされる。これは，シドニーオリンピックの代表から漏れた千葉すず氏が日本水泳連盟を相手方としてスポーツ仲裁裁判所（CAS）に仲裁申立てをしたものである。その仲裁判断では選手選考自体は問題ないとされたが，選考基準を事前に公表していなかった点に問題があるとされ，連盟に対して仲裁費用の負担が命じられたものである。この事件は，①スポーツ界全体にスポーツ仲裁制度の存在を知らしめた点，②仲裁手続により紛争解決が図られたことがスポーツ界で評価された点で大きな意義があった。その意味で，スポーツ仲裁の必要性の認識が確立し，日本における仲裁制度創設のモメンタムとなったと評されている。

2002 年 8 月，上記研究会の報告書に基づき，「日本スポーツ仲裁機構創設準備委員会」が，JOC，日体協，日本障がい者スポーツ協会の 3 団体（以下「スポーツ 3 団体」ともいう）から委員の派遣を受けて発足した。そして，2003 年 4

---

6) 以下については，道垣内正人「日本におけるスポーツ仲裁制度の設計」ジュリ 1249 号（2003 年）2 頁以下参照。

7) そのモデルとして，既に 1984 年国際オリンピック委員会（IOC）に設けられていたスポーツ仲裁裁判所（CAS）があった。なお，CAS は，中立性確保のため，1994 年に IOC から独立した。

月，法人格のない団体として「日本スポーツ仲裁機構（JSAA）」（以下単に「機構」ともいう）が設立された。その後，2009年4月，「一般財団法人日本スポーツ仲裁機構」として法人化され，2013年4月には公益認定を受け，現在は「公益財団法人日本スポーツ仲裁機構」として活動している。

(b)　日本スポーツ仲裁機構

以上のような形で発足した日本スポーツ仲裁機構は，現在，日本で唯一，スポーツ紛争関係を専門とするADR機関である。他のADR機関の正確な統計はないので，断言はできないが，おそらくはスポーツ関係の紛争解決はほぼ独占的に担っていると言ってよい[8]。

機構の活動領域として，その中核にスポーツ仲裁があることは言うまでもない（その内容については，後に詳述する）。ただ，それ以外にも，いくつかの活動領域がある。まず，ドーピング紛争に関する仲裁がある[9]。この領域は（オリンピックやパラリンピックにおけるドーピング問題が注目され）近時社会的な耳目を集めているものであるが，機構ではこれまで，2008年度2件，2012年度1件，2013年度1件，2016年度1件，2017年度1件の合計6件を扱っている。また，（スポーツ仲裁やドーピング仲裁に当たらない）その他通常のスポーツ関係の紛争に関する特定仲裁[10]，当事者間の合意による紛争解決に関する特定調停[11]なども扱っている。このほか，紛争解決以外の業務として，理解増進事業として，スポーツ仲裁シンポジウムの開催（年1回），競技者等に対する研修会やアウトリーチ活動（国体等に出張して実施する），競技団体に対する説明会などを行い，人材養成事業として，仲裁人等に対するスポーツ仲裁法研究会の開催（年3回程度），年1〜2人を海外のスポーツ仲裁関係機関や大学に派遣して現地研修をさせる海外派遣研修事業等を行っている。

---

8)　現在，法務省で認証を受けている約150のADR機関のうち，スポーツ関係を業務分野として挙げている機関は他に見当たらない。

9)　これは，第一審である日本アンチ・ドーピング規律パネル（従来は日本アンチ・ドーピング機構（JADA）内に設置されていたが，2015年に日本スポーツ振興センター（JSC）に移管されている）の裁定に対する不服申立事件を担当するものである。

10)　これまで3件の申立てがあるが，すべて不応諾に終わっている。

11)　17件の申立てがあり，10件不応諾，3件和解成立，3件不調，1件取下げとなっている。

次に，機構は，前述のように，公益財団法人として活動している。その機関としては，まず評議員がいる。現在7名で構成され，スポーツ団体関係者3名，法曹関係者2名，元選手1名，学識経験者1名である（評議員会長：青山善充東京大学名誉教授）。評議員会は，基本財産の維持管理，理事の選任・解任，定款の変更，決算報告の承認など法人の重要事項について決定する。また，理事は，現在14名で構成され，スポーツ3団体関係者6名（JOC，日体協，日本障がい者スポーツ協会各2名），その他有識者8名（弁護士，大学教員，JADA代表，機構事務局等）である（代表理事・機構長：著者）。理事会は，法人の業務執行について決定する。そして，機構の事務局は，事務局長の下に，数名の事務職員から構成されている（複数の弁護士の非常勤職員も含む）。

機構の運営費用の負担について，恒常的費用は，スポーツ3団体（特別維持会員）からの拠出金が中核となっている。このほか，一般維持会員（JADA，日本女子プロゴルフ協会）の会費，民間助成金（ミズノ等），日本スポーツ振興センター（JSC）のスポーツ振興くじ（toto）助成金などスポーツ界から幅広く援助を受けており，一種の業界型ADRと言える。また，前述の理解増進事業や海外派遣研修事業など個々のプロジェクト（受託事業）については，スポーツ庁等からの補助金も受けている。ただ，（他の多くのADR機関と同様であるが）財政的には必ずしも潤沢とはいえない状況の中，関係者の献身的な努力に支えられている現状にある。

(c)　スポーツ仲裁の概要[12]

スポーツ仲裁の対象となる紛争は，スポーツ3団体及びその加盟・準加盟団体のした決定に対する競技者・チーム等の不服申立てである（スポーツ仲裁規則〔以下単に「規則」という〕2条1項・3条1項）。このような形で対象を限定しているのは，人的・物的な面から，あらゆるスポーツ紛争を引き受けることは，当面は困難であるとの実際的判断による[13]。但し，競技中にされる審判の判定は，事柄の性質上，対象紛争から除かれている（規則2条1項参照）。

仲裁申立てを受理するには，仲裁合意の存在が前提となる（規則2条2項）。

---

12)　以下については，道垣内・前掲注6) 3頁以下参照。

13)　道垣内・前掲注6) 4頁参照。

ただ，個別の事件ごとに仲裁合意を調達することは困難であり，実効性にも乏しいので，自動応諾条項の採用が望ましいという点は，機構の発足当初からコンセンサスがあり，同条項の採択に向けた努力が続けられてきたとされる[14]（自動応諾条項については，(d)(ii)も参照）。

事件の費用負担については，申立料金が5万円であるが，それ以上の負担はない。仲裁人報酬は1人当たり原則5万円であるので，機構からみれば，基本的にはすべての事件は赤字になる構造となっている。選手側の負担を軽減し，可及的に申立てをしやすくすべきとの判断に基づいている。弁護士費用は自己負担であるが[15]，仲裁判断において，その全部又は一部を競技団体の負担とすることは可能である（規則44条3項）。

仲裁人は原則として3名である（規則21条1項本文）。この3名の仲裁人がスポーツ仲裁パネルを構成し，構成員の過半数でパネルの判断がされる。各当事者が1名ずつ仲裁人を選任し，選任された仲裁人が残りの1名を選任する形となる（規則22条）。仲裁人は，原則として，機構が作成するスポーツ仲裁人リストから選任されるが，それ以外からの選任も可能である（規則20条4項）。また，例外的に，当事者の合意又は機構が適当と認める事案においては，単独仲裁の可能性があり（規則21条1項但書），近時は判断準則が安定してきたこともあり，活用されている。

審理は，両当事者の主張書面（申立書・答弁書）に基づき，審問期日が開催される。そして，審理終結から原則3週間以内に仲裁判断がされる（規則42条1項）。なお，緊急の判断が必要とされる緊急仲裁手続では，1名の仲裁人で緊急判断がされる（規則50条）。仲裁判断は（緊急仲裁も含め）最終的なものとして，両当事者を拘束する（規則48条）。それが法的な意味で執行力を有するかは，仲裁法の適用により左右されることになる（この問題については，(3)(a)参照）。ただ，いずれにせよ仲裁判断は，裁判所による強制執行には馴染まない内容も多いので，競技団体の自主的な履行に期待されることになる。

仲裁判断の根拠とされるルールについては，国家法は存在しない領域である

---

14) 道垣内・前掲注6) 4頁参照。

15) 但し，この点についても，手続費用に対する支援制度があることにつき，(d)(iii)参照。

ので，仲裁判断の積み重ねの中で一種の「判例法理」が構築されてきている。そこでは，前述のように，競技団体の自律性が前提とされ，仲裁パネルも競技団体の決定を基本的に尊重するものとされる。その決定を取り消すことができる場合として，①団体の決定が自ら制定した規則に違反している場合，②規則には違反していないが，著しく合理性を欠く場合，③決定に至る手続に瑕疵がある場合，④規則自体が法秩序に違反し，又は著しく合理性を欠く場合があるとされる。このような法理は，機構発足の比較的早い段階から確立されてきた[16]。このような実体ルールは，「法律の専門家と競技の専門家がそれぞれの領分を守りつつ，他方の領分については相互に判断を尊重する妥当なバランスであると評価することができよう」[17]。

(d) スポーツ仲裁の現状[18]

(i) スポーツ仲裁の件数・内容

設立当初の 7 年間ほどは，年間 1～3 件の仲裁申立てにとどまっており，しかもそのうちの多くは不応諾であった。しかるに，近時は事件数及び解決件数がともに伸びており，例えば，2013 年度は 24 件の申立て[19]，8 件の仲裁判断があり，2014 年度は 6 件申立て，4 件仲裁判断，2015 年度は 7 件申立て，6 件仲裁判断，2016 年度は 8 件申立て，6 件仲裁判断，2017 年度は 5 件申立て，2件仲裁判断となっている。このようにスポーツ仲裁は明らかに増加傾向にあり，この点は機構のこれまでの地道な広報活動（理解増進事業等）の成果と評価できよう[20]。

また，仲裁判断の対象事案の類型としては，これまでの合計 43 件のうち，代表選手選考紛争事案 19 件，資格停止・成績取消し等の不利益処分事案 17 件，

---

[16] 最初の決定は，JSAA-AP-2004-001 号（馬術事件）であるが，そこで示された考え方に基づき，その後の多くの判断で踏襲されていった。

[17] 道垣内正人「スポーツ仲裁をめぐる若干の論点」仲裁と ADR 3 号（2008 年）85 頁参照。

[18] 以下については，杉山翔一「日本スポーツ仲裁機構の現在地と今後の課題」仲裁と ADR 12 号（2017 年）43 頁以下参照。

[19] これは実質的には同一の事件が多く含まれており，16 件は取下げで終了している。

[20] 機構に対する相談件数も，設立当初 5 年間は毎年 1 ケタであったが，最近は 50 件を超える水準にあるし，問い合わせ件数も同様に増加傾向にあり，現在年間 40 件以上の水準である。

契約紛争事案 2 件，資格・登録紛争事案 2 件，その他 3 件となっている[21]。代表選考事案と不利益処分事案がほぼ拮抗し，それらで大部分を占めている。

(ii)　自動応諾条項の採択状況

前述のように，自動応諾条項の必要性については機構の発足時から認識があり，その採用に向けて発足当初から様々な働きかけがされてきた。その成果もあって，徐々に採択団体が増加している状況にある。2018 年 3 月現在，自動応諾条項を採択している団体は，スポーツ 3 団体（採択率 100%），JOC 加盟・準加盟団体 54 団体（採択率 87%），日体協加盟・準加盟団体 8 団体（同 47%），都道府県体育協会加盟団体 28 団体（同 60%），日本障がい者スポーツ協会加盟・準加盟団体 20 団体（同 26%）となっており，全体で 113 団体が採択し，採択率は 55% で 5 割を超えている。

上記のように，自動応諾条項は，オリンピック種目を管轄する JOC 加盟団体には相当に浸透してきている。ただ，依然として，かなり大きな団体（日本サッカー協会等）に非加盟のものがある点は課題として残っている[22]。他方，障がい者スポーツについては，採択率は低く，パラリンピックの普及等を踏まえて，更なるガバナンスの強化が求められている。ただ，このようなスポーツ団体は，ボランティアの延長線上で運営されている場合も多く，事務組織の脆弱性が顕著で，組織面での支援を含めた抜本的対応が今後必要になると思われる。

(iii)　手続費用に対する支援

スポーツ仲裁の利用促進のため，機構では手続費用の支援に関する規則を制定し，2011 年から同規則の運用を開始し，弁護士費用等の仲裁手続費用の支援を行っている。この支援は選手側に限られず，団体側も資力が不十分な場合には対象となるものである（上限 30 万円）。仲裁申立てとともに同規則の利用要請がされており，最近では相当の割合の事件で申立てがされ，認容されている現状にある。例えば，2016 年度は仲裁判断のあった 6 件で，6 事案の申立てがあり，すべて認容されている。これによって，費用面でのスポーツ仲裁利用

---

21)　その詳細な内容については，杉山・前掲注 18) 51 頁以下の表参照。
22)　サッカーについては CAS を利用する方針があるとされる。ただ，J リーグ等の国内トップ選手については，あるいはそれでもよいかもしれないが，学校スポーツ等ではそ

の負担が軽減されていることは制度の普及にとって大きな意味を持ち，今後も財政面を含めたその充実が期待されよう。現在は toto くじ助成金により運営されているが，スポーツ界における法の支配というその公益的側面に鑑み，その維持拡大が期待される。

(3)　スポーツ仲裁の特徴と課題

以上述べてきたスポーツ仲裁には様々な課題がある。まず，ADR 一般の課題として，広報，人材養成，財政問題等がある。広報については，前述のように，国体等に人員派遣して選手等の理解を深めるなど様々な広報活動がされ，その成果が着実に挙がってきていると言えるが，なおその知名度には課題が残る。人材養成については，スポーツ法研究会など仲裁人候補者に対する研修活動が行われているが，スポーツ法分野の裾野の拡大によってその担い手を全体として育成していくことが引き続き重要な課題である。財政問題については，スポーツ 3 団体等からの会費，toto 助成等スポーツ界からの支援を受けているが，恒常的資金を確保する努力が更に必要となろう[23]。いずれにしても，これらの課題については，一朝一夕で解決できる妙案はなく，地道な取り組みを続けていく以外にはなかろう[24]。

そこで，以下では，スポーツ仲裁に特有の課題ないし特徴として，仲裁法の適用可能性の問題，紛争解決の実効性の問題（仲裁合意の片面的受諾等の問題），第三者に対する事実上の影響可能性（手続保障）の問題に限って取り上げ，順次検討していく[25]。

れでは実際上紛争解決が図られないという問題があろう。

23)　事務職員の雇用安定化の必要につき，杉山・前掲注 18）50 頁参照。

24)　著者のみたところ，スポーツ仲裁機構は，他の分野の ADR と比較して，このような課題（広報，人材育成，財政等）についての試みが相対的に成功しているものではないかと考えている。著者の前任である道垣内正人前機構長等関係者のアイデアや努力によって，スポーツ界における紛争解決や法の支配を着実に確立してきたことは間違いなく，他の分野も含めた ADR の 1 つのモデルとなりうるものであろう。

25)　このほかの課題として，道垣内・前掲注 17）84 頁以下においては，本案の判断基準の問題，仲裁判断における競技団体への注文等の付言の記載の当否の問題，仲裁と調停の使い分けの問題等が論じられている。それらは，仲裁の実体法（準拠法）の問題のほか，やや細かく ADR 一般への普遍化が困難なものと思われるので，（その重要性は認

398　第 17 章　スポーツ仲裁の意義と課題

(a)　仲裁法の適用可能性——スポーツ仲裁は仲裁法上の仲裁か？

　まず，スポーツ仲裁に仲裁法が適用されるのかが問題となる。これは，対象となるスポーツ関係の紛争が法律上の争訟に当たるかという議論とも関連し，仲裁判断の執行力，裁判所の協力の可能性など仲裁法上の制度の利用可能性との関係で問題となるものである[26]。

　この点に関する興味深い実際の事案として，JSAA-AP-2015-001 号事案がある[27]。これは，A 空手道連盟による選手に対する懲戒処分の取消しの申立てにおいて，仲裁手続を終了する旨の判断がされたものである。本件では，申立人と相手方（A 空手道連盟）との間に仲裁合意があったかどうかが争点となったところ，仲裁パネルは，中間判断において，仲裁合意の存在を認めた（2015 年 6 月 24 日付中間判断）。そこでは，上部団体である全日本空手道連盟の規約に自動応諾条項があるところ，その加盟団体である A 空手道連盟についても当該条項が適用される旨の判断がされたものである。

　しかるに，相手方から裁判所に対して仲裁権限の存在に関する判断の申立て（仲裁 23 条 5 項）がされた。これについて，大阪地決平成 27・9・7 判例集未登載（大阪地裁平成 27 年（仲）2 号事件）は，機構の仲裁権限を不存在と判断した。その理由は，①申立人と被申立人の間に仲裁合意がないこと，②被申立人の規約には自動応諾条項がないこと，③上部団体の自動応諾条項は当該団体がした処分にのみ適用され，同条項を根拠として被申立人の規則中に自動応諾条項が存在するとみることはできないことによる。そして，仲裁パネルはこの判断を受けて，仲裁手続を続行することを不可能と認め（仲裁 40 条 2 項 4 号），本件仲裁手続を終了する旨の判断をしたものである。

　本件は以上のような経緯をたどったものであるが，ここで著者にとって興味深いのは，仲裁合意の有無の判断そのものよりも[28]，本件において裁判所も

　　められるものの）本章の検討対象とはしない。

26)　この問題については，道垣内・前掲注 17）82 頁以下参照。また，ドーピング仲裁について，上柳敏郎「上訴と仲裁——ドーピング紛争の争訟性」日本スポーツ法学会年報 16 号（2009 年）51 頁以下なども参照。

27)　以下の叙述は，機構の HP 上で公開されている同事件の仲裁判断等の記載による。

28)　もちろんこの判断自体も重要である。このような裁判所の考え方を前提とすれば，自動応諾条項の採択の仕方も，更に下のレベルの競技団体にまで拡大していく必要があ

仲裁廷も仲裁法の適用を当然の前提にして行動しているという点にある。すなわち，裁判所も含めて，少なくとも本件のような事案（競技団体による選手に対する懲戒処分）が「民事上の紛争」であるとの理解を前提にしたものと解される[29]。その意味で，スポーツ仲裁を仲裁法上の仲裁として扱ったおそらく最初の裁判例ではないかと思われる。今後，このような判断が上級審でも採用されるのか[30]，どのような事案にそのような判断が及ぶのかなど，裁判所の判断が引き続き注目されよう。

(b) 紛争解決の実効性──「片面的」仲裁（自動応諾条項の活用）

前述のように，スポーツ仲裁は，（仮にこれが法律上の争訟ではないとすれば）選手に対して唯一の紛争解決手段を与えるものであり，（仮にこれが法律上の争訟であったとしても）選手に（裁判とは異なる）現実的な紛争解決の選択肢を与えるものである。その意味で，いずれにせよ，スポーツ仲裁にとって実効性の確保は重要な課題となる。そして，スポーツ仲裁の実効性確保の観点からは，自動応諾条項がその中核を占めていることは，その制度の発足当初から指摘され続けてきた[31]。

すなわち，自動応諾条項とは，スポーツ団体側が予め（選手側が申し立ててきた場合に）機構における仲裁を応諾する旨を一方的に宣言しておく結果，選手側の申立てによって仲裁合意が成立したものと擬制される方式である。これによって，選手側は，仲裁申立てをすれば，必ずその手続による紛争解決が保障されることになる[32]。それによって，不応諾件数の減少がもたらされること

ることになり，機構の今後の活動の在り方にも重大な影響を及ぼすことになる。

29) 仲裁法が適用されなければ，裁判所は上記のような判断をする裁判権を有しないものと解される。この点は，後出注 37) も参照。

30) 仲裁法 23 条 5 項の判断については上訴が認められていないので（その趣旨については，近藤昌昭ほか『仲裁法コンメンタール』（商事法務，2003 年）109 頁以下参照），この事件は当然第一審で確定したものとみられる。したがって，上級審での判断は，仲裁判断の取消申立てなど他の類型の事件を待たなければならない。

31) 道垣内・前掲注 17) 80 頁以下参照。また，道垣内正人「日本スポーツ仲裁機構の活動」自正 58 巻 2 号（2007 年）38 頁は，法律によって自動的仲裁付託条項を義務化することも考えられないわけではないとする。ただ，これは最後の方策として，本来的にはスポーツ界の自発的な動きによるべきものとし，中間的な形として，補助金使用に関する外部チェックのポイントとして自動応諾条項の採用を重視する（同頁注 22 参照）。上記のような法律の規定を設けることができるかは，憲法の観点からも疑義が否めず（こ

400　第17章　スポーツ仲裁の意義と課題

になる。実際，不応諾件数は，当初は申立事件のうち多数を占めていたが，2013年度の3件，2014年度の3件，更に，2015年度には1件，2016年度は0件，2017年度は2件と減少傾向にあり，申立件数の増加にもかかわらず，着実に減少しており，望ましい傾向にある。また，自動応諾条項の未採択団体も着実に減少している。一定数の未採択団体があるが，更なる採択率の向上に向けた試みとして，①スポーツ基本法・基本計画におけるスポーツ仲裁の明確な位置付け，②国体における実施競技に関する評価ポイントとして自動応諾条項の考慮，③統括団体による自発的取組み[33]など多様な努力が続けられている。

　(c)　第三者に対する手続保障——代表選考事案における他の選手への影響の可能性

　スポーツ仲裁に特有の問題として，紛争の解決の影響が必ずしも当事者に限られないという点がある。代表選考事案における仲裁事件の当事者は，あくまでも選考されなかった選手と競技団体である。しかるに，その申立てが認められると，代表の上限人数等の関係で他の選手に事実上影響が及ぶ可能性が否定できない。例えば，オリンピックのマラソンの派遣選手は，各国上限3名と決まっているとすると，その選考から漏れた選手の申立てを認めた場合，それによって日本として4名の派遣ができるわけではないので，既に選考されていた選手の内の1名は派遣されなくなるおそれが生じることになる。あるいは，チーム競技の場合，ある選手を選考しない旨の決定を取り消すと，実際上同一のポジションの他の選手が選考されなくなるおそれが生じる。このような第三者に対する事実上の影響をどのように考えるかは，スポーツ仲裁に特有の1つの論点となる。このような場合に，影響が及ぶ可能性のある第三者に仲裁手続における手続保障を与える必要はないのかという問題である[34]。

　これは，スポーツ仲裁が一種の行政審判型のADRであることに起因すると考えられる[35]。同様の問題は，行政紛争の場合にも存在するからである。例

　の点は3(2)(b)参照），機構の進んできた途は望ましいものであったと評価できよう。

32)　また，仮に裁判が可能であるとすれば，選手側は裁判か仲裁かの紛争解決方法の選択権を有することになる。

33)　東京都体育協会の試みにつき，杉山・前掲注18) 49頁参照。

34)　この問題につき，創造的な仲裁判断の可能性という観点から論述するものとして，道垣内・前掲注17) 85頁以下参照。

えば，建築基準法違反に基づき建築確認処分の取消しを周辺住民が求める場合
には，当事者は周辺住民対行政主体であるが，それによって建築確認処分が取
り消されれば，建設会社は当該建物の建築を続行できなくなり，損害を受ける。
そこで，この行政不服申立てのプロセスに建設会社（第三者）を参加させる必
要はないかという問題が生じるわけである。これと同様の問題がスポーツ仲裁
にも生じるところ，それをどのように考えるかが1つの課題となる[36]。

3 スポーツ仲裁の理論的課題

　以下では，上記 *2*(3)で述べたスポーツ仲裁に特有の課題について，理論的
な観点から若干の検討を加えてみる。

(1)　仲裁法の適用——「民事上の紛争」の意義

(a)　仲裁法適用の意義

　スポーツ仲裁に対する仲裁法の適用の有無を考える前提として，まず仲裁法
が適用されることの意味がどこにあるかを確認しておく。仲裁法の規定の多く
はデフォルト規定であり，仲裁機関において規則を定めていれば余り問題はな
い。例えば，仲裁人の選任や仲裁の手続に関する規定等は，仲裁法が適用され
ようとされまいと，規則で完結的に規定を設けておけば，問題が生じることは
ほとんどない。その意味で，法律の適用がなければ達成できない規律は，主と
して裁判所との関係に関するものであると考えられる。裁判所は，根拠規定が
なければ仲裁手続に協力等することは考えられず[37]，実質的にその制度の適

　35）　スポーツ仲裁を行政法の観点から分析する論稿として，南川和宣「スポーツ仲裁機
　　　構と行政法理論」修道法学 28 巻 2 号（2006 年）373 頁以下参照。そこでは，特に行政
　　　裁量の審査に関する理論から，スポーツ仲裁における競技団体の処分に係る裁量審査の
　　　在り方等が論じられている。
　36）　なお，このほかにも，当事者の手続保障の問題として，緊急仲裁の問題もある。競
　　　技会の開催直前に，選手選考等の紛争に係る申立てがされた場合には，緊急仲裁による
　　　対応にならざるをえない。ただ，そうすると，短期間に防御を強制される相手方競技団
　　　体の手続保障に大きな問題が生じる可能性がある。他方，通常仲裁になると，申立人側
　　　の権利救済（競技会への参加等）が事実上不可能になるため，極めて困難な課題となる。
　　　これも行政紛争における緊急保全措置と類比できるが，行政に比べて（法的）対応能力

402　第 17 章　スポーツ仲裁の意義と課題

用可能性を左右することになる。具体的には，裁判所による証拠調べや仲裁人の補充的選任等が考えられるが，これも多くの場合，実際には仲裁機関において完結することが可能なものであろう。

　実際上最も重要と考えられるのは，仲裁判断の執行・取消しの場面である。これは，規定がないとすると，裁判所の介入は考えられず，相手方が従わなければ仲裁判断は実際には紙切れになりかねず，逆にいかに不当な仲裁判断であってもその取消しの途は閉ざされることになる。そこで，仲裁法の適用可能性が争点となりうるが，まず強制執行については，それが必要となる場面は，すなわち競技団体側が仲裁判断に従わない場合である。例えば，選手選考について競技団体が仲裁判断を無視したり，処分について取消しを無視してそのまま資格停止等の措置を継続したりする場合である。そのような行動を競技団体が採った場合の社会的批判やスポーツ庁等行政による事実上の指導などを考えると，実際には考えにくい（これまで実例もない）が，全くありえない事態ではない。また，仲裁判断の取消しは，十分に考えられるところで，裁判所の介入によって不当な仲裁判断を是正する機会は，当事者の手続保障としても重要なものである[38]。

(b)　「民事上の紛争」の一般的意義

　そこで，スポーツ仲裁に仲裁法が適用されるかを考えてみる。仲裁法が適用される紛争は，仲裁合意の存在が前提になる。そして，仲裁合意の定義として，それが「民事上の紛争」の解決を対象にするものであることが要件とされているので（仲裁 2 条 1 項），「民事上の紛争」の意義が問題となる。

　この点，旧法下では「争」が仲裁契約の対象とされていた（公示催告手続及ビ仲裁手続ニ関スル法律 786 条・787 条）。そして，その意義として，判例上，仲裁契約がなければ裁判所に係属すべき民事訴訟事件を指すものと解され[39]，法

　　　が低い競技団体が相手方になるだけに，より深刻な手続保障の課題が生じることになる。
　37)　これは国家機関である裁判所の介入権限を定める規律であり，このような場面では一般に類推適用の余地は極めて小さいと思われる。
　38)　実例としてあった前述の仲裁権限の否定の申立て（*2*(3)(a)参照）は，仲裁判断まで出されていればその取消しの問題になりえた事例であり（仲裁法 44 条 1 項 2 号など参照），仲裁法適用の意義を示唆するものとも見られる。
　39)　大判大正 13・3・29 民集 3 巻 207 頁参照。

律上の争訟性が前提とされていた[40]。現行法でも同様に法律上の争訟を前提とする見解がなお通説といえる[41]。

しかし，現行仲裁法の下ではこの点について異論もある。かつて著者が問題を提起したのは[42]，「そもそも権利義務に関する争いであるのか，また仮に権利義務に関する争いであっても，法令の適用によって解決されるべき問題であるのかどうかについて，疑いがあり得る場面もあります。ただ，『民事上の紛争』ということからすれば，このような場合でもそれにあたるような場合もあり得るのかなと思います。そういう意味で，果たしてどこまで法律上の争訟性が必要であるのか，もう一度真剣に検討してみる必要があるのではないかといった問題意識を持っています」というものであった。それを更に敷衍した議論として，「新法の下での『民事上の紛争』とはより広い範囲の紛争を含む概念であると解される。厳密な意味では，法律上の争訟とはいえなくても，刑事ではない民事に属する紛争，すなわち，当事者間の利害対立が認められるような事項については仲裁の対象になると考えるべきであろう」として[43]，法律上の争訟の概念と仲裁法の適用対象の切り離しを模索した。このような見解を支持する見解として，例えば，小島教授ほか[44]は，「この問題は，裁判法，民事訴訟法制の全体構造と関連させて考えるならば，緩やかな意味での法律性を要求するべきものであろう。あるいは，厳密には法律上の争訟に当たるといえなくとも，当事者間に利害対立が認められるような事項であれば，民事上の『紛争』に当たると考えることもできるであろう」とされる。これら最近の見解によれば，法律上の争訟と民事上の紛争＝仲裁法の適用は，必ずしも直結するものではないということになろう。

---

40) 小山昇『仲裁法〔新版〕』（有斐閣，1983年）50頁，小島武司＝高桑昭編『注解仲裁法』（青林書院，1988年）44頁〔小島武司＝豊田博昭〕，高桑昭＝道垣内正人編『国際民事訴訟法〔財産法関係〕』（青林書院，2002年）427頁〔青山善充〕など参照。

41) 立案担当者の見解として，三木浩一＝山本和彦編『新仲裁法の理論と実務』（ジュリスト増刊，2006年）68頁〔近藤昌昭〕参照。同旨として，小島武司＝高桑昭編『注釈と論点 仲裁法』（青林書院，2007年）43頁〔猪股孝史〕参照。

42) 三木＝山本編・前掲注41）59頁〔山本和彦〕参照。

43) 山本和彦＝山田文『ADR 仲裁法〔第2版〕』（日本評論社，2015年）310頁参照。

44) 小島武司＝猪股孝史『仲裁法』（日本評論社，2014年）71頁参照。

(c)　スポーツ仲裁への当てはめ

　以上のような議論を前提に，スポーツ仲裁に関する仲裁法の適用の有無を考えてみる。まず，前提としてスポーツ仲裁といってもその内容には様々なものが含まれており，その対象によって相違がある可能性には留意が必要である。以下では，実際上最も多い（2(2)(d)参照）代表選手選考事案と選手懲戒等の不利益処分事案を念頭に置いて考えていく[45]。

　まず，民事上の紛争を法律上の争訟に限定する見解（通説）を前提として，どうなるかを考えてみる[46]。裁判所法 3 条の法律上の争訟の意義については，「法主体間の具体的権利義務に関する争いであって，法令の適用により終局的に解決しうべきもの」とするのが判例・通説である[47]。すなわち，そこでは，権利義務性と法令適用性がメルクマールとなる。例えば，権利義務性を求める判例として，最大判昭和 27・10・8 民集 6 巻 9 号 783 頁〔警察予備隊違憲訴訟〕，最判昭和 29・2・11 民集 8 巻 2 号 419 頁〔村議会予算議決無効確認事件〕，最判平成 3・4・19 民集 45 巻 4 号 518 頁〔最高裁規則取消訴訟〕などがあり，法令適用性を求める判例として，最判昭和 41・2・8 民集 20 巻 2 号 196 頁〔国家試験の合否を争う事件〕，最判昭和 56・4・7 民集 35 巻 3 号 443 頁〔宗教上の教義を争う事件〕などがある。

　スポーツに関する法律上の争訟性を論じた下級審裁判例として，東京地判平成 6・8・25 判時 1533 号 84 頁がある。これは，自動車競技における 1 周減算のペナルティを受けた競技者が日本自動車連盟に対してその制裁の取消しを請求した事案で，「スポーツ競技における順位，優劣等の争いについても，それが，私人の法律上の地位に直接影響を与えるものでない場合には，これが司法審査の対象となるものでないことは明らかである」として訴えを却下したものである。同様に，東京地判昭和 63・9・6 判時 1292 号 105 頁も，被告が日本シ

---

45)　なお，契約紛争事案（具体的には代表監督からの解任決定等）は，法的には契約の解除をめぐる紛争といえ，法律上の争訟に当たることは当然と考えられる。なお，不利益処分事案の一部についてもやはり契約構成が可能なものがありうるとみられ，そのような類型は当然仲裁法の対象となろう。

46)　この観点に基づき，スポーツ仲裁への仲裁法の適用に疑義を呈する見解として，三木＝山本編・前掲注 41) 68 頁〔近藤〕がある。

47)　兼子一＝竹下守夫『裁判法〔第 4 版〕』（有斐閣，1999 年）66 頁など参照。

ニア・ゴルファース協会の正会員の地位を有しないことの確認請求について，（法令適用性は肯定しながら）被告は「主として会員間の親睦を図ることを目的とし，懇親会やゴルフ競技会の開催を主たる事業とする私的ないわゆる社交団体である」ことから，「一般市民社会とは異なる特殊な部分社会を形成しているものというべきである」として，訴えを却下している[48]。これらは，競技団体の自律性を前提に権利義務性の要件を欠くと判断したものと解される[49]。

　しかし，このような判断は，法律上の争訟の理解として，やや狭すぎるのではないかと思われる。特に権利義務性の論点に関しては，オリンピック等で代表選手に選考されること（オリンピック等に出場できること），一定の競技大会に選手として出場できること，（そして登録や団体加盟がその出場の前提になっているとすれば）登録停止・除名等を受けないことは，少なくとも現代社会においては，選手の「権利」の問題と考えてよいのではないかと思われる。スポーツ選手にとって競技大会に出場して，そのパフォーマンスを一般に示す機会が与えられることは，その基本的な権利として認識できるものであろう[50]。そうであるとすれば，そのような大会に正当な手続に基づいて派遣されうること，その出場の資格が不当な手続で奪われないことも，選手の権利と言ってよいのではなかろうか[51]。現在でも，慰謝料等金銭請求は可能とされており[52]，その

48)　これらの裁判例を支持する見解として，道垣内・前掲注17) 82頁，菅原哲朗「動き出したスポーツ仲裁制度」自正55巻2号（2004年）53頁など参照。

49)　これについては，最大決昭和28・1・16民集7巻1号12頁における田中耕太郎裁判官の少数意見が，例示としてではあるが，スポーツ団体にも独自の法秩序を肯定している点が注目される。すなわち，田中意見は「国家なる社会の中にも種々の社会，例えば公益法人，会社，学校，社交団体，スポーツ団体等が存在し，それぞれの法秩序をもっている」とされる。ただ，そこでは会社なども例示されていることからすれば，その内部の紛争がすべて司法権の外にあるとまで言われる趣旨ではないようにも解される。

50)　スポーツ基本法などでも，国際競技大会や全国規模の競技大会への出場は，選手の重要な利益として位置づけられているように思われる。

51)　前掲昭和63年判決は，原告以外のメンバーの会員資格の有無をめぐる紛争であり，「本件会員に被告の正会員となる資格を認めたとしても，原告の主観的名誉感情を損なうことは格別，被告の団体としての目的・性格に照らし，当然に原告の具体的権利を侵害し，又は公共の利益を侵害することになるとはいえない」としているので，スポーツ仲裁の対象とはやや異なる類型の事案である。また，競技会の成績取消しや下部リーグへの降格等の処分は，必ずしも上記のような選手の権利に直結するものではないとすれば，前掲平成6年判決の判断も理解できないではない。その意味で，現段階では，スポ

地位が金銭化できればその面で司法審査の対象となり，そうでなければ対象とならないというのは，やや事柄の本質を逸しているように見える（実際には精神的損害を含めれば，ほぼ金銭化は可能であろう）。権利義務性も社会通念の変遷によって移り変わり，現代においては，上記のような選手の地位が法による保護の対象になりうることに社会的コンセンサスが広く生じているのではないかというのが著者の認識である。

　他方，法令適用性の問題はなお残る。例えば，試合における審判の判定が代表選考の前提となり，それを争うような事案は，法律上の争訟には当たりえないと解される。法の適用によって解決できる問題ではないと考えられるからである。これに対し，不当な他事考慮が働いて選考から外れたり，不当な手続で資格停止等がされたりする場合には，その救済のためにやはり司法審査の可能性が開かれるべきであろう。そのような紛争における審査の内容は，他の団体紛争の場合と大きな差異はないと考えられるからである。

　次に，民事上の紛争は法律上の争訟に限定されないとの前述のような考え方を前提にすると，どうであろうか[53]。上記のように民事上の紛争を理解するとすれば，いずれの紛争類型においても当事者間に解決を要する利害対立が認められることは明らかであり，民事上の紛争と理解することは可能である。あとは，仲裁機関がそれを解決の対象として考えるかどうかの問題となる。その意味で，法律上の争訟とは考えにくい試合中の審判の判定なども仲裁法上の仲裁とはなりうると解される。現在，日本スポーツ仲裁機構では試合中の審判の判定は対象としていないが（2(1)(c)参照），それは法律上の争訟性の問題というよりは，そのような紛争は競技団体の自主的判断に委ねるべきという機構の政策的考慮によるものと解されることになる。仮にそのような紛争を仲裁の対象とした場合，なお仲裁法の適用は肯定されると解してよいのではないかという

　　ーツ仲裁の対象紛争について法律上の争訟該当性につき判断した裁判例は余りないのかもしれない。

52)　この点は，道垣内・前掲注17) 82頁以下及びそこに掲げられた裁判例参照。

53)　スポーツ仲裁に仲裁法の適用を認めうるとする見解として，山本＝山田・前掲注43) 310頁参照。そこでは，「スポーツ仲裁なども，民事上の紛争に関するものとして仲裁法の適用される仲裁合意と考えてよいように思われる」とする。同旨として，中村達也「仲裁と法律上の争訟」最先端技術関連法研究12号（2013年）1頁以下など参照。

のが著者の見解である。

(2) 実効性――自動応諾方式

(a) ADR における実効性の重要さ

ADR の利用を促進する工夫としては，ADR の一般的広報による制度の認知や個別的広報による各 ADR 機関の周知がまずもって必要であろう[54][55]。ただ，ADR は，通常の商品・役務とは異なり，紛争解決というかなり特殊なサービスを提供する事業であり，一般社会に向けて広報することは，（無意味ではないが）効率は良くないと思われる[56]。むしろ社会において紛争解決に携わり，紛争が生じた場合に紛争当事者からの第1次的アクセス機関となるような主体，スポーツ仲裁の場合はやはり弁護士等に対して ADR の認知を進め，メリットをアピールすることが重要と考えられる。

他方，もう1つ重要なポイントとして，ADR を利用した場合に（多くのケースで）実際に紛争の解決が図られることの担保が必要であろう。せっかく ADR を利用したが結果として紛争が解決できない場合，結局，利用者は訴訟を起こさざるをえず，二重手間になる。そのようなケースが多ければ，口コミ等でその問題点が広がり，他の人も利用を躊躇することになろう。

この点は，特にスポーツ仲裁について重要な意味を持つ。なぜなら，第1に，前述の法律上の争訟の議論とも関連するが，裁判による解決という選択肢が仮に存在しないとすれば，スポーツ仲裁で解決できないと，紛争の解決は絶対的に図られないことになるからである。スポーツがこれほど重要な問題となり，社会的関心を集め，また実際上は巨額の資金が動くビジネスの側面を持つとすれば，その紛争の解決の仕組みを社会が持たず，自力救済に委ね，多くの場合

---

54) この点は，本書序章 **6**(1)も参照。

55) また，具体的な解決結果を（可能な範囲で）公表することも，利用者に安心感を与え，間接的な利用拡大に資する。この点は，ADR の特性である秘密保持との間で調和を図る必要があるが，様々な工夫が可能であろう。なお，スポーツ仲裁においては，仲裁判断の全件を（個人名等を匿名化した上で）機構の HP において公表しており，最も透明化の進んだ ADR 機関の1つと言えよう。

56) 一般の人は通常，商品や役務を購入する時点では自分がそれについて将来紛争に巻き込まれることをほとんど想定しておらず，その時点で紛争解決方法の広報をすることには余り意味がないことが多いと考えられる。

408　第 17 章　スポーツ仲裁の意義と課題

に結局は弱い立場の選手側の泣き寝入りに終わることは，社会的にみて，また正義の観点からみても正当とは思われない。この場合，仲裁が通常の裁判の役割，すなわち紛争解決のラストリゾートの役割[57]を果たさざるをえないとすれば，その実効性は必要不可欠の前提条件となる。

　第 2 に，スポーツの分野においては，前述のように，いわゆる体育会的な雰囲気が強く，弱い立場の選手が競技団体等を相手に ADR を申し立てることには，それ自体極めて高いハードルがある。場合によっては選手生命をかけることにもなりかねない[58]。それにもかかわらず，そのようなハードルを越えてあえて仲裁の申立てをしてみても，紛争が解決されないとすれば，選手の申立ては到底期待できないことになろう。ハードルを越えて申立てさえすれば紛争の解決が期待できるという「保障」がやはり必要不可欠である。

(b)　ADR における実効性確保の多様な仕組み

　そこで，実効性確保の仕組みが必要であるが，一般的に言えば，ADR におけるそのような実効性確保には多様な方法が考えられる。そこには，リジッドなスキームとソフトなスキームがありうる（この点は，本書序章 6(1)も参照）。

　まず，ソフトなスキームとしては，ADR 機関が解決案を示して，当事者を拘束しないものの，訴訟になってもその結果が事実上尊重されるような運用の積み重ねによって，当該 ADR において実際上紛争解決が期待されるような仕組み（非拘束仲裁・中立裁定型）がある。筆界特定（本書第 18 章参照）や SOFTIC（ソフトウェア情報センター）のソフトウェア紛争解決センターの中立評価など実際にこれが一定の機能を果たしている分野もある。しかし，少なくともスポーツ仲裁の分野では，前述のように，特に実効性確保が重要と考えられ，このようなソフトな仕組みは不十分なものと言わざるをえない。また，リジッドなスキームの前提条件である，相手方の特定[59]，相手方が受諾や尊重を強制されてもやむをえない主体であること，ADR 機関に対する信頼が高いこともスポ

---

　57)　これについては，山本・前掲注5) 5 頁以下参照。
　58)　前述の千葉すず事件がそれを表している。CAS の仲裁判断後，千葉すず選手は，結局シドニーオリンピックに出場できず，そのまま現役を引退したようである。
　59)　不特定の相手方を前提にしながら，事前に仲裁合意を調達することや尊重義務を賦課することは困難と考えられる。

ーツ仲裁ではほぼ充たされていると考えられる。相手方競技団体は有限であるし，選手との相対的な力関係からしても受諾等の強制は正当化できよう。そして，最後の点も，日本スポーツ仲裁機構の発展に伴い，充足してきているとの評価は可能ではないかと思われるからである。

そこで，もう少しリジッドなスキームを検討することになる[60]。まず最もリジッドな枠組みとしては，片面仲裁がある。これは，一方当事者の合意を前提に仲裁手続を行い，仲裁判断は当該当事者のみを拘束し，相手方当事者は拘束しない（相手方はそれに不服があれば訴訟を起こすことができる）というスキームである[61]。この点，一方当事者がそのような片面的な拘束を甘受する（換言すれば裁判を受ける権利を一方的に放棄する）とすれば，憲法違反ではないという見方も可能である。しかし，紛争解決における武器対等性を考えるとき，そのような合意の効力を安易に認めることはやはりできない。またこのような合意がされても，当該当事者が提訴した場合，仲裁合意ではないので，訴訟契約としての効力が問題となるが，直ちに有効として訴えを却下することにはならないように思われ，その場合，実効性に疑義が生じる。そうだとすれば，このような仕組みに基づき制度を構築することは難しいということになろう。

そこで，別の方式で実効性を確保する試みが実務上は主流となる。そこで見られるのは，片面的応諾と片面的調停案尊重のスキームである。これらは，固有の片面仲裁を微調整するものと言える。すなわち，前者は仲裁合意として相手方も拘束を受ける点で修正するものであるし，後者は（手続応諾義務は認めるものの）仲裁ではなく（法的な）拘束力はいずれにも認めない点で修正する（その代わり，一方当事者に対する尊重＝事実上の拘束で問題の解決を図る）ものと言える。

まず，片面的応諾，すなわち自動応諾条項である。これは，一方当事者（競技団体）が，相手方（選手側）が仲裁を申し立ててきた（選手側が仲裁合意を受諾

---

60) 以下の分析についてより詳細な検討として，山本和彦「片面拘束型 ADR の意義と課題」仲裁と ADR 13 号（2018 年）1 頁以下参照。

61) これが仲裁法上の仲裁でないことは明らかである。仲裁合意の定義上（仲裁 2 条 1 項），紛争解決を「仲裁人にゆだね，かつ，その判断（中略）に服する旨の合意」が必要になり，両当事者が共に仲裁人の判断に服することが大前提となっているところ，片面仲裁はこれを充たさないからである。

した）場合は，当然に仲裁に応じる旨を予め（紛争前に）合意しておく方式である。その結果，選手側の申立てに基づき当然に仲裁合意が成立したこととなり，両当事者が仲裁判断に拘束されることになる。片面仲裁との違いは，選手側も仲裁判断に拘束される点であり，これによって一方的放棄による裁判を受ける権利に対する侵害への疑義を解消しうることになる。他方，選手側は（手続開始前は）訴訟の選択肢を持ちうるという利点があることになる[62]。

　次に，片面的調停案尊重のスキームは，一方当事者（競技団体）が，調停委員会の示した調停案を尊重する旨を予め宣言しておく方式である。他方，選手側は調停案を自由に拒否することができる。片面仲裁との違いは，競技団体側も調停案に法的に拘束されるものではなく，（尊重はするが）ギリギリの所では拒否権が認められる点であり，これによって前述の憲法上の疑義を解消することになる。他方，片面的応諾とは異なり，（スポーツ団体とともに）選手側も拘束を否定できることになり，手続開始後に（結果を見てから）諾否の選択ができるので，選手側の自由度はより広いと言える。他方，調停案の尊重が（監督官庁のプレッシャーなどで）強く働けば実効性も高いものとなる。その点で，金融ADR，自動車事故ADR，原子力損害賠償ADR等 B to C の ADR や政策的ADR では近時このスキームは多用される傾向にある。

　制度設計としては，この両者が考えられるが，スポーツ紛争の関係では，前者が望ましいとの判断があったものと考えられる。それは，著者が忖度するに[63]，①スポーツ団体に事実上調停案を尊重させる契機に乏しい点（金融等のように監督官庁があるわけではないし，原発事故事案のように社会的圧力にも期待しにくい点），②裁判に代わるという性質からすれば，判断が出た後に回避できるという帰結は望ましいとはいえない点，③スポーツ界における法の支配という目的からは，選手に対しても拘束を認めて，ルールを確立していくべき点などがあったのではないかと思料される。

---

62)　この点は，このようなスポーツ紛争について法律上の争訟性を否定すれば利点ではなくなるが，そのように解する場合には，いずれにしろ仲裁しか解決方法はないので，仲裁判断への拘束は選手側にとっても不利益ということにはならない。

63)　実際には，スポーツ仲裁の制度発足時には，片面的調停案尊重スキームが必ずしも普及していなかったという理由もあるかもしれない。

(c) 自動応諾方式の意義と課題

　以上のように，スポーツ仲裁では自動応諾方式が選択されており，そこでは，強力な実効性を確保して利用の拡大を図りながら，選手側も拘束される点で，競技団体側からも魅力がある制度になっているように見受けられる。スポーツ仲裁が，自動応諾方式の普及によって，裁判に代わる紛争解決方式としてスポーツ界における法の支配の確立に寄与していくことが期待される。

　その意味で，このような自動応諾条項が拡大し，最終的にはすべての競技団体で自主的に採択されることが期待される。ただ，この方式を拡大していく際の課題は，まさに自動応諾をするかどうかは，各団体の自発性に委ねられている点にある。それこそが強制（片面）仲裁になることを回避できる根拠であり，この方式の中核にある考え方であるが，スポーツ界にそのメリットや意義の理解が浸透しないと，自動応諾に応じてもらえないことになる。その意味で，啓蒙活動を含めた継続的な働きかけという地道な努力こそが重要であるが，自動応諾する団体の増加が何よりも大きな課題となる。そのような努力の方途としては，制裁と誘導（「北風と太陽」）がありうる。

　一方では，自動応諾しないことのデメリット（北風）の活用である。例えば，自動応諾せずに具体的な事件が起こった場合に，仲裁手続を応諾しなかった団体について公表することがある。団体名公表によって生じる（紛争解決に応じない団体，コンプライアンスに消極的な団体であるという）社会的な評価ないし批判に基づく競技団体の姿勢の変化に期待するものである[64]。機構でも，最近，申立事件について当事者名を公表することで，その結果を公表することと併せて，結果として仲裁申立てについて応諾しなかった団体名が明らかになるような運用が採用されている。

　他方で，自動応諾することのメリット（太陽）にも期待される。例えば，自動応諾条項の採用を団体のコンプライアンスを表わす指標として捉え，強化資金の配分や当該競技の大会参加（国体の実施競技等）の判断に際して考慮することが考えられる[65]。当該競技の発展において，中心となる団体が紛争解決に

64）　これは，公表を義務の履行方法として活用する行政上の手法に類似する。公表のこのような位置付けについて，例えば，藤田宙靖『行政法入門〔第7版〕』（有斐閣，2016年）は，行政法上の義務履行の間接的強制手段の代表的方法として「公表」を挙げる。

も十分な意を払っているかどうかを勘案するものとして，合理的な指標と言えよう。これによって，間接的に自動応諾を促進する構想である。前述のように（2(3)(b)参照），このような方策は当初から念頭に置かれ，一部で既に実現している。

他方で，自動応諾に値する信頼感を ADR 機関が確保することも重要である。裁判に代わる手続として，その手続及び判断の質を高める不断の努力が必要ということである。そこで，仲裁人の質の向上（研修）の重要性が指摘されるとともに，仲裁手続の関係では，両当事者に十分な手続権を保障する必要性も強調されるべきである（これは(3)の問題に繋がる）。

(3) 手続保障の問題——第三者への影響

(a) 第三者に対する影響の問題

スポーツ仲裁の特殊性の１つの要素は，前述のように，行政的な性格（行政処分に対する不服申立てと同様の状況）にある。行政処分の三面性が最近よく議論されているのと類似した状況にあるということである。特に代表選考事案については，団体の決定において代表とされなかったある選手について，仲裁判断で逆転して代表にすると命じるとすれば，（全体の代表選手の数に制限がある場合等には）必然的に他の選手が落選するおそれが生じ，当該第三者の利益をどのように保護するかが課題となりうる。

ただ，この点は仲裁判断の在り方の問題でもある。道垣内正人教授は，これを「創造的な仲裁判断の可能性」の問題として論じられるが，結論としては，競技団体の裁量権を尊重する必要があり，A を代表選手にするという仲裁判断はそもそも相当ではなく，A を選定しなかった決定（又は B を選定した決定）を取り消すところまでが仲裁の果たすべき役割であり，その後にどのような形で選手選考をやり直すか，例えば再試合等を行うかは競技団体の判断に委ねら

---

65) なお，ドーピング仲裁には，日本アンチ・ドーピング規程による仲裁の仕組みがあるが（その仕組みは，道垣内・前掲注17）81頁注３参照），トップスポーツ団体はすべてこれを受け入れている。その中では，この紛争解決方式の受容が国際大会への参加の前提になっており，その受入れが事実上強制されている面が大きいとされる。一般的なスポーツ仲裁も将来的にはそのような段階に至ることが期待されよう。

れるべきものと解されている[66]。

　確かにこの点の指摘は，そのとおりである。しかし，それでも，既に選考されているB選手にしてみれば，再試合等再度の選考に晒される結果になり，その利益が害されることは否定できない。その意味では，仮に「創造的な仲裁判断」を否定したとしても，Bの手続保障をどのように考えるかという問題は残ることになる。実際にも，例えば，ボートの事例（JSAA-AP-2011-003号）がある。これは，ロンドン五輪のアジア大陸予選への派遣において補欠とされた決定を不服としてある選手が仲裁申立てをしたところ，上記決定を取り消す仲裁判断がされた。その判断に従って，再レースが行われ，結局，仲裁申立人が代表として選ばれることになったようである。その結果として，（この仲裁判断がなければ）代表に選ばれていたはずの選手はオリンピック代表から漏れることになったわけであり，確かに当該選手には再レースの機会は与えられたが，それでも最初の決定を取り消す際に手続保障がなくてもよかったのかは，手続論としてなお問題となりえよう。

(b)　第三者に対する手続保障の可能性

　以上のような第三者への影響は，行政訴訟においても，対世効をもつ判決がされ，第三者の利益が害されるおそれがある際に常に問題となる。また，民事訴訟においても，対世効をもつ判決についてはやはり様々な議論がされているところである。例えば，近時，会社関係訴訟について，第三者の再審申立てを認める最高裁判決が出され[67]，それを契機として議論がされている。

　そこで，手続保障の観点から，第三者に対する判決効を正当化する根拠はどこにあるのかが問題となる。この点については，以下のような点が指摘されている[68]。まず第1に，当事者適格を有する者の訴訟追行能力である。その者が十分な能力や配慮をすることで，第三者の手続保障を代替するという考え方である。例えば，行政庁（国）や会社，検察官を被告適格者とすることで，そ

---

[66]　道垣内・前掲注17）85頁以下参照。

[67]　最決平成25・11・21民集67巻8号1686頁，最決平成26・7・10判タ1407号62頁など参照。

[68]　包括的な論述として，新堂幸司『新民事訴訟法〔第5版〕』（弘文堂，2011年）300頁以下参照。

の判決の効果を受ける第三者の利害も吸収できると考えるものである。しかし，おそらくこれだけでは第三者の手続保障の正当化は難しいという理解が現在では一般的と思われる。第2に，裁判所の後見的な配慮である。職権探知や職権証拠調べによって間接的な利益保護を図るものである（行訴24条〔職権証拠調べ〕，人訴20条〔職権探知〕など参照）。第3に，第三者に直接の手続保障を与える方法として，訴訟への参加の機会を付与するものである（行訴22条〔訴訟の結果により権利を害される第三者の参加（職権でも可能とされる）〕，人訴15条〔利害関係人の訴訟参加〕，更に同28条〔それを保障するための訴訟係属の通知〕など参照）。第4に，事後的な手続保障の補充として，第三者の（詐害）再審を承認することである[69]（行訴34条〔第三者が帰責事由なく参加できなかった場合〕，会社853条1項〔責任追及訴訟の場合〕など参照）。

　この点をスポーツ仲裁で見てみると，第1点の競技団体の能力に期待することは，ある程度は妥当するが，一般化することは難しく（その手続追行能力の格差は激しい），やはりこの点だけでは第三者の手続保障の欠缺を正当化することは困難であろう。また，第4点は代表選考のような場合，救済にはなりにくいことが多いであろう。仮に後から仲裁判断を取り消す機会が付与されたとしても，選手の大会への参加等はもはや不可能であり，実質的な救済には遅いことが多いからである。その点で，第2点及び第3点が重要である。

　まず，第2点の仲裁機関の後見的関与であるが，スポーツ仲裁の枠組みとして，職権主義を前提にする（弁論主義の適用はない）と理解されているとすれば，一定程度の後見的手続保障は担保できる可能性がある。この場合，問題は仲裁パネルの実質的な能力の点であるが，実際上職権で事実を探知したり，証拠調べをしたりすることは極めて難しいであろう。仲裁パネルを補助する補助者制度の充実などによって補完の可能性はあるが，決定的な対策にはなり難いように思われる。

　そこで，第3点の参加制度という直接的な手続保障にやはり期待せざるをえないように思われる。すなわち，当該仲裁判断によって影響を受ける可能性の

69）　この点に関する立法論として，三木浩一＝山本和彦編『民事訴訟法の改正課題』（有斐閣，2012年）176頁以下は，第三者再審制度の民事訴訟法への一般的な導入を論じる。

ある第三者について，仲裁手続に参加する機会を付与する制度の可能性である。これは，現行スポーツ仲裁規則では全く想定されていないが，そのような制度の設計には，仲裁合意がない第三者を手続に加えることの根拠や仲裁手続の非公開性との関係等多くの解決すべき課題がある[70]。そのような方途の理論的な困難性に鑑みれば，実質的にその手続保障を図るためには，むしろその者の意見を聴くための必要的陳述聴取等の手続が現実的とも思われる[71]。参加を認めることに比べれば手続保障は弱くなることは否めないが[72]，運用による対処は可能かもしれない。引き続き理論的な検討が必要な課題である。

スポーツ仲裁における手続保障の問題は，この第三者の問題だけではない[73]。前述のように，裁判に代わる強制的契機を内在するスポーツ仲裁のようなADRにおいては，手続保障は特に重要な課題である[74]。また，実践的にも，自動応諾を正当化するためにはその充実は不可欠の前提となる。今後，更に検討が深められていくことを期待したい。

4 おわりに

スポーツ仲裁は，ADRの1つの在り方を考える題材として大変興味深いも

---

70) 日本商事仲裁協会における第三者の参加制度も，他の当事者全員の同意が前提条件とされており（仲裁規則52条参照），ここで論じようとしている参加制度とは異質のものである。

71) 近時，利害関係人の手続保障を充実した非訟事件手続法・家事事件手続法の規律も一定の参考になる可能性がある。例えば，必要的陳述聴取については，別表第2事件（家事68条1項），家事抗告事件（家事89条1項），会社非訟事件（会社870条2項）などにおいて認められている。

72) 前注のような必要的陳述聴取が必ずしも手続保障を図る制度とは認め難い旨の意見もある。高田裕成編著『家事事件手続法』（有斐閣，2014年）65頁以下の山本克己教授の発言を参照。ただ，そこでの金子修審議官や高田裕成教授の発言が示すように，それで手続保障の問題が実質的にカバーできるとの見方もまた十分成立可能なものである。

73) 前述のように（注36）参照），現在，緊急仲裁制度において，大会日程との関係で，迅速な判断が必要とされる場合，相手方に対する手続保障は大きな課題となっている。申立人の申立てが遅滞したような場合にもなお緊急仲裁に付することが正当化できるかどうかなど考えるべき問題は多い。

74) 民事訴訟における手続保障をめぐる議論の在り方，特に実質的手続保障を重視する著者の思考については，山本・前掲注5）107頁以下参照。

のである。実際的な側面としては，2020 年の東京オリンピック・パラリンピックに向けて，スポーツ仲裁の対象である「スポーツ競技又はその運営をめぐる紛争」は今後更に増加していくものと思われ，機構による紛争解決を普遍化するためには，自動応諾条項の採択促進，そのための競技者・競技団体とその関係者に理解を求める活動及び仲裁手続の充実を，積極的かつ継続的に進めていくことが必要である。それによってスポーツ界における「法の支配」を進展させる重要性は否定し難い。また，他方では，理論的な側面の課題の解決も重要である。本章では，今後，スポーツ仲裁について問題となりうると考えられる理論的な課題を検討してきた。そして，そのような検討は，それによってADR 全体の理論を進展させる可能性も大きいように思われる。本章が上記のような実際的問題・理論的問題についての理解を深め，その解決への１つの契機となることができれば幸いである。

（書き下ろし）

第*18*章

筆界特定制度の意義と課題
—— ADR 法の視点から

1 筆界特定制度の創設と概要

⑴ 筆界特定制度創設の経緯

筆界をめぐる紛争解決制度は，従来必ずしも十分なものではなかった。裁判所における境界確定訴訟は，筆界に関する十分な専門的知見が裁判官にはなく，当事者主義による解決には限界もあった。民事調停や民間型 ADR はあくまでも合意による紛争解決であり，筆界自体は対象とならないし，地籍調査や地図訂正等の行政手続も事実上，利害関係人全員の同意を要するものであった。その結果，土地の取引や再開発等の際に不便を生じることも多かったとされる[1]。

このような状況を打開するため，法務省において行政的な筆界確定のための制度が構想された。直接には 2003 年の平成地籍整備の影響とされるが，2004年，法務省の境界確定制度に関する研究会において「新たな土地境界確定制度の創設に関する要綱案」が示された[2]。当初は，境界確定委員会の調査・意見を踏まえた行政処分により筆界を確定する（不服があれば行政訴訟として，境界確定訴訟は廃止する）という構想であった[3]。しかし，隣地所有者間の争いに行政

---

1) 六本木ヒルズの開発の際等に様々な困難が生じたという。房村精一「筆界特定制度10 年の歩みと未来への提言」日本土地家屋調査士会連合会編『土地家屋調査士白書2016』（日本加除出版，2016 年）3 頁参照。
2) 著者も委員として議論に参加した。なお，先行する研究会の報告書として，1999 年の「裁判外境界紛争解決制度に関する調査・研究報告書」があった。
3) 早い段階で境界確定訴訟の訴訟物の本質を公法関係として把握し，同訴訟を公法上の

が介入して行政訴訟で争わせることへの違和感，処分と取消訴訟が繰り返されて筆界確定がかえって遅延するおそれ，利害関係人にも手続保障を付与する必要から手続が重くなるおそれなどが指摘され，最終的には，行政処分の形ではなく，筆界の位置を現地で特定する筆界特定の制度を創設し，境界確定訴訟は（筆界確定訴訟という名称で）残す結果となった。これが2005年不動産登記法改正法により実現し，2006年1月から施行されている。

(2) 筆界特定制度の概要

以下では，筆界特定制度の概要を紹介する。

まず，土地の所有権登記名義人等は，法務局の筆界特定登記官に対し，不分明な隣接土地との筆界の特定を申請することができる（不登131条1項）。申請を受けた筆界特定登記官は，対象土地につき既に筆界確定訴訟の判決が確定しているなど申請を却下すべき場合（同132条1項）を除き，申請を受理し，これを隣接土地や関係土地（同123条4号参照）の所有権登記名義人等に通知するとともに，公告する（同133条1項）。

上記通知・公告の後，法務局又は地方法務局の長は，対象土地の筆界特定のために必要な調査をするため，筆界調査委員を指定する（同134条1項）。筆界調査委員は，調査職務を行うのに必要な専門的知識・経験を有する者から，法務局長等が任命する（同127条2項）。筆界調査委員は，土地の測量・実地調査，関係人等からの事情聴取・資料提出要求など必要な事実の調査を行うことができる（同135条1項）。法務局長等は，必要な限度で，筆界調査委員等の他人の土地への立入調査を許すことができ（同137条1項），その場合は，土地の占有者は，正当な理由がない限り，立入りを拒み又は妨げてはならない（同条5項）。筆界調査委員は，必要な調査を終えたときは，遅滞なく，筆界特定登記官に対し，筆界特定についての意見を提出しなければならない（同142条）。

筆界特定の申請人及び関係人は，筆界特定登記官に対し，対象土地の筆界について意見・資料を提出することができる（同139条1項）。筆界特定登記官は，

当事者訴訟（行訴4条）と位置づけたものとして，山本和彦『民事訴訟法の基本問題』（判例タイムズ社，2002年）57頁以下参照。

筆界特定の申請人及び関係人に対し，意見を述べ，資料を提出する機会を与え，参考人に事実を陳述させるための期日を設けなければならず，この期日には筆界調査委員も立ち会い，申請人等に対して質問を発することができる（同140条）。筆界特定登記官は，筆界調査委員の意見を踏まえ，対象土地の筆界特定をし，その結論及び理由の要旨を記載した筆界特定書を作成する（同143条1項）。筆界特定登記官は，申請人に対し，筆界特定書の写しを交付するとともに，筆界特定をした旨を公告し，関係人に通知しなければならない（同144条1項）。そして，筆界特定がされた事実は，対象土地の登記記録に記録し，公示される。

　以上が筆界特定の手続の概要であるが，法律は更に筆界確定訴訟との関係についても若干の規定を置く。まず，釈明処分の特例として，裁判所は，筆界確定訴訟において，当該筆界に係る筆界特定手続の記録の送付を嘱託することができる（同147条）。筆界特定手続の記録を早い段階で取得・活用することで，筆界確定訴訟の迅速・適切な争点整理や証拠調べを可能とする趣旨である。また，筆界確定訴訟の判決が確定したときは，筆界特定の結果は，当該判決と抵触する限りで，失効する（同148条）。これは，筆界特定に公定力や既判力が認められないことの当然の帰結である[4]。

2　ADRとしての筆界特定制度の意義
——行政型・評価型ADRとしての筆界特定

(1)　筆界特定のADR機能

　以上のような筆界特定の手続は，中立公平な専門家が一定の判断を示すことで，最終的な拘束力はないものの，当事者間の紛争解決の事実上の規範となる機能を期待するものである。そして，それでもなお解決しないときは，訴訟の余地が認められる[5]。

---

　4)　その結果，筆界確定訴訟の判決が確定したときは，筆界特定は無意味になるので，筆界特定の申請は却下される（不登132条1項6号参照）。
　5)　房村・前掲注1) 7頁によると，法的効力に頼るのではなく「内容で勝負」というスローガンが掲げられたという。

420　第 18 章　筆界特定制度の意義と課題

　このように公正な第三者が関与して紛争解決を図る手続は，定義上 ADR に含まれるが（ADR 法 1 条括弧書参照），調停（和解仲介）でも仲裁でもない「第 3のカテゴリー」の ADR といえる。これは，第三者が評価を示すことで紛争解決の指針を提示する手続，すなわち評価型の ADR と位置づけられよう[6]。そのような観点からは，米国の早期中立的評価（ENE：Early Neutral Evaluation）あるいは非拘束仲裁（non-binding arbitration）に近いものである。ENE とは「中立的評価人が訴訟係属後の早い時期に，両当事者からの主張を聴いて，判決の予測や各当事者の主張の弱点を評価する手続」であり[7]，一般には訴訟係属を前提とするが，訴訟と関係なく行われる場合を単に「中立的評価」と呼ぶことがある。また，非拘束仲裁は，拘束力のない仲裁判断を出す手続であり，仲裁法上の仲裁の概念には含まれないが，その判断を基準とした紛争解決を促すものである。筆界特定手続は，行政型 ADR であり，かつ，理論的には，中立的評価又は非拘束仲裁に類した評価型 ADR として位置づけることができよう。

　評価型の ADR は，従来，日本にはあまり存在しない類型であり，他には，民間型であるが，2014 年に SOFTIC（ソフトウェア情報センター）が始めた中立評価手続がある。これは，専門的な中立評価人がソフトウェアのバグの原因等技術的な事項や法律的な事項について，法的拘束力は持たないものの，中立評価書を作成する手続である[8]。仲裁は，拘束力があり，不服申立てもできず，当事者の不安が大きいために，仲裁合意の調達が困難である一方，調停も相手方の手続応諾を得ることが難しいなか，この中立評価手続では，法的な拘束力を否定することで，（事前合意のない）一方的申立ても可能にしている。そして，専門的・中立的観点から一定の判断が下され，それが最終手段である訴訟の結果

---

　6)　山本和彦 = 山田文『ADR 仲裁法〔第 2 版〕』（日本評論社，2015 年）424 頁以下は，このような評価型の ADR は「比較法的にみても一般的に行われている手続」であり，特にアメリカでは「評価を提示することで，調停・交渉の促進を図るべく様々な手続が開発されてきた」とする。

　7)　山本 = 山田・前掲注 6）426 頁参照。

　8)　山本 = 山田・前掲注 6）428 頁参照。実例として，2016 年 7 月，大型システム開発の開発遅延が争点になった事案で，当事者間の和解案の合理性に対する中立評価がされ，紛争解決に繋がったケースがあるという。http://www.softic.or.jp/adr/index.htm#12の 4 事件参照。

と一致する確率が高ければ，事実上の紛争解決機能が期待できる。更に，行政型の場合には，行政に対する信頼も含めて，紛争解決機能が高まる。その意味で，評価型 ADR としての筆界特定制度は新たな ADR の可能性を示すものとして，日本の ADR 制度全体にも影響するところが大きいといえよう。

(2) 訴訟との関係

ADR と訴訟の関係について，著者は，一般論として以下のような見方をしている[9]。すなわち，ルーティンな紛争については，ADR による訴訟の代替を図っていく（それにより実質的には訴訟と同等の紛争解決が ADR において行われる）一方，ADR では解決が困難な紛争や新たな法的ルールを設定する必要がある紛争については，訴訟における処理を図る。これによって，ADR 機関の専門性の活用を図りながら，裁判所の貴重な資源をそれが必要とされる事件に集中して投下しようとするものである。このような理想的な役割分担を様々な紛争類型ごとに確立していくことが望ましいと考える。

筆界紛争の局面についていえば，筆界紛争は裁判所にとって困難な類型の紛争の1つである。最高裁判所の分析によれば[10]，その原因は，①証拠の不足等，②共通図面の作成困難，③感情的対立，④裁判についての考え方，⑤和解についての考え方が挙げられている[11]。そこで，筆界問題に詳しい専門家（土地家屋調査士や登記官）を活用し，ADR による一次的な紛争解決を図ることで，訴訟を予防し，減少させることが期待できる。これは，当事者の立場に立っても，訴訟によらず簡易・迅速な紛争解決を図ることができるし，訴訟による隣人との決定的対立を回避できるもので，望ましい効果を持ちえよう。

ただ，解決が難しい紛争については，ADR には強制力がないので，訴訟に移行せざるをえない。その場合も，ADR と訴訟手続の間で一定の連携が図ら

---

9) 山本和彦「民事訴訟の位置づけ」同『民事訴訟法の現代的課題』（有斐閣，2016 年）8 頁以下，本書序章5参照。

10) 最高裁判所事務総局「裁判の迅速化に係る検証に関する報告書（第2回）」（平成19年7月13日）181 頁以下は，境界確定訴訟を審理が長期化する傾向のある事件として取り上げ，その要因を分析している。

11) 最高裁判所事務総局・前掲注10）182 頁では，このうち，①と②の要因については，筆界特定手続によって将来緩和される可能性が既に指摘されていた点が注目されよう。

422 第18章 筆界特定制度の意義と課題

れることが望ましい。特に筆界特定のような評価型 ADR においては，その評価結果が訴訟においても活用され，尊重されることが，ADR の活用のための不可欠の前提となる。すなわち，訴訟に移行しても，解決結果が変わらないとすれば，訴訟予防効果が上がる一方，結論の変更が多発すると，その効果は小さくなる。また，ADR の手続の成果を活かすことで，迅速な争点整理・証拠調べ等が可能になり，訴訟を迅速・実効的に進めることが可能になろう。

(3) 他の ADR との関係

筆界特定制度を行政型・評価型の ADR と位置づけるとき，他の関連 ADR との関係も問題となる。この分野で関係する ADR としては，土地家屋調査士会の境界 ADR が存在する[12]。筆界特定制度と境界 ADR との差異は，前者はあくまで筆界を対象とするのに対し，後者は所有権界を対象とする点がある。その結果，前者は，公法上のもので当事者の合意により左右できないのに対し，後者は和解が可能であり，境界 ADR は和解仲介を目的とすることになる。両者はその機能を異にし，役割分担が期待されることになる。

実際の紛争は，しばしば筆界と所有権界の問題が絡み合う形で発生し，截然と区別できないことが多く，境界紛争全体の解決を考えれば，両者を抜本的に解決することが望ましい。その点で，筆界特定手続と境界 ADR が相互に連携協力して手続を進めていく必要がある[13]。例えば，両手続が係属した場合，境界 ADR を中止して筆界特定の手続を先行させてその結果に基づき所有権界についても和解を図るとか，筆界特定の手続において所有権界の問題が表面化した場合に境界 ADR を紹介するなどの運用が考えられる[14]。また，人的な連携として，筆界調査委員として指定された土地家屋調査士が境界 ADR の手続実施者となって，手続の円滑性・効率性を図ることも考えられよう。

---

12) 境界 ADR については，松岡直武「境界問題相談センター（土地家屋調査士会 ADR）の現状と若干の事例」仲裁と ADR 2 号（2007 年）50 頁以下など参照。
13) 松岡・前掲注 12) 54 頁も，両者の連携を有意義とする。
14) 出井直樹「民間 ADR との関係」清水規廣ほか『Q&A 新しい筆界特定制度』（三省堂，2006 年）35 頁以下参照。

3 筆界特定制度の 10 年

(1) 筆界特定制度の実績

筆界特定制度創設から，2015 年でほぼ 10 年が経過した。これまでの実績について簡単に振り返ると，以下のとおりである[15]。当初は制度趣旨の認識が必ずしも十分ではなかったものの[16]，徐々に制度が浸透してきていることは明らかである。

まず，件数は，2006 年から 2014 年までの 9 年間で合計 2 万 2,666 件（年平均 2,518 件），2006 年が最高（2,790 件），2010 年が最低（2,302 件）で，ほぼ同じ件数が毎年コンスタントに申し立てられている。それまでの境界確定訴訟の件数は年間 1,000 件弱であったので，その 2〜3 倍の件数を扱っていることになり，予想以上に利用されてきたと評価できよう。数字からの推測としては，400 件程度は従来の裁判から移行しているが，残り 2,000 件前後については従来紛争解決が諦められていた事件を掘り起こした効果があるといえ，社会における法の支配の貫徹の観点から極めて重要な意義を持つ。

次に，平均処理期間は，全体で 9.2 ヵ月，筆界特定がされた事件では 11.1 ヵ月となっている。境界確定訴訟がかつて 25〜28 ヵ月，最近でも 15〜17 ヵ月を要していることに比べれば相当に迅速であり，評価できる。ただ，各法務局等で定めている標準処理期間（不登 130 条参照）は 6〜9 ヵ月とする所が多いことを考えると，なお努力は必要であろう[17]。

処理結果は，位置特定・範囲特定が 67.3%，取下げが 30.2%，却下が 2.5%であり，取下げも，当事者間で話合いが付いた結果で，それに筆界特定の申立てが寄与しているとすれば，十分な機能を果たしているものと評価できよう。土地家屋調査士の代理事件が 72% で，本人申請は 10% 弱に止まり，また筆界

---

15) 以下の統計については，房村・前掲注 1）7 頁以下参照。

16) 例えば，筆界特定自体は公権力の行使でなく，行政訴訟の対象とならないことは，制度趣旨から自明であったが，それを争う訴訟がいくつか起こされたりした。金沢地判平成 21・3・23（平成 20 年（行ウ）第 7 号），長野地判平成 22・8・20（平成 21 年（行ウ）第 15 号）など参照。

17) 房村・前掲注 1）8 頁も「最長でも 12 ヵ月を目指す必要がある」とされる。

424　第 18 章　筆界特定制度の意義と課題

調査委員も土地家屋調査士の指定が 94% となっており，専門家の活用も進ん
でいる。

　以上のような実績は，制度創設の所期の目的を十分に達成しているといえる。
処理期間等について更なる実務上の工夫はありえようが，ほぼ満足できるもの
と評価できよう。

(2)　筆界確定訴訟への影響

　制度創設前の筆界確定訴訟の件数は，概ね 800 件前後であった（統計のあっ
た 1998 年までで，例えば，1997 年は 833 件，1998 年は 761 件）が，制度施行後は，
概ね 400 件前後に止まっている（2007 年は 394 件，その後最大は 2013 年の 420 件
であり，2014 年は 395 件）。これは明らかに筆界特定制度の影響といってよく，
訴訟予防の効果は顕著である。当事者にとっても裁判所にとっても望ましい事
態といえよう。

　筆界特定から訴訟への移行は，2010 年 10 月までの資料で，18 件とされる[18]。
移行率は極めて低く，その中で筆界特定結果とは異なる筆界を確定した判決は
4 件に止まるという。当事者にとって特に不満が大きい事案だけが訴訟になっ
ているとすれば，そのうち 2 割強が変更されたとしても，基本的には筆界特定
結果は裁判所でも尊重されているといってよい。また，手元のデータベースで
調査した裁判例においても，筆界特定と同じ結論に至っている筆界確定判決が
多数である[19]。他方，筆界特定の結論を覆した裁判例も少数ながら存在する。
例えば，東京地判平成 22・3・29（登記情報 588 号 148 頁）は，公図と現況の測

---

　18)　房村・前掲注 1) 13 頁参照。

　19)　東京地判平成 24・4・19（平成 22 年（ワ）第 25341 号）（「本件筆界特定の手法やそ
　　の基礎とした資料は相当であるということができ，また，本件筆界特定の過程や内容に
　　特段不合理な点は見当たらない。してみれば，本件筆界特定は信用性が高いということ
　　ができる」として，筆界特定の結果を尊重する），東京地判平成 25・8・30（平成 23 年
　　（ワ）第 23490 号），東京地判平成 26・7・8（平成 25 年（ワ）第 1434 号），東京地判平
　　成 27・3・17（平成 24 年（ワ）第 3582 号）（筆界特定の合理性を左右するに足りる証
　　拠はないとする），東京地判平成 27・7・7（平成 26 年（ワ）第 3567 号）など参照。そ
　　のほか，房村・前掲注 1) 12 頁以下において引用されている，東京地判平成 21・6・12，
　　同平成 23・2・22 も参照。また，筆界特定の結論を導く推論過程は合理的として，その
　　違法を理由とする損害賠償請求を棄却した例として，金沢地判平成 21・12・25 登記情
　　報 591 号 130 頁（名古屋高金沢支判平成 22・6・2 同号 138 頁も同様の理由で維持）参照。

量結果を重ね合わせる手法をとった筆界特定に対し，公図は定量的な面での信用性が高くないとして，公簿上の地積という客観的資料に基づき，地積の按分による手法をとるし，東京高判平成26・8・28（平成24年（ネ）第5266号）は，筆界特定の根拠とされた様々な事情（空中写真等）に逐一反駁し，客観的な資料（境界標，公図，公簿面積等）を重視して，筆界特定結果に従った原判決を取り消し，異なる筆界を確定した[20]。つまり，筆界特定結果は基本的には裁判所においても尊重され，訴訟予防効果を十分果たしているといえるが，一部の筆界確定については，筆界特定結果を出発点にしながらも，それを検証し，判決で異なる見方が示されている。ただ，これらの場合も，結果的には覆されたとしても，筆界特定結果はなお審理の客観的出発点を形成するものとして大きな役割を果たしていると評価できよう[21]。

　最後に，裁判所との連携について，釈明処分としての送付嘱託は年間30件前後とされるが[22]，筆界特定後に訴訟が提起されていれば，裁判官はこの記録の利用を考えるのが通常と思われ，この数字はそもそも筆界特定を経て訴訟になる件数が少ないことを意味する可能性が指摘されている。更なる検証が必要であるが，前述のような筆界確定訴訟の迅速化の傾向の一部は，筆界特定の先行が寄与している可能性は十分にあり，連携の成果が上がっているとの評価もありえよう。

　以上のように，全体としては筆界特定の訴訟予防効果は確実に認められるが，いきなり訴訟提起がされる事案が多いとすれば，筆界特定手続の広報や裁判所による利用勧奨が重要な意義を持つことになろう。

(3) 境界 ADR への影響

　境界 ADR は，2002年愛知県土地家屋調査士会において初めて設立されたが，その後，2004年の ADR 認証制度発足，2005年の土地家屋調査士への ADR 代理権付与等を経て，全国展開され，2013年には全国50の土地家屋調査士会

---

20) 他にも，東京地判平成26・11・21（平成24年（ワ）第36361号）など参照。
21) このような裁判例を組織的に分析し，将来の筆界特定の在り方に活かしていく調査研究活動も必要と思われる。
22) 房村・前掲注1) 10頁参照。

のすべてに設置された[23]。

他方, 境界 ADR の件数は伸び悩みの状況にあり, 2010～2014 年度の件数は, 相談 4,297 件, 調停 274 件で, 相談は 2012 年度の 1,092 件が最多であり (2014 年度は 653 件), 調停は毎年 40 件台から 60 件台を推移している[24]。相談によって一定の紛争解決機能は果たしていると考えられるものの[25], (日本の ADR 全体に共通の問題ではあるが) なお調停件数の少なさは課題である。その原因としては相手方の応諾拒絶等が指摘されており, その抜本的解決は困難であるが, 地道な打開策の必要があろう。

現状では, 境界 ADR の調停件数は, 筆界特定に比して, 数十分の 1 に止まっており, 筆界特定との間で相互補完の状況にあるとはいい難い。筆界特定の紛争解決機能の向上のためには, 境界 ADR 自体を活性化していく必要も大きいといえよう。

4 筆界特定制度の課題と将来

(1) 筆界特定制度の課題

以上から, 筆界特定制度は, 基本的には立法時に想定された機能を十分に果たしていると評価できるが, 運用上, 更に改善の余地がある部分はある。

まず, 迅速処理の問題がある。筆界確定訴訟に比較すれば迅速な特定が図られ, そこで多くの紛争が事実上解決されているとすれば, 境界紛争の全体的解決期間は迅速化していると評価できる。ただ, 更なる迅速化の余地はあり, 最大 1 年というのは 1 つの目標として, 長期的には標準処理期間の 6 ヵ月程度に近づけていく必要があろう。

次に, 広報の問題がある。筆界特定を経ずにいきなり提訴されている事例が一定数あるとすれば, やはり問題である。当事者が意図的に訴訟を提起しているのであればやむをえない面があるが, 筆界特定制度の存在や中身を知らずに

---

23) そのうち認証 ADR は 2016 年 11 月末現在, 22 機関である。

24) 日本土地家屋調査士会連合会編・前掲注 1) 48 頁以下参照。

25) 松岡・前掲注 12) 52 頁も, もともと相談業務を重視し, 「調停に入るまでの相談段階で問題解決に至るケースが少なくない」とされていた。

裁判所に訴訟提起しているとすれば，筆界特定制度の利用の検討を促す必要がある。効果的な広報が期待されよう。

最後に，境界 ADR との連携である。筆界と所有権界の一体的解決が有意義であることは間違いない。現状では，境界 ADR の機能が十分でなく，まずもって境界 ADR の利用を促進する工夫が必要である。市町村窓口との連携などインテイク機関に対する周知等の地道な努力が望まれる。

(2) 筆界特定制度の将来

最後に，より制度的・中長期的な観点から筆界特定制度の将来を考えてみる。

まず，裁判所の利用勧奨の可能性がある。一種の付 ADR の構想である[26]。当事者が無知や誤解に基づき筆界特定を申し立てない場合への対応策として，当事者に対する利用勧奨が第一次的に考えられる。更に当事者が応じない場合も，職権による嘱託の制度が考えられてよい。公害等調整委員会における受訴裁判所からの原因裁定の嘱託（公害紛争 42 条の 32）と同様の仕組み（筆界特定の嘱託）も検討に値しよう。

次に，広い地域での筆界不明，いわゆる地図混乱地域への対応である。この問題の抜本的解決には，現行制度とは別の仕組みが必要になろう[27]。おそらくは一種の集団的な行政処分とそれに対する取消訴訟という枠組みによって，集団的解決を図る必要があろうか。

最後に，行政処分化の方向は，筆界特定の実績（特に迅速化）を考慮しながら，なお将来的には再び模索してよいのではなかろうか。必ず行政処分（筆界確定処分）を前置し，それに対する取消訴訟という形で紛争解決方法を単線化することにより，当事者にとってもより利用しやすく実効的な手続になる可能性はあると思われ，将来的な検討に値しよう。

（初出：ジュリスト 1502 号（2017 年）46 頁以下）

---

26)　ADR 法立案時に，裁判所による ADR を利用した和解交渉の勧奨として議論された。小林徹『裁判外紛争解決促進法』（商事法務，2005 年）357 頁以下参照。

27)　房村・前掲注 1) 14 頁参照。

428 第18章 筆界特定制度の意義と課題

［補論］ 本章は，ジュリストにおける「不動産登記制度の現状と課題」と題する
特集において，施行後10年余を経過した筆界特定制度に関し，ADR論の観
点からその意義と課題について論じたものである。そこでは，筆界特定制度を
行政型の評価型ADR（中立評価・非拘束仲裁類似の制度）と位置づけ，訴訟及
び民間型ADR（境界ADR）との関係などを検討している。

　著者は，かねて境界確定訴訟について，公法上の法律関係（筆界）を訴訟物
とする行政法上の当事者訴訟とみる観点（これについては，注3）掲記の論稿の
ほか，高橋滋＝山本和彦「対話で学ぶ行政法（第9回）民事訴訟法との対話──行
政事件訴訟法」法教257号（2002年）109頁以下〔宇賀克也ほか編『対話で学ぶ行
政法』（有斐閣，2003年）149頁以下所収〕も参照）を有しており，立法論とし
ては，筆界確定を行政処分として，それを争う手続を処分取消訴訟とするのを
相当と論じてきた。その後，現実の立法においても筆界確定の在り方を見直す
契機が生じ，「裁判外境界紛争解決制度に関する研究会」（注2）参照。この研
究会において，著者はオーストリア及びスウェーデンの制度の現地調査の機会も得
た）や「境界確定制度に関する研究会」が開催され，その報告書においても上
記のような提言がされ，一時はそのような改革の方向が有力になった。しかし，
本文でも示したような異論もあり，最終的には筆界特定制度の創設に至ったも
のである。制度創設当時，著者はこのような「帰結が果たして相当なものであ
ったかについては，立法論として疑問もあります」という感想を述べながら，
「将来的に筆界特定の処分の結果が境界確定訴訟でも広く尊重されることにな
っていけば，筆界特定の紛争解決機能が増大し，境界確定訴訟の提起が減少し
ていく可能性もあります」と評価していたが（山本和彦「境界確定訴訟（筆界
確定訴訟）」山野目章夫ほか編著『境界紛争解決制度の解説──筆界特定・ADRの
ポイント』（新日本法規，2006年）23頁参照），現実にもそのような方向に向か
ったものと評価できる。

　ADR論の観点からこの制度を眺めれば，日本では数少ない評価型ADRと
しての意義を有するとみられる。著者は，日本のADRの将来の可能性の1つ
として，この評価型ADRの活用の可能性を考えているが（例えば，医療ADR
についてそのような可能性があることは，本書第15章4(2)参照），筆界特定制度
はその試金石ともなりうるものと解される。その意味で，筆界特定制度の成功
には，ADR論全体の観点からも興味深いものがある。また，筆界紛争全体の
関係では，現在，筆界確定訴訟（司法），筆界特定手続（行政），境界ADR（民
間）という三者が並立している状態にあり，このような三者間の協力や役割分
担も日本のADR全体の将来にとって重要な示唆を与える可能性がある。著者

がかつて述べた「境界紛争の解決に関する司法・行政・民間の役割分担を検討していく必要がありましょう」という観点（山本・前掲23頁参照）は，今日でもなお意味があると考えられよう。

Ⅶ　司法との関係，仲裁

第*19*章

争点整理における ADR の利用

1 争点整理における ADR 利用の意義

　本章は，民事訴訟の争点及び証拠の整理（以下単に「争点整理」という）における ADR の利用について，その意義，実情及び在り方について検討するものである。以下では，その処理について専門的知見を必要とする事件（以下「専門訴訟」という）において，その争点整理について専門 ADR を利用するという可能性を主な検討対象とする。なお，ADR としては，司法型 ADR（民事調停），行政型 ADR 及び民間型 ADR を広く対象として考える。

　争点整理を行う場合に，論理的な可能性としては，①当事者間で行う，②裁判所で行う，③裁判所以外の場で第三者を交えて行う，ということが考えられる。このうち，①によって争点整理が十分に行うことができれば，それが最も望ましく，また原則的な形態であると考えられる。しかし，実際には，第三者を介さずに争点整理を行うことは一般に困難とされるうえ，特に専門訴訟では，一方又は双方の当事者に争点整理の前提となる専門的知見が十分に供給されない可能性があり，①の形態による争点整理は，より困難が大きいと考えられる。

　それでは，②の裁判所における争点整理についてはどうか。このような形での争点整理が従来一般的に行われてきたところであるが，それにも問題がなかったわけではない。すなわち，裁判所は必ずしも専門訴訟で必要とされる専門的知見の専門家ではないところ，両当事者又は一方当事者がやはり十分な専門的知見を欠く場合には，当該争点整理の結果が紛争の本質を離れ，不適切なも

のに終わる可能性を否定できないからである。その意味で，裁判所が行う争点整理に専門家を加えることが必要となる。

しかし，従来，争点整理の段階に専門家を加えることには，技術的な困難があった。いくつかの方法が考えられたが，例えば，裁判所が釈明処分としての鑑定（民訴151条1項5号）を命じ，鑑定人として選任した専門家の協力を得て，争点整理を行うという方法があった。しかし，そもそも適切な鑑定人を選任することが困難であるところに，釈明処分としての鑑定人と将来の証拠調べの鑑定人を複数同一事件で選任することは，極めて困難な話であった。かといって，釈明処分としての鑑定人をそのまま証拠調べの鑑定人として選任することは，両者の役割の相違から，必ずしも適切なものとは思われなかった[1]。このような状況を前提にして，そのブレークスルーとして発案工夫されたのが，③のADR の活用，特に司法型 ADR としての専門調停の争点整理に関する活用という方途であったと言えよう。

しかるに，上記のような問題状況は，近時（2003年）の民事訴訟法改正によって大きく変容した。専門委員制度の導入である。この制度は，後述のように（3(2)参照），争点整理など訴訟の早い段階においても裁判所の専門的知見を補充する方途を正面から認めたものであり，これが十分に活用されれば，前記のような②における問題点は克服されることになると見られる。その意味で，専門委員制度の導入を前提に，争点整理における ADR の利用をどのように位置づけていくかは，今新たな問題として提起されているものと評価できよう。

2 争点整理における ADR 利用の実情
―― 専門調停の活用

1 でも見たように，専門委員制度導入前の争点整理における ADR 利用の試みとしては，専門調停の活用が重要なものであった。この点について，このような試みを公式に位置づけてその利用を推奨したものとして，専門訴訟の運営

---

1) このような問題については，山本和彦「専門訴訟の課題と展望」司法研修所論集 105号（2001 年）45 頁以下参照。

434 第19章 争点整理における ADR の利用

に関する司法研究が重要である[2]。そこでは，争点整理段階で専門家の知見を
活用する方法としては，付調停により専門家調停委員の協力を得ることが「現
在利用可能な手段の中で，最も現実的で有効な方法」と評価されている。そし
て，そのような運用を普及するために，「司法行政上の措置として全国的に専
門家調停委員の増員が図られることが必要である」との提言がされている。ま
た，具体的な専門家調停委員の関与の方法としては，専門家調停委員を構成員
とする調停による方法と専門家調停委員の意見聴取による方法とが提言されて
いる。そして，実際にもこのような形での争点整理は当時から実務上実施され
ていたとされる[3]。

　このような研究の成果なども受けて，実務においては，専門訴訟において争
点整理のために付調停を活用する動きが生じていたところである。例えば，大
阪地裁においては，1999 年以降，建築関係事件を中心に，積極的に付調停を
活用する運用が進められたようである[4]。そこでは，専門的知見を要する事件
の付調停について，「専門家委員を構成員とする調停委員会の説得による調停
成立を期待して付調停とする場合」のほかに，純粋に「争点整理のために付調
停とする場合」が想定されている[5]。具体的には，「調停主任が専門家調停委
員を調停委員に指定して調停委員会を構成し，これを合議体のように運営して
主張整理を行うか，調停部所属の裁判官が裁判官のみによる単独調停を主宰し，
適宜，専門家委員から専門的な知識経験に基づく意見を聴取して……主張整理
を行う」方法が想定され，その成果を訴訟部に引き継ぐ方法として，調停結果
（不成立）報告書による方法，調停調書による方法，調停に代わる決定による方
法などが検討されている。ただ，そこでの検討の結果としては，「専門家委員
の協力を得つつ争点整理の成果を上げるためには，逆説的ではあるが，調停成

---

2)　司法研修所編『専門的な知見を必要とする民事訴訟の運営』（法曹会，2000 年）75 頁
　　以下参照。同研究は，前田順司判事，高橋譲判事，中村也寸志判事，近藤昌昭参事官，
　　徳田園恵判事の共同によるものである。
3)　司法研究の研究員でもある前田順司判事の経験等につき，加藤新太郎編『民事訴訟審
　　理』（判例タイムズ社，2000 年）291 頁以下〔前田〕参照。
4)　この点については，池田光宏ほか「大阪地方裁判所における付調停事件への取組み」
　　判タ 1035 号（2000 年）4 頁以下など参照。
5)　池田ほか・前掲注 4) 15 頁以下。

立を期待して付調停とすることが必要であり，調停成立を期待せずに専ら争点整理のためだけに付調停とすることは相当ではない」とされていたことには注意を要しよう。そして，このような専門調停の活用は，平成15年（2003年）民訴法改正の直前の段階で，医療訴訟においてもなお続けられているようである[6]。

　また，争点整理等のためにADRを利用する試みとして，更に民間型ADRの利用も考えられる。ただ，このような試みは現段階では必ずしも現実には実施されていないようであるが，このような可能性を示唆するものとして，西口判事の見解がある[7]。これは，「訴え提起前において，建築士等の専門家による事件評価に基づき，和解等により早期に建築瑕疵紛争等を解決しようというもの」であり，「日本版早期中立評価」と位置づけられている。その意味で，この見解は，あくまで提訴前にADRにおいて紛争解決がされることを前提としている。ただ，仮に建設工事紛争審査会等において当事者間の合意が調わず，訴え提起に至ったときは，当該ADR機関における争点整理の結果等が訴訟手続においても利用されることはありうるであろう。そうだとすれば，このような「早期中立評価」が提訴前（あるいは提訴後，訴訟手続を中止して）行われ，その結果が訴訟手続でも一定程度活用されるとすれば，それは本章に言う争点整理におけるADR利用の可能性としても注目に値するものがあると思われる。

3 争点整理におけるADR利用の在り方

(1) 立法論──ADR法との関係

　争点整理におけるADRの利用について，立法論的な取組みとしては，今般の司法制度改革の一環として行われているADRに関する基本的な制度基盤整備の試みがある。司法制度改革審議会の意見書は，ADRの拡充・活性化を図

---

6) 東京地裁医療集中部の運用につき，「東京地裁医療集中部における訴訟運営に関する協議会」判タ1119号（2003年）35頁以下，大阪地裁医事事件集中部の運用につき，大阪地方裁判所専門訴訟事件検討委員会「大阪地方裁判所医事事件集中部」同72頁以下など参照。

7) 西口元「訴え提起前における専門家の協力」判タ1117号（2003年）16頁以下。

436 第 19 章 争点整理における ADR の利用

るべきものとし，そのために，総合的な ADR の制度基盤を整備することを提言する。そのような基盤整備については，「ADR の利用促進，裁判手続との連携強化のための基本的な枠組みを規定する法律（いわゆる「ADR 基本法」など）の制定をも視野に入れ，必要な方策を検討すべき」ものとされた。そして，具体的な方策の1つとして，「ADR の全部又は一部について裁判手続を利用したり，あるいはその逆の移行を円滑にするための手続整備」が挙げられていた。このうち，裁判手続の一部について ADR を利用するための移行として，訴訟における争点整理のための ADR への移行が念頭に置かれていたものと推測される[8]。

このような司法制度改革審議会の意見書を受けて，内閣の司法制度改革推進本部に設けられた ADR 検討会においては，このような争点整理における ADR の活用も議論の対象とされた。しかし，結論としては，この点は今回の法整備においては取り上げられないこととされた。ADR 検討会によりパブリック・コメントに付するために公表された資料である「総合的な ADR の制度基盤の整備について」においては，この問題は，以下のように取り上げられている。すなわち，「訴訟手続における争点・証拠整理等における当事者の負担軽減や専門訴訟への対応強化の観点から，ADR において争点・証拠の整理等がある程度進んだものの紛争解決には至らなかった場合に，それらを訴訟手続において活用することができる制度を整備することを検討すべきではないか」という意見があるとしながら，そのような「制度を設けることの必要性，妥当性や民事訴訟制度の一般原則との整合性等の観点から，少なくとも ADR に共通的な制度として設ける必要はないのではないかとの意見が強い」とされていた。具体的には，①訴訟手続において，当事者が主張していない争点を審理の対象とすることや当事者が主張している争点を審理の対象としないことは，民事訴訟手続の一般原則に反し，かつ，裁判を受ける権利との関係でも問題を生

---

8)　司法制度改革審議会の会長代理であった竹下守夫教授は，この点に関連して「民事訴訟と裁判所で行う調停の間には，手続相互の連携，例えば，訴訟から調停に移行するとか，調停で行った争点整理の結果を訴訟で利用するというようなことが，法律上あるいは運用上認められていますが，一般の ADR と訴訟との間では認められていないということも，その利用が活発でない理由の1つだとも言われています」と述べられている（佐藤幸治ほか『司法制度改革』（有斐閣，2002 年）121 頁〔竹下〕）。

じかねないこと，②訴訟手続において当事者間に争いのある事実について，裁判所の事実認定を拘束することも民事訴訟手続の一般原則等との関係で問題を生ずること，③当事者がADRにおける争点・証拠整理の結果や事実認定に十分納得していれば，当事者間で自白契約や仲裁鑑定契約等を結ぶことで，実質的に，訴訟手続における審理対象をADRで合意できなかった範囲に限定できることなどが挙げられている。パブリック・コメント後の審議においても，このような観点から，この論点は最終的に取り上げられないこととされたものである。

　以上のような議論の経緯からも明らかなとおり，今回，争点整理に関するADRの利用について法整備が見送られたのは，ADRにおける争点整理そのものに対する否定的な評価がされたということではない。むしろ，制度的な連携を図ろうとすると，結局，ADRにおける争点整理結果の訴訟手続における法的な拘束力を認めざるをえず，それは裁判を受ける権利等の観点から問題がある一方，それに代替する手段が存在するため，そのような規律を設ける必要性に乏しいというに止まる。換言すれば，ADRにおける争点整理は，（実務で既に行われていた専門付調停の運用がそうであったように）本来，運用レベルの工夫に期待すべきであり，法制度として仕組むことには無理があったことが確認されたものと評価すべきものであろう。

(2)　運用論──専門委員制度導入との関係

　それでは，運用論として，争点整理の手続について，ADRを活用する余地はあるのであろうか。前述のように（*1*参照)，この点は，特に専門訴訟との関係で必要性が認められるところであるが，既に専門委員制度の導入により相当程度問題は解決されたものと言える。そこで，以下では，争点整理に関するADRの活用について，その残された利点を追求する可能性について考えてみたい。

(a)　ADRにおける争点整理のメリット

　残るべきメリットとして，第1に考えられるのは，裁判所全体の省力化である。仮に専門委員を加えたとしても，裁判所自身が争点整理を担当するとすれば，それはなお相当な負担となることは否定できない。専門委員という形で，

専門家を裁判所の中に抱えることも，それ自体が一定の負担となるであろう。その意味で，争点整理を外部の ADR にいわば外注ないしアウトソーシングすることは，それ自体として裁判所の省力化を図り，裁判所（ひいては納税者）の限られたリソースを，より重要な（裁判所しかできない）仕事に集中させるという意味はあろう。

第2に，ADR の本来の機能である和解による解決を促進するという側面も，ADR の争点整理機能の活用には認められると思われる。すなわち，仮に和解交渉が失敗に終わっても，そこでの争点整理の結果が後の訴訟手続で利用できるとすれば，ADR の手続は当事者から見て時間・労力・費用の無駄にはならないことになる。そこで，当事者間に第一次的に ADR を利用して紛争解決を図り，それに失敗した場合には，そこでの争点整理の結果を伴って訴訟手続に移行するという選択肢が生じることになるわけである。また，裁判所から見ても，仮にそのような利用ができるのであれば，積極的に付 ADR（ADR 利用勧奨）に動くことができ，当事者によるその受容を促進することが期待できよう。

(b) ADR における争点整理の問題点

以上のように，専門委員制度導入後もなお ADR による争点整理機能の活用には，一定のメリットが存在すると見られる。しかし，それには問題点もあるように思われる。

まず第1に，争点整理のアウトソーシングは確かにそれ自体は裁判所の負担軽減に働くが，それに伴って判断者のいない場で行われた争点整理の実効性いかんという別の問題を生じる。争点・証拠の整理という作業は，常に最後の判決の結果を見据えて行われるべきものである。しかるに，争点整理の作業だけを ADR に外注すると，その結果が裁判所に戻ってきても，判断をする裁判官には全然使い物にならないものに終わるおそれが常に否定できない。この点は，戦後，準備的口頭弁論を導入する際に，いわゆる新件部という争点整理専門の裁判部を作って，争点整理作業と証拠調べ・判決作業とを分離する試みが行われたものの，結局は失敗に終わったことを想起させる。その意味で，少なくとも，ADR で行われた争点整理の結果が後の訴訟手続で何らかの効力を有するものとすることは，訴訟手続を硬直的なものとし，問題があるであろう。

第2に，和解を目指して失敗した場合に争点整理結果を活用するという構想

は，確かにうまくいった場合には効率的であるが，和解と争点整理という二兎を追う者は，結局，一兎をも得られないおそれが常にあると思われる。そもそも争点整理という作業は最終的な法による判断＝判決を前提にしたものであるとすれば，合意の調達を目的とした和解＝調停手続とは基本的な目的を異にすることは否定できない。争点整理を第一義として ADR を運営すると，当事者間に対立的な雰囲気が醸成され，調停がうまくいかず，他方，合意調達を第一義に運営すると，争点の整理が曖昧かつ不十分なものになり，訴訟に至った際に完全に争点整理をやり直すということになりかねない。かといって，両者を同程度に追求すれば，争点整理・合意調達の双方が中途半端になってしまうおそれが強い。また，このような和解と争点整理の併用には，より原理的な問題もあるように思われる。すなわち，ADR における争点整理結果を訴訟で活用するということは，調停の手続の中で行われた当事者の一定の譲歩を訴訟で利用するということになる。しかし，そのような譲歩は調停という互譲の手続を前提としたものであり，当事者対立型の訴訟手続で活用されることを一般に当事者は予定していないものと考えられる。それにもかかわらず，そのような利用を行うことは，結局，調停手続における当事者の譲歩を困難にし，結果的に調停型 ADR の活用を阻害するおそれがあるものと評価できよう[9]。

　以上のように，ADR における争点整理を訴訟手続で活用することには，いくつかの問題点があると思われる。そこで，このような活用を今後も追求していくためには，これらの問題点を克服するような方向での利用を志向する必要があると解される。以下では，そのような観点から若干の検討を行ってみたい。

　まず，判断主体と争点整理主体の相違に起因する争点整理の実効性の問題であるが，この点は，やはり ADR における争点整理の結果をリジッドなものとして捉えることにはそもそも無理があることを示しているものと解される。ADR の争点整理結果を活用するとしても，あくまでも訴え提起前の荒ごなし的なものと理解すべきであろう。つまり，本来は当事者間で争点整理を行うことが基本であり，そのために，まず ADR で専門家を介して争点整理を試み，

---

　9)　調停手続におけるそのような譲歩等を訴訟で利用しないことは，むしろ UNCITRAL 国際商事調停モデル法等でも認められた国際的潮流である。この点については，本書第 2 章 **3**(3)参照。

440　第19章　争点整理における ADR の利用

それを裁判所に上げてくるという訴訟構造を望ましいものと考えることになろう。もちろん，提訴後，裁判所で行われる争点整理において別の争点が生じたり，争点とされていたものが消滅したりすることは，十分考えられる。それでも，白地から争点整理を開始するよりは，裁判所（専門委員も含めて）の負担は軽減されると考えられる。

　次に，和解との両立可能性という点であるが，この点については，争点整理を行う ADR の手続として，一般的には裁定型の方が望ましいと考えられる。例えば，以下のような利用方法が考えられよう。まず，当事者は「早期中立評価」を行う ADR に申立てを行い，そこで争点整理が行われる。そして，当該 ADR は，その争点について一定の判断を示す（仮に争点整理等の過程で，当事者間に仲裁合意が成立すれば，その判断が仲裁判断となる）。その後，当事者間でそのような ADR 機関の判断を元に協議がされる（この際に，調停型 ADR 機関が関与する可能性はあるが，前述のように，この両者を手続として切り離すことが重要と考えられる）。当事者間の協議が不調に終わった場合には提訴に至るが，裁判所は，前述のように，ADR の結果を元にしながらも自ら争点整理を行うことになる。これによって，裁判所の負担軽減を相当程度図りうるものと考えられる。そして，このような手続は，まず提訴があった場合にも，当事者間の争点整理が十分でないという事案では，なお活用することが可能と思われる。すなわち，裁判所は，訴訟手続を中止しながら，当事者に対して，そのような裁定型 ADR の利用を勧告することが考えられてよい。いずれにしても，21 世紀の司法システムにおいては，争点・証拠の整理，ひいては紛争の解決は，当事者自らの任務であるという意識が制度利用者（更に代理人・弁護士）に浸透することが望まれよう。

（初出：判例タイムズ 1134 号（2004 年）27 頁以下）

　　［補論］　本章は，ADR と裁判手続との関係について，特に争点整理の局面に特化して検討したものである。本章の元となった原稿は，1996 年現行民事訴訟法制定とともに，新たな民事訴訟実務の研究を目指して結成された「現代民事法研究会」において著者が報告し，その議論を受けて発表したものである（同研究会の成果として後に，現代民事法研究会『民事訴訟のスキルとマインド』（判

例タイムズ社，2010 年）87 頁以下にも収録されている。同研究会については，同書はしがき参照）。

　先行する ADR の結果を（ADR が不調に終わった後に）後行の訴訟手続において利用するという構想は，専門訴訟との分野で古くから存在し，司法制度改革においても ADR の活性化策の 1 つとして検討されたものであった（これについては，本書第 1 章 *3*(1)参照）。ただ，本章でも示したように，その制度化は困難であり，また必ずしも望ましいものでもないと考えられ，むしろ実務運用の中でその効果を実現すべきものとされた。本章が提案する非拘束・中立評価型 ADR を訴訟における争点整理に利用するという発想は，後に境界紛争に関して，筆界特定手続において一部実現するに至っている（これについては，本書第 18 章参照）。また，SOFTIC（ソフトウェア情報センター）のソフトウェア紛争解決センターにおける中立評価手続についても，そのような効果が志向されているとみられる。その意味では，本章の提言は，十余年を経て，ようやく日の目を見つつあると言えようか（著者は，医療 ADR 等についても，そのような可能性があると考えている。これについては，本書第 15 章参照）。

　他方，争点整理手続それ自体について，本章は，当事者が主体となること，すなわち当事者主義を基礎と考え，その文脈の中で ADR の活用も提言している。このような思考方法は，民事訴訟法全体において当事者主義的運用を再評価すべきとする著者のその後の基本的な認識（山本和彦『民事訴訟法の現代的課題』（有斐閣，2016 年）第 4 章参照）の先駆けとなったものである。ただ，現状の実務を前提にすれば，そのような運用（本章 *1* の①の争点整理を当事者間で行う運用）は未だ時期尚早であり，裁判所が適切に関与しながら争点整理を進める運用（本章 *1* の②の運用）を徹底すべきものと考えている（争点整理に関する近時の著者の理解については，山本和彦「争点整理手続の過去，現在，未来」高橋宏志先生古稀祝賀『民事訴訟法の理論』（有斐閣，2018 年）769 頁以下参照）。ただ，その中でも，ADR の結果の活用は依然として検討に値し，それは上記②の運用から①の運用へ転換する架橋ともなりうるものであることから，引き続きその可能性を追求すべきであろう。

第 *20* 章

民間型 ADR と調停（司法型 ADR）の関係
── その競争と共存に向けて

1 は じ め に

　ただいま，ご紹介にあずかりました一橋大学の山本です。今日は調停委員の多数の皆様を前にお話をするということで，実は私も調停委員でありまして，調停委員になってからもう2年余りにはなるのですが，あまりまだ事件を取り扱っていないものですので，恐らくこの中では一番の新米で，本来は研修を受けるべき立場の人間であるということにもかかわらず，こういう場でお話をさせていただくということで，大変緊張しております。

　実は2週間前にも，この全く同じ部屋で，そのときは，民事の裁判官の研究会でお話をいたしました[補注1]。今後の民事訴訟の在り方についてということでお話を申し上げたわけです。そのときにも，私は ADR のお話をかなり強調してしたつもりです。今の裁判所は，徐々に負担が増大してきているような状況にあると思っておりまして，果たしてこのままで良いのだろうか，もう少しADR に委ねられるべき部分は，裁判所のほうも，そういうものを活用していくべきではないかという趣旨のお話をいたしました。その後，裁判官から質疑応答の時間があったわけですが，「そういうことであれば，おまえは今後のADR の在り方についてどのように考えているのかということを答えよ」とい

　［補注1］　2008年7月，著者は，東京地方裁判所民事研究会の講師として，「今後の民事訴訟手続の在り方について」とのテーマで講演を行っている。

う質問を受けましたが，そのときお答えできる時間は1分ぐらいしかありませんでしたので，そういうお話を1分ですることは不可能です，1時間与えていただければ，私の思うところを述べます，というふうに申し上げたわけですが，今日こういう場で1時間の時間を与えていただいて，お話をせよという機会を頂いておりますので，私自身の思うところをお話しさせていただければと思います。

　私は調停委員としてという立場が一方であり，他方では民間のADR機関の活動，その制度作りを含めて，一定程度関与をしてきたというところですが，私自身の印象として，若干司法型のADRといいますか，裁判所の調停制度の側と，それから民間型ADRの側とで，やや無用の不信感といいますか，あるいは非建設的な批判が行われている部分が一部であるのではないかということを危惧いたしております。

　裁判所ないし司法型ADRの側からすれば，民間のADRというのは，そもそもちょっと何か「胡散臭い」ものであるというような印象をお持ちの方もおります。裁判所の調停と，一緒にしてもらっては困るというような，感想を述べられることも聞いたことがあります。

　他方で，民間のADRに関わっておられる方々からは，裁判所の調停というのは，そもそも非常に古臭いとか，時代遅れだとか，あるいは，どうしてそういうことに国が関与をするのかと，民間にすべて委ねるべきではないかといったようなことを言われる方もおります。

　私自身は，やはりそういうような無用の不信感を相互に持ち合うということは必ずしも適当ではないと思っておりまして，そういうことから脱却していって，健全な，あるいは建設的な関係を持って，日本の将来のADRを構築していくべきではないかと，かねがね思っております。そこで，本日のお話を頂いた際に，今日のお話の副題にありますように，民間型と司法型の競争と共存という，相互に建設的な関係を持ち合って，より良いADRを作る，いずれにしても，どのような制度であっても，それはそれぞれその制度のために制度があるわけではもちろんありませんので，最終的には国民，利用者の利便というものをより高めるということが目的で，その点においては共通しているというふうに考えておりますので，その方向に向けて，どのような在り方が望ましいか

444 第 20 章 民間型 ADR と調停（司法型 ADR）の関係

を，非常に不十分なものではありますが，お話をさせていただければと思って
いる次第であります。

2 ADR 法の概要

そこでまず，ADR 法の概要ということであります。これについては，恐ら
く多くの方が既にご存じのところかと思いますけれども，今日のお話の前提と
して，確認的に，まずそこからお話を始めさせていただきたいという趣旨であ
ります。

(1) ADR 法の趣旨

まず ADR 法，正式には，「裁判外紛争解決手続の利用の促進に関する法律」
ということで，ADR 法とか，あるいは ADR 促進法などと省略されることが
多いと思いますが，その趣旨からです。

この法律自体は，ご承知のように司法制度改革の過程の中で制定されたもの
で，もともとは司法制度改革審議会の意見書に由来するものであります。学界
などでは，その前から，ADR について包括的に定めるような法律，ADR 基
本法などとよく言われましたけれども，そういうものが必要なのではないかと
いう意見もありました。しかしそれは散発的な意見で，必ずしも学界全体の潮
流として，そういうものを作るべきだという意見が主流であったとは言えない
のではないかと思います。そういう意味では司法制度改革の議論の中から，あ
る意味では降って湧いたような形で，こういう法律ができてきたというふうに
言っても過言ではないと思います。

そういう意味で最も基本的な考え方，まず，最初の考え方を示しているのは，
司法制度改革審議会の意見書であると思います。この意見書は，ADR につい
て最も基本的な考え方として，ADR が国民にとって裁判と並ぶ魅力的な選択
肢となるよう，その拡充・活性化を図るべきであるということを基本的な命題
として掲げております。これは，私の見たところ，非常に画期的なことであり
まして，これまではいろいろなところで，散発的な形で ADR を活用していこ
うというような動きはあったわけでありますけれども，日本の全体的な制度の

構成の中で，ADR をこのように，拡充・活性化を図るべき対象であるとして位置づけたのは，これが最初のことだったのだろうと思うわけであります。言うまでもなく，この ADR の中には，民間型の ADR はもちろんですが，司法型の ADR である裁判所の調停も含まれているわけでありますし，国民生活センターとか，公害等調整委員会とか，いろいろな行政型の ADR と言われるようなものも含まれているわけです。そういうものをすべて包括して，この ADR の拡充・活性化というものが説かれているということです。

　その具体的な手段として，司法制度改革審議会は 2 つのことを，大きくは言っております。1 つは ADR に関する関係機関等の連携強化ということ，もう 1 つは ADR に関する共通的な制度基盤の整備ということであります。第 1 点は主として運用に関わることで，第 2 点は主として制度，立法に関わることであります。ADR 法というのは，この第 2 点のほうに含まれているわけで，ほかにも仲裁法の制定とか，そういうようなことも掲げられていたわけでありますが，この第 2 点の中心的なものとして ADR 法の制定が，提言・提唱されているということであります。

　この司法制度改革審議会の意見書を承けて，内閣に，内閣総理大臣を本部長とする司法制度改革推進本部が設けられました。その推進本部の下に，司法制度改革の課題ごとに合計 11 の検討会が設けられたわけです。それぞれの，例えば今話題になっている裁判員制度については，裁判員制度・刑事検討会が設けられ，法科大学院等の関係については法曹養成検討会というのが設けられたわけです。この ADR 法については，ADR 検討会というのが設けられて，そこで約 2 年間，様々な議論がなされました。先ほど申し上げたように，必ずしも従来，学界等で議論が十分なされてきた分野ではありませんので，その検討会での議論は，かなり多岐にわたるというか，悪い言い方をすれば，錯綜した形で議論がされていったということかと思います。取りまとめはなかなか難航した部類の検討会であったのではないかと思います。しかし最終的には，検討会としての意見を取りまとめて，それを基に司法制度改革推進本部で ADR 法案を作って国会に提出して，現在の ADR 法が制定されるに至ったということです。

　ADR 法の趣旨という観点からすると，この最終的に完成した ADR 法につ

いては，その第1条に目的規定がございます。条文を読ませていただきますと，「この法律は，内外の社会経済情勢の変化に伴い，裁判外紛争解決手続（中略）が，第三者の専門的な知見を反映して紛争の実情に即した迅速な解決を図る手続として重要なものとなっていることに鑑み，裁判外紛争解決手続についての基本理念及び国等の責務を定めるとともに，民間紛争解決手続の業務に関し，認証の制度を設け，併せて時効の中断（完成猶予）等に係る特例を定めてその利便の向上を図ること等により，紛争の当事者がその解決を図るのにふさわしい手続を選択することを容易にし，もって国民の権利利益の適切な実現に資することを目的とする」と，これがこのADR法の目的であります。それをやや分解しますと，ADR法の究極的な目的，最終的な目的は，「国民の権利利益の適切な実現」ということにあるということです。その目的を達するための手段・方法として，紛争当事者がその紛争の解決を図るのにふさわしい手続を選択することを容易にするということが挙がっているわけであります。そして更にその手段として，ADRの基本理念や国等の責務を定めたり，認証制度の創設等によって民間紛争解決業務，すなわち民間型ADRの利便性を向上させる，というようなことが掲げられていることになります。

　ここで，司法制度改革審議会の意見書とADR法の目的規定を並べて言えることは，このADR法の中心的な趣旨というのは，国民の権利利益が適切に実現されるように，裁判と並んで，裁判とは別に，その個々の紛争の解決にふさわしい手続が選択できるように，制度基盤を調えていくということであると思われます。つまり，ここに現れている思想とは，紛争の解決というのはもちろん，裁判という制度は国が定めた制度として存在するわけでありますが，その個々の紛争ごとに，裁判がその紛争解決に最も適切なルートでは必ずしもない場合があるのだということを，まず明らかに言っているのだろうと思います。その場合に，もっと別に，裁判以外の解決がより望ましい場合がありうるとして，そういうルートを国民に提供する基盤を調えていくということが重要なのである，そのためにADRを拡充・活性化していくのである，というのが，ここに現れている基本的な発想ではないかと思います。つまり紛争ごとに，それを解決する際の適切なふさわしい手続は違ってくる。紛争ごとに，そういう適切なルートに，その個々の紛争解決をいかに乗せていくか，それを可能にして

いくか，ということが，国民の利便にとって重要なことであるということでは
ないかと思われるところであります。以上が ADR 法の趣旨の確認です。

(2)　ADR 法の内容

次に，ADR 法の具体的な内容でありますが，この法律は，大きくは総則関
係の規定と，認証関係の規定とに分かれていると言っていいかと思います。一
般に注目されるのは，この認証関係の規定の部分であることが多いわけですが，
私は総則関係の規定も非常に重要なものであると思っております。

(a)　総則関係規定

総則関係の規定は，1 条は目的規定で，2 条は定義規定ですので，この総則
の部分で，実質的な内容を持っているのは 3 条と 4 条の，わずか 2 ヵ条の条文
しかないわけであります。法 3 条は，その 1 項で ADR の基本理念について定
め，2 項でその基本理念に則った ADR 機関間の連携・協力というものが定め
られている。それから 4 条においては，1 項で国の責務というものが定められ，
2 項で地方公共団体の責務というものが定められているということです。まず，
確認したいことは，認証関係規定が民間の紛争解決手続，つまり民間型 ADR
に適用対象が限定されるのに対して，この総則部分の規定は，司法型の ADR，
更には行政型の ADR についても適用があるということであります。

そういう意味では，この基本理念の規定，あるいはその連携・協力の努力義
務というようなものは，裁判所の調停制度についてもやはり適用があるという
ことです。3 条 1 項の基本理念というのは，これも条文を読ませていただくと，
「裁判外紛争解決手続は，法による紛争の解決のための手続として，紛争の当
事者の自主的な紛争解決の努力を尊重しつつ，公正かつ適正に実施され，かつ，
専門的な知見を反映して紛争の実情に即した迅速な解決を図るものでなければ
ならない」という規定であります。この規定の中に，裁判，訴訟と対比したと
ころの ADR の特性が，ほぼ網羅的に書かれているということかと思います。
つまり，ⓐ紛争当事者の自主的な紛争解決努力の尊重及び紛争解決の自主性，
ⓑ公正かつ適正に実施されるという公正性あるいは適正性，それから，ⓒ専門
的な知見を反映するということで専門性，ⓓ紛争の実情に即した解決というこ
とで柔軟性，それから，ⓔ迅速な解決ということで迅速性というような ADR

の特性と言われるものが，この基本理念の中で網羅的に取り上げられている。ADRであるものは，すべて，このような基本理念に即した解決というものを目指していくべきものであるということが鮮明に提示されているということであろうと思います。

それから2項で，「裁判外紛争解決手続を行う者は，前項の基本理念にのっとり，相互に連携を図りながら協力するように努めなければならない」というADRの機関間，ADRを行う者の間の相互の連携・協力というものの努力が必要であるということが規定されている点も重要なものであろうと思います。以上が総則関係の規定であります。

(b) 認証関係規定

もう1つは認証関係の規定ということで，これは民間型のADRにのみ適用があるものであります。6条，更に7条で認証の要件，どのような者が認証を受けられるかというようなことが規定されているわけです。それから8条から13条までが，認証の手続について様々な規定を置いています。それから，認証事業者の義務，それを受けた監督というものがその後に規定され，最後に認証の効果，具体的には時効の中断（完成猶予）であるとか，訴訟手続の中止であるとか，調停前置主義に対する特則であるとか，あるいは弁護士法72条の特例，つまり，報酬を受けてこのようなADRの業務を行うことができるという旨の規定というようなものが，ここに規定されているということであります。その細かい中身については，ここでは触れません。

(3) 認証制度の実情と課題

それでは，その認証制度の具体的な実情，運用というものでありますが，2008年7月15日現在17件の認証があるということでございます。この制度は，2007年4月に施行されておりますので，施行後1年余り，1年3ヵ月ほどが経過しているわけですが，その間に17件の認証があるということです。

この17件というのをどういうふうに評価するかについては，いろいろな見方があるのだろうと思います。当初のもくろみというか，予測からすれば，必ずしも多くはないという評価になるのだろうと思います。非常に多く見積もると，1年ぐらいで100件とかになるのでないかというような見方もございまし

た。それからすればかなり少ないということになるのだろうと思います。その理由はいろいろなことがあるのだろうというふうには思います。1つの理由としては，やはり，認証の手続が非常に複雑だということはあるのかなというふうに思います。現実に認証を受けた事業者の方々からお話を伺っても，書類を調えるのが非常に大変であったというようなお話も伺います。

　例えば，家電製品協会家電製品 PL センターという，家電の事故が起こったときの製造物責任の問題について解決する ADR 機関でありますけれども，これはかなり早い段階で認証を受けているのですが，その認証の際の手続に，1つの要件として，認証を受けている事業者の代表者等が暴力団に関係していないということが定められているわけです。ADR については，日本の暴力団等が，昔から示談屋というような形で，こういう紛争解決に関わってきた歴史があるわけですので，それが形を変えて，つまり示談屋が ADR という名前にして，法務省の申請を取って ADR をやって，その結果，利用者に迷惑をかけるということになると，ADR の信用は地に堕ちてしまいますため，慎重に審査をしようということで，法務省に申請があった後，警察庁に照会をして，本当に暴力団と関わりがないかどうかも審査するというような手続があるわけです。ただ，この家電製品協会の会長というのは，松下電器（当時。現・パナソニック）の社長か会長かの方です。しかし，一応形式的にはその審査をするということになります。そうすると，松下電器の社長とかの関わっているいろんな財団法人とか，あるいは都道府県とか，あるいは政府関係の仕事の役職とかを全部出さないといけないということで，これを網羅的に落ちがないように集めること自体がものすごく大変だったというようなお話も伺いました。そういう方になると，自分でも知らないうちにいろいろな役職をやっておられることもあるようで，会社としても十分把握できていない部分もあり，なかなか大変だったということです。松下電器の会長が暴力団に関わっているなどということが本当にありうるのかという感じもしないわけではありませんが，やはりこういう行政上の審査というか，あるいは形式的な審査をいたしますと，どうしてもそういうようなことになりがちであるということです。

　因みに，日本消費生活アドバイザー・コンサルタント協会（NACS）というのは，実は私が会長をやっておりまして，その関係で，認証の際には私もどう

いうことに関わっているかということを全部出しまして，調停委員まで書くのですかと法務省に聞いたら，調停委員はいいですというふうに言われたりしましたが，そういうような，どうしても形式的な審査ということで，手続が非常に大変です。

ADR 機関は，これは後でも触れることがあるかもしれませんが，どこも今，財政的に非常に厳しいところが多いので，事務職員の数も非常に少ないところが多いわけです。そういう中で，そのような，いわば余計な業務をプラスアルファでやらなければいけないということは，非常に大変で，かなり様子見というか，ほかのところは認証するのかなということをかなり見ていた部分もあるのではないかと思います。ほかにもいろいろ理由はあると思いますが，当初の予想に比べれば，認証を受けた機関は，今のところ少ないということだろうと思います。ただ，もちろん今後は，段々増えていく方向にあることは間違いのないところで，全体としてどれくらいになるのかは，今の段階では何とも言えないことであろうと思います[補注2]。

(4) 新たな ADR 創設の動き

ただ，私自身が思うのは，やはり，数はともかくとして，非常に多様な ADR 機関が出てきて認証を受けているということです。ADR 法を契機として，新たないろいろな ADR 機関というのが立ち上がっていて，従来はあまり考えられていなかった分野についても ADR ができていくということ，そのこと自体は，私は非常に望ましいことなのではないかというふうに思っているところであります。

例えば日本スポーツ仲裁機構は，スポーツ関係の紛争についての ADR という，極めて特殊な分野で従来は紛争解決ということがあまり考えられてこなかった分野，そういう意味では放置されてきた紛争の分野だと思いますが，その中でも ADR で紛争を解決していこうということが行われているということです。

因みに，私はこの日本スポーツ仲裁機構の仲裁人，調停人の候補者（当時）

［補注2］ 2018 年 8 月現在，152 の認証機関が活動している。

でもありまして，1件だけ仲裁事件をやったことがあります。それはある選手を，ヨットの選手だったと思いますけれども，世界選手権の日本代表として派遣しないという決定をその選手が争った事件でした。これは，自分でやってみて思いましたけれども，なかなか，普通の法律の解釈・適用で解決できるような紛争ではない部分があって，もちろん一定のルールはあるわけですが，それを具体的な事件に適用していくというのは，なかなか難しいところがあるわけです。こういう紛争解決の機関ができていくことによって，逆にそのスポーツ界にも，大きく言えば法の支配ということになるのだと思いますが，ルールができていくという面があるのだろうと思います。例えば今年（2008年）のオリンピック代表選考の水泳のレースなんかを見ていますと，かなりルールがはっきりしていたわけです。一定の標準記録というのを水泳連盟が事前に出して，それを超えて日本選手権で2位までに入った者は，すべて自動的に代表にするというようなことが，ルールとして決まっていたわけです。あれはもとを正せば，千葉すずさんという，何回か前のオリンピックで，かなりよい記録を出したにもかかわらず，何らかの理由で代表になれなかった選手がいて，その選手が，当時はまだこの日本スポーツ仲裁機構はなかったので，世界的なスポーツ仲裁裁判所（CAS）に不服を申し立てて，最終的に千葉さんは負けましたけれども，しかし当時の日本水泳連盟のやり方も必ずしも望ましいものではないというような評価を，そこで受けました。それが1つの大きな原因となって，あああいうようなルールが設定されてきたということがあったように思います[補注3]。

　そういう意味では，こういう紛争解決機関が整備されることによって，従来はあまり法とかルールとかいうものが重視されてこなかった世界にも，そういうものが及んでいくと，それが日本全体について，広い意味での法の支配が及んでいくという面があるのかなというふうに思います。それも1つのADRの大きな役割ではないかと思いますけれども，いろいろな分野で，ADRができていって，そこでいろいろなルールが新たに形成されていくことを支援していくということは，非常に意味のあることだろうと思います。

　　［補注3］　スポーツ仲裁裁判所については，本書第17章参照。

それから，ソフトウェアの取引関係の ADR は，これまではそういう専門の
ADR 機関がなかったこともあって，裁判所で訴訟事件，あるいは調停事件と
して取り扱われてきた部分がある。しかし，それは訴訟にしても，調停にして
も，解決が非常に難しいものであったと伺っています。このソフトウェア取引
というのは，コンピュータソフトウェアに対する専門的な知見，その中身につ
いて，あるいはその取引についても，独特の，いろいろな慣行といいますか，
取引ルールというものがあるようですので，そういうようなものについての専
門的な知見が必要な紛争の分野だろうと思います。それを通常の訴訟や調停で
解決するというのは，なかなか難しいものがあったように思います。そういう
専門的な ADR を作ろうと，経済産業省などが背後で音頭を取っているという
部分もあるようですが，これはまだ現在は認証には至っておりません。既に認
証の申請はしたというふうに伺っていますので，間もなく認証されるのではな
いかと思います。そういう ADR 機関も出てきております[補注4]。

また，下請取引についての ADR としては，全国中小企業取引振興協会とか，
東京都中小企業振興公社などが，下請の取引紛争について取り組んでおられる
ということがあります。

これらはかなり個別的な分野についての ADR ですが，より広く，紛争の件
数自体が多くて，あるいは非常に重要な紛争領域についても ADR を充実させ
ていこうという動きが進んでおります。消費者関係の ADR については，民間
型の ADR では，先ほどご紹介した日本消費生活アドバイザー・コンサルタン
ト協会が，特定商取引紛争についての ADR を設けておりますけれども，より
大きくは，国民生活センターに対する ADR 機能の付与というものが，国民生
活センター法の改正によって実現しました[補注5]。更に消費生活センターにつ
いても，何らかの ADR 機能というものを認めていこうというような動きもあ
るやに伺っております。消費者関係については，そのような行政型の ADR を
充実させていこうということが 1 つの大きな動きであり，その背後にはもちろ

［補注4］ このような ADR 機関として，SOFTIC（ソフトウェア情報センター）のソフ
トウェア紛争解決センターがあり，2008 年，法務大臣から認証を受けている。
［補注5］ 国民生活センターの ADR については，山本和彦＝山田文『ADR 仲裁法〔第2
版〕』（日本評論社，2015 年）135 頁参照。

ん，消費者庁というような，最近の議論もあるのだろうと思います[補注6]。

　医療関係のADRについては，1つの大きな動きとしては，弁護士会で，昨年（2007年），東京三会が合同で医療関係の専門のADR機関を立ち上げました。事件数は私が思っていた以上に多いようです。1年足らずの間に，30件とか40件とかの事件数があったのではないかと思います。現在，弁護士会では，高裁所在地の8ヵ所の弁護士会すべてで，ADR機関を立ち上げようということで，弁護士会の現在の仲裁センター，紛争解決センターの中に，医療事故関係を特別に取り扱うようなものを設けていこうというような動きがあります[補注7]。

　それから，政府レベルの動きとしましては，これはかなり議論のあるところですが，医療版の事故調査委員会，医療版事故調などと言われますが，それを設けて，医療事故があったと考えられるときには，亡くなられた患者さんのご遺体を解剖して，その医療事故が起きた時点で原因を確定していくということを目的にしたもの，そういう委員会みたいなものを作ろうというようなことが，現在，政府内で議論されています[補注8]。そういう形で，事故原因が確定されていくということになると，それをADRの中で活かして紛争解決を図っていくということが可能になるのではないかというような議論もされております。

　金融関係の紛争についてのADRについては，これはかねてから各業界団体が，ADR機関を持っているわけですけれども，従来それが必ずしも活用されてこなかったという面があって，これをもっと活用していこうということがあります。日本証券業協会等から委託を受けている証券・金融商品あっせん相談センター（FINMAC）のようにADR法の認証を取るというようなことをやるところもありますし，あるいは生保や損保，それから銀行もそのようでありますけれども，このADR法による認証ではなくて，金融商品取引法の中で，投資者を保護する投資者保護団体というものを，これは金融庁がそういう認定をするわけでありますが，そういうような認定を受けようというような動きもあ

　[補注6]　その後，2009年に，消費者庁が実際に発足に至った。
　[補注7]　弁護士会ADRを含む医療ADR全般については，本書第15章参照。
　[補注8]　その後，様々な経緯を経て，事故調査制度が実現に至った。これについては，山本和彦「医療事故調査の新たな制度」ひろば67巻11号（2014年）8頁以下参照。

454 第20章 民間型 ADR と調停（司法型 ADR）の関係

るやに伺っております。いずれにしても，金融関係の紛争解決は，最近，ご承知のように生保，損保の不払の問題とか，いろいろな問題が起こっておりますので，そういうような紛争を，できるだけ ADR を活用して解決していこうというのが，金融庁の政策の方針にもなっていて，それを充実させていこうということが，議論になっております[補注9]。

そういったことで，裁判所的に見ても，かなり大きな，重要な紛争領域というところで，ADR を充実させていこうというような動き，広い意味では，この ADR 法に刺激を受けた動きというものが出てきているということです。その他，弁護士以外の，隣接法律専門職種と言われるような団体も，それぞれの専門分野で ADR を設けようとしております。土地家屋調査士は土地の境界関係の紛争，司法書士は少額の紛争，社会保険労務士は労働関係の紛争，これらは既に幾つか認証を受けております。行政書士についてはまだ認証を受けておりませんが，私の仄聞したところでは，外国人関係のいろいろな紛争に関して，労働関係の紛争とかその他のものを扱う ADR を作ろうということで，今，いろいろ動いておられるように伺っております[補注10]。そういうふうに，各団体，それぞれの専門分野で，専門的知見を活かして ADR を作っていこうということのようであります。

こういうような，これは私自身から見て，非常に積極的な方向の動きで評価できるところだと思います。しかし，だからといって，ADR がすぐに近い将来，日本の紛争解決ということを考えたときに，中心的なものになるかというと，私はやはりそうは思っておりません。多くの問題がまだまだ解決していかなければならないものとしてあるのだろうと思っています。現実にも，認証を受けたからといって，すぐに事件数が多くなっているかと言いますと，それはそのようなことはないと思います。ほとんどのところでは，事件数が認証を受けて増えたというようなことはないと言われることが多いのではないかと思います。

[補注9]　そのような議論は，その後，金融 ADR 制度の実現に向かっていく。これについては，本書第 10 章～第 12 章参照。

[補注10]　その後，行政書士会は，外国人労働関係のほか，ペット関係，自転車事故関係の紛争について，全国で認証 ADR を設けるに至っている。

これも，いろいろな原因があるのだろうと思います。詳細は省略をさせていただきたいと思いますが，もちろん広報の問題もあると思います。それから，各ADR機関に対する，やはり信頼の問題，つまり認証を取ったからといって，それで直ちに信頼されるほど，利用者は甘くはないわけです。また，先ほど申し上げたように，財政的な問題もあります。どこのADR機関も非常に苦しい財政基盤の下で業務を行っているというのが現状であろうと思います。更に，深い原因としては，国民の意識の問題もあると思います。日本の国民は，裁判所＝司法とか，あるいは行政，要するに国というもの，公的なものに対する信頼感が非常に厚いわけですが，その裏返しとして，やはり民間が行っているものについては，どこか胡散臭いというか，あるいは不信感を持つ部分というのがあることも間違いないところです。

もちろん更に個々的なADR機関それぞれの問題というのもあろうかと思いますが，いろいろな理由で，現状では直ちにこの民間型ADRというものが非常に活性化をして，充実したものになっていくということにはならないわけで，そこはやはり継続的な，いろいろな面からの更なる努力を積み重ねていくほかはないのだろうと思っています。

3 司法型ADR（調停）と民間型ADR（認証ADR）の役割分担

以上のようなことを前提としたADRの将来像ということで，司法型ADRと民間型ADRの役割分担というものについて，私の思っているところをお話しさせていただきたいと思います。

⑴ 司法型ADRのメリット

まずそれぞれのメリットということですけれども，司法型ADRである調停制度のメリットというのは，いろいろなものがあると思いますが，主たるものとしては，1つはやはり，利用者からの高い信頼性，その信頼を得やすいという面があることは間違いないと思います。これはもちろん，歴史的，伝統的なもので，これまでの裁判所，調停委員の皆さんが培ってきた信頼というもの，積み重ねられてきた信頼性というものが，今に至っているということだろうと

思います。また，先ほどお話ししたように，やはり日本の国民性として，国が
やっているものに対する暗黙の高い信頼というもの，それだけで信頼を受けら
れるという面もなくはないということだろうと思います。

　それから，費用の面では，やはり司法型 ADR というのは，かなり費用が安
くできるという面があることは間違いないと思います。これは当然のことです
が，設備とか人件費については，税金，公的な面からの支出がある一方，通常
の民間型 ADR は，調停室１つでも，どこかから借りなければいけないわけで，
時間で借りるか，あるいは賃貸で借りるかということをやらないといけなくて，
その分だけ当然費用がかかるわけです。人の面についてももちろん同様で，そ
れに比べれば，やはり司法型 ADR というのは廉価に行えるという面は大きな
ものがあるということだと思います。

(2)　民間型 ADR のメリット

　それでは民間型 ADR のメリットというのは，どういうことかということで
ありますけれども，私自身は，先ほどお話しした ADR 検討会の頃から，ずっ
と申し上げていることなのですが，ADR の利点とされている面はいろいろあ
るわけです。先ほど申しましたように，ADR 法の中でも，ADR の基本理念
の規定の中に，いろいろな ADR のメリットというものが書かれているわけで
ありますが，そのすべての面にわたって，メリットを発揮できるような ADR
機関を作ろうと考えても，それはおよそ無理だろうというふうに思っています。
やはりそれぞれの ADR 機関が，ここだけは他には負けない，裁判にも負けな
い，裁判所の調停にも負けない，あるいは他の ADR 機関にも負けないという
ようなものを打ち出していく。これを一点豪華主義というふうに呼んでいるわ
けですが，いわば「売り」の部分ですね。これが自分たちの得意分野なんだと
いうことを強く打ち出していくということが，非常に重要だろうと思っている
ところです。

　例えば，専門性という観点ではどこにも負けないですとか，あるいは簡易・
迅速性，つまり非常に速く判断を出します，今日申立てを受け付けたら遅くと
も明日までには何らかの判断を出しますとか，その代わり，当然その内容は，
裁判とか調停とかに比べれば雑なものになるかもしれませんけれども，しかし，

その速さという点ではどこにも負けないです，とかいうようなことです。ある
いは ADR のやり方についても，対話促進型というようなことを最近 ADR の
世界では言うことがありますが，何らかの判断を示すということではなくて，
当事者間の対話を促進していきながら自主的な紛争解決を図る，そういうテク
ニックの面で非常に優れたものがあるとか，そのようなことで，1 つの「売
り」の部分というものを作っていく。世の中には多様なニーズがあり，紛争解
決についても恐らく多様なニーズがあって，紛争当事者ごとに，やはりそのニ
ーズは違っているんだろうというふうに思われるわけです。ある点がメリット
だということを重視する利用者がいれば，そういう利用者はその ADR 機関を
使ってくれるであろう。最終的にはそれぞれ利用者のニーズに，それぞれの
ADR がどこまで応えていけるかということであって，民間型 ADR がメリッ
トとするところが，あまり世の中にニーズがなければ，その ADR は廃れてい
くということになるでしょうし，うまくクライアントのニーズに合致すれば，
その ADR 機関は生き残っていくことができる。それはマーケットにおける基
本的な競争の原理ということだろうと思っているところです。そういう意味で，
それぞれ非常に狭い部分ではあるかもしれないけれども，多様なニーズに応え
ていけるような ADR が生き残っていくということなのかなというふうに思っ
ている次第であります。そのことが，司法型 ADR と民間型 ADR の役割分担
をどのように考えるかということとも関係してくるわけです。

(3) 役割分担の在り方

　最終的には，この司法型と民間型の ADR の間も，利用者がそのどちらを選
択するかということを決めるという意味においては，競争関係にあるというこ
とは間違いのないところだろうと思います。裁判所の調停，つまり民事調停と
いうのは，基本的には民事関係の紛争すべてを取り扱うことができるわけです
ので，民事関係の分野の ADR 機関とは，常に競争・競合する関係にあるとす
れば，最終的には利用者がそのどちらかを選択するということになります。

　今回の ADR 法がやったことの 1 つは，利用者が選択する場合に，その選択
について制度的な形でバイアスをかけないような，基本的には同一平面で競争
できるような競争条件を整えるという面があったのではないかというふうに思

いJ_Wます。

　例えば，ADR 法の中で調停前置についての特則を定めた規定があります。第 27 条ですけれども，調停前置主義が定められているような類型の事件について，訴えを提起した当事者が，その訴えの提起前にその事件について認証紛争解決手続の実施を依頼して，その手続で解決ができなかったような場合は，民事調停法 24 条の 2 や家事審判法 18 条（現行家事事件手続法 257 条）といった調停前置主義の規定は適用しないというふうに定めた規定であります。つまり，民事調停については，今は借地借家関係のものが調停前置主義を定めているわけですが，ADR 法 27 条の規定は実際上は家事調停で意味が大きいわけです。離婚訴訟のような調停前置主義があるような類型の事件について，裁判所の調停である家事調停に行かなくても，民間の，例えば離婚関係の紛争解決を扱う ADR 機関，これは弁護士会などで一部既にやっているところがありますけれども，そういうところで調停のあっせんを受けて，その結果駄目だったという場合には，もう 1 回裁判所の家事調停に行かなくても，いきなり離婚の訴えを提起することができる，そうしても調停前置主義の規定には反しません，ということを確認したわけです。つまり，ADR 法 27 条の規定によって，離婚をしたいと思っている当事者としては，裁判所の家事調停を行った後に離婚訴訟を提起するか，そうではなくて民間の ADR 機関に ADR の申立てをして認証紛争解決手続を経てから裁判を起こすかということを，自由に選択することができる。そういう意味で先ほどお話しした利用者による選択というものの基盤を調えるという意味がある規定だろうというふうに思います。

　それから，通常は利用者が ADR を申し立てて選択するということになるわけですが，もう 1 つ，手続が始まる契機としては，ご承知のように司法型 ADR との関係では，付調停という制度があるわけです。つまり裁判所に訴えが提起された後に，裁判所が ADR 機関を選択して ADR に送るという制度です。現在は，これは司法型 ADR にしか存在しないわけです。裁判所は基本的には司法型 ADR，つまり調停にしか事件を送れないという仕組みになっているわけですが，ADR 法を作る際には，「付 ADR」という議論もありました。つまり裁判所としては，事件を裁判所の調停に送るのか，民間の ADR 機関に送るのかということを選択できてもいいではないかという議論です。諸外国の

ADR 法制を見ると，裁判所が ADR 機関に事件を送るというような規定を設けている国は結構ありました。ただ，その場合には当事者の同意が要るのではないかとか，当事者の裁判を受ける権利は保護されるのかとか，いろいろな議論があるのです。そこで，日本でもそういう制度を入れるべきではないかという議論はあったわけですが，これは最終的には採用されませんでした。最終的にできたのは，ADR 法 26 条の訴訟手続の中止の制度で，これは要するに当事者が訴えを提起して，当事者間であの ADR で紛争解決をしてもらおうという合意ができた場合に，当事者がその ADR に申し立てたときは，裁判所は訴訟手続を一定期間中止することができる。つまり裁判所が積極的にその ADR に事件を送るのではなくて，当事者間で話し合って ADR でやることにしたということを裁判所に言ってくれば，裁判所はその間は訴訟手続を止めましょうかということで止めることができるということです。だから，調停との関係とはかなり違うわけです。調停の場合には，裁判所が事件を調停に送って，その間訴訟手続を当然中止しておくということになっていて，調停が成立すれば訴えは取り下げられたことになるということですが，民間型 ADR では中止するにとどめるというところが限界だったわけです。

　そういう意味では，その競争条件においては，今のところ必ずしも平等な形にはなっていないということですが，これは調停制度に対する信頼と，民間型 ADR に対する現状の信頼との落差を考えればやむをえない面があるのだろうと思います。一方では，そういう競争関係の部分があることは確かなわけですが，その中でも，やはり望ましい役割分担というのはあるのではないかというふうに思われるところです。

　その 1 つの発想として，司法型 ADR というのは，これは行政型でもそうですけれども，税金で運営されているものであって，それが合意による紛争解決というものにどの範囲で関与すべきかという問題設定がありうるのだろうと思います。どの範囲で司法型，つまり国が関与して，どの範囲で民間に委ねるべきかという発想です。紛争解決手続全体において，公的セクターがどこまで関与していくかという問題です。これは，極端な論者は，ADR 法の制定の際にも議論がありましたが，そもそも国は，そういう合意による紛争解決には関与すべきではないという意見もありました。裁判という合意によらない紛争解決

460 第20章 民間型 ADR と調停（司法型 ADR）の関係

というのは，これは権力の行使であります。権力の行使は，国家のみに留保されているというのが近代国家の大原則でありますので，裁判制度は，これは必ず国がやらなければならない事務であるということは明らかなわけです。それに対して，合意による紛争解決というのは，両当事者が合意をするわけですから，そこには基本的に国家権力は行使されていないということになります。したがって，それは民間でもできる業務であるということになるわけです。実際にアメリカなどでは，ADR をやっている株式会社などというのも沢山あるわけで，そういう事例を見ると，必ずしもそれを国がやる必要はないのではないか。極端なことを言えば，国がやる必要がないのであれば，むしろ国はそれをやるべきではないという方向に議論をする方というのは，おられるわけです。そういう人は，結局，調停をなくすべきであると，行政型 ADR もそうですが，なくしてすべて民営化すべきであると，そういう議論にいくということになります。私自身は，そういう議論には与しない立場を取っているわけですけれども，ただ，その発想というか，あるいは問題設定としては，司法型ないし，要するに国が合意による紛争解決にどの範囲で関与すべきなのかという問題設定は，常に頭の中に置いておく必要があるのだろうとは思っています。それを前提として，どういう役割分担を望ましいものと考えていくのか，言い換えれば，国が行う ADR と民間が行う ADR というのを，どういう形で住み分け，共存を図っていくのかということを考えていく必要性というのはあるのだろうと思っているところです。

(4) 競争関係

そこで，私自身の考えは，学者にありがちな話ですが，非常に抽象的なものにとどまっておりまして，あまり具体的な問題を考えるには参考にならないと思いますけれども，若干の考えているところを述べさせていただきます。まず競争という観点でありますが，今は，競争ということを言うのもおこがましいぐらいの違いが，司法型 ADR である調停と，民間型 ADR の間にはあると思います。司法型 ADR というのは，民事調停に限定しても，年間 25 万件の事件を扱っているわけです。特定調停が多いわけですけれども，特定調停を除いても 4 万 7,000 件だと思いますが，統計で計算するとそれくらいの事件がある

ということです。それから，全国に民事調停委員が1万3,000人おられるということであります。これは，民間型 ADR と比べればそもそも全く規模が違うわけです。現在最も事件を多く扱っているのだろうと思うのは，弁護士会の仲裁センター，あるいは紛争解決センターですけれども，これは全国に，今はかなり増えて二十何ヵ所くらいの弁護士会でやっていると思いますが，全部を合わせても年間1,000件くらいしか事件数はないわけです。そうすると，ほかの民間型の ADR 機関は，麗々しく名前は出ているわけですけれども，実際に事件数を聞いてみれば数十件とか，場合によっては年間数件というようなところも，多くあるわけです。それから考えると，裁判所の調停というのは，全く規模が違うことは明らかで，ガリバーと小人というくらいの規模の違いはあるということです。

そういう意味では競争というふうに言っても，あまり意味がないと言えば意味はないわけですが，それでも，私自身はそういう競争関係から見た場合に，これを不毛な争いとするのは，あまり望ましいことではないと思いまして，建設的な，それぞれの長所を発揮して，最終的に国民全体の利便に適うような形の競争というのが，やはり望ましいのだろうと思っているところです。

そのことからすると，まず司法型 ADR は，民間型の ADR 機関から見れば，やはり1つの大きな目標になるのだろうと思います。少なくとも，民間型 ADR としては，自分たちがその売り出したいと思っている分野で，司法型 ADR，つまり調停よりは何らかの意味で優れた紛争解決をしなければ，それはお客様は来てくれないということは明らかではないかと思うわけです。

その意味では，その目標の設定，例えば専門性というものを発揮していきたい，そして専門性を自分たちの ADR の軸にしたいと思っている事業者は，やはり裁判所の調停の場合の専門性よりも，より専門的な紛争解決ができるものでなければならないということだろうと思います。医療関係の ADR を作るのであれば，裁判所の医療調停でどういうようなサービスが提供されているかということを前提として，それよりも，より専門的なサービス提供ができなければならない。あるいは迅速性というものを打ち出したいと思うのであれば，裁判所の調停ではこういう紛争だとどれくらいの時間で紛争解決に至るだろうかということを前提にして，それよりも速い紛争解決サービスを提供しないとい

けないというふうに考えることになるのだろうと思います。そういう意味では1つの目標として，司法型 ADR が機能するという面があるのではないかと思っています。

逆に民間型 ADR の司法型 ADR への影響という側面から見ると，これは1つの刺激という面があるのではないかと思います。民間型でいろいろな新しいサービスの提供がされて，今のところはまだ，先ほどお話ししたような全然比較にならないようなレベルなので，直接的な影響というのは少ないだろうと思いますが，段々と民間型のほうも発展して力をつけていけば，そちらのほうで提供される新たなサービスが，司法型 ADR である調停制度を運用していくに当たって1つの刺激となっていく面はあるのだろうと思っています。調停の側のいろいろな新たな運営の試みの参考になるというようなことだろうと思います。

(5) 共存関係

他方，その共存関係という側面から見ますと，これは先ほども言ったことの繰り返しになりますけれども，一般的，包括的な ADR としての裁判所の調停と，専門的な ADR としての民間型 ADR という形になるのかなと思っています。デパートとブティックになぞらえますと，非常に安心した多くの品揃えがあり品質についても安心できるデパートのような裁判所の調停に対して，民間型 ADR はブティックとして，自分たちはこの専門分野でこういう専門的な商品を売っています，デパートで売っている製品よりも，その分野の製品に限っては良い物を売っています，あるいは良いサービスを提供しています，という形になっていくのではないかということです。デパートで売っているような商品のすべてを自分たちの店頭に揃えて，それですべてデパートよりも良い品質のものを売っているというようなことは，民間型 ADR では恐らくありえないのだろうと思います。そのサービスの範囲とか，量とかというものを絞る形で，しかし絞ったものの中では良いものが提供できているというようなブティックがいろいろな分野であちこちにできて，いろいろな街角にある。そして，そのサービスのニーズに適した人はそこに行く，そうでなければ，一般的なデパートに行って買物をするというようなイメージで，うまく役割分担といいますか，

その棲み分けのようなものができていけば，非常によろしいのではないかと思っているところです。

(6) ADR 機関間の連携の重要性

もう1つ強調しておきたいのは，その共存関係という面からすると，先ほども ADR 法3条2項でお話しした ADR 機関間の連携というものが非常に重要ではないかと思っているところです。これは是非，裁判所の調停と民間型 ADR の間でも，いろいろな形での連携を今後図っていっていただきたいと思っているところです。例えば，人材養成については，研修活動などをいろいろ共通化していくとか，あるいは事件処理の中身についても，共通化といいますか，いろいろな研究会等ができていって，それぞれでどういうような解決が図られているかということを共通認識にしていくということがあってもいいのではないかと思います。

また ADR 一般に対する国民の理解を増進していくという面で，例えば広報活動での連携を図ったり，あるいは，これは非常に重要なことだと思っていますけれども，法教育というものが最近かなり言われています。小学校，中学校，高校，いろいろなレベルがありますが，それぞれで法教育というものを行っていく。その中で調停教育といいますか，合意によって紛争を解決していくということが一体どういうことなのか，その意義がどういうものであって，どういう形で紛争解決を図っていくのかということを，具体的な事例で教えるような教育があってもよい。現実にそういうような工夫をされている先生方もおられるようですけれども，そういう動きを促進していけば，その中で，調停委員とか，あるいは，実際に民間型 ADR などで活躍されているような方々が連携を図って，そのような教育を進めていくというようなこともあってよいのではないかと思っているところです。そういうような連携を図る中で，共存関係というものができていけばいいなということです。

464 第 20 章 民間型 ADR と調停（司法型 ADR）の関係

4 おわりに
——調停制度への期待

(1) 調停制度の意義

　最後に，調停制度に対する期待というのはおこがましいですが，私自身が感じているところを簡単にお話しして終わりにしたいと思います。まず，私自身の基本的な認識というのは，裁判所の調停制度というのは，日本の歴史の中で発展してきた，そういう意味では日本社会の貴重な財産，レガシーであるというふうに認識しております。アメリカ，あるいはヨーロッパの国々を見ても，このような制度を持っている国はないというふうに言っていいわけです。しかも，アメリカやヨーロッパから見ても，日本の調停制度というのは ADR を進めていく上での，1つのモデルというふうに見られている部分もあるわけで，私は非常に貴重なものだと思っています。大正時代に最初の調停制度が作られ，昭和，平成とこれまで来たわけでありますが，特に戦後の一時期は，調停というのは日本社会の非近代性の1つの表れであるというような否定的な評価がされた時期もありました。しかし，日本の調停制度はそれを克服して，現在においては，一般の社会においてももちろんですが学界においても，恐らく，広い支持を得ているのではないかと思います。これは裁判所，あるいは今までの調停委員の皆様の努力によるものと思っているわけです。そういう意味で，この日本社会の貴重な財産というものを，次の世代に適正に継承していくということが重要なのだろうと思っているところです。制度というものは常に放っておくと非常に古びていく性質のものでありますので，その運営改善に不断の努力をしていく必要があるということです。これはもちろん，私などが申し上げるまでもなく，多くの方々がそれを認識され，実践されているところであろうと思っているところです。

(2) 制度的前提

　具体的には，ADR 法との関係で申し上げますと，ADR 法で民間 ADR 機関の認証の要件とされている事項というのは，国内における一種の，ADR の

標準のような面を持っているわけです。つまり，国が，これが国民に対して信頼できる ADR ですということのお墨付きを与える条件なわけですから，これは ADR としては，少なくともこういう要件を満たしていないといけない。そうでないとやはり国が認証できるようなものではないということを意味しているわけで，ADR の最低限の要請，あるいは最低限の要件を定めているものであるということだろうと思います。もちろん，司法型 ADR である調停とか，あるいは行政型 ADR においては，そのような要件は定められていないわけですが，それは，そのような ADR において，民間に要求される要件が必要ないというふうに考えられているわけではもちろんなくて，当然そういうような要請はクリアしているものであるので，あえてそれを要件というようなことを言う必要はないという前提で，制度はできているのではないかと思っているわけです。

　ただ，認証要件として掲げられている事項，あるいは ADR 機関の義務として掲げられている事項の中で，必ずしも民事調停法等でその点が明確に規定されているわけではないような事項も存在するわけです。もちろん，ADR 法の認証要件の中には，暴力団を使ってはいけないといった，裁判所の調停とか行政型 ADR では全く問題にならないこと，当然要件をクリアしているということが明らかなものもあるわけですが，すべてのものがそうかというと，必ずしも自明ではないものがあるのではないかというのが私の認識です。

　例えば，ADR 法 6 条は認証の要件を定めていますが，6 条 7 号では，民間紛争解決手続の開始から終了に至るまでの標準的な手続の進行について定めていることというのが認証の要件になっています。標準的な手続進行についての定めというものが必要だというふうにされているわけです。調停について，そういうものがあるかというと，私も自分が調停委員ですが，必ずしも明示的なものとしてはそういう標準はないのではないかという気がします。もちろん，民事調停法の中に，あるいは民事調停規則の中に手続の規律があって，ある程度の進行というのはそこで分かるようになっておりますが，この要件は利用者から見た透明性ということを重視した規定だとすると，現在の調停制度は ADR 法との関係でどうなのかという疑問はあります。

　それから 6 条 16 号によると，申請者が行う民間紛争解決手続の業務に関す

る苦情の取扱いについて定めている必要があります。利用者の苦情が出た場合にどういうふうに取り扱うかということを定めるのが，認証要件になっております。これも，例えば調停でその手法について苦情が出たら，これは国家機関全体の話かもしれませんけれども，それをどういうふうに取り扱うかということは必ずしも明確にはなっていない部分があるのではないかと思われるところであります。

　あるいは，認証機関の義務として14条で説明義務が定められていて，認証紛争解決事業者が当事者に対していろいろなことを説明しなければいけないということで，先ほどお話しした標準的な手続進行など，そういうようなことを説明することになっているわけです。これも，利用者の便宜のため，手続の透明性を図るという面があるわけですが，ここで定められているADRの標準みたいなものが調停のルールの中で明確になっていない場合に，それを実務にどういうふうに反映させていくのかというのは，1つの問題だろうと思っています。やはり利用者に対する全体的な透明性というか，あるいは顧客満足の観点で，そのようなものは，当然調停手続の中にもあってしかるべきということだろうと思います。

(3)　国際的な標準の達成

　それをより一般的にしたのが，国際的標準というもので，国際的な規格を定める機関としてISOというものがあります。恐らくISO9000とか，ISO14000というのは耳にされた方が多いのではないかと思います。ISO9000というのは，品質マネージメントシステムといわれるもの，ISO14000というのは環境マネージメントシステムといわれるものですが，企業が顧客に対して製品とかサービスを提供する場合に，その品質をどのようにコントロールするか，管理していくか，あるいはそれが環境基準に適合したような製品，サービスであることをどのように担保するのかということを定める，国際的な基準であります。

　最近，ISOは，紛争解決についてもそのような国際規格を制定しています。ISO10003というもので，いわゆるADR，裁判外の紛争解決手続についての国際規格であります。そこで，いろいろ基準というのが定められているわけですが，これは，要するに，国際的なスタンダードを定めたもの，ADRが満た

すべき基準を定めたものということになります。因みに，このISOの基準というのは，通常は企業が取得することが多いわけですが，企業だけではなくて，公的な機関もそれを取得することは可能です。この間，永田町を歩いていて，ある学校が，ISO14000の基準を取得したということを学校の前に掲げておりました。公立学校ではないかと思うのですが，そういうようなところでも，ISOの基準を取得するということはありうるわけです。したがって，論理的に言えば裁判所の調停もISO10003を取得するということはありうるわけです。

　そういう意味で，それを取得するかどうかは別として，これは一応国際的なスタンダードを定めているという意味では，日本の調停手続のこれからを考えていく上でも，参考になりうることは間違いないのではないかということです。そして，現在，日本の基準としてISOに対応するのはJIS基準というのがあるわけですが，このISO10003を現在JISに直す作業が行われています。今年中〔2008年〕か来年初めぐらいには，このJIS化というものが完了するということで，私も今この仕事に関与しているわけですが，例えば紛争解決者の能力育成という観点から，教育，研修の在り方，あるいはその能力の評価の在り方ということが定められています。また，紛争解決の適時性，迅速性の観点からすれば，紛争解決の期限を設定し，それを遵守する努力を求めている。更に紛争解決の透明性という観点から，情報開示についてのいろいろな在り方を定めている等々です。これはいろいろな意味で調停の実務にも参考になるところがあるかと思います[補注11]。

(4) 「ADR士」の構想

　最後に，ADRの人的な側面のお話をさせていただきます。将来の私自身の希望は，現在の調停委員，先ほどもお話ししたように，家事調停委員を含めれば日本全国で2万5,000人の調停委員，重複している方もおられるのではないかと思いますが，延べにすれば2万5,000人の調停委員がおられる。これは人的なリソースとしては日本の社会にとっても非常に大きなもので，2万5,000

　[補注11]　ISO10003については，本書第7章参照。これは，2010年9月に，JISQ10003として発行している。

468　第20章　民間型 ADR と調停（司法型 ADR）の関係

人といえば現在の弁護士の数とほぼ同じなわけですから，これは非常に大きな数の方がおられる。そういう調停委員を中核とした ADR の専門家，すなわち調停プロセスの中で紛争解決をしていく専門家が，多数存在する基盤があるわけですので，そのインフラの上で，そういったような方々が多様な ADR 機関で活躍されていくということが，非常に望ましいのではないかということです。現在では民間型 ADR のほうでも，ADR 担当者，手続実施者を養成していく様々な研修プログラムが行われていて，そういう専門家も徐々に育ちつつあるということですので，現在の裁判所の調停委員と，そういう民間で育ってくる ADR の専門家が手を携えて，将来的には ADR の専門資格，これを ADR 士というふうに，司法制度改革の議論のときには呼んでおりましたが，こういうようなものの創設が議論されました。これはそのときには実現しないで，将来的な課題というふうにされたわけですが，ADR 検討会の座長レポートの中でも，将来的にはこういう ADR 士というような資格，どういうような位置付けの資格になるか分かりませんけれども，そういう資格があってもよいのではないかということが提言されているところであります。

　資格はともかくとして，そういうような ADR の専門家というものが日本の社会の中で今後多数輩出され，いろいろな分野で活動・活躍していければよいと思っています。やはり ADR というのは，制度や手続も重要ですが，何といっても人だろうと思います。その手続を実施する人によって左右されるものだと思います。成功するも失敗するも，やはり人にかかってくる。そういう意味では手続を実施する人というものが，ADR を推進していく上での重要な資源になるということで，ADR の専門家を育てていく，いろいろな意味での教育，研修というものが重要であり，私自身も，それに様々な形で関わっていきたいというふうには考えているわけです。最後にその点を申し上げて，私のお話を終わりたいと思います。

（初出：東調連会報 61 号（2009 年）47 頁以下）

　　［補論］　本章は，2008 年 7 月，東京民事調停協会連合会主催の民事調停委員研
　　　　　修会において，「ADR 法の意義と課題」と題した講演の記録に加筆修正した
　　　　　ものである。ADR 法が施行された直後に，その内容及びそれを踏まえた民事

調停の在り方について著者の考え方を示したものである。

　本章において特に強調したのは，司法型 ADR である民事調停と ADR 法で認証対象となる民間型 ADR とを過度に対立的に捉えるのではなく，適度な競争を前提にしながら，いかにその共存共栄を図っていくかを考えるべきであるという点であった。この時点では，一部の調停委員等は過剰に ADR の台頭を警戒し，極端には敵視する向きがある一方，民間型 ADR の関係者には，調停を敵視し，その廃止を説く論者もある状況にあった。著者としては，そのような不毛な対立をやめ，両者の共存共栄を図る枠組みを示したいという動機に基づく講演であった。

　本章においては，裁判所の民事調停と民間型 ADR が競争関係にあることを前提にしながら，民間型 ADR はサービスのすべての項目で調停に対抗しようとするのは無謀であり，「売り」の部分を明確化し，その部分を磨いて調停に対抗すべきであり，他方，調停においては，民間型 ADR のそのような様々なサービスを刺激として，自らのサービスの質の向上を図っていき，結果として紛争解決利用者の便益を増大させることになるのが望ましいという見方を示した。また，調停の将来の在り方としては，ADR 法の認証要件を調停制度の中にも取り入れていくべきこと，ISO10003 などの国際規格も調停制度が顧慮すべきことなどを指摘し，調停と民間型 ADR が共栄を図るなかで，それを担う人材を養成していくことの重要性や，将来的には「ADR 士」といった資格を考えるべきことなどを論じている。

　以上のような著者の見方は，この講演から 10 年余りが経った現在でも基本的には変わっていない。ADR 法施行後 10 年以上を経過しても，残念ながら，民間型 ADR は全体としては，調停の競争勢力にはなりえていない。ただ，著者の論じたように，一部の分野，例えば金融や医療などでは，着実に「売り」の部分を伸ばしながら，一定のプレゼンスを確保してきていることも間違いない（なお，認証 ADR の「売り」の部分を明確にする試みとして，法務省が毎年作成している「認証紛争解決事業者アピールポイント一覧」は注目される）。

　他方，民事調停は，近年，その件数が激減しており，2017 年は 3 万 5,939 件と平成以降最少の事件数に止まっている。その意味で，今は民事調停もその在り方を真剣に見つめ直す時期に来ているように思われ，民間型 ADR との関係を含め，何らかの抜本的検討が必要であろう。

第*21*章

仲裁判断における準拠法について

1 本章の問題意識

　本章は，仲裁判断の準拠法について論じるものである。この点について，現行仲裁法は明文の規定を設けている[1]。すなわち，仲裁法 36 条の規定である。したがって，この問題は当該規定の解釈問題ということになるが，以下のように，なお必ずしも明確になっていない部分も残っていると思われる。本章は，そのような解釈問題について，著者の若干の検討結果を示そうとするものである[2]。

　第 1 に，仲裁法 36 条 1 項に関する問題である。同項前段は「仲裁廷が仲裁判断において準拠すべき法は，当事者が合意により定めるところによる」とする。そこで，仲裁廷が，仲裁判断において準拠すべき法について，同項前段の定めに反して，「当事者が合意により定める」法を適用せず，「当事者が合意により定める」法ではない法を適用し，これによって仲裁判断をした場合に，当該仲裁判断は，仲裁法 44 条 1 項 6 号所定の「仲裁手続が，日本の法令……に違反」した場合に該当して取消事由となると考えられるかどうかという問題がある。またこの場合において，仲裁法 36 条 1 項前段にいう「当事者が合意に

---

　1)　仲裁法制定前の民事訴訟法ないし公示催告仲裁法においては，この点に関する明文規定が存在しなかった。

　2)　なお，以下の議論においては，仲裁手続の準拠法が日本法（すなわち仲裁法）であることを前提とする。

より定める」とは，仲裁合意締結後における事後の合意又は黙示の合意でも足りるかという問題もある。

第2に，仲裁法36条2項に関する問題である。同項は「前項の合意がないときは，仲裁廷は，仲裁手続に付された民事上の紛争に最も密接な関係がある国の法令であって事案に直接適用されるべきものを適用しなければならない」とする。そこで，同項にいう「仲裁手続に付された民事上の紛争に最も密接な関係がある国の法令」には，国際私法（抵触法）を含みうるか，それとも国際私法を排除した実質法のみに限られるかがまず問題となる。そして，これが仮に実質法であるとして，それは1つの国の法に限られるか，複数国法が密接な関係をもつということはありうるかという問題も生じる。更に，1項の場合と同様に，仲裁廷が，仲裁判断において準拠すべき法について，同項の定めに反して，「仲裁手続に付された民事上の紛争に最も密接な関係がある国の法令」を適用せず，それ以外の法令を適用した場合に，当該仲裁判断は，仲裁法44条1項6号所定の「仲裁手続が，日本の法令……に違反」した場合に該当して取消事由となると考えられるかどうかという問題が生じることになる。

第3に，上記のような問題の前提的な問題となるが，当事者間において「仲裁手続に付された民事上の紛争に最も密接な関係がある国の法令」が日本法であることについて黙示の合意があったか，又はその点について争いがなかったにもかかわらず，仲裁廷が，それとは異なる法を適用して仲裁判断をした場合に，当該仲裁判断は，仲裁法36条2項の定めに違反したものとして，同法44条1項6号所定の取消事由となると考えられるかという問題も生じよう。換言すれば，最密接関連性に関する自白又は擬制自白の成否の問題である。

以上のような解釈問題に関する著者の見解について，以下で順次述べていくこととする。

2 準拠法（合意法）違反と仲裁判断取消事由

⑴ 合意法の意義

まず，仲裁法36条1項前段の趣旨であるが，法文上，ここでの「合意」に特段の限定がないことは明らかである。当該合意は一種の訴訟行為であると解

472　第 21 章　仲裁判断における準拠法について

されるが，その方式等については一般に法律行為の規律が準用されるものと解される。すなわち，通常の民法上の合意の方式と同旨のものであり，特段の定めのない限り，それは要式行為ではないと解される。同じ法律（仲裁法）の中で，例えば，仲裁合意については書面性が必要とされ（仲裁 13 条 2 項），明確に要式行為として位置づけられていることに鑑みれば，仮にここでの準拠法に関する合意も法が要式行為とする趣旨であれば，当然仲裁法はその旨を明定したはずであるが，何の規定もされていない。したがって，仲裁法 36 条 1 項前段にいう当事者の合意は，不要式行為として当事者の効果意思の合致があればそれで足り，黙示の合意でも足りるものと解される。

　また，合意の時期についても，明文の規定は置かれていない。実質的にみても，仲裁における両当事者の意思の尊重の要請に鑑みれば，その合意がされた時期の如何にかかわらず，特段の弊害がない限り，その意思が合致しているのであれば，それを尊重するのが相当であろう。その意味では，紛争発生前の合意，紛争発生後仲裁申立て前の合意，仲裁申立て後の合意のいずれであっても構わないと解される。もし問題がありうるとすれば，仲裁申立て後審理が相当程度進んだ段階でされる合意である。このような合意は，それまで最密接関連国法等の適用を前提に進められてきた仲裁手続の審理（争点整理や証拠調べ等）の結果を覆すおそれがあるからである。しかし，それでも両当事者がそのような審理の混乱や遅滞をあえて甘受するのであれば，そしてそのために要する追加的費用をそれぞれが負担するのであれば，（税金で運営され公益的な配慮が常に必要となる訴訟手続の場合とは異なり）仲裁においてはそれを認めてよいであろう[3]。したがって，仲裁法 36 条 1 項前段にいう当事者の合意は，仲裁合意締結後における事後の合意でも足りるものと解される。

　以上から，仲裁合意締結後における事後の合意又は黙示の合意であっても，仲裁法 36 条 1 項前段の「合意」に含まれうるものと解される[4]。

　3）　仲裁機関等がそのような負担をもし回避したければ，機関規則等においてその例外を定めておけば足りる。デフォルト・ルールである仲裁法において，あえて上記のような時期の合意をアプリオリに排除する必要性はないといえよう。

　4）　この点について，日本法と実体法・手続法において基本的に共通する規律を有するドイツ法において，ドイツ連邦最高裁判所の判例（BGH 1985 年 9 月 26 日〔NJW 1986, 1436〕）が，仲裁準拠法の合意について，仲裁手続係属後，当事者の手続行為による黙

(2) 合意法の適用違反と仲裁判断の取消し

次に，仲裁廷が当事者の合意した法を適用しないことが，「仲裁手続が，日本の法令……に違反するもの」（仲裁44条1項6号）といえるか，について検討する。

(a) 実質論的検討

この場合，仲裁判断において準拠すべき法について，「当事者が合意により定める」法を適用しないことが，仲裁法36条1項前段の規定，すなわち日本の法令に違反することは明らかである。「仲裁廷が……準拠すべき法は，当事者が合意により定めるところによる」という規律は，「準拠すべき」との文言から明らかなように，仲裁廷に対する準拠義務を設定する規範と理解されるからである。また，「当事者が合意により定める」法ではない法を仲裁廷が適用することも，基本的には同じことであり，やはり仲裁法36条1項前段に反するものと解される。けだし，そのことにより，反射的に当事者が合意により定めた法を適用しない結果になっているからである[5]。

ここで前提として注意すべきことは，（しばしば混同されている場合があるが）準拠法の選択自体の誤りと，選択された準拠法の解釈適用の誤りとは，問題として峻別して議論されなければならない点である。後者は準拠法とされた法の解釈適用の誤りにすぎず，そもそも仲裁法に違反しているものではないので，「日本の法令」に反するものではない[6]。そこでは仲裁法は正しく適用されているが，その後の準拠法の解釈適用を仲裁廷が誤ったにすぎず，仲裁法36条に反するものではない。これに対し，準拠法の選択自体の誤りは，それとは性質を全く異にする問題であり，仲裁判断に係る準拠法の選択について定めた仲

示の合意でも足りる旨を明らかにしていることは参照されてよい。

5) 仮に合意法の内容が不明であるような場合に，準拠法をどうするかについては議論がありうる。このような場合に，合意法以外の法（例えば，最密接関連国法）を適用する余地は残ると解される（訴訟の場合の準拠外国法不明の場合の取扱いにつき，山本和彦「外国法の不明」櫻田嘉章＝道垣内正人編『注釈国際私法第2巻』（有斐閣，2011年）358頁以下参照）。しかし，ここでは，合意国法の内容が不明ではないにもかかわらず，それを適用しなかったという通常の場面を前提に考える。

6) 仮に準拠法が日本法（日本民法等）の場合であっても，ここでいう「日本の法令」は「仲裁手続」に関するものであるので，民法等の実体法がそれに含まれないことは明らかである。

裁法 36 条の適用の誤りといえる。

以上のように，このような法適用が日本の法令＝仲裁法に違反するといえることは明らかであるが，次に，このような法適用が，「仲裁手続」が日本の法令に違反する場合といえるかどうかが問題となる。すなわち，この仲裁判断の準拠法の問題が「仲裁手続」の問題といえるかどうかという論点である。

この点を検討するについては，まず仲裁法 1 条，すなわち仲裁法の趣旨に関する規定が重要である。そこでは，仲裁法は「仲裁地が日本国内にある仲裁手続」について定めるものとしている。そうすると，仲裁法 36 条 1 項の規律も，仲裁法の中の規定として，やはり仲裁手続について規定しているものと考えるのが素直である。また，仲裁法 26 条にも「仲裁手続」の文言が出てくるが，ここでの「仲裁手続の準則」も仲裁法 36 条 1 項の規律を含んでいると解してよい。すなわち，仲裁法 26 条 1 項の規律は，準拠法についての合意がある場合ということになれば，基本的に 36 条 1 項の規律に吸収されるし，合意がない場合についての同法 36 条 2 項の規律は，26 条 2 項の「この法律の規定」に該当することになるので，仲裁廷の裁量は制約される。したがって，ここでの「仲裁手続」に準拠法選択の規律を含むものと解しても特に矛盾は生じない。その意味で，仲裁法全体が「仲裁手続」についての規律を構成しているものと理解してよい。

また，実質的にみても，当事者が合意により準拠法を選択し，当該準拠法に基づいて仲裁手続における攻撃防御活動を展開していたにもかかわらず，仲裁廷が全く異なる法規範に基づき仲裁判断をすることは，当事者にとって不意打ちとなり，その手続保障を害することは明らかである。それにもかかわらず，そのような重大な手続的瑕疵を不問に付して仲裁判断の効力をそのまま維持することは相当でない。一般の仲裁手続違反が取消事由になることと比較しても，このような場合に（これが仲裁手続の問題ではないとして）仲裁判断の効力をそのまま維持する旨の扱いを仮にするとすれば，それは明らかにバランスを欠くものといえよう。

以上のような検討から，仲裁廷が当事者の合意した準拠法を適用しないことは，「仲裁手続が，日本の法令……に違反するもの」（仲裁 44 条 1 項 6 号）になるといえるものと解される。

(b) 従来の学説の検討

合意法の適用違反が仲裁判断の取消事由になるとの見解は，既に立案担当者自身によって示されていたものである。すなわち，司法制度改革推進本部における仲裁法の立案担当者であった近藤昌昭判事ほかの手になる注釈書は，同法36条の解説として，「仲裁廷は，当事者が準拠すべき法を定めた場合には，その法を適用して仲裁判断をしなければならない。仲裁廷がその義務に違反して仲裁判断をした場合には，その違反は，仲裁判断の取消原因となり得る（第44条第1項第6号）と考えられる」と明言している[7]。また，中野俊一郎教授も同様に取消可能性を認めるし[8]，また，近時の小島武司名誉教授及び猪股孝史教授による体系書も，「当事者の合意した判断規準に反したことは，仲裁判断を正当化する基礎を欠くことになり，取消事由となりうると解してよい」とされている[9]。かつて著者も同様の見解を公にしたことがある[10]。

これに対し，反対説として，柏木昇名誉教授の見解がみられる[11]。そこでは，「仲裁廷が，当事者の準拠法の指定に従わなかった場合も同じ結果となるであろう」（「同じ結果」とは，その前にある「それだけの理由では，仲裁判断の取消事由……にはならないとみざるを得ないだろう」という「結果」を指すものと解される）。ただ，その根拠は明らかにされていない。しかるに，同論文では，当事者が法による仲裁判断を求めている場合において仲裁廷が「衡平と善」による仲裁判断をしたときも取消事由にはならないことが前提にされているが，そもそもそのような理解は不当であり，当事者が衡平と善による仲裁判断を求めている場合において仲裁廷が法による仲裁判断をしたとき（これが取消事由になら

---

7) 近藤昌昭ほか『仲裁法コンメンタール』（商事法務，2003年）199頁参照。
8) 三木浩一＝山本和彦編『新仲裁法の理論と実務』（ジュリスト増刊，2006年）115頁〔中野俊一郎〕参照。ただし，根拠規定としては，仲裁法44条1項6号のほか，同項5号の可能性も指摘される（同書116頁参照）。
9) 小島武司＝猪股孝史『仲裁法』（日本評論社，2014年）402頁参照。同書514頁は，その根拠を仲裁法44条1項6号とする。
10) 山本和彦＝山田文『ADR仲裁法〔第2版〕』（日本評論社，2015年）385頁参照。同書は適用法規を明示していないが，次の仲裁法36条2項違反の問題と同様，同法44条1項6号によるとの趣旨であった。
11) 小島武司＝高桑昭編『注釈と論点仲裁法』（青林書院，2007年）211頁〔柏木昇〕参照。

476　第21章　仲裁判断における準拠法について

ないことはほぼ争いがない）と問題を混同されている可能性が否定できず，それ
が上記見解の前提になっている可能性がある。そのような点をも考慮すると，
このような反対説の存在を重視することはできず，基本的には，この問題につ
いての学説は一致して，仲裁廷が当事者の合意した準拠法を適用しない場合を
仲裁判断の取消事由と解しているものといってよい[12]。

　(c)　結　　論

　以上のように，実質論的な検討からも，仲裁法に関する従来の学説の検討か
らも，仲裁廷が仲裁判断において当事者の合意した準拠法を適用しない場合は，
「仲裁手続が，日本の法令……に違反するもの」（仲裁44条1項6号）として，
当該仲裁判断は取消しの対象になるものと解される。

3　準拠法（最密接関連国法）違反と仲裁判断取消事由

(1)　最密接関連国法の意義

　まず，仲裁法36条2項にいう「仲裁手続に付された民事上の紛争に最も密
接な関係がある国の法令」が，国際私法（抵触法）を含みうるか，それとも実
質法のみに限られるか，という問題であるが，文言上，「事案に直接適用され
るべきもの」という概念は，抵触法ではなく実質法を指すことは明らかといえ
よう。

　UNCITRAL 国際商事仲裁モデル法は，この点について，「仲裁廷が適当と
認める抵触法により実質法を決定するものとする」と規定し（同法28条2項），
抵触法に基づくものとする。それに対し，日本法の立案担当者は，仲裁法36
条2項の規律はそれとは明確に「異なっている」ものと位置づけ，この規定は，
実質法基準によるとされているドイツ法や韓国法と同じ内容のものであると説

---

　12)　ドイツ法においても，判例（前掲注4）掲記の連邦最高裁判決等）は，当事者の合
　　意した準拠法を適用しなかった仲裁判断には取消事由があると解している。すなわち，
　　そこでは，「仲裁廷が，当事者の合意により仲裁廷を拘束するとされた法規範とは異な
　　る法規範に基づき判断した場合又は当事者の授権なしに衡平に基づく判断をした場合は，
　　当事者の合意又はそれを補充する仲裁法の規定に反するものとして，仲裁手続は不適法
　　であり，仲裁判断は取り消されなければならない」旨が一般論として明らかにされてい
　　る。

明している[13]。同旨として，出井直樹弁護士らも，「仲裁廷は，どの国の抵触法に関する法律に従うかをまず決めて，そこで決めた抵触法に従って，適用法を決めるという順序ではなく，直接どの国の法令を適用するかを判断すべきものとされています」と説明するし[14]，小島名誉教授らも同旨であり[15]，異論はない状況にある。

また，立案の経緯からしても，この点は明らかであると思われる。すなわち，中間試案では，モデル法と同一の規律を提案するＡ案と，最終的に法律になったＢ案とが併記されていたが[16]，前者はモデル法，後者は最新のドイツ法・韓国法に倣ったものと解説されていたところ[17]，その後の検討の結果，後者が成案となったものである。

確かに仲裁法 36 条 1 項後段の規律とは異なり，「抵触する内外の法令の適用関係を定めるその国の法令ではなく」との文言が同条 2 項には存在しない。しかし，このことには大きな意味はないと解される。日本の法制技術上，単に 1 項との重複を避けただけとみられ，そこに実質的な差異を見出すことは不当であろう。

更に，このことは条文の英文訳からも明らかである。仲裁法 36 条 2 項は，"the laws and regulations of a State which has the closest relationship to the civil dispute that has been referred to the arbitration procedure and which should be directly applied to the case" という表現をとっている。そこでは，1 項の表現と全く同じもの，すなわち "directly" という表現が採用されており，それにより抵触法を含まないことは明確になっているものと解される。

以上の検討から，仲裁法 36 条 2 項で適用になる最密接関連国法は，当該国の国際私法（抵触法）を排除した実質法のみに限られるものと解される。

---

13)　近藤ほか・前掲注 7) 201 頁参照。

14)　出井直樹＝宮岡孝之『Q＆A 新仲裁法解説』（三省堂，2004 年）147 頁参照。

15)　小島＝猪股・前掲注 9) 399 頁参照。

16)　NBL 編集部編『仲裁法制に関する中間とりまとめと解説』（別冊 NBL，2002 年）20 頁参照。

17)　NBL 編集部編・前掲注 16) 65 頁参照。

(2) 複数の最密接関連国法の可能性

次に，仲裁法 36 条 2 項は，「仲裁手続に付された民事上の紛争に最も密接な関係がある国の法令」と定めるが，この法令が単数か複数かが問題となりうる。「最も」という文言の理解として，仲裁事案ないし仲裁判断ごとに 1 つの国の法令に限定されるのかという問題である。具体的には，例えば，相殺の準拠法が問題となる事案において，国際私法では，自働債権と受働債権の準拠法の重畳適用とする考え方が有力であるところ，仮にこの見解をとると，両者が異なる国である場合，その両国法を最密接関連国法と考えることは可能か（複数説），それとも，そのような考え方はとることができず，相殺の効力等はどちらか 1 つの国の法によって規律されることになるのか（単数説），という問題である。

日本語としては，「最も密接な関係がある国」は，単数とは限らず，同程度の密接関連性が肯定できれば，複数の国が同時に最も密接な関係を有するものとされることは論理的にありえよう。他方，この条文の英訳をみると，前述のように，"a State" と表現されており，単数形が採用されている。これは，単数説に有利な事情とみることができるが，必ずしも絶対的なものではない[18]。他方，この点に関して論じる学説は，管見の限り，存在しないようである。

しかし，規律の実質を考えると，これを一国の法に限定する解釈は相当でないと解される。まず，仲裁事案全体に一国の法しか適用できないとすると，例えば，行為能力の準拠法と契約の効力の準拠法が問題となりうるような仲裁事案がある場合に，仲裁廷は，行為能力の問題については当事者の本国（例えばドイツ）が最密接関連国であり（法適用 4 条 1 項参照），契約の効力については当事者が履行地として選択した国（例えば日本）が最密接関連国である（法適用 7 条参照）と判断したにもかかわらず，どちらか 1 つの国の法令によらなければならないことになり，結果として極めて不合理なことになる。少なくとも仲裁事案全体について 1 つの最密接関連国のみを観念する考え方は相当でないと思

---

18) 政府の公表している法令の英訳作業においては，当該法令の所管官庁の実質的関与があるものと考えられる（法令外国語訳・実施推進検討会議「最終報告」ジュリ 1312 号（2006 年）21 頁は「具体的な翻訳整備については，各法令の所管府省の責任において行う」ものとされている）。ただ，もちろん，それが日本語の文言の解釈に決定的な影響をもつ性質のものでないこともまた明らかであろう。

3 準拠法（最密接関連国法）違反と仲裁判断取消事由 479

われる。

そして，同一の単位法律関係についても，同様の趣旨は妥当すると思われる。すなわち，仲裁法 36 条 1 項の合意法については，分割合意の可能性が一般に承認されており[19]，複数の準拠法の適用可能性が認められているし，同条 2 項についても，厳格な抵触法の適用を避ける趣旨ではあるが，通常は抵触法に従うことになるとの見解が一般的である[20]。そうだとすると，抵触法を介して最密接関連国法を探求することは，仲裁廷の裁量の範囲内であると考えられ，国際私法上，複数の準拠法の重畳適用が支持されているような場面において，そのような考えによることができないとすることは，明らかに相当ではないと解される。このような場合は，当該複数の準拠法を最密接関連国法と解釈する余地が認められるべきである。

以上の検討からすれば，ここでの「最も密接な関係がある国」とは単位法律関係ごとに考えるべきであり，かつ，同一の単位法律関係についても，複数の国が同時に最も密接な関係がある国とされる可能性も認めるべきものと解される。したがって，結論としては，複数の国を最密接関連国と認定し，同一仲裁手続の異なる法律関係についてそれらを適用し，又は同一の単位法律関係についてそれらを重畳的に適用することも許されるものと考える。

(3) 最密接関連国法の適用違反と仲裁判断の取消し

次に，仲裁廷が仲裁手続に付された民事上の紛争に最も密接な関係がある国の法令を適用しないことが，「仲裁手続が，日本の法令……に違反するもの」（仲裁 44 条 1 項 6 号）といえるか，という問題について検討する。

(a) 実質論的検討

まず，当事者間で合意準拠法がない場合には，最密接関連国法を適用することが仲裁廷の義務であることについては，仲裁法 36 条 2 項の「適用しなければならない」との文言から明らかであろう。したがって，仲裁廷が最密接関連国法を適用しないこと，あるいはそれ以外の法を適用することは，仲裁法 36

---

19)　近藤ほか・前掲注 7) 199 頁，三木＝山本編・前掲注 8) 105 頁以下など参照。

20)　小島＝猪股・前掲注 9) 399 頁，三木＝山本編・前掲注 8) 109 頁〔中野〕など参照。

480　第21章　仲裁判断における準拠法について

条2項，すなわち「日本の法令」に違反することになる。また，合意法の場合（*2*(2)(a)参照）と全く同じロジックによって，この点の規律はやはり「仲裁手続」の問題であると解される。その意味で，合意法の場合と最密接関連国法の場合（つまり36条1項の場合と2項の場合）とを論理的に区別することはできず，前者のみを「仲裁手続」の問題であり，後者は「仲裁手続」の問題ではないとする見解は，少なくとも解釈論としては不可能であると思われる[21]。したがって，合意法について述べたことと同じ理由から，やはり上記のような法令違反は，仲裁法44条1項6号に該当して取消事由になるものと解される。

　また，実質的にみても，そのような恣意的な法適用が仲裁手続における当事者の攻撃防御の機会を奪い，手続保障を害することも，合意法違反の場合（*2*(2)(a)参照）と基本的に変わりはない。当事者は，（正しい解釈に基づく）最密接関連国法を前提に攻撃防御活動をしているはずであり，それにもかかわらず，仲裁法の誤った解釈に従い誤った準拠法に基づき仲裁判断がされれば，当事者にとって容認し難い不意打ちになるからである。その場合，その点を無視して，そのような仲裁判断の効力をそのまま維持することは相当でない。

　加えて，準拠法に関する当事者の合意がない場合に，一般の手続問題（仲裁26条2項）のように仲裁廷の裁量に委ねるのではなく，最密接関連国法によらせている仲裁法の趣旨も勘案する必要がある。このような規律の趣旨は，仲裁廷の恣意的な法適用の排除と，それに伴う当事者の予測可能性の確保にあるとされている[22]。そうだとすれば，仲裁廷がそのような規律に反して最密接関連国法を適用しなかった場合には，当事者がそれを争えるのでなければ意味がないことになろう。仮に当事者がその違反を争えないのであれば，実質的に仲裁廷の裁量に委ねたのと同じ結果になってしまい，仲裁法26条2項とは別に，同法36条2項を定めた立法の趣旨に反するからである。更に，仲裁判断の準拠法の問題は（手続問題ではあるが），他の手続問題とは異なり，仲裁手続中で争うことがそもそも不可能である点にも注意を要する。この場合は，仲裁判断が出された後でなければ，確定的に適用される準拠法が当事者にはそもそも明

---

21)　また，取消事由を重大性の有無で区分するとしても，前者のみを重大な問題とし，後者を軽微な問題とすることも同様に不可能であろう。

22)　三木＝山本編・前掲注8) 109頁〔中野〕参照。

らかにならないため、その前の手続の段階で争う機会が当事者に与えられていないからである。

以上の検討からすれば、当事者の準拠法合意がない場合に最密接関連国法を適用しないような仲裁判断には、取消事由が認められると解するべきである。

(b)　従来の学説の検討

他方、最密接関連国法違反の場合の効果については、合意法違反の場合とは異なり、従来の学説の検討は必ずしも多くない（この点については、立案担当者の見解も明確ではない）。ただ、著者は、既にこの点についての立場を明らかにしている。すなわち、「当事者間に適用法の合意がない場合に、仲裁廷が最も密接な関係があると判断した国の法が最も密接なものではなかった場合も、本来適用されるべき法規範が適用されなかったという意味で、日本（仲裁地）の法令に反する手続として取消し（また執行決定拒絶）の理由になろう（仲裁44条1項6号・45条2項6号）」と解するものである[23]。結論としては、合意法の場合と同様の理解によっている。

これに対して、合意法違反の場合とは異なり、最密接関連国法違反の場合には、有力な異論もある。例えば、中野俊一郎教授は、客観連結の場合は「これまでほとんど議論がありません」としながら、「取消事由にするのは難しいだろう」と述べられるし[24]、小島名誉教授らも、「意識的ないし恣意的な過誤など、きわめて例外的な場合を除いては、基本的に取消事由とはならない」と解されている[25][26]。

---

23)　山本 = 山田・前掲注10) 385 頁参照。

24)　三木 = 山本編・前掲注8) 115 頁〔中野〕参照。

25)　小島 = 猪股・前掲注9) 515 頁参照。

26)　ドイツ法においても、小島 = 猪股説と同様の見解が多数を占めるようである。すなわち、ドイツ民訴法1051条2項に違反して最密接関連国法を適用しなかった仲裁判断について、それが意図的（bewußt）又は恣意的（willkürlich）なものであれば取消事由となるが、単なる過誤によるもの（irrtümlich）又は当該条項の誤った解釈によるものであれば取消事由にはならないと解する見解が多数を占めている。P. Gottwald, Die sachliche Kontrolle internationaler Schiedssprüche durch staatliche Gerichte, FS H. Nagel (1987), S. 63; R. Hausmann, Die Aufhebung von Schiedssprüchen nach neuem deutschen Schiedsverfahrensrecht, FS H. Stoll (2001), S. 601; Zöller/Geimer, ZPO 31 Aufl. (2016), S. 2322. ただ、両者の区分について説得力のある根拠やメルクマールは必ずしも示されていないようにみえ、やはり本文後述と同旨の批判が妥当する

ただ，以上のような見解には，疑問を否めない。

第1に，中野説も自認されるとおり，「当事者が合意した場合と，客観連結による場合とでは，抵触法が認めた準拠法であることに変わりはないわけですから，当事者が合意した場合には取消事由になって，客観連結の場合には取消事由にならないというのは，一貫しない」[27] との批判がまさに妥当しよう。この点は，前述（(a)参照）のところからも明らかであろう[28]。

第2に，中野説も例外的に「仲裁廷が極めて恣意的な法適用をした場合にも一切取消事由にならないのかというと，それも適当ではないわけで，非常に例外的な場合には，取消事由にすべき場合も出てくる」とされる[29]。取消事由にすべき場合があるとの認識自体は正当と考えられるが，例外的な場合にのみ取消事由となる法的根拠は明らかでないし，取消事由になる場合とならない場合との線引きも不明確なものにならざるをえない[30]。むしろ最密接関連性の判断を誤った場合には，他の手続違反と同様，端的に仲裁判断の取消事由になると解するべきであり，例外的に軽微なもの[31] は除外されると解するのが相当であろう[32]。

第3に，小島名誉教授らは，以上のような議論の根拠につき，準拠法については「当事者の合意がない以上，仲裁廷の裁量に委ねたものとみて，その判断

ように思われる。

27) 三木＝山本編・前掲注8) 115頁〔中野〕参照。

28) ドイツ法の議論では，この点を実質的再審査の禁止の原則から演繹するようにみえる見解もある。しかし，準拠法合意の有効性に関する仲裁廷の判断を裁判所が再審査することは許容されるのに，最密接関連国に関する仲裁廷の判断を裁判所が再審査することは（恣意的なものでない限り）許されないとする合理的理由は，著者には見出せない。いずれにしても，これは準拠法の内容に関する仲裁廷の判断の再審査（通常の意味での実質的再審査）ではないからである。

29) 三木＝山本編・前掲注8) 115〜116頁〔中野〕参照。前述のように，小島名誉教授らも同様の理解を示されている。

30) 前掲注26) のドイツ法の議論状況も参照。

31) 例えば，仲裁廷が法適用を誤ったが，仲裁判断の結論には影響しなかった場合などがこれに当たろうか。

32) ドイツの判例においても，その誤りがなければ，仲裁廷が必ず異なる判断に至ったということまで立証される必要はなく，そのような可能性があったことが証明されれば，仲裁判断の取消しに至るとされているようである。BGH 2009年1月15日判決（SchiedsVZ. 2009, 126）など参照。

を尊重してよ」いとされるが[33]，仲裁法に基づく仲裁である以上，当事者の合意がない場合には最密接関連国法によるという期待を当事者がもつのは当然かつ正当であり，法はこの点を仲裁廷の裁量に委ねる趣旨ではないと解されることから（(a)も参照），その議論の前提には疑問があろう。

(c) 結 論

以上のような検討から，上記(a)における実質論的な検討を覆す根拠は見出せず，上記(b)で引用したような反対説の存在にもかかわらず，当事者の準拠法合意がない場合に（裁判所が判断した）最密接関連国法を適用していないような仲裁判断については，取消事由が認められるものと解される。

4 最密接関連性に関する自白・擬制自白の効力

最後に，最密接関連性に関する当事者の自白（合意）ないし擬制自白（争わないとの表示）の効力について検討する。

この問題を検討する前提として，ここで検討対象となる「最密接関連性」の意義の問題がある。著者は，この点については，連結点の問題として認識している。同様に（訴訟において）最密接関連性を準拠法決定の要件とする規律として，法適用通則法15条（事務管理・不当利得の準拠法）及び同法20条（不法行為の準拠法）などがあるが，これらは，いずれも原因事実発生地（同法14条）や結果発生地（同法17条）と同等のレベルの事実として，最密接関連性を規定しており，法はそれを（抽象的・一般的要件ではあるが）連結点として位置づけているものと解される[34]。そうだとすれば，仲裁法のこの規律についても同様の理解が妥当しよう。

さて，そのように理解すると，最密接関連性に関する当事者の自白・擬制自白は，連結点に関する自白・擬制自白の効力の問題として位置づけられることになる。そして，訴訟手続の場合のこの問題の取扱いについては，弁論主義によるか職権探知主義によるかに争いがある[35]ところ，著者自身は，結論とし

---

33) 小島 = 猪股・前掲注9) 515頁参照。

34) この問題については，山本・前掲注5) 368頁注2において論じた法適用通則法15条及び20条に関する理解を参照。

484　第21章　仲裁判断における準拠法について

て職権探知主義によるのが妥当と解している[36]。その根拠は，弁論主義によるとすると，結局，当事者の意思により適用法規が決定されることになる点にある。例えば，「物権準拠法については，法適用通則法は当事者による処分を認めていないのに，当事者の自白により実は物件所在地でない場所が所在地とされ，それに裁判所が拘束されるとすれば，法適用通則法の想定しない準拠法が結果として適用される」ことになり，相当ではないと解されるからである。

　これに対し，仲裁手続におけるこの問題の取扱いについては，議論は存しないようにみえる。しかし，訴訟において弁論主義によるとすれば，仲裁においてのみ当事者の処分権を否定する理由はなく，当然に同旨が妥当するはずである。これに対し，訴訟において（私見のように）職権探知主義による場合については，仲裁でも訴訟と当然に同じ扱いになるわけではないように思われる。そこでは当事者の合意による紛争解決（ADR）としての仲裁の性質を勘案する必要があるからである。

　第1に，そもそも準拠法について，仲裁手続において一般的に合意を認めている趣旨を考慮すべきである。訴訟の場合も契約準拠法など準拠法合意が認められている局面はあるが，訴訟では合意が認められていない場面（物権準拠法など）についても，基本的に例外なく準拠法合意を容認している仲裁法の趣旨を考慮すべきである。そのような趣旨に鑑みると，上記私見のような職権探知主義による根拠は仲裁の場面では妥当せず，むしろ部分的な準拠法合意としてこの問題を把握する余地があろう。

　第2に，（準拠法もそれに含まれると解される）仲裁手続の準則について，広く当事者の合意が認められる（仲裁26条1項参照）趣旨についても，同様に考慮が必要である。この点について任意訴訟禁止の原則が妥当する訴訟手続とは，全く事情が異なることになる。

　第3に，そもそもの大前提として，仲裁手続自体が仲裁合意という当事者間の合意を根拠としている点である。いわば仲裁では（土俵上の行為のみならず）その土俵そのものがオーダーメードのものとなっているのである。この点で，

---

35)　山本・前掲注5）368頁参照。
36)　山本・前掲注5）369頁参照。

仲裁当事者の立場は，合意によらずに否応なく手続に引き込まれる訴訟手続の当事者とは全く異なる。

以上のように，仲裁は，あらゆる局面において当事者の合意がその根拠となり，また手続を進めていく上での基準ともなっている。そして，その趣旨は準拠法選択の局面でも等しく妥当すべきものと考えられ，準拠法自体についての合意がない場合であっても，その連結点について合意があるのであれば，それはやはりそのまま尊重されるべきものと解される。前述のように，準拠法に関する当事者の部分的な合意とも評価することが可能だからである。その結果として，客観的な最密接関連国とは異なる国に最密接関連性が認められることになったとしても，それが当事者の合意に淵源を有する限り，不当なものではないと考えられよう。その意味で，準拠法について当事者の直接の合意がなくても，最密接関連性（連結点）について合意があるのであれば，その自白を認め，仲裁廷をそれに拘束してよいと思われる[37]。そもそも仲裁廷があえて当事者の合意に反してまで客観的に正しい最密接関連国を探知する必要はないし，そのようなことは仲裁においては適当でもない。そして，自白（明示の合意）が認められるのであれば，黙示の合意である擬制自白も，当事者の処分権を表すものとしてやはり認めてよいと解される。

以上のような検討から，最密接関連性に関する当事者の自白（合意）ないし擬制自白（争わないとの表示）の効力を認めてよいものと解される。そして，そうだとすれば，そのような自白や擬制自白に反して仲裁廷が異なる最密接関連国を認定したとすれば，当該仲裁手続においては，それは本来の最密接関連国ではない国の法を仲裁廷が適用したことになる。そうすると，これは，結局 **3**(3)と同じ問題となり，仲裁法 44 条 1 項 6 号に該当し，当該仲裁判断は取り消されるべきものと解される。

---

37) なお，このような考え方は，自白を合意の延長線上の意思表示と捉える著者のような考え方（山本和彦『民事訴訟法の現代的課題』（有斐閣，2016 年）330 頁以下参照）とより整合的であるが，通説に従って自白を観念の表示と理解しても，本文のような考え方はなお十分に成立可能であろう。

5 おわりに

　以上のような検討から，冒頭で取り上げた解釈問題に対する著者の結論は，以下のようなものとなる。

　第1に，仲裁廷が，仲裁判断において準拠すべき法につき，仲裁法36条1項前段の定めに反して，「当事者が合意により定める」法を適用せず，又は，「当事者が合意により定める」法ではない法を適用し，これによって仲裁判断をした場合は，当該仲裁判断は，同法44条1項6号所定の「仲裁手続が，日本の法令……に違反」した場合に該当して，取消事由があることになると解される。この場合において，仲裁法36条1項前段にいう「当事者が合意により定める」とは，仲裁合意締結後における事後の合意又は黙示の合意でも足りると解される。

　第2に，仲裁法36条2項にいう「仲裁手続に付された民事上の紛争に最も密接な関係がある国の法令」には，国際私法（抵触法）は含まれず，国際私法を排除した実質法のみに限られるものと解される。また，この場合，複数の国を最密接関連国と認定し，同一仲裁手続の異なる法律関係についてそれらを適用し，又は同一の単位法律関係についてそれらを重畳的に適用することも認められる。更に，仲裁廷が，仲裁判断において準拠すべき法につき，仲裁法36条2項の定めに反して，「仲裁手続に付された民事上の紛争に最も密接な関係がある国の法令」を適用せず，それ以外の法令を適用した場合は，当該仲裁判断は，同法44条1項6号所定の「仲裁手続が，日本の法令……に違反」した場合に該当して，取消事由があることになると解される。

　第3に，当事者間において，「仲裁手続に付された民事上の紛争に最も密接な関係がある国」がA国であることについて黙示の合意があった，又は争いがなかったにもかかわらず，仲裁廷が，それとは異なるB国の法令を適用して仲裁判断をした場合は，当該仲裁判断はやはり仲裁法36条2項の定めに反したものとして，同法44条1項6号所定の取消事由があることになると解される。

　以上が，必ずしも練られたものではないが，著者の検討の結果である。その

結論には異論もありえようが，本章を契機として，仲裁判断の準拠法に関する
議論が更に深められることを祈念したい。

（初出：上野泰男先生古稀祝賀論文集『現代民事手続の法理』

（弘文堂，2017 年）737 頁以下）

［補論］　本章は，日本の仲裁法研究の第一人者である上野泰男名誉教授の古稀祝
　賀論文集に寄稿することを目的として執筆されたものである。その元となった
　原稿は，ある裁判事件における意見書として裁判所に提出されたものである。
　日本では，仲裁事件に関連して裁判手続が行われることはそれほど多くなく，
　著者としては，興味深い事件として意見書の執筆をお引き受けしたが，残念な
　がら，当該事件は裁判所の判断に至らずに終結したようであり，本件で論じた
　法律問題についての裁判所の判断は示されていない。
　　本章では，（意見書という性質上）従来の学説に異論が少ない問題についても
　その点を確認することに加えて，①仲裁法 36 条 2 項にいう最密接関連国法は
　複数国の法である場合もあること，②最密接関連国の認定を誤った仲裁判断に
　は仲裁法 44 条 1 項 6 号の取消事由があること，③最密接関連性について当事
　者の自白又は擬制自白が成立しうること，といった従来余り論じられていない
　論点（①・③）や，従来の有力説に異論を述べた論点（②）がある。比較的最
　近の論稿であり，本章の見解に対して未だ学界における反応は明らかではない
　が，著者の問題提起が今後どのように受け止められるか，注目している。
　　なお，著者自身は，従来，ADR 法の研究について，本書に収録した諸論稿
　にも表れているように，どちらかと言えば制度的な問題について意見を述べて
　きたが，仲裁法の解釈論・立法論にも関心を有している。実際，司法制度改革
　推進本部の仲裁検討会で現行仲裁法の立案過程に参画し，新仲裁法をめぐる
　様々な解釈を検討する研究会に参加し（その成果につき，三木浩一＝山本和彦編
　『新仲裁法の理論と実務』（ジュリスト増刊，2006 年）参照），簡単なものである
　が，仲裁法の解釈に関する私見を示してきた（山本和彦＝山田文『ADR 仲裁法
　〔第 2 版〕』（日本評論社，2015 年）307 頁以下参照）。今，日本における国際仲裁
　を中心とした仲裁制度の振興が大きな課題となっている現状で，その前提とな
　る仲裁法の立法論・解釈論にも引き続き関心をもって接していきたい。

初 出 一 覧

序　章　書き下ろし

第1章　「裁判外紛争解決手段（ADR）の拡充・活性化に向けて」NBL 706 号（2001年）6～13 頁

第2章　「ADR 基本法に関する一試論——ADR の紛争解決機能の強化に向けて」ジュリスト 1207 号（2001 年）26～34 頁

第3章　「裁判外紛争解決手続の利用の促進に関する法律の意義と今後の課題」法律のひろば 58 巻 4 号（2005 年）16～25 頁

第4章　「ADR 法の現状と課題」法律のひろば 63 巻 9 号（2010 年）3～11 頁

第5章　「ADR の将来」法の支配 178 号（2015 年）40～50 頁

第6章　「ADR 法制と ADR 機関ルールの在り方（上）（下）」ジュリスト 1230 号 74～86 頁，1231 号 161～167 頁（2002 年）

第7章　「ADR の規格化・標準化の試みについて」小島武司編著『日本法制の改革：立法と実務の最前線』（中央大学出版部，2007 年）237～257 頁及び「苦情対応・紛争解決システムの国際規格」JCA ジャーナル 53 巻 8 号（2006 年）2～7 頁を統合

第8章　「ADR 和解の執行力について（上）（下）」NBL 867 号 9～21 頁，868 号 24～29 頁（2007 年）（小島武司先生古稀祝賀『民事司法の法理と政策 下巻』（商事法務，2008 年）603～641 頁所収）

第9章　「ADR 合意の効力——訴権制限合意についての若干の検討」栂善夫先生 = 遠藤賢治先生古稀祝賀『民事手続における法と実践』（成文堂，2014 年）41～60 頁

第10章　「裁判外紛争処理制度（ADR）」江頭憲治郎 = 岩原紳作編『あたらしい金融システムと法』（ジュリスト増刊，2000 年）46～52 頁

第11章　「金融 ADR の意義とその可能性」金融法務事情 1887 号（2010 年）28～36 頁（山本和彦 = 井上聡編著『金融 ADR の法理と実務』（金融財政事情研究会，2012 年）2～19 頁所収）

第12章　「金融 ADR の機能の評価と今後への期待」金融法務事情 1955 号（2012 年）45～55 頁

第13章　「裁判外事業再生手続の意義と課題」「裁判外事業再生」実務研究会編『裁判外事業再生の実務』（商事法務，2009 年）1～23 頁

第 14 章　「私的整理と多数決」NBL 1022 号（2014 年）14〜26 頁

第 15 章　書き下ろし

第 16 章　「日本における裁判外環境紛争解決手続——公害等調整委員会と原子力損害賠償紛争解決センターを中心に」吉田克己＝マチルド・ブトネ編『環境と契約——日仏の視線の交錯』（成文堂，2014 年）299〜324 頁

第 17 章　書き下ろし

第 18 章　「10 年を経た筆界特定制度——ADR 法の視点から」ジュリスト 1502 号（2017 年）46〜52 頁

第 19 章　「争点整理における ADR の利用」判例タイムズ 1134 号（2004 年）27〜30 頁

第 20 章　「ADR の意義と課題——民間型調停と司法型調停の競争と共存に向けて」東調連会報 61 号（2009 年）47〜64 頁

第 21 章　「仲裁判断における準拠法について」上野泰男先生古稀祝賀論文集『現代民事手続の法理』（弘文堂，2017 年）737〜753 頁

索　引

あ　行

ISO ……………………………………163, 277
　　ISO10001 ………………………………167
　　ISO10002 ………………………………167
　　ISO10003 …………………………167, 466
　　――の国際規格 ………………………253
愛知県弁護士会医療 ADR ………………335
アウトサイダー ……………………………233
　　――の排除 ……………………………124
あっせん ……………………………………366
アドホック ADR ……………………………138
アメリカ連邦 ADR 法………………………41
新たな土地境界確定制度の創設に関する要
　綱案 ………………………………………417
UNCITRAL 国際商事調停モデル法 ………69
医師会の鑑定所 ……………………………345
一般法部分の現状と評価…………………81
茨城県医療問題中立処理委員会 …………334
医療 ADR ………………………100, 332, 453
　　――のありうる手続 …………………355
　　――の課題 ……………………………337
　　――の現状 ……………………………335
　　――の制度設計 ………………………352
　　――のメリット ………………………349
　　アメリカの―― ………………………340
　　ドイツの―― …………………………344
　　日本の―― ……………………………333
　　フランスの―― ………………………342
　　弁護士会の―― ………………………333
　　北欧の―― ……………………………346
医療裁判外紛争解決（ADR）機関連絡調
　整会議 ……………………………………335
医療事故調査 …………………………101, 355
医療損害賠償保険 …………………………354
医療紛争相談センター ……………………334

インテイク機関 …………………………256, 278
訴え取下げ合意 ……………………………215
訴えの利益 …………………………………216
運営委員会（ADR 機関）…………………122
営業損害 ……………………………………381
ADR
　　――から裁判手続への移行 ………36, 46
　　――から法的手続への移行 …………296
　　――と相対交渉との差異 ……………269
　　――と司法の役割分担…………………13
　　――と訴訟との差異 …………………269
　　――と法律扶助…………………………87
　　――における意思表示等の利用制限……47
　　――における実効性 …………………407
　　――における争点整理のメリット ……437
　　――に関するコスト負担 ……………240
　　――に対するアクセスの拡大 ………140
　　――に付する決定………………………51
　　――の意義 ………………………………2
　　――の永続性の確保 ……………………18
　　――の沿革 ………………………………6
　　――の格付け……………………………73
　　――の簡易・廉価・迅速性……………17
　　――の規格化・標準化の意義 ………152
　　――の現状と課題………………………91
　　――の実効性の強化……………………14
　　――の種類………………………………3
　　――の将来………………………………93
　　――の信頼性・中立性の向上…………30
　　――の設置主体 ………………………126
　　――の専門性の展開……………………16
　　――の定義規定 ………………………125
　　――の手続類型 ………………………127
　　――の展望………………………………10
　　――のメリット…………………………4
　　――の利用阻害要因の除去……………27

——の理論研究 ······73, 83
規律対象となる—— ······54
裁判所と——との連携 ······44
裁判手続から——への移行 ······36, 51
ADR 拡充・活性化の意義 ······57, 150
ADR 規格の意義 ······169
ADR 機関
——の運営 ······357
——の自治 ······135
——の責務 ······128, 139
——の中立性 ······33, 258
ADR 機関運営者・担当者の責務 ······44
ADR 機関間の連携 ······34, 62, 73, 82, 463
ADR 機関検索サイト ······74
ADR 機関ルール ······113
——のモデル化 ······163
ADR 基本法 ······34, 40
ADR 検討会 ······180, 445
ADR 合意
——の意義 ······210
——の効果 ······215
——の効力 ······209
ADR 士 ······72, 467
ADR 支援センター ······35, 45, 73, 83, 255
ADR 主宰者適格 ······142
ADR 主宰者の責務 ······128
ADR センター ······242
ADR 前置主義 ······37, 52, 145
ADR 像 ······139
ADR 担当者の守秘義務・証言拒絶権 ······48
ADR 手続契約 ······209
ADR 手続の透明性 ······240
ADR に対する認知度 ······81
ADR フォーラム ······106
ADR 法
——制定の意義 ······59
——に関する今後の課題 ······68
——の意義 ······156
——の概要 ······154, 444
——の課題 ······84

——の現状 ······78
——の趣旨 ······444
——の内容 ······447
——の見直し ······90, 206
ADR 法制
——と ADR 機関ルールの関係 ······135
——のイメージ ······125
——の更なる整備 ······20
ADR 法に関する検討会報告書 ······207
ADR 利用勧奨 ······86
ADR 利用強制合意 ······210
ADR 利用者の責務 ······141
ADR 和解の執行力 ······176
NPO 法人医事紛争研究会 ······334
応諾義務 ······267
応諾率 ······338
大阪国際空港騒音対策調停 ······370
オーストラリアの金融オンブズマン ······252
お上頼りの意識 ······304
ONIAM（国立医療事故補償公社） ······343
オンブズマン制度 ······230
オンライン ADR ······17

か 行

解決案尊重義務 ······120
解決結果の公表 ······140
カイザーの仲裁システム ······341
家電製品 PL センター ······449
ガバナンスに関するガイドライン（フェア
プレーガイドライン） ······390
過払金返還請求 ······95
仮払和解案 ······379
為替デリバティブ事案 ······266
環境 ADR ······103, 361
環境政策への波及 ······373
関係者の責務 ······44
鑑定所 ······345
関東大震災 ······7
規制法 ······130
基本的理念等に関する規定 ······43

索　引　493

基本法 …………………………………139
基本法規定 ……………………………127
基本理念………………………………61, 447
境界 ADR ………………………422, 425
業型型 ADR ……………33, 88, 97, 118
　——の意義 ……………………………271
強行規定 ………………………………130
行政型 ADR ………71, 83, 103, 291, 364
　——の展開 ………………………………8
緊急仲裁 …………………………401, 415
銀行オンブズマン ……………………230
銀行よろず相談所 ……………………233
金融 ADR ………………………97, 245, 453
　——の意義 ……………………………250
　——の概要 ……………………………247
　——の機能条件 ………………………253
　——の現状に対する評価 ……………265
　——の今後への期待 …………………276
　——の本来的機能 ……………………273
　——の利用の現状 ……………………263
金融 ADR 制度のフォローアップに関する
　有識者会議 …………………………282
金融 ADR 制度への期待 ……………280
金融 ADR 前史 ………………………230
金融 ADR 創設の経緯 ………………272
金融 ADR モデル ……………114, 159
　——の特色と意義 ……………123, 161
金融オンブズマン ……………230, 243
金融機関の行為規制 …………………250
金融債権者 ……………………………325
金融債権者委員会 ……………………315
金融商品販売法 ………………………114
金融秩序の維持 ………………………277
金融トラブル連絡調整協議会………115, 241,
　　　　　　　　　　　　　　　247, 272
金融分野における ADR 整備の方向 …236
金融分野における ADR の役割 ………232
金融分野におけるトラブルの特徴 ……232
金融分野の ADR ……………………230
金融分野の業界団体・自主規制機関におけ

る苦情・紛争解決支援のモデル …116, 159
苦情解決支援 …………………………258
苦情解決支援規則 ……………………118
苦情処理………………………………85, 264
　——の定め ……………………………65
苦情対応 ………………………………167
苦情の取扱い …………………………466
国の責務…………………………45, 62, 82, 127
経営者保証ガイドライン ……………295
境界確定制度に関する研究会 ………417
境界確定訴訟 …………………………428
軽微事故解決モデル（医療 ADR）…340, 353
原因裁定 ………………………………369
　——の嘱託 ……………………………427
原子力損害 ……………………………377
原子力損害賠償
　——における賠償スキーム …………384
　——の請求………………………………95
原子力損害賠償紛争解決センター …104, 374
原子力損害賠償紛争審査会 …………374
原子力損害賠償法 ……………………104
　——の改正 ……………………………386
合意法 …………………………………471
　——の適用違反と仲裁判断の取消し …473
公害等調整委員会 ………………103, 364
公害等調停 ……………………………363
公害に係る紛争 ………………………365
公証人 …………………………………205
公証人関与方式（ADR の執行力）……201
交通事故 ADR ………………………354
交通事故紛争処理センター……………94
行動規範 ………………………………167
公　表 …………………………………121
　——の制裁 ……………………………123
公平取扱いの責務 ……………………139
広　報………………………………84, 397, 426
　——の課題 ……………………………302
高齢者対応 ……………………………282
国際規格 …………………………164, 466
国際商事調停モデル法 ………………184

国際標準化機構 ……………………163	時効中断（完成猶予）規定……………86
国民の責務…………………………63	時効の停止……………………………46
互　譲 ………………………………275	事後チェック方式（ADR の手続モデル）
COPOLCO ……………………………165	…………………………………………131

さ　行

財源確保 ……………………………339	事実調査の実効性確保 ……………120, 122
再生手続（sauvegarde）……………309	自主規制 ……………………………252
財政面の基盤整備……………………88	JISQ10003 …………………………173
財政問題 ……………………………397	事前チェック方式（ADR の手続モデル）
裁　定 ………………………………368	…………………………………………131, 146
裁定型 ADR …………………………440	事前のルール整備 …………………390
裁定手続の活用 ……………………373	執行拒絶要件 ………………………204
裁判外境界紛争解決制度に関する研究会	執行決定………………………………50, 204
…………………………………………428	執行証書 ……………………………198
裁判外事業再生手続 ………………284	執行証書型（ADR の執行力）………200
──から法的手続への移行 ………296	執行力 …………………49, 70, 87, 176, 239
──相互の関係 ……………………293	執行力の付与 ………………………133
──の課題 …………………………298	──の必要性 ………………………197
最密接関連国法 ……………………476	──の理論的根拠 …………………199
最密接関連性に関する自白・擬制自白 …483	指定紛争解決機関 …………………248, 263
債務弁済協定調停 …………………290	私的整理 ……………………………284
座長レポート（ADR 検討会）………177	──と多数決 ………………………307
参加制度 ……………………………414	──のルール化 ……………………289
産業活力再生特別措置法……………291	私的整理ガイドライン………………289
産業競争力強化法……………………291	自動応諾条項 ………………396, 399, 409
──の改正 …………………………330	自動応諾方式 ………………………407
産業再生機構…………………………290	──の意義と課題 …………………411
三種の神器………………………98, 260	自動車 PL センター …………………99
CRCI（医療事故調停補償地域委員会）…343	司法型 ADR …………………71, 83, 290
JCO 臨界事故 ………………………374	──のメリット ……………………455
事業価値の毀損 ……………………288	私法契約説 …………………………215
事業再生 ADR ………………………292	司法制度改革審議会 ………………444
私的整理と比較した──の利点 ……287	司法制度改革審議会意見書………40, 178, 285
事業再生手続における ADR の利点 …286	司法制度改革推進本部（ADR 検討会）…55
事業再生に関する紛争解決手続の更なる円	司法制度と ADR の在り方に関する勉強会
滑化に関する検討会…………………329	…………………………………………38
士業団体 ……………………………79	釈明処分としての送付嘱託 ………425
時効中断（完成猶予）………………378	社　債 ………………………………307
時効中断（完成猶予）効………66, 132, 213	社債権者集会型（私的整理）……321, 324, 330
	JAL の更生手続 ……………………322
	重大事故解決モデル（医療 ADR）…340, 353

索　引　495

集団申立案件 ……………………………383
守秘義務…………………………65, 135, 143
準拠法の選択の誤り ……………………473
準司法機関 ………………………………365
少額債権の弁済 …………………………297
証言拒絶権………………………………48
証券・金融商品あっせん相談センター …263
証券苦情相談室 …………………………234
証拠調べへの協力………………………49, 134
商取引債権 ………………………………327
　　──の優先 …………………………330
商取引債権者 ……………………………296
消費者 ADR ……………………104, 452
消費者 ADR 指令 ………………………207
消費者政策委員会 ………………………165
消費者保護 ……………………………144, 169
情報開示…………………73, 83, 85, 117, 143
　　──の充実 …………………………136
証明責任 …………………………………270
職権による資料収集 ……………………372
所有権界 …………………………………422
人材養成 ……………72, 83, 139, 301, 397
シンジケートローン ……………………299
迅速金融再生手続 ………………………308
迅速再生手続 …………………………329, 330
信託相談所 ………………………………233
審問期日 …………………………………378
審理期間 …………………………………380
審理契約…………………………………67
スクリーニング・パネル ………………341
スパイクタイヤ …………………………371
スポーツ仲裁 ……………………………388
　　──の意義 …………………………389
　　──の沿革 …………………………391
　　──の概要 …………………………393
　　──の現状 …………………………395
　　──の特徴と課題 …………………397
　　──の理論的課題 …………………401
スポーツ仲裁研究会 ……………………391
スポーツ仲裁裁判所（CAS） …………391

スポーツ仲裁パネル ……………………394
政策型 ADR ……………………………72, 83
生命保険相談所 …………………………235
責任裁定 …………………………………368
説明義務…………………………65, 232, 466
専門委員 …………………………365, 433, 437
専門 ADR ………………………………100
専門家アドバイザー ……………………290
専門家の関与 ……………………………339
専門調停の活用 …………………………433
総括委員会 ………………………………375
早期申立評価 …………………420, 435, 440
総則規定の意義…………………60, 157, 447
相談アクセス機関………………………85
相談窓口の連携…………………………45
争点整理
　　──における ADR 利用 …………432
　　──のアウトソーシング …………438
促進法 ……………………………………145
促進法規定 ………………………………130
訴権制限合意 ……………………………210
　　──の効果 …………………………215
組織外の紛争解決のための指針 ………167
組織内における苦情対応のための指針 …167
組織のための行動規範に関する指針 ……167
訴訟手続の中止 …52, 67, 217, 257, 369, 459
訴訟の役割………………………………93
即決和解 …………………………………198
SOFTIC（ソフトウェア情報センター）
　　……………………………102, 408, 420
ソフトウェアの取引関係の ADR ………452
ソフトウエア紛争 ………………………102
損害賠償保険 ……………………………354
損害分担合意 ……………………………218
そんがいほけん相談室 …………………235
損害保険調停委員会 ……………………235
尊重義務（斡旋調停案の）……………123

た　行

代表選考事案 ……………………………400

代表当事者 …………………………… 368
団体名公表 …………………………… 411
単独調停の原則化 …………………… 294
地図混乱地域 ………………………… 427
千葉すず事件 ………………………… 391
地方公共団体の責務 ………… 63, 82, 127
チャンピオン方式 …………………… 383
仲介委員 ……………………………… 375
仲裁 …………………………………… 368
仲裁 ADR 法学会 ……………………… 73, 83
仲裁機関の後見的関与 ……………… 414
仲裁手続 ………………………… 474, 480
仲裁判断
　　——の準拠法 …………………… 470
　　準拠法違反と——取消事由 …… 476
　　和解に基づく—— ……………… 198
仲裁判断（執行決定）型（ADR の執行力）
　　………………………………………… 200
仲裁法の適用 ………………………… 401
　　——の可能性 …………………… 398
中小企業再生支援協議会 …………… 291
中立評価手続 ……… 29, 102, 341, 408, 420
調査官 ………………………………… 376
調停 …………………………………… 367
調停案の受諾勧告 …………………… 367
調停型（ADR の手続モデル）……… 356
調停教育 ……………………………… 463
調停制度 …………………………………… 6
　　——のメリット ………………… 455
　　——への期待 …………………… 464
調停前置 ……………………………… 458
　　——に関する特則 ……………… 67
調停手続規範 ………………………… 69
調停に代わる決定 ………… 47, 290, 300
通則法規定 ……………………… 129, 141
DIP ファイナンス …………………… 296
適格認定 ……………………………… 64
豊島の産業廃棄物撤去の調停 ……… 371
手続応諾義務 ………………………… 238
手続協力義務 ………………………… 240

手続実施基本契約 …………… 248, 274
手続実施者 …………………………… 358
手続の透明化 ………………………… 117
手続費用の支援 ……………………… 396
手続保障 ………………………… 400, 412
ドイツ法（ADR）…………………… 185
統一調停法 ……………………… 41, 184
統一的包括的 ADR 機関 ……… 242, 249
東京三会医療 ADR …………………… 334
東京電力 ……………………………… 384
倒産 ADR ……………………………… 306
当事者の責務 ………………………… 128
ドーピング仲裁 ……………………… 412
ドーピング紛争 ……………………… 392
遠山の金さん的紛争観 ……………… 279
特定更生手続 ………………………… 288
特定更生手続型（私的整理）…… 322, 326, 330
特定仲裁 ……………………………… 392
特定調停 ………………………… 290, 392
特定認証 ADR ………………………… 292
特別事業計画 ………………………… 377
特別調停案 …………………………… 274
土地家屋調査士 ……………………… 424
土地家屋調査士会 …………………… 422
都道府県公害審査会 ………………… 364

な 行

内部免責効果 ………………………… 30
日本 ADR 協会 …………… 74, 83, 84, 255
日本証券業協会 ……………………… 234
日本スポーツ仲裁機構 ………… 392, 450
日本版早期中立評価 ………………… 435
任意規定 ……………………………… 129
認証 ADR 事業者 ……………………… 78
認証関係規定 ………………………… 448
　　——の意義 ………………… 63, 158
認証基準 ……………………………… 65
認証制度
　　——についての評価 …………… 80
　　——の実情と課題 ……………… 448

索　引　497

認証の法的効果……………………………66
認証紛争解決事業者アピールポイント一覧
　……………………………………………74
認証紛争解決事業者の義務………………65

は　行

東日本大震災………………………………374
非拘束裁定型（ADR の手続モデル）
　………………………107, 348, 353, 356, 441
非拘束仲裁…………………………………420
筆界確定訴訟…………………………419, 424
筆界調査委員………………………………418
筆界特定書…………………………………419
筆界特定制度………………………………417
　――創設の経緯…………………………417
　――の意義………………………………419
　――の概要………………………………418
　――の課題………………………………426
　――の実績………………………………423
　――の将来………………………………427
筆界特定登記官……………………………418
筆界特定の ADR 機能……………………419
筆界紛争……………………………………421
必要的陳述聴取……………………………415
秘密保持…………………………………47, 303
費　用…………………………………303, 357
評価型 ADR……………………102, 420, 428
標準処理期間……………120, 122, 267, 423
標準的な手続進行…………………………465
ファイナンス・リースの取扱い…………298
FINMAC（証券・金融商品あっせん相談
　センター）………………………………263
付 ADR（ADR 利用勧奨）……70, 86, 134,
　　　　　　　　　　　　　　427, 438, 458
付調停…………………………………434, 458
フランス式プレパック手続………………312
フランス迅速金融再生手続………………308
フランス法（ADR）………………………192
紛争解決関連 3 規格………………………166
紛争解決支援委員…………………………121

紛争解決支援規則…………………………121
紛争解決手続………………………………264
紛争解決の片面性……………………………98
紛争システム・デザイン…………………107
紛争当事者の責務……………………………44
平成地籍整備………………………………417
弁護士会仲裁センター……………………234
弁護士代理…………………………………378, 384
弁護士の助言…………………………………68
弁護士法 72 条……………………67, 88, 141
弁護士和解…………………………………185
片面拘束型 ADR………………………99, 107
片面仲裁……………………………238, 399, 409
片面的応諾…………………………………409
片面的調停案尊重…………………………410
報酬・費用の相当性…………………………65
法的効果の拡大………………………………70
法的整理と比較した事業再生 ADR の利点
　…………………………………………287
法的倒産手続の意義………………………294
法による紛争の解決…………………………81
　――のための手続…………………………61
法の支配……………………………………390, 451
法律上の争訟………………………………403
法律扶助………………………………70, 87, 132
　――の適用…………………………………45
法令適用性…………………………………406
ホールセール・リーテイルに関するワーキ
　ング・グループ…………………………230
　――報告…………………………………115
保険オンブズマン…………………………263

ま　行

水俣病損害賠償調停申請…………………370
民間型 ADR………………………………8, 292
　――と調停の関係………………………442
　――のメリット…………………………456
民事上の紛争………………………………402
民事調停……………………………………469
無過失補償制度……………………………354

メイン寄せ ……………………287
メディエーション指令 ……………207
黙示の合意 ………………213, 472
目的規定 ………………………446

ら　行

リース契約 ……………………298
理念的事項 ……………………116

隣接法律専門職種 ………………454
連結点 …………………………483

わ　行

賄賂の禁止 ……………………143
和解案尊重義務 ………………239
和解の仲介 ……………………377

ADR法制の現代的課題　民事手続法研究Ⅲ

2018年11月30日　初版第1刷発行

著　者	山　本　和　彦
発行者	江　草　貞　治
発行所	株式会社 有　斐　閣

郵便番号 101-0051
東京都千代田区神田神保町 2-17
電話 (03) 3264-1314〔編集〕
　　 (03) 3265-6811〔営業〕
http://www.yuhikaku.co.jp/

印刷・大日本法令印刷株式会社／製本・大口製本印刷株式会社
© 2018, Kazuhiko Yamamoto. Printed in Japan
落丁・乱丁本はお取替えいたします。
★定価はカバーに表示してあります。

ISBN 978-4-641-13793-6

JCOPY　本書の無断複写(コピー)は、著作権法上での例外を除き、禁じられています。複写される場合は、そのつど事前に、(社)出版者著作権管理機構(電話03-3513-6969, FAX03-3513-6979, e-mail:info@jcopy.or.jp)の許諾を得てください。

本書のコピー，スキャン，デジタル化等の無断複製は著作権法上での例外を
除き禁じられています。本書を代行業者等の第三者に依頼してスキャンや
デジタル化することは，たとえ個人や家庭内での利用でも著作権法違反です。